西方传统 经典与解释
Classici et commentarii
HERMES

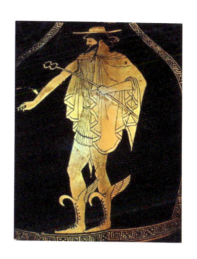

HERMES

在古希腊神话中，赫耳墨斯是宙斯和迈亚的儿子，奥林波斯神们的信使，道路与边界之神，睡眠与梦想之神，亡灵的引导者，演说者、商人、小偷、旅者和牧人的保护神……

西方传统 经典与解释
Classici et commentarii
HERMES
沃格林集
刘小枫●主编

政治观念史稿·卷七
新秩序与最后的定向

History of Political Ideas (Volume VII)
The New Order and Last Orientation

［美］沃格林（Eric Voegelin）●著
李　晋　马　丽●译
贺晴川　姚啸宇●校

华东师范大学出版社

华东师范大学出版社六点分社　策划

古典教育基金·"传德"资助项目

"沃格林集"出版说明

  沃格林(1901-1985)出生于德国古城科隆,小学时随家迁居奥地利,后来就读维也纳大学。虽然博士期间攻读的是政治学,沃格林喜欢的却是哲学和法学,真正师从的老师是自由主义法学大师凯尔森,心目中的偶像则是当时的学界思想泰斗韦伯。不过,沃格林虽荣幸做过凯尔森的助教,后来却成了自由主义最为深刻的批判者之一。

  念博士时,沃格林就显得才华横溢,博士毕业即获洛克菲勒奖学金访学美国,回国后写下处女作《论美国精神的形式》(*On the Form of the American Mind*)。纳粹吞并奥地利之后,沃格林流亡美国(1938年),数年后在美国巴吞鲁日市(Baton Rouge)的路易斯安那州立大学(Louisiana State University)谋得教职(1942年)。

  此前沃格林曾与一家出版公司签约,要为大学生撰写一部《西方政治思想史》简明教科书。但出版社和沃格林本人都没想到:本来约好写两百来页"简史",沃格林却下笔千页。即便如此,他仍觉得没把西方政治思想史的要事说清楚。这个写作计划由于外在和内在原因最终废置,变成一堆"政治观念史稿"。

废置"史稿"的外在原因并不仅仅是"卷帙过大",还因为沃格林的写法不合"学术规范"。当时(现在同样如此)的"学术规范"是:凡学问要讲究学科划分,哲学史、文学史、宗教史、史学史、政治思想史、经济思想史,得分门别类地写。沃格林的"史稿"打破这种现代式学术藩篱,仅就这一点来说,这部"史稿"不仅对西方学界意义重大,对我们来说同样如此。依笔者陋见,在林林总总的各色西方政治思想史中,经后人整理的沃格林《政治观念史稿》(八卷)最为宏富、最富启发性,剖析我们关切的问题,迄今无出其右者。

沃格林觉得,即便写大学生教科书,也应该带着自己的问题意识来写。《政治观念史》的问题意识是:已经显露出种种凶相的现代性究竟怎么回事情,又是怎么来的?废置"史稿"的内在原因就在于,沃格林以政治思想史方式展开对现代性问题的探究时,思想发生了转变,因此他决心推倒已经成形的"观念史",从头来过。

起初,沃格林力图搞清楚西方各历史阶段的主导性观念与生活实在之间的关系,但在写作过程中他发现,"符号"而非"观念"与生活实在的关系更为根本。于是他另起炉灶,大量运用"史稿"已有材料,撰成后来成为其标志性著作的多卷本《秩序与历史》(*Order and History*)以及其他重要文集。我们会感到奇怪,如今的《政治观念史稿》何以从"希腊化时期"开始,其实,此前的材料大多被用来撰写《秩序与历史》的前三卷了。

沃格林启发我们:除非中国学人已经打算在西方现代性思想中安家,并与某个现代或后现代"大师"联姻生育后代,否则我们必须随时准备从头开始认识西方传统。而沃格林的《政治观念史稿》,正是我们可能会有的无数次从头开始的契机之一。毕竟,这部被废置的近两千页"史稿"本身,就是沃格林亲身从头开始的见证。

1951年，沃格林应邀在芝加哥大学做讲座，次年，讲稿以"新政治科学"为题出版，成为沃格林思想成熟的标志。随后，沃格林全力撰写多卷本《秩序与历史》，时有其他专题文集问世。1958年，沃格林返回德国，执教慕尼黑大学哲学系，并创建慕尼黑大学"政治学研究所"。然而在战后的德语学界，沃格林的学问几乎没有留下影响痕迹，这着实令人费解。退休以后，沃格林再度赴美，继续撰写因各种事务而搁置的《秩序与历史》后两卷。

在思考世界文明的历史性危机方面，施特劳斯和沃格林无疑是20世纪最为重要的思想家。在笔者看来，二人精深的哲思和广袤的视野，西方学界迄今无人能与比肩。

沃格林去世后，他的美国弟子着手编辑《沃格林集》，成34卷。除五卷本《秩序与历史》和八卷本《政治观念史稿》外，还有六卷《已刊文集》（*Published Essays*），以及其他自编文集和未刊文稿。沃格林学述将艰深的现象学思辨与广博的史学视野融为一炉，汉译殊为不易，译者极难寻觅。我们只能耐心等待胜任的译者，陆续择要迻译。

刘小枫
古典文明研究工作坊
西方典籍编译部乙组
2016年3月

目　　录

中译本前言（贺晴川）/ 1

英文版编者导言 / 1

第七部分　新秩序

第一章　民族国家 / 51
一　白板 / 51
二　寻求秩序 / 57
三　霍布斯 / 66

第二章　英国革命 / 83
一　英国的状况 / 83
二　詹姆斯一世 / 85
三　与法院和议会的冲突 / 86
四　教会宪制：《五月花号公约》/ 87

五　对王权的限制 / 89
　　六　转向议会主权的趋势 / 90
　　七　圣约 / 91
　　八　《军队的庄严誓约》/ 92
　　九　《人民公约》/ 93
　　十　公民选举权的问题 / 95
　　十一　控告查理一世:《独立宣言》/ 97
　　十二　马萨诸塞湾、康涅狄格、罗德岛 / 98
　　十三　弥尔顿 / 107
　　十四　温斯坦利 / 113
　　十五　哈灵顿 / 118

第三章　克伦威尔 / 122
　　一　投石党之战:国家对抗阶层 / 122
　　二　欧洲大陆和英格兰:国家和无国家的政治
　　　　社会 / 124
　　三　议会和英格兰国家 / 126
　　四　克伦威尔的立场 / 129
　　五　克伦威尔和上帝的意志 / 130
　　六　克伦威尔的政治学 / 132

第四章　法国的投石党和君主制 / 136
　　一　高等法院 / 136
　　二　枢机主教德雷斯 / 140
　　三　路易十四 / 144

第五章　斯宾诺莎 / 150

一　东方主义 / 150

二　《知性改进论》的计划 / 152

三　神秘主义 / 154

四　隐微主义 / 155

五　霍布斯和斯宾诺莎 / 157

六　权力的理论 / 158

七　自由主义 / 159

八　政府的规划 / 161

九　宣誓 / 163

第六章　洛克 / 165

一　契约理论 / 166

二　有限君主制理论 / 167

三　与胡克的关系 / 169

四　得胜的清教徒 / 169

五　洛克论宽容的作品 / 170

六　宽容和革命的新模式 / 172

七　17世纪的宽容面面观 / 174

八　主的自费午餐会 / 175

九　上帝：人的所有者 / 176

十　人：自身的所有者 / 178

十一　政治状态：货币和财产的分化 / 180

十二　对不平等的平等保护 / 182

十三　精神疾病：孕育革命的要素 / 183

第七章　间歇 / 185

　　一　第一个周期：秩序对抗精神 / 185

　　二　第二个周期：精神的重申 / 187

　　三　愤怒与怀疑主义 / 190

　　四　孟德斯鸠 / 196

　　五　地理视野的扩大：人类的生物多样性 / 205

第八部分　最后的定向

导论性的注疏 / 213

第一章　现象主义 / 216

　　一　现象主义和科学 / 216

第二章　谢林 / 235

　　一　分崩离析时代的实在论者 / 235

　　二　谢林立场的诸要素 / 243

　　三　谢林的思辨 / 250

　　四　历史性生存：思辨的关键 / 256

　　五　欢欲式生存 / 263

　　六　普罗米修斯式的生存 / 268

　　七　政治生存 / 276

　　八　涅槃 / 290

九　结论 / 294

第三章　关于荷尔德林的笔记 / 302

第四章　尼采和帕斯卡 / 314

索引 / 386

中译本前言

贺晴川

《政治观念史稿》第七卷题为"新秩序与最后的定向",但要把握这一卷的主要线索和看点,还不能局限于八卷本观念史的视野。既然沃格林搁置了观念史的出版计划,我们就应该从他后来的思路出发,反观这一卷的内容在其思想史考察中的位置。

因此,《秩序与历史》是理解《史稿》的入口,它毕竟是沃格林亲自出版的著作,其中融入了《史稿》里不曾面世的许多想法和材料。

一

《秩序与历史》原计划六卷,涵盖人类历史上五种秩序类型:卷一《以色列与启示》包括古代近东地区的帝国和以色列民族的启示宗教这两种类型;卷二和卷三即《城邦的世界》和《柏拉图与亚里士多德》两卷考察了古希腊城邦及其哲学的发展;计划中的后三卷(《新教的世纪》和《西方文明的危机》两卷)本应包括剩下的两类秩序,即亚历山大之后的诸帝国及其基督教的发展,以及现代民族国家及其灵知秩序,但因计划变更而未写成。

八卷本《史稿》刚好从亚历山大帝国开辟的希腊化时代起始,经过基督教神圣帝国从古代晚期到中世纪的发展,最终由新教革命和民族国家的叛离开启了现代世界的危机。我们不妨猜想,《史稿》其实就是沃格林对"帝国与基督教"和"现代世界"这两种秩序类型的描述。

严格说来,"新教的世纪"当指路德和加尔文发起宗教改革运动的 16 世纪,但沃格林的《史稿》花了整整两卷(《文艺复兴与宗教改革》和《宗教与现代性的兴起》)篇幅来讨论这场漫长的革命及其广泛影响,而且将它们归类于"现代世界"和"大混乱"这两个专题。这无异于暗示:"现代世界"的诞生是一场"大混乱",因为现代性最初来源于激进智识人对基督教秩序的颠覆。

同样,"西方文明的危机"透露了沃格林对现代西方政治的强烈忧虑,因为,18 世纪以降的启蒙运动将政治引向了越来越激进、狭隘的意识形态化道路。沃格林在自传中不止一次表示,现代政治的意识形态问题就是他一生的思考动机。现代性始于推翻基督教、缔造新世界的雄心壮志,如今却走到患上意识形态重症的地步,这期间究竟发生了什么?

上述两个"时代主题"之间,有一段充满了热烈、彷徨、希望和绝望的过渡期,而这就是《革命与新科学》和《新秩序与最后的定向》两卷的主题。这两卷书的结构、风格和主导问题相互照应,可视为姊妹篇:《革命与新科学》描写了 18 世纪启蒙哲人和民族国家集体叛离基督教的主流趋势,但花了近三分之一篇幅发掘维柯(Vico)的历史哲学,作为抵抗世俗历史及其进步史观的主要代表。《新秩序与最后的定向》考察了 17 世纪以降几位主导性哲人奠立的新政治科学及其社会影响,但谢林(Schelling)也是反抗"新秩序"、最后一次重新寻求"定向"的孤独哲人。

二

《新秩序与最后的定向》(下注编码页)遵循了沃格林早期写作政治观念史的基本范式,即一种以秩序"符号"及其"召唤"功能来搭建的哲学历史学。政治观念具有生存性,而秩序是人类政治生存的基本需要。历史上的政治秩序表现为各种"符号",它们通过影响人们感受、思想和行动的方式来协调共同体内各式各样的冲突,从而为共同体的生存"召唤"一个统一、稳定、具有庇护性的秩序外壳,即沃格林所谓的"小宇宙"(cosmion)。这是一切氏族、城邦、国家乃至于大型文明体的生存前提和精神归宿。

在本卷书描述的历史时期,西方文明的中世纪秩序符号"教会和帝国"已经崩溃,新兴的"诸民族"只是尚无思想支撑的虚弱政治体,更何况欧洲当时深受基督新教的"宗派主义"分裂所造成的内乱、战争和失序之苦(页47)。但是,以天文学为代表的自然科学将古典和基督教的宇宙论拉下神坛,极大鼓舞了现代哲人开创新政治秩序的信心。

根据沃格林的概述,现代"新纪元"只有一种无需上帝扶助、单凭人力营建的世俗政治,少数智识人率领被抛在世、无所依傍的自然人一道建立"民族国家"来保护自身,而他们主要依赖一种"从自然科学中借来的方法论符号"(页51—52)。在本卷书描述的重建秩序过程中,现代自然法学派的四位代表人物——格劳秀斯、霍布斯、斯宾诺莎和洛克——受到了最多关注,但沃格林从一开始就强调:他们运用的"自然权利"及其科学方法,并非背靠一种稳固、独立的精神传统,而是应付秩序危机的"救急"方式(页48)。

格劳秀斯希望用自然法来为16世纪全欧洲的普遍暴力状态制定规则,这就是如今"国际法"的雏形。众所周知,格劳秀斯让人们通过一种基于"自爱"与社会欲的新自然法规则来建立政治社会,但沃格林偏偏强调:格劳秀斯有意切断自然法与基督教传统的联系,自然法之上没有神法,而是源于世俗人性的自我认识。沃格林从伊壁鸠鲁主义的享乐者形象中辨认出了这种低俗的人性,格劳秀斯的国家只有一种人们通过"快乐计算法"(页58)来满足欲望和物质繁荣的生活理想。

不仅如此,地缘政治格局也发生了巨变:西方政治的中心已经不再是地中海周边不断更替和延续的内陆帝国,而是众多新兴民族国家争相抢夺的"大西洋海权"(页56)。沃格林从中读解出格劳秀斯的意图,因为格劳秀斯的自然法其实就是为"战争与和平"制定的国际法权体系,既是为了在欧洲大陆营造一个相对和平、稳定的秩序,也是为了促使列强联合起来进军海洋,向"文明"欧洲之外的"野蛮"世界开拓殖民地和生存空间。类似做法可以追溯到沃格林早先分析过的"维多利亚原则"(见卷五《宗教与现代性的兴起》),而他也由此点明了格劳秀斯的"商人"本性:

> 这些海洋势力的意图是把世界组织成西方用来搞商业剥削的场所。(页56)

沃格林将霍布斯列入了三位伟大的"现实主义者"(另两位是马基雅维利和博丹)之列,还专称其为"心理学现实主义"(页61)。霍布斯比格劳秀斯更深刻之处,在于他深知新秩序的基础不可能是一种盲目乐观的、作为人类共通本质的"理性",而是始终面临人作为"个体生存"的激情的威胁(页62)。

英国内战的惨烈景况，不止是霍布斯刚好身处的一个时代背景，更是他用来观察现实人性及其心理的永恒范例。我们已经熟悉霍布斯对于骄傲和暴死恐惧的心理分析，也津津乐道于人们如何通过集体臣服主权者而走出自然状态的经典故事，但沃格林重点揭示了一种霍布斯式的个人与国家的灵魂对应关系：

> 利维坦一边把骄傲之子削为谦卑，另一边也把他们的骄傲吸收到自己的人格中。（页70）

在沃格林看来，"骄傲之王"利维坦完成了世俗国家在法律和精神领域的自我封闭，成为现代极权主义及其政治宗教的先声。更危险的是，霍布斯在主权者层面仍保留了人天性追逐权力的暴烈"运动"（页70），放任主权者们的战争状态演变为后世欧洲更大规模的灾难。霍布斯展示了一种国家与个人因极度骄傲的权力欲而陷入"癫狂"（页64）的灵魂形象；这是新政治秩序难以痊愈的精神畸变，不禁令人怀念起柏拉图笔下那个更加复杂也更加健全的"灵魂—城邦"类比。

传统认为，斯宾诺莎是现代自由主义和无神论的先行者。但沃格林首先将他刻画为一位带有"东方式精神"的"神秘主义者"，并且认定神秘主义是其"政治思想的中心"（页126—127）。对比霍布斯来看，如果说人性"至恶"是霍布斯建构绝对国家的悲凉缘由，斯宾诺莎便是在上帝已死的现代废墟中为少数心灵奠立了新的"至善"圣所。斯宾诺莎沉浸于一种有限个人在沉思中融入神或自然的神秘经验，这在沃格林看来是一种深受犹太教和伊斯兰教影响的神秘主义气质——"默从"（页129）。斯宾诺莎对思想自由和言论自由的呼吁，更多也是一位神秘主义者为了免受基督教分裂后各种宗派主义的狂热迫害，所以沃格林并不认为斯宾诺莎是像弥尔顿那样教条化、革命化的自由主义者（页133）。

沃格林经常表达对美国式民主的欣赏，却又极力批判美利坚立国的精神教父洛克，甚至有些恨之入骨的感觉（见1953年4月15日沃格林致施特劳斯的通信）。在他看来，洛克最得意的有限君主制、同意理论和财产权理论都是那个时代的"从属性召唤"，脱胎于时代的缺陷，而不像霍布斯或斯宾诺莎在一定程度上超越了时代。或许最令沃格林反感的是，洛克让"财产"彻底取代了人的精神追求和人格关切，根本上暴露了现代资本主义的败坏品质：

> 政治思想史上还没有哪一种对人之尊严的攻击堪比于此：洛克将人的人格当作了一种资本性商品，将其归类于一种不受干扰的经济用途，而且人对这种经济用途享有自然权利。（页148）

在安享财产的诱惑下，宗教宽容不再是理性精神对宗派主义狂热的警惕，而变成了彻头彻尾的漠不关心。沃格林在本节开头引用圣安布罗修的一句箴言，意在批判："保护财产"成了政府的唯一目的，结果人们忘记了基督教有关济贫的道德义务。更具现实意义的是，洛克不仅预示，而且有意隐藏了后来马克思批判的社会问题——财产不平等，沃格林讽刺地形容为：

> 政府将出于一种神圣的中立态度，保护穷人的财产和富人的财富。（页150）

三

讨论完格劳秀斯和霍布斯的思想之后，沃格林并未直接进入斯宾诺莎和洛克，而是先用三章篇幅来勾勒当时英法革命的政治史背景。今人热衷于讨论这段革命时代留下的宪政和民主遗产——尤其英国的"光荣革命"以及北美殖民地的自由民主传统——但沃格林通过仔细辨析相关的史料、事件和观念，从英美宪政的辉格史学中辨识出了一种愈演愈烈的革命政治趋势：

> 英国革命和其他革命有着相同的模式，他们的运动都是从右翼转向左翼，直到耗尽动力。在宗教方面，运动始于主教制主义，经过长老制，直到独立派；在政治方面，始于王权政治，经过议会政治，直到人民共和政治；在社会方面，反抗现存秩序的压力，首先来自士绅和商人，然后来自较低的中等阶层，最后来自底层的劳动人民；在观念领域，运动始于中世纪的法律之下的和谐，经过宗教上的圣约，直到世俗化的自然法共识。（页85）

在上述结论的框架下，沃格林成功组织起了神圣王权、君主与议会的法律斗争、教会的民主公约、限制王权、议会主权、圣约运动、士兵委员会以及《人民公约》这一系列复杂的符号，让我们更加仔细地看清楚英国革命的思想史语境和实际政治影响。随着议会作为人民代表来指控和处死君主，英国革命达到了血腥高潮，而这一弑君模式被后来北美独立运动借用过去，只是正义判官已经从英国高等法院变成了更加激进的"全人类的意见"（页85）。弑君不再是英国革命的一次事件，而是被一劳永逸地赋予人民凭借多数意见来自由处置少数统治阶层的正当权力。

与英国和欧洲大陆愈演愈烈的民主革命相比,沃格林注意到:虽然属于"英国革命的美国阶段",北美地区却有一种相当不同的政治特性,他称为"逃避的根本可能性"(页86)。最初流亡和殖民北美的天路客群体,大多是一些虔诚的新教少数派或投机的冒险者,他们在纯净、蛮荒得宛如自然状态的北美建立了一系列广泛民主的自治市镇。问题是,这些共同体的成员最初就是为了逃离英国君主或国教会的权力,面对新建立的政府机关及其强加的义务,他们难免继续生发"逃避"的冲动。逃避原本是一种宗派主义的分裂倾向,但少数宗派在封闭的欧洲大陆无从逃遁,只能通过发动民族革命来流血争取自己的权力。相比之下,美国却有全然不同的地缘优势:

> 美国的宗派主义态度回避了民族的问题,而且它之所以能延续两个半世纪,乃是因为陆上物理疆域的广阔给了他们逃避的空间。(页90)

这种态度有助于我们理解美国的联邦权与州权之争、孤立主义政策等政治现象,甚至能让我们明白为什么美国遍地都是无数稀奇古怪的教派。但沃格林指出,任何稳固的共同体秩序都不可能完全放任这种非政治的逃避倾向,罗德岛的威廉斯就是一个最生动的例子:威廉斯出于深厚的私人宗教性而选择逃避世俗政治,建立了一个实行普遍民主的自由城市,但等到一个比他更加激进、更有逃避倾向的宗教人出现时,"他监禁了这位人士,也监禁了他自己的良心"(页91)。

除了上述政治符号和事件之外,沃格林还选取了弥尔顿、温斯坦利和哈灵顿作为革命年代寻求秩序的智识人代表。与剑桥学派借题发挥鼓吹"继续革命论"不同,沃格林意图说明:即便当时最激进的智识人也懂得,革命最后终究还是要恢复秩序,而不是在激进民主的狂热理想下不断破坏政治体。不过,沃格林专论克伦威尔的一章显得格外有趣,因为他发现克伦威尔的灵魂似乎总是受到某些不可捉摸、反复无常的激情摆布,其主观恣意的行事往往给历史进程(甚至包括处死君主一事)横添不少偶然色彩。

类似的偶然性,同样可见于他对法国革命的分析:法国大革命的原因并非某种单纯的民主意识形态鼓动——更何况卢梭作品的流行是在大革命发生以后——而是直接来自王权与高等法院代表们围绕财政问题发生的冲突,甚至与当时君主和贵族的某些品性有关。这也提醒我们:理解政治未必总要拘泥于某些大而化之的观念,有时更应当注意看清偶然事件的来龙去脉,从中辨识出政治人是否表现了足够的实践智慧。

四

本卷选用"新秩序"与"最后的定向"两个主词,意在概括沃格林在这段年代发现的两大思想史"周期"。第一个周期是"秩序对抗精神",即创造一种以主权民族国家为主体、克服新教宗派主义分裂危险的新政治秩序(页153)。可是,启蒙的新政治科学家们连带着全盘抛弃了基督教文明所代表的精神追求,结果导致新的政治体及其生活方式毫无灵魂。这引起了第二个周期的反弹,沃格林称为"精神的重申"(页155)。对启蒙文明深感不满的人,既有在政治和社会层面掀起更加激进的大众运动的僭主式人物,也有在沉思中致力于"恢复一种对于精神文明之诸标准的意识"(页155)的少数思想家。沃格林更关心后者:

《革命与新科学》讨论了维柯，本卷的主人公则是谢林。

许多读者可能会对沃格林的选择感到迷茫，因为他对德意志思想史的讨论完全撇开了从康德和黑格尔这一条经典进路，而是单单选取了后世默默无闻的谢林。这一部分的前瞻性章节"现象主义"或许暗示了他的理由：众所周知，以康德为代表的德国思辨哲学主流是要驱除中世纪基督教影响下的形而上学迷雾，也就是从阿奎那到笛卡尔等人苦苦追求的"现象"背后的"实体"。

康德集近代的主体性形而上学之大成，通过哲学视角的"哥白尼转向"，从神秘不可知的超越"实体"转向了由主体先天官能来规定和认识的"现象"。康德的批判哲学带有一种非常浓烈的主体主义和科学主义色彩，从而引出了沃格林所谓的"现象主义"：实体或超越之物绝对不可知，只有各种经验性的事实及其关系不仅可知，而且反映了人自身的认识和实践能力，后者构成了科学研究的"现象"领域。

现象和现象式科学成了现代精神的唯一追求，渗透进了现代性的方方面面，正如沃格林举的"生物学现象主义"、"经济学现象主义"、"心理学现象主义"例子，其基本特征都是将自己狭隘经验视野中的现象毫无反思地推广为控制和指导人事生活的一般准则。正是在这种背景下，谢林重新恢复"实体科学"的事业就显得弥足珍惜。

谢林一章非常难读，此处仅提请读者注意几个关键问题：

首先，谢林如何看待从笛卡尔到他那个时代的哲学进展？谢林注意到近代哲学的"笛卡尔开端"有一个关键缺陷，那就是将实体一分为二，人为划定了心与身、物质与精神的鸿沟。这是人取代基督教上帝之后必然看到的有限的世界图景，谢林深知回到基督教已成过往，所以他的思辨任务是为空洞的现象世界寻获某种崭新的、绝对统一的本原。

其次,谢林如何克服自然科学及其理性主义的现象式宰制?这就必须同时理解谢林的神秘主义,以及他如何将一系列边缘性生存体验(尤其是"无意识")融入自己的思辨哲学中。沃格林生动描述了谢林笔下意识如何从"无意识"中生育出来,在伴随着生育过程的"畏"等等恐怖体验中,逐渐获得了更高层次的解放和精神自由;读者不妨对比柏拉图《会饮》或《斐德若》对爱欲体验的描述,或许有所启发。

最后,谢林如何从极端抽象的思辨高处回到人世间的政治实在?沃格林着重展示了谢林的历史哲学。在这方面,希腊城邦的某种秘仪式终末论发挥了重要作用,甚至成了基督教没落之后的替代品。谢林为新的历史阶段呼吁一种特殊的人格类型,既不是启蒙进步历史的世俗知识分子,也不是约阿希姆式神圣历史的敬虔修士,更不是如今政治体吹捧的各种意识形态领袖;谢林把解决文明危机的希望托付给了"艺术",这是一个非常值得反思和追问的问题。

原定为最后一章的"关于荷尔德林的笔记"(本卷最后一章"尼采和帕斯卡"是编者自行添加),明显接着谢林从实体哲学、自然哲学、历史哲学到艺术哲学的论述线索而来,因为诗人荷尔德林在回归古希腊和发现新神话方面与谢林的许多理想不谋而合。不过,论荷尔德林一章虽短,却更多透露了诗人的悲凉,鲜少乐观的认识。

沃格林精心挑选的荷尔德林诗作表明,纵然诗人要成为创作新神话的先知,为自己的民族注入新鲜的精神血液,但基督教的死亡冲击太大,以至于诗人每一首在自然中寻觅新旧众神的诗歌都带着缅怀基督的意味。在众神逃遁的黑夜里,还有什么光明来指引诗人还乡?"最后的定向"在现代世界的黑夜中显得如此孤独、落寞,大抵因为几乎所有人都已彻底离弃了生存的神圣根基。荷尔德林有一句著名的诗,或许浓缩了沃格林在全书里反复流露的深切忧虑:

> 易碎的器皿岂能总是盛下他们,
> 人只是偶尔耐受诸神的充盈。

英文版编者导言

一 解释现代世界:沃格林关于现代性困境的未尽叙事

[1]沃格林在写给他那位新出版商的信中说:"今夏我又给第三卷《现代世界》加了 200 多页。"这位出版商与沃格林签了一份三卷本专著的合同,而这原本是要由麦格劳-希尔图书公司出版的单卷本大学教材。一年之后,沃格林与麦克米伦(Macmillan)出版公司签订合同,并且宣称已经在"清晰的打字稿"上完成了《古代世界》和《中世纪》这两卷。至于第三卷,他补充道:"我估计收尾在望,1946 年初就可以完成。"① 当然我们知道,事实证明沃格林的估计有些草率,他对现代世界的描述始终没有像最初计划的那样完成。

本卷收录的研究,反映了构筑《政治观念史》的不同阶段。它记录了这项事业如何慢慢地陷入中断。第一部分最初定名为

---

① 《沃格林致麦克迪》,1945 年 10 月 8 号,"沃格林档案",胡佛研究中心档案馆(Hoover Institution Archives),盒 24。下引仿此。

"稳定化"(stabilization),提出了以民族国家为中心的诸政治观念之复合体(complex)。这些章节可能完成于 1943 年。它们仍旧展现为大学教材的形式。第二部分"最后的定向"注明日期是 1945 年,该部分反思性地探索现代危机的起因,从而充当了《政治观念史》详细解释当下危机的最后一部分的引论。[2]接下来的"尼采和帕斯卡"那一部分,原定并不属于《政治观念史》。大约 1943 年,那部分还是一份独立研究的手稿,而沃格林视其为《政治观念史》原定尼采一章的初稿,但那一章最终没有写成。①

《政治观念史》的成书有一段相当复杂的故事,"总序"(General Introduction)对此已有说明:作者从 1939 年开始构思,随后抛弃了最初的构想,最终声明放弃了这一计划。② 正如彼处所示,沃格林对政治观念史的解释学方法予以重新概念化的冲动,缘于他对现代世界的分析。反过来讲,这种冲动也根据来自灵魂深处的知识之记忆式建制(anamnetic constitution),产生了一种对于政治精神(Geist)及其历史性的鲜活理解。这是一种对材料和相关专著进行重新审视的起点,也是《政治观念史》的范围得以继续拓展的起点,结果耽搁了第三卷的完成。

1948 年,沃格林将前两卷交给了一位匿名评审人,而尚未完成的第三卷仍在写作中。在回应这位评审人的批判性评论时,沃格林谈到,以马基雅维利为开端的关于现代的论述,将"占整部作品的一半篇幅"。③ 鉴于 1944 年作者曾承诺出版商,三

---

① 《沃格林致洛维特》,1944 年,11 月 17 号,盒 24。
② 霍尔维克和桑多兹,"总序",载《沃格林全集》卷 19,《政治观念史稿(卷一):希腊化、罗马和早期基督教》(*Hellenism, Rome, and Early Christianity*),Moulakis 编(Columbia:University of Missouri Press, 1997),页 1—47。
③ 《评〈关于沃格林《政治观念史》的评审报告〉》,页 1;"沃格林档案",胡佛研究中心档案馆,盒 24,册 8。

卷书分别为四百、五百和六百页;我们能够推测出,关于现代世界的分析在当时就已经大大扩展了。因此,1949年沃格林建议出版商将第三卷拆分为两卷:"从马基雅维利到洛克(第三卷);从维柯到当代(第四卷)。"①

然而,随着不断的修订,不只是对现代世界的说明,整部作品的体量也在一直增加。大约四年后,沃格林使他的出版商大吃一惊,因为这部作品有了一个新的大纲和标题——《秩序与符号》(*Order and Symbols*)代替了原先的《政治观念史》,[3]《古代世界》改为《神话、历史和哲学》,《中世纪》改为《帝国与基督教》,最后的《现代世界》也改为《灵知时代》。三卷书总计四千五百多页,其中第三卷占了一千八百多页。第三卷的新标题,最能证明整个事业在重心和概念进路上发生了转变。沃格林的"沃尔格林讲座"(Walgreen Lectures)记录了这一过程:这是沃格林在1951年所作的讲座,并且以《新政治科学》(*The New Science of Politics*)为题出版。这部作品认定"现代性的本质是灵知主义(gnosticism)的发展"②;灵知主义曾经在中世纪异端的宗派主义中起作用,到16世纪和17世纪闯入公共舞台,20世纪又变形进入了极权主义意识形态的大众运动。从一开始,沃格林就希望他的《政治观念史》有助于更好地解释现代政治的当下危机。他经常说,他相信"科学的研究状况"将使学者们能够揭示西方文明的智识形态和精神形态的历史根源。

早在1938年的《诸政治宗教》(*Political Religions*)中,沃格林就已经发展出了这一论点。在《政治观念史》最早的版本

---

① 沃格林致古尔维奇(A. Gurwitsch),1949年4月16日;沃格林致莫伊(H. A. Moe),1949年10月29日,盒15。
② 沃格林,《新政治科学:一个导论》(Chicago: University of Chicago Press, 1952年),页126。

中，他已经分析了现代政治—宗教现象的产生，而这也是《诸政治宗教》的主题。沃格林的分析，依据的是自 11 世纪以来西方文明的智识历史和精神历史的双重轨道，它们在两个不同的层次上发挥作用：在较高层次，观念复合体(ideational complexes)集中在诸如帝国、教会以及后来的民族国家之类的公共制度上。在较低层次，则是"各种感受与观念的千禧年戏剧"的不断展开，而它"反叛我们文明的上层建筑"。①

当沃格林进入对现代世界的解释时，事实证明，他越来越难以在观念—构架的这两个层次之间建立起联系。沃格林为了解决问题而做了一项尝试，结果便是写下了"上帝的子民"一章。在这一章中，他打断了编年史叙事，而是去追踪异端教派的革命潜流：从异端宗派在中世纪的起源开始，一路叙述到了它们在16 和 17 世纪宗教改革之后的政治性崛起。[4]至于对 1700 年之后现代世界的描绘，沃格林必须应对一个事实：较低层次的故事开始支配了公共制度的层次。异端的宗派主义超出了它们的基督教起源，突变为政治—宗教的信条，俘获了大众，最终开始攫取公共权力本身。

1945 年，沃格林在致舒茨(Alfred Schütz)的一封信中解释了他的困境。

> 直到 1700 年，我多少还能继续按编年史来写。但是，从 18 世纪以降，这已变得不可能，因为由狭义的政治理论家所处理的世俗政治问题，与基督教时代之后的内在俗世的终末论相互交织。

---

① 《沃格林全集》卷 22，《政治观念史稿(卷四)：文艺复兴与宗教改革》(*Renaissance and Reformation*), David L. Morse and William M. Thompson 编(Columbia: University of Missouri Press, 1998)，页 132。

因此，沃格林面临一项艰巨的任务，就是要将"关于18世纪的政治思想家（从维柯到康德）的编年史陈述，与散落于诸世纪的现代终末论历史相互联结起来"。① 随着他的分析进入19世纪，这个困境变得更麻烦，最终破坏了曾经定名为诸政治观念之整体历史的观念框架，而这个框架的基础乃是1939年沃格林所建立的"关于诸召唤的一种理论"（a theory of evocations）。

有一段时期，沃格林尝试把各种内在俗世（inner-worldly）信条的运动，融入这种关于政治召唤的解释理论当中。只需看一眼目录，就可以看出材料范围的扩大，以及解释重心的相应转变。沃格林最初的单卷本历史书给现代性留了两章，"民族国家"和"民族国家的黄昏"（1941）。不久，这两章换了标题，并且作了细分。"世俗国家"一章讨论的主题包括"神权国家观念"、"自然法观念"、"政治主权观念"以及"宪政国家"。该版《政治观念史》的第二章（某种意义上也是最后一章）被命名为"西方心灵的全球扩张"（The Planetary Expansion of the Western Mind）：它首先描述了地理的、科学的、历史的视野的扩张，以及经济革命和社会革命；随后是一些人道主义、自由主义、社会主义之类的"新信条"；最后则是"极权主义运动"和"个体独立性的瓦解"。

[5]1945年，沃格林为计划中的第三卷拟定了一份目录，它展现了一幅相当不同的图景。目录的五个部分仍旧是编年式的，但所有迹象表明，沃格林设想的第三卷"不仅仅是一部关于各种理论的历史"，也可以说是"一种对政治和现代文明的无所不包的体系性批判"。② 现代政治观念史自身上演了一出文明的戏剧，高潮就是极权主义实行了内在俗世的终末论，作为戏剧

---

① 《沃格林致舒茨》，1945年9月17日，盒34。
② 《沃格林致麦克迪》，1945年10月8日，盒24。

的最后一幕。这出戏剧的开始，就是中世纪世界瓦解成了民族国家之后，文艺复兴与宗教改革时期的失序（第八部分），随后是一个稳定化的时代（第九部分）。18世纪，西方文明化过程的双轨性开始露出苗头：一方面，新建立的民族性的政治-宗教体，取代了已解体的中世纪社会的帝国秩序。另一方面，在这个有着多元化权力单位的新世界中，对人类生存意义的追寻凝结成了时代的一种革命意识，把潜藏的内在俗世（intramundance）感受和宗教感受转变成了各种对于人类生存的新奇解释，并且用它们来取代那已经失落了的基督教生存意义。在题为"革命"（第十部分）的那部分，沃格林记叙了这个高度复杂的故事，而它的内容就是在国家层次上的观念的地域主义（ideational parochialism）与席卷了整个西方文明的各种新信条的普世主义之间的交互发展。

但是，恰恰在这个故事的中途，在讨论卢梭以及大西洋两岸革命（Atlantic revolutions）的前夜时，沃格林遭遇了前面提及的困难。不过，沃格林的分析重点既不是卢梭，也不是美国革命和法国革命的政治观念，更不是它们在德意志的精神后嗣，即康德和黑格尔的"精神革命"（revolution of the spirit）。在沃格林看来，黑格尔标志了革命时代的终结，而这个时代完全由现代人的出现所界定。一个结论性的反思（题为"思辨"）也可以被理解为论"危机"那本书的"序曲"。① 通过重新考察布鲁诺的哲学，那一部分刻画了"现象主义"的问题。它还揭示了，"实在的去实体化"（desubstantialization of reality）进程就是导致这个时代文明瓦解的根源，因为它失去了基督教的灵性（Christian spirituality）。[6]现象主义（phenominalism）成了自我表达在危机时代

---

① 《沃格林致舒茨》，1945年9月17日，盒34。

里的中介。

从智识上看,谢林的实体哲学在现代心灵的这场悲剧中呈现为一个阻挡性的环节。谢林再次聚合了各种分歧越来越大的智识趋势,并且抵制各种灭绝传统的做法。为了迎接他所处时代的挑战,谢林从哲学上回应一个渐渐消亡的基督教时代,以此再度集结了传统的精神资源。在这个意义上,沃格林认为,谢林对诸观念的解释就是"在这个危机纪元愈演愈烈的混乱中,一个稳固的定向点"。由于一种现代哲学的轮廓在谢林这里成形了,维柯《新科学》(*New Science*)的核心问题也就登上了前台,这问题就是:如果对现代性一词作哲学式的理解,现代性(modernity)的真正意义究竟是什么?

出于这个原因,"思辨"这部分被重新命名为"最后的定向",成了《政治观念史》独立的第八部分,并且收入本卷。这一部分先于第九部分"危机"完成,而后者又仍然是一个残篇。沃格林写完了法国的前实证主义(prepositivism)和实证主义,以及巴枯宁和马克思的革命社会主义。但是,他原计划要写的自由主义、尼采和极权主义运动却没有完成。沃格林一边开始重写《政治观念史》的早期部分,一边仍旧在写关于危机的这一部分,并且在1948年写到了马克思。当他重写"上帝的子民"当中异端教派主义的故事时,历史探究使他坚信所谓的"大众精神运动"(spiritual movements of the people)具有灵知主义的品性。沃格林自己谈到:

> 在我的记忆里,我开始意识到灵知主义及其应用在现代意识形态现象当中所产生的问题,首先是通过巴尔塔萨(Hans Urs von Balthasar)1937年发表的《普罗米修斯》(*Prometheus*)的引言。

这个发现，或许也加强了沃格林对于巴尔塔萨《爱任纽：成熟的忍耐》(Irenäus: Die Geduld des Reifens, 1943)以及西蒙娜·彼得勒芒(Simone Pétrement)《柏拉图、灵知派和摩尼派的二元论》(Le Dualism chez Platon, les gnostiques et les manich'eens, 1947)的解读。一旦认识到那些俘获了现代世界的观念所承载的灵知主义，沃格林就能够发展出一套新的解释范式，以此理解在当前危机中达到高潮的现代性的全部。

显然，如果我们能看到，孔德和希特勒等人关于一种历史的终极变形(transfiguration)的观念并非"新颖"，而是源于13世纪激进神秘主义者的终末论思辨；或者，如果我们能看到，黑格尔和马式的历史辩证法不是一种新的历史主义或者新的实在论，而是一种重新占了上风的灵知主义思辨；如果我们能看到，在实证主义、进步主义、共产主义和国家社会主义这一方与基督教另一方之间的当代斗争，不是"现代"诸观念与基督教的斗争，而是基督教与灵知派之间的一场古老斗争的复兴；如果我们在爱任纽(Irenaeus)驳斥他那个时代的灵知派的著述中，找到了对于当代问题的出色描述；那么，我们对于启蒙运动时期及其后来时期的现代政治运动的理解，也会赢得一种崭新的深度。①

[7]在此视角下，现代灵知主义恰恰兴起于基督教的中心。因此，沃格林现在辨明了这些灵知主义观念在14世纪教宗权力至上论(papalism)的"教会极权主义"(ecclesiastical totalitarian-

---

① 《自传体反思录》(Autobiographical Reflections), Ellis Sandoz 编(1989; available Columbia: University of Missouri Press, 1999), 页65-66。《政治观念史稿(卷四): 文艺复兴与宗教改革》, 页178-179。

ism)①当中的运作：

> 虽然看起来难以置信，但**博尼法切八世**（Boniface VIII）已经尝试将这种中世纪基督教的灵性秩序和世俗秩序转变为一种灵知主义帝国。

1948年春，沃格林在"上帝的子民"中首次提出了灵知主义主题论点的第一个版本。接下来一个月里，他第一次用这个主题来分析马克思。② 后来，沃格林暂停了论危机那一章的所有工作。1949年，他回过头来修订了对于文艺复兴与宗教改革的研究，并且开始重新研究古代。1950年，《政治观念史》被搁置了一年。③ 沃格林在欧洲旅行了几个月后，在同一年秋开始撰写芝加哥大学的沃尔格林讲座的讲稿。在准备讲稿的过程中，他熟悉了关于灵知主义的学术研究。同年十二月，他告诉施特劳斯（Leo Strauss）：

> 现代灵知主义的问题，在我即将发表的关于真理和表象（Truth and Representation）的讲演稿中扮演了突出角色。④

---

① 《沃格林全集》卷21，《政治观念史稿（卷三）：中世纪晚期》，David Walsh 编（Columbia：University of Missouri Press，1998），页52。
② 《政治观念史稿（卷四）：文艺复兴与宗教改革》，页207；沃格林致雅诺希（Friedrich Engel-Janosi），1948年5月1日，1948年9月1日，盒11。
③ 《沃格林致鲍加腾》，1951年7月10日，未刊书信。
④ 《沃格林致施特劳斯》，1950年12月4日，《信仰与政治哲学：施特劳斯和沃格林通信集（1934－1964年）》，Peter Emberley and Barry Cooper 译（University Park：Penn State University Press，1993）。

[8]《新政治科学》的相关章节,收录了沃格林用灵知主义来重新解释现代世界的精华。后来,1953年沃格林写信给出版商说,他已经给"灵知主义时代:从1500年至今"的每一卷重新拟了标题。① 但是,他根本没有再回头去写这本书尚未完成的原定章节。留给《新政治科学》的现代性解释还在,但《政治观念史》始终未完成。就其完成了的部分而言,《政治观念史》为后续研究提供了材料,还有一些片段独立发表。如果我们比较《政治观念史》从"中世纪"以下各部分的不同版本,我们就能发觉:沃格林越来越倾向于用文明瓦解来分析西方历史的过程,而这场瓦解最终导致了20世纪的极权主义。

灵知主义概念为沃格林提供了统一的解释原则,并且迫使他去重新思考自己解释历史本身时所采取的解释学进路。但是,迫使沃格林改变心意的原因,不在于他发现了现代灵知主义,而是这种发现对于理解40年代中期以来一直困扰他的历史进程问题有着潜在意义。沃格林断言,现代的灵知主义文明侵蚀了人类灵魂当中秩序的权威来源,从而颠覆了古人和基督徒的成就。由此观之,历史的特征源于世界—历史之诸部分的一种文明循环观念,而这种观念曾经是历史的逻各斯(logos)在地中海文明区域当中的启示(revelation)。这种观念把现代世界置于这一文明循环的衰亡一环。② 危如累卵的基础问题是"真理的历史性"(historicity of truth)问题,也就是1949年沃格林由于研究维柯和谢林而受到启发,并且在论亚里士多德的修订版一章当中提出的问题。③ 真理的历史性,意味着"超越式实在

---

① 《沃格林致安德森》,1953年10月15日,盒24。
② 沃格林,《新政治科学》,页164。
③ 《秩序与历史》卷三,《柏拉图与亚里士多德》(*Plato and Aristotle*)(1957;Columbia: University of Missouri Press, 1999),页363。

(transcendental reality)也有一种关于经验和符号化的历史"。

在回应舒茨的批评时,沃格林说,他不得不带着这个术语来写他所有的著作。① 在这个意义上,观念史应当是

> 一部关于生存式转变的历史,[9]在这些生存式转变当中,"真理"浮现出来,被遮蔽、遗失,又被重新发现。特别是,一部政治观念史应该考察这样一种过程:在这过程中,"真理"发挥了社会实效,或者被这种实效所遮蔽。②

"真理的历史性"这个概念融合了历史哲学和政治学理论,因而最终意味着沃格林舍弃了那条直到 40 年代晚期都支配着《政治观念史》写作的解释进路:政治召唤的理论。这种舍弃是逐步发生的,而且,论现代世界的那几卷也记录了沃格林在解释程序上的转变——本卷第一章"民族国家"仍然保留了最初理论的痕迹。

二 "政治观念"的范式

沃格林的出版商原以为沃格林要写一部政治观念史,淘汰掉当时大学使用的教材,如 1937 年萨拜因(George H. Sabine)的《政治理论史》。但是,沃格林从一开始就坚持,鉴于教科书智识贫乏的状况,他希望自己的《政治观念史》可以代表国际学术研究的现状。他认为,这样的成就将引发"这个领域的一场革命",但是,这就需要给现存的专题性文献留出"相当大的空间来

---

① 《沃格林致舒茨》,1949 年 11 月,盒 34。
② 《沃格林致施特劳斯》,1950 年 1 月 2 日,《信仰与政治科学》,页 64。

作论证的支撑",还要"解释为什么主要思想家的公认形象是不准确的"。毕竟,"还有一种叫做科学的东西存在"。① 十四年后,沃格林再次指出:

> 就像我说的,这个领域的科学状况,过去十年里有了实质性的提升。你获得的这份辛勤劳动的果实,是一部关于该题材的权威论著,保证在一代人之内找不到对手。②

这种学术研究追求真理的认知性面向,就是沃格林的自我理解的关键,也构成了他所有研究的条件。对他而言,在关于历史和哲学的诸科学中,经验知识的认知性进步是一种持续发展的进程。这些科学为一切有关社会实在的认知提供了坚实的基础。认知性努力意味着,[10]当实在的秩序化逻辑在研究过程中出现时,不同学科对于各种经验性发现就会产生反思性洞察。在这个意义上,学术研究之追求真理的认知性面向,就其把人的境况本身变成主题而言,已经牵涉到了生存性的时刻。认知性的追求真理和生存性的追求真理之间的相互关系,融入了一套用来理解社会政治世界之意义,并且为人类的政治生存提供某种批判性理论的概念工具当中。学术研究的认知性维度适用于经验科学的批判性标准,反过来,它也依赖于在经验研究过程中所揭示的对于人事的生存性反思。这个悖论在沃格林的"召唤"理论及其相关的"政治观念"概念当中得到了中肯阐释,而在沃格林写关于现代世界的章节时,这种解释范式仍然是《政治观念史》的基础。

霍尔维克(Thomas Hollweck)和桑多兹(Ellis Sandoz)在

---

① 《沃格林致马克斯》,1941年8月4日,盒25。
② 《沃格林致麦克迪》,1954年7月5日,盒24。

《政治观念史》总序中说：

> 对政治观念之性质的这一理解，乃是《观念史》理论架构的中心所在，构成这部作品从导言至最后部分的基础，以及视"现象主义"为现代性的塑形特质这些反思的基础。

他们注意到，后一部分对谢林展开的密集研究，致使沃格林重新思考了"历史"之基本范式的本性：历史的基本范式起源于"召唤和理论的复合体"。① 这就容许我们更加仔细地看一看沃格林的召唤理论及其理论意涵。② 按照沃格林的观点，这种"关于召唤的理论"就是《政治观念史》的基础。③ "召唤"这个概念与政治观念（political idea）这个术语紧密相连。

> 诸观念，特别是政治观念，并不是关于实在的理论化命题，相反，它们本身就是实在的构成要素。我在第一卷引言题为"召唤"的那部分里，讨论了观念的这种实在特性（reality-character）。一个观念一旦被提出[11]和传布，就会召唤实在。只有观念与被召唤的实在之间的这种关系，才提出了政治观念史的问题。④

---

① 霍尔维克和桑多兹，"总序"，《政治观念史稿（卷一）：希腊化、罗马和早期基督教》，页20、23。
② 见格布哈特（Jürgen Gebhardt），《政治观念史作为政治召唤的理论》（"Politische Ideengeschichte als Theorie der politischen Evokation"，*Politikwissenschaftliche Spiegelungen*，1998）。
③ 《沃格林全集》卷20，《政治观念史稿（卷二）：中世纪（至阿奎那）》（*The Middle Ages to Aquinas*），Peter von Sivers 编（Columbia：University of Missouri Press，1997），页8。
④ 《沃格林致舒茨》，1945年9月17日。

沃格林对自己放弃《政治观念史》的回顾性言论,常常给人留下这样的印象:对于"政治观念总体上与什么相关"这一问题,他已经同意了一种更加习常的理解,并且沿用了常规教科书上的术语。但事实并非如此。1948年,前两卷的匿名评审人谈到了问题关键:

> 作者在一种特殊的、准技术性的意义上使用"政治观念"这种表述。这个特殊的含义遍及本书,却在引言中陈述得简略而不清晰。要想充分、确切地讲清楚这个概念,可能要求一部很长的论著,因为它几近于一种像历史哲学那样的东西。

根据沃格林对这份报告的评价,这位评审人对于"'诸召唤式观念'或神话的历史"的补充评论,本质上是准确的。沃格林同意,"自己没有一处地方简洁而正式地论述过关于诸观念和神话的理论"。"但是,"他接着说道,"要想严肃阐释这个问题",那就需要一本新书或者至少是一篇相当长的导论:"这就是为什么我仅限于在问题出现时附带阐释一下这个理论。"[①]

我们不知道提交给评审人的是哪一版导论。沃格林在不同的时候将这份文档寄给了不同的通信者,包括舒茨、雅诺希和洛维特,但是没有完整的抄件保留下来。要想重构沃格林的理论,就只能依靠他早期的亲笔手稿,他在历史叙述当中插入的相关的分析性反思,以及他自1940年代起发表的一些作品。这些亲笔手稿已经作为《政治观念史稿》卷一附录出版。沃格林的笔迹难以辨别,有时还无法辨别。有一版打字稿肯定是在1939年秋

[①] 《关于沃格林〈政治观念史〉的评审报告》,页5,"沃格林档案",盒21,册2。

写成,因为沃格林告诉了闵茨(Max Mintz),并且寄给了他。闵茨在圣诞节时读了这份文稿。① [12]与霍尔维克和桑多兹不同,我认为这份初稿不同于1948年评审的那份引言,因为这位评审人列出的参考文献并不包括需要追溯到1939年的文本,而是像通常认为的那样只有1940年版。

沃格林早期未发表的两篇作品以哲学人类学为基础,它们构成了他研究政治观念所用的概念方法的基础,这就是《统治学说》(*Herrschaftslehre*)和《作为精神科学的国家学说》(*Staatslehre als Geisteswissenschaft*)。② 沃格林早期设计了一套国家学说(Staatslehre)体系,其中提出了这样一个问题:有些观念根据在人类的历史性生存当中的意义统一体(Sinneinheit),以此创造了政治共同体,那么,人的心灵究竟如何从那些根本性的生存体验中汲取了这种观念呢? 这个问题可以用人类学术语来解答:"这种状况的根源必须从人的本性中寻找",只要

> 还有一些根本性的人类经验存在,它们借助鲜明而真实的范例当中的诸观念的塑形力量,召唤了国家现象;这些范例有着各自的具体内容,在其中,政治共同体的实在就是为了这个政治共同体的成员而建立的。这种国家-创造(state-creating)的观念并不必然需要一门关于国家的科学,相反,它们自身就是国家-实在的本质要素。这些国家

---

① 《沃格林致闵茨》,1939年10月22日;《闵茨致沃格林》,1940年2月6日,盒25。

② 《沃格林全集》卷1,《论美国心灵的形式》(*On the Form of the American Mind*),Ruth Hein 译,Jürgen Gebhardt and Barry Cooper 编(Columbia: University of Missouri Press, 1999),页 ix – xlii。

观念的内容,在本体论上起源于前面提到的根本性的人类经验——它们就是以人格(person)或共同体为中心的观念。①

至于共同体观念活在何处,那就是:

> 那些属于这个共同体,并且处于共同体智识创造物当中的人的心灵。在该共同体所创造的诸多人格与智识世界的共同结构中,这种观念能够被直接地经验到。

这个观念是真实的,不仅对于外部的观察者而言,首先也是对于那些生活其中并且创造了它的人而言。心灵以这种方式创造出来的智识世界,实际上也是一种经验对象。一旦观念以历史的方式具现化,它就受到了个体的人格精神所束缚,因为观念既是在一种客观意义上从个人心灵中迸发出来,同时也是在一种主观意义上由同一个心灵[13]孕育出来的。观念拥有这种筑就共同体的功能,这是因为观念的主观实效与客观实效之间的互动:

> 一共同体的观念既是主观的,也是客观的。客观来看,共同体作为这个观念的实现而成为现实;主观来看,共同体的实在也是通过在人们心灵当中观念—孕育的过程而不断产生。这些人共同创造了观念,从而建立了共同体,随后,我们就从观察者的角度将这个共同体视为一种观念弥漫的复多性统一体(the idea-pervaded unity of a plurality)。

---

① 《沃格林全集》卷 2,《种族和国家》(*Race and State*),Ruth Hein 译,Klaus Vondung 编(Columbia: University of Missouri Press, 1999),页 2,页 4-5;英语措辞有些改变。

这样理解的观念不是什么概念,而是"作为多中之一出现的真正实体"。就其根据一个政治共同体来历史性地绽露自身而言,观念表现了人类的精神存在(spiritual being)。在以等级秩序的方式建立的一切共同体观念的构造当中,这种人类学环节登上了前台:

> (1)人性的观念,在其框架中(2)绽露了关于有限共同体的观念,以及(3)个体人格的观念——这些观念也在共同体的框架中得到了绽露。①

沃格林关于 部政治观念史的特有概念,就是起源于这种对于国家—实在与国家—观念之相互关系的体系化分析。

1939年,沃格林把自己修订过的那本种族研究著作摆到了美国读者面前。这时,他把共同体—创造的观念称为一种"政治观念",并且更加具体地解释了"政治观念"这个概念:

> 一个政治观念并不试图去描绘社会实在本身,而是提出诸符号(symbols),成为它们的单一的语言符号或者更加精细的教义;这些符号拥有的功能,就是创造出某群体作为统一体的形象。

这种政治群体生活的统一性要素,无法像行为主义者宣称的那样,能从对个人行为的观察中推断出来:"正是一个群体所接受的各种符号式的信念,使得大量杂乱四散的个体生命凝聚成了一个群体单位。"但是,一个"符号式的观念"严格意义上还不是理论,因此

---

① 《种族和国家》,前揭,页118。

一观念的功能并不是描述社会实在,而是在社会实在的建制中协助它。一观念通常在知识论意义上是"错的",但它与实在之间的关系恰恰就是它的原则。

尽管如此,沃格林还补充了一个事实:在伦理价值和形而上学价值方面,观念与实在也许会有不同。[14]政治观念与经验实在相互关联,其实是发生在"某些根本性的普遍经验当中,这些普遍经验通常倾向于成为一种物质性起点,由此开始转变为一种符号"。因此,

符号以实在的某种要素为基础,但它不能描绘实在。符号使用这种基础,是为了用单一的、相对简单的要素来将杂乱四散的实在领域再现为统一体。①

沃格林在1944年发表的一篇文章中指出:

要想让政治理论史与政治过程相适应,那就必须提出一套阐释完备的理论来解释如下观念:这些观念关系到共同体的神话式创造,以及这些观念更加深远的神学支流。

他称这个任务"令人畏惧,但并非没有希望",却没有说自己已经草拟了这一理论。② 实际上,沃格林早在1939年的引言中就已提出了这个理论的轮廓。它的起点是政治观念的"召唤实在"功

---

① 沃格林,《种族观念的发展》("The Growth of the Race Idea"),载 *Review of Politics* 1-2(1939-1940):283-317(283-285)。
② 沃格林,《政治理论和通史的范式》("Political Theory and the Pattern of General History"),载 *Research in Political Science*, ed. E. S. Griffith (Chapel Hill: University of North Carolina Press, 1944), 190-201(198)。

能(reality-evoking function),但是,沃格林将它安置在了一个新颖的历史框架中,而这框架揭示了一种关于任何共同体—创造的观念化活动(ideation)的形态学:这种形态学在历史上持存不息,而这种观念化活动也能一直回溯到人类历史的原生起源(primordial origins)。

因此,引言提到:

> 建立政府是创世之文章。从冲突人欲的无形广漠,兴起一个秩序小世界,一个宇宙的摹本,一个小宇宙(cosmion),引领那饱受内部和外部破坏力之压迫的危殆不安的生命,通过对其内部违法者和外来侵略者施以终极威胁和暴力运用,维护它的生存。

但是,这种使用暴力的做法,并不是创造和维持政治秩序的最终理由。

> 秩序的真正功能,乃是创造一个庇护所,人在里面可赋予其生命一个有意义的外观。建立秩序就意味着创造意义。
>
> 政治小宇宙提供一个意义结构,单个的人可把他个体生命的生物学上的和精神上的[生产和繁殖]能量融入其中,借此使其生命[免于]生存的[失序面向],当人可能会想到以湮灭告终的生命终究毫无意义时,是难免会出现这些面向的。①

---

① "沃格林的《政治观念史》导言",《政治观念史稿(卷一):希腊化、罗马和早期基督教》,页 225-226。

[15]这个新引入的术语"小宇宙"(取自哲人施特尔[Adolf Stöhr]),解释了在政治观念的"意义-创造"和"秩序-创造"的功能当中发挥作用的形态学原则。沃格林向舒茨解释道:

> "小宇宙"这种表达,对我而言特别适合用来为意义的政治领域命名。因为在真实发生的(秩序)建制当中,我们就是以宇宙秩序作为类比来从事意义创造的经验性活动。①

政治小宇宙是宇宙的一种模仿物。这种说法为新方法划定了一个底线,那就是从历史学和人类学的角度来理解政治观念:对于那种构成了所有共同体之基础的形态学原则,我们可以从近东的前古典时代文明当中挖掘出它的诸根源。

历史地看,这个论题是汤因比(Arnold Toynbee)论题的产物,即西方文明根植于一种近东与希腊相互融合的历史脉络。对于那种脱胎于早期非历史时段的有组织的政治社会,沃格林并未进行理论化,而是说:

> 就目前意图而言,我们可能……接受这样一个事实:只要回溯到我们西方世界的历史多多少少有了持续记录的时候,回溯到亚述和埃及帝国,我们就能追踪到一系列持续不断的努力:它们通过我们所谓的政治观念来把小宇宙——也就是小秩序世界——的庇护功能予以合理化。②

---

① 《沃格林致舒茨》,1945年10月6日。
② "沃格林的《政治观念史》导言",《政治观念史稿(卷一):希腊化、罗马和早期基督教》,页225。

沃格林主张,从西方历史的开端以降,就有同一种原则在政治共同体的建构上发挥作用。在近东诸文明中,西方历史具有一种风格特殊的魔幻创造(magic creation),而后者是一种使用宇宙论术语的生命观念:"这种魔幻创造的源动力,就是生存的焦虑。"①人的生存有着碎片化、无意义的性质,对于这种性质的经验又植根于对一种无所不包的宇宙秩序的经验当中:天体的周期循环和动植物生命当中的四季时序,揭示了这种宇宙秩序,而它应许了神圣的整全性和绝对性。

[16]人类心灵的创造性力量,努力克服人类生命本质上的不完善性和相对性,其方式就是用一套类似于宇宙论的术语,以想象的方式来重新创造宇宙秩序——也就是政治小宇宙——以便重新找回人类生存之庇护与意义的外壳。

> 因此,在任何政治观念的体系中,关键之处就在于这样一种思辨性的(努力),它致力于解决由小宇宙的有限性与它所指向的绝对性之间的基本冲突所呈现的问题。

有一个普遍的结构标示出了政治观念及其所有变体,

> 它在全部历史中始终如一,就像那些(注定)用于合理化的庇护性功能一样始终如一。这种永恒的普遍结构包含着三套观念:关于宇宙整全的建制的观念,关于内在秩序的观念,关于小宇宙在共时存在的世界和历史当中的地位的观念。

这几套观念周围聚集了一些具体的观念化活动,例如人和人类

---

① 见沃格林,《东方》("Orient"),未刊手稿,盒56。

生活的伦理观念、形而上学观念、宗教观念,以及经济和政治组织或社会的伦理复合体的各种信条。① 这个历史上持存不息的政治观念结构,从属于西方历史中所有文明化的秩序复合体:早期近东帝国的多神教体系,基督教帝国的一神教体系,以及神化了某一有限团体(例如国家、种族或宗族)的现代极权主义。此时,我们应当再次注意到:当沃格林想要解释现代性的诸政治观念时,他的构想又遇到了无法克服的困难。用小宇宙来取代宇宙的办法,不可能理解这场现代危机。

诸政治观念最首要的功能,就是召唤一个庇护性的小宇宙。沃格林用召唤(evocation)这个术语描绘了神话式的共同体—创造的独有特征。一种政治秩序的实在,是凭借语言的魔幻力量(magical power)而被创造出来的:小宇宙最初是一个想象的共同体,其意义无异于本尼迪克特·安德森(Benedict Anderson)在现代民族主义论争中创造的同名术语。②

> 这些(包含)在一套政治观念体系当中的语言符号[17],通过为一位统治者和一个民族命名的办法,创造了这一政治观念体系。语言的召唤性力量,以及那种在一个名字与命名对象之间的原始的神秘关系,使得如下情况有可能发生:通过一种召唤这些单位的行动,把一块充满了各种人类力量的无定形领域转变成一个有秩序的统一体。③

---

① "沃格林的《政治观念史》导言",《政治观念史稿(卷一):希腊化、罗马和早期基督教》,页 227、225-226。
② 本尼迪克特·安德森,《想象的共同体:反思民族主义的起源和传播》(*Imagnied Communities: Reflections*)。
③ "沃格林的《政治观念史》导言",《政治观念史稿(卷一):希腊化、罗马和早期基督教》,页 228。

后来沃格林分析，召唤行动将"诸感受和态度"当作复多的个体因素和集体因素、各种传统，诸如此类；根据它们，召唤行动为潜藏在各种人类力量之下的这一地层赋予了秩序，使得这一地层进入了诸政治观念的召唤进程。① 在一处对于自己中世纪观念研究的附带性反思中，沃格林断言：

> 我们相信，政治领域是一个源初领域，其中发生了诸感受和态度的根本性变化。而且，新的力量从政治领域当中辐射出去，进入了人类行动的其他领域——换言之，进入了哲学、诸技艺以及文学的领域……与我们关于"政治小宇宙的召唤特征"的理论相一致，这意味着：在政治召唤中，人原则上是在与他人格的整全打交道，而且，一个共同体的所有文明化创造，必定带有那个无所不包的整全的印记。②

政治召唤支持所有力图创造一个有限的意义宇宙的人类能动性。至于另一种非政治性主义的替代选项，它运作的基础则是如下信念：

> 从人类生存的有死性出发，根本不可能建立起任何有着内在意义的俗世结构；一切旨在创造一个小宇宙的尝试都是徒劳，而人也必须遭受生活的审判，并且仅仅以此作为过一种有着超越俗世生存意义之生活所需的准备。

非政治主义起了反作用，破坏了那个以想象的方式而被创造出

---

① 见《沃格林致舒茨》，1943年1月1日，盒34。
② 《政治观念史稿（卷二）：中世纪（至阿奎那）》，页107-108。

来的意义世界。但是,人类的诸召唤力量,将政治指名为实现它们在社会中的有意义生存的中介。只要人还是社会和历史的精神核心,只要"人自身总是最容易被转化成一种统一体符号的对象",那么,政治召唤就有人类学意义上的奠基。①

[18] 沃格林在1942年一篇书评中说道:"通过社会失序的经验,人类心灵被激发着创造了一种秩序,而这种秩序是人凭借一种想象行动——它符合关于人的赋予秩序的观念——所创造的秩序。"相比引言,这段话更加强调人类学原则才是政治观念的奠基。② 语言的魔幻力量源自人格的创造性力量,正是语言的这种魔幻力量,使得一个政治单位获得了事实上的存在,

> 一旦实现了这个目的,这个小宇宙就是历史中的一股真实的社会力量和政治力量;接着,一系列描述性的过程也将开启,它们试图将这个魔幻单位描绘成某种不再是魔幻的,而是经验上真实的事物。

这种政治观念变形成了对于一个想象的共同体的各种描述性解释,而通过模仿经验性实在的某些方面,这种想象的共同体成了一个有机体,其基础要么是共通的种族性,要么是某种集体的灵魂或意志,要么是一项法律契约之类的东西。沃格林将这一包括各种次级的观念化活动在内的整体领域,称为"从属性的政治

---

① "沃格林的《政治观念史》导言",《政治观念史稿(卷一):希腊化、罗马和早期基督教》,页226-227、228。
② 《法律科学的理论:一项评论》("The Theory of Legal Science: A Review"), *Louisiana Law Review* 4 (1942): 554-571 (566); rpt. 。《沃格林全集》卷27,《法律的本性及其相关的法学著作》(*The Nature of the Law and Related Legal Writings*), Robert Anthony Pascal, James Lee Babin, and John William Corrington 编 (1991; available Columbia: University of Missouri Press, 1999),页95-112。

观念":它们"通过持续不断的召唤性实践,在(重新创制)小宇宙的事业中发挥着从属作用"。它们可能发展到如下地步,即:政治观念的魔幻被完全清除,小宇宙被祛魅,并且被揭露为一个只有人类利益、力量以及幻相的毫无意义的网络。这种祛魅式分析驱散了召唤活动的魔幻符咒,而那种超越了祛魅式分析的政治观念,则是旨在要么以乌托邦的方式将小宇宙等同于宇宙本身,要么"全盘废除政治秩序,(生活在)一个无政府式的共同体中"。这些观念有着"从小宇宙的召唤到废除为止的范围,而它们全都具有一种可谓是政治观念的诉求"。①

政治理论究竟如何被纳入政治观念的体系中?沃格林为政治理论赋予了一个极其专属的地位,以此区分了政治理论与诸政治观念。在确定政治理论的地位时,沃格林回顾了1930年代末他采取的一个哲学立场。理论意味着亚里士多德意义上的沉思;"严格意义上的"理论,在历史中显然非常稀少。它需要"以沉思的方式疏离政治实在",而这种做法让人看见了政治小宇宙的总体,[19]并且洞察到政治召唤的人类学基础。因此,想成为理论家的人都是有自觉意识的政治人,他们既受到自身环境的诸召唤力量的强烈触动,但同时也产生了对小宇宙进行沉思式分析的兴趣,以至于揭露了小宇宙的魔幻性质——它"凭借人的诸召唤力量而得以存在"。想成为理论家的人被迫"解释小宇宙的相对性,以及它本质上没有实现自身意图的能力——它的意图也就是提供一个绝对意义的庇护所"。

沉思式分析也许和祛魅式分析有一样的效果,但区别在于,它承认秩序的创造是人类能动性的必要成就。然而,大多数时

---

① "沃格林的《政治观念史》导言",《政治观念史稿(卷一):希腊化、罗马和早期基督教》,页229、231。

候,这位理论家仅仅达到了一定的疏离程度:"事实证明,他自己的小宇宙所具有的基本的召唤观念,也是他自己无法逾越的界限。"即使那些创造了无所不包的伟大理论体系的作者们,也注定受到了政治召唤的种种限制。

> 亚里士多德被城邦的生存所限制,托马斯被基督教帝国的观念所限制,博丹被法国的民族国家所限制。

如此理解,政治的理论化活动始终面临着与既有秩序相冲突的危险,并且——在沃格林最后的分析中——无法得到社会的容忍。这里,沃格林添加了一个有趣的事后反思:个体思想家将对有一点感到迟疑,即

> [是否]要将他探究到的结果大白于更多的公众,这不是出于任何可以理解的对于个人安危的担忧,而是因为,此时此地很难解释清楚这个结果……我们能够稳妥地假定,除了大概极少数的幸运儿,政治理论最重要的成果向来不为人所知,也永远不会为人所知。①

看上去,政治理论的真实本性隐含着一种隐微知识,就像施特劳斯主张的那样。在回应闵茨一封信里对这段话的批判时,沃格林自愿提供一种解释:我们是在探讨理论的一种"生存性问题"。

> 激进的沉思是模棱两可的。它意味着从政治实在中撤

---

① "沃格林的《政治观念史》导言",前揭,页232。

离；然而另一方面，它的智识结果（Denkresultate）也会影响政治实在。

于是，这就产生了如下问题：

> 激进沉思的态度难道不荒诞吗？既然它破坏了观念的魔幻（这是实践的灵魂所在），而生活要想延续下去，就只有借助于观念的魔幻才得以可能，那么，这种态度难道不是不道德的吗？[20]沉思在严格意义上是一种个体的、孤独的实践，它没有建构政治秩序的能力。那么，难道它不应像柏拉图所相信的那样，成为隐秘的吗（至少在涉及它最危险的后果时）？但是，在这种情况下，沉思必须接受教化，否则一切观念到了某个地步就必定是神圣不可侵犯的，再也不准对它提出任何批评——这也是不道德的，因为这将使任何通往更高社会形式的伦理发展变得不再可能。那么结论就是，除非一位思想家足够审慎地从事批判和破坏，同时也足够愚蠢地相信他已经凭借一种新的魔幻发现了解决所有问题的方法，否则好良心的"进步"就不再可能。结论难道不就是如此吗？对柏拉图而言，答案就是：智者的秘密不能载诸笔端。[①]

闵茨建议沃格林删除这些单独的评论，沃格林采纳了他的建议。不止如此，沃格林对于精神实在论者和"最后的定向"的讨论，全都指向了他在这一方面的思想转变。

凭借政治召唤的原则及其衍生的一般叙述范式，引言的结

---

① 《沃格林致闵茨》，1940年，盒25。

论部分探索了政治史与政治观念史相互发生联系的方式。这种历史解释开始于近东诸帝国,开始于亚述人、埃及人、波斯人以及犹太人的召唤,开始于希腊人的召唤,而且,这些潮流在希腊化时期汇聚起来,一道融入了中世纪帝国的创造以及民族国家的崛起当中。每一类召唤都呈现了一些召唤式的观念,从这些共通的召唤式观念当中出现了少数卓越的理论尝试,它们力图将当时的材料变得体系化:

> 因此,一部历史必须展现出理论如何从一种召唤式的处境中逐渐生长出来。它将不得不涉及这一类处境内部所能达到的各种限度,然后表明,在新的召唤的压力下,理论化思考如何遭到了消解和(废弃)。①

一段召唤时期内部的内在过程,以及传统从一个时期到另一个时期的发展过程,都将被用来装饰历史那未经加工的一般结构。诸召唤观念的显现、形式以及变形,就是一部政治观念史的主题,而召唤理论担当了认知的指导性原则。

三 范式的失落和朝向"真理之历史性"的解释学转向

[21]如前所述,随着现代性解释的推进,事实证明最初形式的政治召唤理论越来越成问题。在引言的结尾处,作者断言:"民族国家被公认为一种独特的政治组织类型,具有从纯粹召唤到纯粹理论的一系列独特观念。"然而,"人们日益怀疑民族国家

---

① "沃格林的《政治观念史》导言",《政治观念史稿(卷一):希腊化、罗马和早期基督教》,页234-235。

也许会渐渐式微,并且至少有两个世纪,新的召唤类型也得到了发展,虽然缓慢,却很突出"。原计划书稿的最后一章,就是将这些迹象编织起来,认为它们"表明了各种新的召唤秩序"。①

事实上,沃格林在讨论 17 和 18 世纪的民族国家时,仍然使用了政治召唤的概念。但是,西方文明的普遍危机——以政治终末论的出现为标志——再也不能被解释为一段以各种新的召唤秩序作为结果的过渡时期。各种新的内在俗世式的信条,再也不能按照共同体-创造的神话来理解,而是必须被视作危机的结果,最终通向的是极权主义对人类文明的毁灭。沃格林陷入了绝境:他必须重新思考政治观念的人类学基础,同时寻找"在这个危机纪元愈演愈烈的混乱中,一个稳固的定向点"。② 本篇导言的篇幅不允许我们详细讲述一个关于人类秩序的哲学式历史逐渐发展的复杂故事,这一发展进程始于本卷书的各种定向式反思。③ 召唤问题并没有简单地消失,而是已经不再侧重于 [22] 一个模仿宇宙论的魔幻召唤的原初理论中心。一旦希腊和基督教的超越式经验成了理解这一段历史过程的枢纽,那么"以宇宙和宇宙秩序为类比的社会及其秩序的符号化",也就让位于

---

① "沃格林的《政治观念史》导言",前揭,237 页。
② 见下文,页 175。[译注]指原书页码,即本书所附随文编码。
③ 见霍尔维克和桑多兹,"《政治观念史》总序",《政治观念史稿(卷一):希腊化、罗马和早期基督教》;奥皮茨(Opitz),《追踪》("Spurensuche",载《政治思想年鉴》(*Politisches Denken—Jahrbuch*, Stuttgart: Klett, 1993),页 135 – 56;格布哈特,《朝向普遍人类的过程:沃格林历史哲学的形成》("Toward the Process of Universal Mankind: The Formation of Voegelin's Philosophy of History"),载《沃格林思想:批判性评价》(*Eric Voegelin's Thought: A Critical Appraisal*),桑多兹编(Durham: Duke University Press, 1982),页 67 – 86,但它缺乏一种关于召唤理论的恰当理解;格布哈特,《学者的志业》("The Vocation of the Scholar"),载《国际性和跨学科视角:论沃格林》(*International and Interdisciplinary Perspectives on Eric Voegelin*),Stephen A. McKnight and Geoffrey L. Price 编(Columbia: University of Missouri Press, 1997),页 10 – 34。

另一种"以与存在相协调的人类生存为类比的社会秩序的符号化"。① 协调(attunement)意味着,召唤观念不只是魔幻地创造一套意义,还要绽露出历史秩序中浮现的关于存在秩序的真理。这些关于概念修订的评论增补进了《秩序与历史》当中,它们也许足够了,因为迈向一种重新定向的决定性步骤统统发生在沃格林写完本卷《政治观念史》相关章节之后。但是,1943 年到 1945 年——就像沃格林追忆的 1945 年到 1950 年那样——预示着"一个即使算不上瘫痪,也称得上是悬而未决的时期,在处理一些问题的时候,我虽然看到了问题,却无法在智识层面获得令我满意的洞察"。②

在沃格林转向对于民族国家的解释时,我们仍然能清楚看到大量召唤理论的存在。原题为"稳定化"的第二部分,位于题为"革命"的那部分之前。这个文本在 1943 年春就已经完成,并且本质上就是最初的打字稿,因为沃格林只做了非常微小的改动。沃格林以较短的章节来组织材料,用语直截了当而不乏节制;这仍然凸显了教科书的特点。在这一方面,只有讨论洛克的那一部分才有差异。洛克变成了现代政治思想一位实实在在的讨厌鬼(bête noire)。

17 世纪,政治思想夹在中世纪小宇宙的瓦解与民族这一新神秘体的召唤之间。随着西方伟大制度(教会和帝国)的消逝,只留下一地散落的碎片,以及身在一片毫无庇护的真空当中的人。在论霍布斯那一章里,沃格林定义了时代的问题:

> 实在的碎片勃然伸向宇宙的绝对者……不管它是如何

---

① 《秩序与历史》卷二,《城邦的世界》(*The World of the Polis*)(1957; available Columbia: University of Missouri Press, 1999),页 7。
② 沃格林,《自传体反思录》(*Autobiographical Reflections*),页 64。

碎片化、狭隘以及没有价值,它已经对人们施加了魔力。①

毫无庇护、单靠自己的人,就是[23]重新构建秩序的唯一可能的基础,而自然权利和科学也是为此目的聚集起来的关键符号。这种"对人的重新发现"就是新思想的底线。它决定了"思想的主线,而这条主线要通过一系列杰出的政治哲人而被描绘出来,包括霍布斯、洛克、休谟、孟德斯鸠、卢梭、康德、黑格尔和马克思",而这也关系到重新恢复人的地位:

> 政治理论必须将人的激情、良心、情感、神人关系以及人在历史中的地位,统统归还于人。这场运动在19世纪末20世纪初达到了高潮:哲学人类学逐渐成为政治思想的中心。

这份名单值得注意,尽管它其实也遭到了批判性修正。还应当强调,首先,沃格林将他的哲学人类学立场植入了这条思想线索。其次,从这个召唤的中心(亦即对人的重新发现)出发,演变出了作为新社会实体的国家的建构。第三,新兴民族国家的复多性,在关于内在秩序的不同系列的观念发展当中得到了反映,而这种内在秩序既区别了英美与欧陆,也区别了法国与德意志。第四,"一种张力贯穿了整个时期,它就是演化中的诸民族体与不能被民族国家神秘体成员身份所吸收的人性观念之间的张力"。② 滋生这些张力的土壤,先是基督教人类观念的残余——亦即关于人的新观念——后来则是国际大众运动的勃兴。最后

---

① 见下文,页59-60。
② 见下文,页51。

的问题涉及一个解释上的困难:如何将诸政治观念从一套不适合用来讨论政治的语言当中解放出来,如何重构一门新政治科学从17世纪的开端以降的缓慢发展。这种新近构想的人之本质,体现在格劳秀斯对国家秩序的重构当中,并且成了民族小宇宙之召唤式政治观念的中心。在这一中心的周围,环绕着多个层次的从属性观念,而这些观念构成了沃格林所分析时代政治思想的主干。

少数思想家(诸如心理学实在论者霍布斯或神秘主义者斯宾诺莎),"理解了可在格劳秀斯著作中找到其最初表达的新政治思想的含义",并且"倾向于捅破小宇宙的召唤,摧毁其魔力"。对沃格林而言,霍布斯的《利维坦》代表了[24]迈向"与基督教截然不同的现代生存哲学"的第一步。霍布斯认识到新秩序所处的局势有多么危险:新秩序受到了破坏性的革命力量的持久威胁。霍布斯开出了"一张如何从精神和智识上控制人的处方,而如今的极权主义逐字逐句拿来照办了"。[1]

在简短而清晰的一节里,沃格林讨论了民族符号的产生,认为这些符号在逐渐崛起的国家组织与王国的社会等级之间的斗争当中成为现实。沃格林关注的是英格兰和法兰西,着重强调了英国革命及其在美国的延续。[2] 沃格林仔细思考了最初的民族政治文化当中的精神、法律和制度的维度,从观念化活动的材料中抽引出了它们的一些持久特征,从而建立起它们

---

[1] 见下文,页61、59、62、71。
[2] 对于17世纪的政治思想研究现状,见《剑桥政治思想史》,J. H. Burns with Mark Goldie 编(Cambridge: Cambridge University Press, 1991),以及 Jean-Pierre Schobinger 编《17世纪哲学》(*Die Philosophie des 17. Jahrhunderts*),卷二《法国和荷兰》(*Frankreich und Niederlande*)及卷三《英格兰/施瓦本》(*England/Schwabe*, Basel: Schwabe, 1988, 1993)。

与 18 世纪晚期法国大革命之间的联系。我们不必重述沃格林的解释细节,但有一些重要结论值得注意。在这方面,第一个复合体是指"所谓宪政统治之诸原则"的形成,源于英格兰发生在君主、议会、法庭以及同样重要的民众之间的权力斗争。这场革命的不同阶段催生出了一系列宪政符号,从右派到左派,包括宗教、政治以及社会各方面。在王政复辟时期确立了宪政之后,革命的这些阶段"变成了托利党、辉格党以及民主派团体这些新的政党派别"。由于英国革命的独有特征,这场发展过程得到了进一步深化,而这种特征就是大量分离主义的流亡团体及其在海外拥有的政治基础。为了能避免分离问题所造成的冲突,美国民族性的标志便成了"在一个广泛民主的基础上的自由与独立的氛围,自我表现和自我肯定的氛围,以及人的尊严",但也"缺乏悲剧感"。不止如此,随之而来的宽容观念,将这个国家缩减为一个旨在满足不可避免的自然需要的服务型组织。[25]美国人与欧洲人在政治态度上的差异,根源于美国的教派主义(sectarianism)与欧洲的民族主义(nationalism)之间的差异。

在欧洲的语境下,英国的发展与欧陆的发展之所以有分歧,乃是由于社会等级与国家之间围绕秩序的斗争所导致的不同结果。在英格兰,社会等级的胜利产生了无国家(stateless)的政治社会,迫使国家依赖于妥协和政治常识来解决冲突。在欧陆,国家的胜利(以法兰西为例)产生了一种国家-秩序(state-ordered)的社会,一旦产生政治危机,国家就会发挥维稳功能。在政治思想的层次上,这种差别体现为:一方面是法兰西和德意志的一种国家理论(théorie de l'état)与国家学说(Staatslehre)的发展,另一方面则是英格兰和美国的一种政府理论的发展。

沃格林对这一时期从属之政治观念的探究止于洛克,而他将洛克的有限君主制、同意理论和私有财产权学说视为最成功的从属性召唤。然而,沃格林严厉地批判,洛克将人的精神人格从公共领域清除了出去,仅剩下人对私有财产的激情,从而为占有式个人主义留下了空间。① 洛克代表了他那个时代的"灵魂病理学"(psychopathology),而霍布斯对此作过诊断,还展示了一幅布尔乔亚社会的讽刺画。但是,一旦被公认为政治秩序的标准,作为"在资本主义秩序内部培育革命的因素"发挥作用,洛克的原则就能被后来的革命者们借鉴。

沃格林的 17 世纪政治思想研究,给他的编者带来了特殊的麻烦:编者不确定应当把它放在《政治观念史》的哪一部分。沃格林自己将其放在第六部分"革命"之前,但实际上我们在第六部分也发现了 18 世纪民族小宇宙(national cosmion)故事的延续。另一方面,"民族国家"的打字稿并不是到洛克为止,后面还有沃格林对休谟和孟德斯鸠的分析;这两位 18 世纪思想家都攻击过起源于不同民族背景的理性神话,而且也都尝试要建立一门关于人的经验科学。这部分的结尾段落表明,在欧洲,地理视野的扩大如何有助于倾覆召唤式的理性神话。[26]这些相对杂乱脱节的材料,暗示了有一份未完成的、残篇性质的手稿存在,而沃格林本人从未准备出版。

但是,在《政治观念史》这一部分与第八部分(即接下来讨论的"最后的定向")之间,有一个可以识别的联系:这联系就在于一段"间歇"(intermission),它提出了一种与召唤观念无关的现代政治思想的历史周期循环理论。第一个周期的结尾是洛克,以及用布尔乔亚的解决办法来抑制那些反文明的危险;这个周

---

① 比较麦克弗森(C. B. Macpherson),《占有式个人主义政治理论:霍布斯到洛克》(*The Political Theory of Possessive Individualism: Hobbes to Locke*, Oxford: Oxford University Press, 1962)。

期以牺牲精神为代价而保障了秩序。下一个更加复杂的周期运行在三重轨道上：首先有新政治科学的几位代表人物,从维柯到韦伯。他们诊断出了文明的衰败,并且"在他们自己的人格中重新自觉认识到了一种精神性文明的诸标准"。在第二类群体中,我们发现了一些富有精神的积极活动分子,他们熟悉这场危机,并且由此来对这个腐朽的社会发起革命：马克思和列宁是这样,墨索里尼和希特勒亦在其列。第三类则是采取布尔乔亚解决办法的思想家,亦即信奉理性神话和进步神话的思想家,他们被描述为一些次要思想的典型。沃格林中肯地声称："焦点将转移到新科学的代表人物。"① 只要《政治观念史》继续写下去,沃格林就会应用这个方案。

"最后的定向"与"尼采和帕斯卡"这两部分,以持有精神实在论的智识立场的人物为中心,将他们当成了新科学的杰出代表；有鉴于此,将这些研究整合为一卷似乎是有道理的。

"最后"这个形容词,似乎为现代性的戏剧中插入了一个延迟性的时刻,而它就发生在标志着这段故事结局的最后大灾难之前。谢林不仅是一个对召唤的文明实体进行了智识反思的理论家,如同柏拉图、奥古斯丁和阿奎那。此外,谢林对他那个时代的解释也是"最后一次巨大努力,在欧洲晚期文明于我们这个时代分崩离析之前,努力使它的所有张力达成一种平衡"。② 但是,谢林的处境与其他伟大思想家有一点不同：如今没有一个共同体认可谢林,使他的理念可以真正开花结果。

[27]"最后的定向"第一部分,尝试分析这场吞噬了中世纪之后各种召唤的危机的真正本性。它追问道,对于这场危机的

---

① 见下文,页155-156。
② 见下文,页240-241。

分析,如何能从观念上把握这个时代最关键的症状,也就是精神(spirit)的丧失。去基督教化的进程已经暗示了有一种对于实在的崭新理解出现,而它带来了一种非基督教的生存意义。沃格林沿着对布鲁诺的分析,诊断了这样一种诸观念、感受、态度的复合体究竟如何出现,并且被定义为"现象主义"。沃格林的分析表明:

> 人着魔于世界的诸现象方面,例如它们在科学中的显现,而且,人对于人和宇宙之实体性的意识也逐渐萎缩。①

沃格林定义了现象主义(Phenomenalism)这个概念,而他最初提出这个概念,与布鲁诺对于实体科学和现象科学的区分有关。布鲁诺的区分依据是一种"本体论的颠倒":它将存在秩序还原成了科学可以通达的现象,又将现象当成实体一样来对待。沃格林在犹豫不决的这几年里,试图使用现象主义这一尝试性概念,分析性地理解智识的现代性,以及希腊—基督教本体论的瓦解。这个概念的理性主义有一种基础,那就是承认有一种实在的结构,它具备从物质领域一直到精神领域的所有层次,而每个领域都有一种自在和自为的存在;实在结构的实体与偶性(accidentia)截然有别,后者对于实体而言不过是偶然的。实体的诸本体论形式再现了存在秩序,而对于实体的诸本体论形式的统觉(apperception)就奠基于精神生活。因此,在沃格林的论证中,这种压制或否认实在的实体性的做法,意味着它将清除掉精神,而精神本是人类生存的一种能动的、赋予秩序的原则。

---

① 见下文,页178。

沃格林所谓的"现象式实在的实体化",在他的现象主义类型学中得到了澄清:"生物学现象主义"起源于达尔文的演化论,但它处理演化机制时没有触及演化的实体,而是"被当成了一个关于生命本性的启示,而且在我们对于人类本性以及人在宇宙中位置的看法上,成了一个无法抗拒的重新定向"。[28]由此产生了一种竞争性社会的自然秩序观念,生物学意义上的生存法则统治着这种社会,并且产生了政治影响。生命科学的当下地位得到提升,而且它声称提供了正确理解人类实在的唯一钥匙;这些证明了沃格林的分析是有道理的。

同样,"经济现象主义"将经济关系规律变成了社会秩序的标准,丝毫不问"对社会中的人及其生活而言,是否还有少数事物比商品最大化更加重要;是否一个产生了最大化财富的经济秩序,值得牺牲那些为了维持它而牺牲的价值"?然而,这些关于生活品质的问题就涉及到了实体秩序。另外,还有一些借助于社会事务的经济组织来建立政治秩序的努力;在面对这些持久而又徒劳的努力时,沃格林这项探究的针对性就很明显了。

最后也并非最不重要的是"心理学现象主义",也就是一大堆心理学借助于商业广告、政治宣传以及类似方法来管理和约束人的心理。一种无孔不入的"虚拟现实"已经超出了沃格林的预期,成了"心理学现象主义"的延伸。① 沃格林注意到,"这种现象主义的复合体,绝不能被孤立地看作现代人的智识生活和精神生活的一个构成要素"。我们还应当补充一点,沃格林本人在后来的著作中没有再次回到这个问题,也没有对它作更多讨论。

---

① 见下文,页189。

按照沃格林的说法,谢林"有足够的精神力量和哲学意识,以使自己的立场超越时代的失序"。① 谢林重建了一门实体科学,复兴了哲学的理性主义,以此对抗现象主义者对于理性的去精神化(despiritualization)。然而,谢林并非简单地回到传统基督教的形而上学,而是"在西方智识史中建立了一个新的意识层次"。而且,在他的思想中,一种关于人类生存的现代哲学已经大体成形。谢林深刻影响了20世纪一种真正的哲学人类学的成立。

沃格林对谢林的重要研究,记录了他对于秩序经验之人类学基础的重新思考,而这项研究也受到了他在1934年自我反思性的记忆实验的激发。[29]读者必须对观论谢林的那一章与沃格林后来在《记忆》(Anamnesis)中发表的关于意识的反思。在沃格林发现的解释学的记忆原则当中,我们能找到这两者之间的联系。沃格林认为,谢林哲学证实了他本人的记忆实验,这可能促进了整个"最后的定向"这一部分里他对谢林的热情。在《记忆》的英文版序言中,沃格林回忆道:

> 一位哲人要想批判性地认识到自己究竟正在做什么,那就必须对自己的意识展开一场记忆式探索,以便通过他自己对于实在的经验来发现实在的建制。②

1943－1945年间,沃格林再次提出了这个问题:如何为历史上出现的精神——"政治精神"——建立一种适当的解释学。沃格

---

① 见下文,页197。
② 沃格林,《回想过去之事》("Remembrance of Things Past"),载《记忆》(Anamnesis),Gerhart Niemeyer编译(1978;rpt. Columbia:University of Missouri Press,1990,页12－13。

林似乎回到了他的政治观念史范式的起点,也就是精神在人类心灵中的创造性运作,他甚至还回到了自己早年对于人格之精神性内核的沉思式阐释,当时的例子是奥古斯丁、笛卡尔和胡塞尔。毕竟,沃格林自身的沉思实践似乎是借着他仔细反复阅读胡塞尔的机缘,正如他在致舒茨的信中说明的那样。

但是,谢林在传统哲学史上并未享有崇高声誉,为什么沃格林会转向谢林呢?必须指出,沃格林的早期作品整体上已经凸显了谢林的重要地位。在未发表的《统治学说》一文和《种族与国家》(*Race and State*)一书中,沃格林将谢林当作一位智识权威。尤其是,沃格林对于政治观念的神话-创造功能的分析,就利用了谢林的神话理论。因此,论谢林的那一章呈现为一种重新解释,并且与沃格林论一种意识理论的早期作品有着直接联系。

无论是沃格林的早期文稿,还是现在这卷书,都是以"恰当(亦即构想得并非不恰当[nicht mißbräuchliche])的精神历史"及其符号表达作为主题。如上文所述,"精神"这一观念作为人类自我理解的中心符号,永远是沃格林的解释学的中心。这是德意志精神科学(Geisteswissenschaft)的特点,但这也受到了Geist在德语中的意义模糊所造成的损害,它没有在精神(spirit)和心灵(mind)之间作区分。Geist的多重含义,[30]也是沃格林使用这个词的特点之一。限于篇幅,我们不可能彻底探究沃格林在他不同阶段著作中的Geist这一概念,而仅限于提出一些解释性的评论。沃格林对Geist的理解有一个最重要的来源,那就是马克斯·舍勒(Max Scheler)的《人在宇宙中的位置》(*Die Stellung des Menschen im Kosmos*, 1928)。舍勒的哲学人类学对沃格林有着持久影响,而且沃格林从舍勒那里借用了一些关键词。简单来说,舍勒将人类视为精神存在者(spiritual beings, Geistwesen)。Geist 是人类行动的能动中心，它构成了人的人格（personality），而后者的定义又依赖于它朝向实在的开放性，因而它超越了时间和空间的世界。这就意味着，有一种把世界变成认识对象和行动对象的能力存在。但是，这种在人类能动性当中起作用的中心，却不属于世界的一部分。Geist 不是存在，而必须被理解为一种绝对的"存在根基"的某种行动，它"在人类中理解和实现了它自身"。① 在这个意义上，Geist 在人类行动者中现实化为人性的要素，并且在人的领域中作为一种赋予秩序的原则来发挥作用。

直到 1960 年代，沃格林基本上一直谨守舍勒对于 Geist 的理解，虽然他也用一种关于人类生存的古希腊—罗马式的本体论哲学语言来表达这些理解；但这就反映了，关于历史中 Geist 问题的解释在沃格林观念中的极端分殊化。对沃格林而言，大多数时候人的心灵（mind, Geist）——即人的人格的本质——是一种超个人式的精神（spirit, Geist）之塑形力量的感觉中枢，而这个词只有到了沃格林非常晚期的著作中才被抛弃。在谢林哲学中，沃格林意识到了对于去精神化力量的抵抗。重点在于，与基督教传统相比，谢林达到了一种新的意识层次，它发挥出了人的历史性。这种关于人类历史性的意识，把精神的历史显现牢牢地安置于人类灵魂的界限当中：通过记忆，所有历史性实在的意义秩序诞生于人类灵魂的内在对话，而正是记忆从人的无意识中抽取出了这种内在对话：

> 如今，人类学是展开体系性思辨的关键。任何东西，只

---

① 马克斯·舍勒，《人在宇宙中的位置》(*Die Stellung des Menschen im Kosmos*)，见马克斯·舍勒，《全集》(Gesammelte Werke Vol. 9, Bern: Francke Verlag, 1976)，页 70。

要是在人类本性中、在人类本性的⾼度中、在它生存的限度中、在它对于超越式实在的⋯⋯统统找不见，[31]那就不必进入思辨。①

谢林没有说过"人内在的无意识"通过记忆⽽为意识，谢林说过，原生本原（primordial principle）就是人类灵魂关于创造的共同知识（Mitwissenschaft mit der Schöpfung），⽽且必须通过记忆（Wiedererkennung）才能回想起这种知识。沃格林用无意识这个词究竟指什么，搞懂这一点并不容易；他只有在分析柏拉图的时候才会回到这个问题，而在他的分析中，他将谢林和柏拉图都称为"无意识的哲人"，并且暗示要想作进一步的澄清，"那就会撑破这篇文章的框架"。② 但是，沃格林从未作过这样的澄清。照我看来，记忆式的反思达到了人类本性的无意识的灵魂深处，它以历史的方式展开了自己的潜能，以使人类本性之历史展开的根基处的根本性经验成为意识，正如沃格林向海尔曼（Robert Heilman）解释说：

> 历史是人类灵魂的展开，历史编纂（historiography）则是通过史家的灵魂来重构这场展开。历史解释的基础，就是在对象当中的实体（灵魂）与解释的主体之间的同一性。③

---

① 见下文，页210。
② 《柏拉图的埃及神话》（"Plato's Egyptian Myth"），*Journal of Politics* 9（1947）：326, 318, 323。
③ 沃格林致海尔曼，1956年8月22日，17盒；格布哈特，《学者的志业》，页25–26。

沃格林后来再也没有像在这里陈述自己哲学时那样，如此热情地谈论谢林。谢林对一种神圣形象（divine image）的召唤——狄俄尼索斯（Dionysus）和基督的特征——最终也成为现代灵知主义的判词。①

本卷收录了沃格林对于尼采和帕斯卡的研究，写于1944年，这是独立于《政治观念史》的一部分，与沃格林的短文《尼采、危机和战争》("Nietzsche, the Crisis, and the War")有联系。这部分与沃格林对谢林的讨论不同，因为沃格林在致洛维特的信中声称，尼采从来不是他哲学兴趣的中心，尼采也从未打动过他。当然，沃格林强烈地意识到了，尼采在德意志人的智识生活中无所不在，但一直到1940年代，随着他对现代性精神危机的理解更加深入，沃格林才开始把尼采当作一个主要的智识人物来对待。这样，尼采一方面跻身于新科学的这群人之列，但另一方面，在一种去精神化的社会实在的状况下，尼采也是这一类智识事业终归失败的明证。

[32]沃格林对尼采著作的评价发生了怎样的转变，这不在我们的探讨范围之内。对此，读者可以参考奥皮茨（Peter J. Opitz）和奥特曼（Henning Ottmann）的研究。② 1944年沃格林发表的一篇论文，批评了那些愚蠢地认为尼采要为国家社会主义负责的人。那篇文章之所以谴责这种对于危机的诊断，是因为没有人愿意承认尼采已经诊断出了文明生活的崩溃。这篇文

---

① 沃格林,《秩序与历史》卷四,《天下时代》(*The Ecumenic Age*)(1974; available Columbia: University of Missouri Press, 1999), 页21。

② 奥皮茨,《沃格林的尼采》("Voegelin's Nietzsche"), 载《尼采研究》(*Nietzsche-Studien* 25 [1996]: 172 – 190); 奥特曼,《面具的游戏——沃格林著作中的尼采》("Das Spiel der Masken——Nietzsche im Werk Eric Voegelin"), 载《尼采研究》(26[1996]: 191 – 199)。

章强有力地总结了,沃格林如何看待尼采对于他那个时代的挑战的回应。尼采代表了一种柏拉图主义在政治上的流产,他意图

> 通过创造一种关于诸价值之真正秩序的榜样,通过将现存于社会实体当中的诸实际要素用作材料,以此创造一种关于人和社会的形象,从而令一个精神上逐渐瓦解的社会得以重生。

但是,尼采的柏拉图主义

> 既是破损又是失效的;说它破损,是因为他绝望地要为社会的精神秩序找到一个属人的实体(human substance);说它无效,是因为尼采的精神生活有一种独特结构——他的灵魂对超越式的经验锁上了大门,并且在对于魔鬼式限制的鲜活意识中遭受折磨。①

在"尼采和帕斯卡"一章中,沃格林以尼采和帕斯卡的智识相遇为基础,重构了尼采的精神生活。这两人的共同基础在于,人的沉思习惯(contemplative habitus)被去精神化的周遭事物吞噬掉了。帕斯卡以基督教的方式回应了对于精神重生的探索;以此为背景,尼采也发展出了他"与基督教的静观生活(vita contemplativa)观念针锋相对的立场"。这为尼采提供了批判文明的工具。尼采和帕斯卡"都探讨了精神的内在俗世的成就所

---

① 沃格林,《尼采、危机和战争》,*Review of Politics* 6:2 (1944): 177–212,页195、198。

具有的有限性,都同意这些成就带有相对性,而这种相对性将人从一种快乐或立场驱赶到下一种快乐和立场之中"。不过,这两人必定分道扬镳,因为他们是从不同的宗教体验出发来解释同样的现象。

  对帕斯卡而言,他的灵魂对超越式的实在保持敞开。[33]他坚持不懈地探究幸福,这一点反映了他拥有对于一种无限的善的记忆式知识;放弃一种徒劳的探究,把欲望转至正确的方向,这样就能找到安宁(tranquillity)……尼采的内在主义不允许这种永恒的安宁。不应该放弃那些以各自的视角和面具所建立起来的有限立场,因为这不是一种"疾病",而是精神的权力意志的健康显现。①

  尼采是在为一种新的"基督教之后的宗教性"做准备,他要以此营造出一种西方人的新政治秩序。这种政治秩序也许能克服现时代的虚无主义,以及大规模的战争和革命,而这些东西在未来若干世纪内无法提供任何秩序。用奥特曼的术语来说,尼采那"绝望的柏拉图主义"最终走向了"末人"取代上帝的末世,而这种绝望的柏拉图主义也将再一次成为沃格林探究的主题,而这一次他将揭示出,尼采那魔鬼式的精神主义本质上是一种灵知主义。②

---

① 见下文,页280。
② 《科学、政治和灵知主义:两篇论文》(*Science, Politics, and Gnosticism: Two Essays*),William J. Fitzpatrick 译,桑多兹作序(1968;Chicago:H. Regnery,1997),页60-64。

四 尾声：精神实在论者

从更具一般性的视角来看，本书汇集了关于现代政治思想史的不同研究，而它们讲述了一个故事：众多现代思想家们如何努力创造一种在精神上能赋予秩序的人之形象，以此召唤一个适合于人之真正人性的政治小宇宙，但他们的努力最终归于失败。在引言中，高明的理论家以沉思的方式自行疏离了这些召唤力量，并且领悟到了：人类精神的创造性力量以魔幻的方式召唤了政治秩序。但是，理论家自身拒绝参与这样一种召唤事业。事实证明，这种理论立场站不住脚，因为沃格林在进行历史反思的过程中发现，这种沉思式的人格恰恰就是赋予秩序之政治观念的想象式召唤的源泉："他被精神所推动，能够从他的直接精神体验中产生出一种价值秩序。"政治思想家在社会生活中发挥了召唤式的实效，因此，他依赖于政治制度，而这些制度"有一种再现功能，再现了他在自身当中经验为真的精神生活"。① 现代性标志着一种越来越大的"分裂"：

> 一端是精神的保守者、精神实在论者以及生活在他们传统之中的哲人，另一端则是大量朝向世俗化和去精神化的特殊力量和运动的趋势。②

[34]沃格林认为，从但丁开始，后来的政治思想家都被迫陷入一种愈加严重的社会孤立之中，他们的召唤式力量变得噤默无言，

---

① 《政治观念史稿（卷三）：中世纪晚期》(The Later Middle Ages)，页70、71。
② 见下文，页193。

沃格林称他们为"世俗的精神实在论者"。从马基雅维利一直到谢林再到尼采,他们都撤离了政治领域,认为这个领域"已经被物质力量那无精神的、摧毁性的激情所统治"。① 有一种关于人类生存的现代理解,吸引了各种版本的精神实在论,但这种现代理解与人类生活的主流现代观念背道而驰——在后者那里,精神业已消失,反倒更青睐于去精神化所带来的幸福和粗鄙,正如沃格林对维柯《新科学》的评论所言:"现代(modern)这个术语已经失去了绝对的内涵。"而且事实上,现代的主导性政治观念可能还是那些古老的概念(the old ones),因为它们并不符合中世纪时代之后人类生存的历史—政治处境。② 因此,在沃格林的《政治观念史》中,我们能分辨出现代性的两种意义:一种是社会精神瓦解的现代性,它在社会上占主流地位;另一种则是精神实在论的现代性,而它为现代性终结之后的另一种现代性做好了准备。在本书中,这个故事的真正英雄是那些世俗化的精神实在论者,他们代表了一种精神上本真的现代性。

格布哈特(Gebhardt)

---

① 《政治观念史稿(卷三):中世纪晚期》,页 70。
② 《沃格林全集》卷 24,《政治观念史稿(卷六):革命与新科学》(*Revolution and the New Science*),Barry Cooper 编(Columbia:University of Missouri Press,1999),页 147、146。

编者说明

本卷并没有偏离先前几卷的编辑所建立的惯例。我们只是在风格上做了一些微小的变化,并且尽力区分,在沃格林的英语中哪些是真正生造的新词,哪些可以有更好的词汇和短语来替代。我们几乎没有改动沃格林的分段,这是出于非常重要的原因,[35]因为沃格林认为,对思想单位的分段应该清楚地展现出思想本身,除非这样做对读者的理解产生了真正的障碍。

我们已经限制了编辑脚注,除了个别情况,即脚注对于理解沃格林在他的文本或笔记中讨论到的个别问题而言必不可少。同时,我们也更新了参考文献,以供读者获得沃格林引用过的最好的标准版本的著作,并且添加了更完整的出版信息。

对于沃格林在原稿中引用德文的段落,我们仅仅翻译或使用了已有的翻译,因为我们认为这对于理解他的论证而言必不可少,而且因为谢林和荷尔德林的德文即使对于一些有阅读原文基本能力的人而言也是一项挑战。对于法文和拉丁文的引用,我们没有翻译。

在我们用的这份打字稿中,我们严格保留了沃格林自己删除的内容,以便反映我们所认为的沃格林本人最早编辑的著作。当然,如果这位作者在世并且加上了结尾的话,篇幅还会更长一些。

格布哈特,霍尔维克

第七部分
新 秩 序

第一章　民族国家

一　白　板

（一）孤独之人

[47]17世纪初政治理论的状况，可谓是一片断壁残垣。西方人的伟大制度（即教会和帝国）已经成为过去，然而，新的神秘体（mystical bodies）——即诸民族（nations）——还没有发展出足以支撑政治思想的框架。在帝国和民族国家（national state）之间，人被孤独地遗留下来。笛卡尔的"白板说"（Tabula Rasa）不只是一位哲学家的方法论原则，它实际上是失去小宇宙（cosmion）庇护的人类的真实状况。人实际上被解放了，因为中世纪制度的解体意味着中世纪召唤的解体。加尔文主义者（Calvinists）和耶稣会士（Jesuits），这两派在捍卫各自的宗派立场时都滥用了神圣的权威，从而受到越来越多温和之人的厌恶。就连苏阿雷斯（Francisco Suárez）那样庞大的体系，对信奉新教的北欧也只有很小的影响，只因为其作者是一位耶稣会士。如果说稍逊一筹的格劳秀斯之所以更为人所接受，是因为他是一个加尔文主义者，倒不如说实际上他的成功就在于，他

的加尔文主义立场是如此淡化,以至于人们能够忽视这一立场的存在。

然而,还有比宗派主义文献更加败坏名声的东西。经院权威和圣经权威都已被利用和滥用到声名狼藉,并且它们的内容,即基督教的世界观(上帝的创造借着基督的超凡魅力[charisma]而赋予每个人在基督的神秘体中的身份,借着爱的纽带而将不平等的人团结在一起)也遭遇了同样的命运。在讨论博丹的一章中,我们进一步指出,因为自然科学(特别是天文学)的兴起,地中海宇宙论(the Mediterranean cosmology)遭到了致命一击。[48]同样,伴随着古代和中世纪宇宙论内容的没落,宇宙论思维的符号也衰落了。这种情形远比希腊城邦(polis)败落后的景象更加凄凉。在城邦衰落之后,紧接着的是世界城邦(cosmopolis)的兴起,以及一神论宇宙观的黎明。现在,这个宇宙已经崩溃,随之而来的也不是一个新世界,而是支离破碎之域,亦即个别的人类体(bodies of humanity)——诸民族。

将人类与宇宙和上帝相连的脐带剪断,这种情况是前所未有过的。人类被"抛"在这个地球的表面,而且不得不好好活着。人被还原成了他的身体结构(physical frame)、感官、对生存的意志,以及他的激情、记忆力、洞察力、实用的推理能力,还有最后但并非最不重要的一点,他对于死亡的恐惧。有了这些禀赋,人不得不创造出一个初步的秩序,然后以一种缓慢的过程,去重新征服灵性的领域,良心和道德义务的领域,历史的领域,以及他与上帝及宇宙之关系的领域。在秩序重建过程中,迄今涌现了两种符号作为救急的方式(但它们还不完全具有独立性的功能):自然权利和科学。

(二) 自然权利的符号

从语言学上看,自然法的范畴是指对过去的一种继承,但是其意义已经(或者正在)产生变换。自然法的新功能体现于自然法(中世纪称为 lex naturalis)的衍生物中,即一套源于自然权利(jus naturale)的秩序准则,而这一脉络的衍生物在 17 世纪以前实际不重要。在 17 世纪前,这一脉络实际并不重要。人的生存及其隐含的"权利",已经开始成为政治建构的始点。出于这种权利,也源于人的个体生存,人们既能通过彼此间达成协议,以此构建一种社会体(social body),也能与某一个或某一群将要统治他们的人达成协议,以此构建政治体。尽管约(berith)的符号明显在这个新的建构中得以延续,但是,这种权威来源于人自身,与上帝无关。罗马法的诸要素也是如此。

[49]这一新趋势可以在阿尔图修斯(Althusius)的建构中感受到。① 阿尔图修斯是一位加尔文主义思想家,他使用的常规工具来自《辩护》(*Vindiciae*)这部作品,但建构中的激进主义却属于他自身。阿尔图修斯建立了一座属人联合体的金字塔:从家庭开始,经由乡村、教区、市镇、城市和省,一直到国家(regnum[王国]、respublica[共和国],等等)这个至高单位。凭借一种明示或默示的契约,较低层次的单位联合形成更高层次的单位;这种契约就是每一个社会单元(consociatio)赖以建立的基础。诸如此类的每个共同体,都有两套法律:一套涉及共同体之目的及其成员之福利,另一套涉及被委托去执行第一套法律的行政官员。作为管理秩序而不受其他属人权威干涉的一种权力,主权位于联合体(associations)的顶端,位于作为一整体的respublica[共和国]当中。我们在此不考虑其反君主的潜在含

---

① 《政治方法论,神圣和亵渎事例的阐明》(*Politica methodice digesta, exemplis sacris et profanis illustrata*, Herborn,1603; enlarged edition, Groningen,1610; 3d ed. rev., ed. Carl Joachim Friedrich, Cambridge: Harvard University Press, 1932)。

义,即监察官问题、统治者的废黜问题,等等;这些是标准的加尔文主义者所争论的问题域,适用于荷兰的状况。重点是一种主权国家的建构模式,它从等级制的底部开始,经历了一系列中间性步骤。我们可以说,这是一种与博丹从宇宙论金字塔顶部建构国家相反的模式。① 但是,契约的神圣性仍旧建立在老式的自然法基础上,其有效性最终源于摩西的十诫。

自然法的建构,作为一种源于个体人类自然意志的社会和政治秩序的建构,在数个世纪中始终将是政治思想的主导符号。尤其在德意志的理论中,一直到费希特(Fichte)和黑格尔的时期,关于自然法的教科书实际上取代了其他研究政治问题的进路。康德的政治理论仍旧带有法哲学的形式,费希特和谢林是以对自然法(Naturrecht)的专论来开始政治学领域的研究。[50]从中世纪身份哲学(status philosophy)向契约哲学的转变,是欧洲传统的一次断裂,并且对现代社会的结构造成了实际性的后果。19世纪的独特典型建构之一,梅因(H. S. Maine)从身份社会向契约社会的转变,以及后来滕尼斯(Toennies)的社会学,都奠基于这种断裂的模式。

(三) 科学的符号

第二个有影响力的符号是科学。在17世纪,物理学体系自身还没有像几何方法那样的影响力。分解—综合(resolutive-

---

① 我非常怀疑,作为一个政治思想家,阿尔图修斯除了这一简洁的建构——他甚至没有推敲其内涵——还有什么其他的极端重要性。我认为,他之所以在政治观念史上有着明显牢固的地位,首先归咎于史家们不愿意挑战那位发现了他的基尔克(Gierke)的权威。比较 Otto von Gierke,《阿尔图修斯与自然法的国家理论的发展》(*Johannes Althusius und die Entwicklung der naturrechtlichen Staatstheorie*, 1880, 3d ed., with appendixes, Aalen, 1913)。

compositive)的方法,即在严格的推理过程中将整体分解为它的要素,又把这些要素综合为一个结果的方法,成为霍布斯的政治构建的模式,在斯宾诺莎依几何学方式(more geometrico)的伦理学中也是如此。18世纪牛顿物理学取得成功之后,力学(mechanics)的范畴在社会的构建中变得重要,特别是力学的"均衡"(equilibrium)这一范畴。康德的伦理学和政治学都深受公民的相互均衡这一观念的影响,他认为这些公民类似于一个均衡力学系统中的诸要素。同样的影响,也体现在政治经济学的均衡观念中。随着新的科学亦即生物学和心理学的兴起,在18世纪晚期和19世纪,我们可以注意到政治理论也有了相应的尝试:在这些新的科学模式上构建政治问题。

(四) 新纪元的问题

这一时期的状况为史学家赋予了一项复杂的任务。自17世纪以来,政治思想不只朝一个方向运动。厘清数套符号在每位作者上分别起了什么决定性作用,这是非常困难的。要想通过一些体系来追溯思想史,而不至于淹没在细节和限定性条件的海洋中,那只能通过一些严格的选择。即便如此,在扭曲交缠的若干趋势中辨识出秩序,也并非易事。因此,比较可取的做法,就是刻画出我们现在必须跟随的几条主要线索。

[51](1)核心问题是人自身。人,以及上述表明的结构,就是新思想的始点。这个人是一个碎片,被还原成了所谓包含着推理能力的诸自然要素(natural elements)。一些杰出的政治哲学家——霍布斯、洛克、休谟、孟德斯鸠、卢梭、康德、黑格尔、马克思——描绘了思想主线,而这条主线与人的重新发现相关,还因此涉及一个艰巨的任务:为人这尊塑像补上它从中世纪到早期17世纪以来的转型中已经失去的要素。人的激情、良心、感

受、他与上帝的关系以及他在历史中的地位;政治理论必须将这些东西重新还回人的手中。这场运动在19世纪末20世纪初达到高潮:哲学人类学逐渐成为政治思想的中心。

(2) 第二项伟大的任务已经在第一项中得到部分暗示,就是描绘和构建作为新的社会实体的民族。虽然在实际应用中,17世纪的体系暗含了民族生存的公理,但当时还没有成熟的词汇指称它们。民族必须从组成它的个人意志当中建构出来。这个巨大的断裂在18世纪末伴随着卢梭而来,而新的公意(general will)理论也在民族精神(Volksgeist)的浪漫主义观念中,在民族精神作为行动着的历史实体的观念中,达到了顶点。

(3) 关于诸民族国家(national commonwealths)内部秩序的观念,在其面世之时,或许抛出了一个最为棘手的技术性难题。因为不同国家的发展情况差异甚大。17世纪,英国人关于立宪政府(constitutional government)的观念正在形成。到18世纪晚期,法国人接近了他们的关键时期。德意志人的作用则始终次要,结果,一方面自然法的体裁渗透更广,也持续了更长的时间;但另一方面,民族精神观念的发展则更为激进,也更具影响力,因为它们能够吸引完整的注意力。

(4) 一种张力贯穿了整个时期,它就是演化中的诸民族体(national bodies)与不能被民族国家神秘体成员身份所吸收的人性(humanity)观念之间的张力。这个观念的来源是多种多样的。排在第一位的是基督教残存的关于人的观念,在天主教和加尔文宗中最为突出,而路德宗(Lutherism)在这方面居于次位。[52]第二来源就是17世纪演化出来的人性(human nature)观念,它在理性时代(the Age of Reason)达到顶峰。第三个来源,则是本质上以反对资产阶级民族国家为导向的各种运动的兴起,即工人运动和中下层阶级的运动。

(5) 这种新的政治思想,伴随着刚刚所谈及的问题,涵盖了大部分情况,贯穿了这个时代的绝大部分时段,而它们的表达,借助于一种从自然科学中借来的方法论符号。这就意味着,在实践中,政治观念经常在语言中得到表达,并被那不适于处理政治问题的方法所发展。我们主要的任务之一,将是从其自然主义(naturalistic)形式中提炼出适当的政治问题,从而展现新政治科学是如何从17世纪的贫瘠开端中缓慢生长出来的。

二 寻求秩序

> nam naturalis iuris mater est ipsa humana natura.［人性本身就是自然法之母。］
>
> ——格劳秀斯

(一) 暴力状态:格劳秀斯的《战争法》

在为一个失序世界带来某种秩序的尝试中,最早的一部伟大著作是1625年格劳秀斯(Hugo Grotius)的《战争与和平的法权》(De Jure Belli ac Pacis)。这本书的书名时常受到批评,因为相比和平关系而言,它对于战争的讨论占了绝大篇幅。但是,如果我们考虑到格劳秀斯那个时代欧洲的处境,那么,把战争置于规则之下的观念,反倒呈现为一种和平的观念。战争与战争规则的定义,通过同样的战争行为而建立起了和平领域;在此背景之下,战争的行为可以在例外状况下实施,并且会有所限制。

在格劳秀斯的时代,政治暴力不只限于主权力量之间的战争,也以最极端的形式被应用于不同宗教联盟的团体之间。大量战争爆发于贵族的派系之间,城市之间,贵族和君主之间,德意志诸侯之间,还有诸侯和皇帝之间。手段都异常残暴凶恶:大规模的屠杀、井水中投毒、刺杀个人、杀戮战俘、摧毁城市、毁坏平民的财产等等，屡屡发生。[53]法国连续两位君主遇刺，亨利三世死于1563年，亨利四世则于1610年遇刺。年长的吉斯（Guise）公爵于1563年遇刺，较为年轻的亨利和他的兄弟枢机主教路易也于1588年遇刺。奥兰治的威廉公爵于1584年遇刺。1605年的火药阴谋（The Gunpowder Plot）意味着这波浪潮正向英格兰扩散。德意志的三十年战争进入第一个血腥阶段。

（二）暴力的规则：国际法的主题

在这种情势下，人们在建立秩序方面付出了极大努力，旨在构想一种规则体系来将公战（public war）定义成各主权国家出于明确受限的理由而使用暴力的做法，这些理由包括：为了与正当的暴力诛杀暴君以及著名的"下级行政官"（inferior magistrates）的抵抗划清界限，为了将战斗人员和非战斗人员之间区别开来，为了消除掉针对妇女、儿童、老人、牧师、学者、农民以及其他被和平占领之人的屠杀行为，为了保护战争俘虏，为了阻止肆意毁坏平民私人财产的行为。

对于规制战争的问题而言，格劳秀斯关于主权和国家的理论其实是次要的。因此，我们必须将他的著作区分成两个理论层次，相互间没有特别紧密的联系，却又意味深长，每个都具有自己的含义。首先，主权理论涉及国际法的主体问题：哪些社会单位能够开展公战，谁是能够宣战的主权统治者？在回答这个问题时，格劳秀斯主要依靠了西塞罗的理论，他认为，任何一个事实上的统治者都有潜在的公敌（public enemy）身份：他能够要求治下的民政和军事机构服从，他可以控制税收和国库，他为自己的行动寻求人民的支持，他能够立约并且有足够安全来确保履约(卷3,章3,节1)。在这一系列的普遍条件中,按格劳秀斯的分类,具有主权地位者范围极广,不仅包括了伟大的国家君主、人民主权共和国以及帝国,还有摄政独裁者(commissary dictators)、在契约条款下掌权的统治者、君主与人民之间权力分立的政府、受庇护和纳供的势力、联邦的成员,等等。[54]范围广泛的目的在于,不仅让限制性战争(restricted warfare)的规则约束尽可能多的当时实际参战的权力类型,同时也把宗教性的市民暴动污名化为"私人"战争。

界限的划分,还受到利益考虑的影响。把实际的统治权力解释为一种所有物(possession),而这种所有物的获取、占有、pleno jure[完全权利]、usufructu[用益权]等等,受到财产法的支配——这种解释属于相同的理论层次。这种建构与我们相关,因为它意味着一种接下来的征兆,即尽可能把事实性的权力关系挤压进当下的法律范畴之内。

(三) 统治者的权威

但是,如果格劳秀斯在第二个理论层次上没有处理自然法和ius gentium[万民法]的权威问题,没有处理政治共同体的自然法根基问题,以及统治权(rulership)之权威的问题,那么,这些庞大的规则产物无异于痴人说梦。在这一点上,格劳秀斯的理论陷入了令人绝望的术语混乱,因为统治权的权威也被称为主权(sovereignty),尽管从自然法衍生出来的统治性权威已经与主权没有什么体系性联系;主权具有国际法主体的特质。我们遭遇了自然法传统中一个基本的、不可避免的困难。统治者的实际基础是权力;既有权力会在其人员与职能中得到秩序,而且秩序或许会采用民法的表述(就像在格劳秀斯那里一样)或者是像后来那样,采用一套新发展出来的公法范畴的表述。

但是无论如何,政治秩序的法律建构从属于权力的建立。博丹对这一问题仍有意识,并且小心地区分了权力的基础与法律的上层建筑(the legal superstructure)。自然法体系倾向于以法律术语去囊括前法律(prelegal)和超出法律(extralegal)的现象,从而使这些问题变得晦暗不明。人们耗费了几个世纪才把政治的前法律领域恢复为科学探究的对象,并且这种重新的恢复还没有达成一种普遍共识。这是第一个突出的情况,在这里,我们不得不通过我们的解释,把真正的问题从其不适当方法的遮蔽下解放出来——这里是指法学的方法。

(四) 自然:人的本质

[55]目前,在格劳秀斯对于权威的讨论中,他所踏出的决定性一步是将现代欧洲的思想和中世纪的基督教分离开来。博丹已经抛弃了封建时代的分散化权威(diffused authority);格劳秀斯也抛弃了分散化权威的来源,他排除了上帝。这些对人具有约束力的规则的权威,不是来源于神圣建制(divine institution),而是来源于人性自然(human nature)。在这个语境下,我们应该好好理解一下"自然"的含义。自然不是指物理学或化学的自然,而是这样一种东西:在现代英语中,它的最佳解释或许就是人的"本质"(essence)。因此,这个含义显得相当灵活,因为其含义取决于哲人们认为"人的本质"是什么,在格劳秀斯以及后来的自然法学家那里,情况都是如此。

一般说来,我们可能主张,政治思想家倾向于将一种他们对自己人格的看法称为"人的本质"。因此,在实践中,自然法的最终源泉是哲人的人格(personality),它受到生理、性格、社会和历史等因素的制约。要想切入这个体系的核心，我们就必须在所有情况下突破法学、几何学或物理学术语的外壳；只有这样，我们才能到达这位思想家的自我解释。

（五）格劳秀斯：模范之人

格劳秀斯不是一个深刻的人，他相对简单。他是一位人文主义知识分子，并且就此而论，他自视为人的尺度（measure of man）。此外，他还具有相当的商业意识。他的宗教人格足够敏感，使他能在论著中严肃地陈述那些与敬虔、道德和神圣著作不符的内容，以及众多教会一致认为不应谈论之事。但这种人格也没有强大到足以让他认真地对待上帝，或者令他为自己立场中的宗教意涵感到苦恼。作为神秘体的 Respublica Christiana [基督教共和国]已经从他的视野中消失，相反，他相信人类的一般品性。

上帝在没有对物种进行细分的情况下创造了人，因此，人这个类属（genus）乃是通过一种名称而为我们所知。然而，对于人类统一体的信念，既没有阻碍他区分出败坏或原始的本性与纯洁或文明化的本性，也没有阻碍他把文明化的人和"更好"的民族当作人类的标准。因此，上帝[56]在全球都分配了自然资源，并且为不同民族赋予不同技能，因为它们都不是自给自足，故而自然地就被引导去满足彼此的需要。① 因此，诸民族应该相互通商贸易，任何民族均无权禁止另一个民族与世界的其余部分接触交流：

---

① 格劳秀斯，《论海洋自由或荷兰参与东印度贸易的权利》(*The Freedom of the Seas, or The Right which Belongs to the Dutch to Take Part in the East India Trade*, New York: Oxford University Press, 1916)，页 1、7。

> 每个民族都能自由地通航另一个民族,并且和他们通商。

作为连接遥远民族的通途大道,公海必须对所有民族开放。这个主张直接针对葡萄牙人,他们希望垄断东印度的贸易。在为荷兰东印度公司(建立于 1602 年)所写的辩护状中,格劳秀斯声称:自然已有意愿,荷兰人就是应该分一杯羹。

这个观点揭示出一种新状况。一群欧洲民族国家正在形成,它们的驱动力不平等。最强大和最广阔的是大西洋的海权。这个世界与其说是诸民族间关系的体系,不如说是强者与弱者的战场,其权力中心在欧洲,而中心之中心则是在大西洋沿岸。维多利亚(Victoria)的原则——此时已经由美洲的西班牙人发展完备——如今扩展到了其他正在崛起的海洋势力,它们的意图是把世界组织成西方用来搞商业剥削的场所。

> 谁否认这条法律,破坏这个最值得嘉许的人类同伴关系的纽带,移除相互服务的机会,一句话,这就是对自然本身施暴。①

这显然是典型商人式的甜言蜜语,要知道格劳秀斯写这篇文章时才 20 岁。我们有必要理解埋藏于此种自然观念之下的权力意志,否则就无法理解它后来的发展。从 17 世纪开始,人的本性及其孕育的法律,首先意味着人类的意志在生命的迷醉(intoxication)中狂奔向前,为它的驱动力设置规则,以作为人类行为的标准——前提是没有更强大的力量出现,并且使用这些规

---

① 格劳劳斯,《论海洋自由或荷兰参与东印度贸易的权利》,前揭,页 8。

则去对抗其作者。

(六) 自然的规则

[57]确定了自然的实体之后,现在我们可以转而讨论源于自然的各种规则(rules)。格劳秀斯在《战争与和平的法权》[①]前言和第一卷第一章中,提出了关于这一主题的大部分原则:

> iusnatural[自然的规则]是正确理性(right reason)的命令,通过发现每一行为是否契合理性的自然本身,它揭示了行为在道德上的卑劣性抑或必然性。(卷1,章1,节10)

这个定义需要稍微澄清一下。这一表述是西塞罗式的,但它实际上只具西塞罗之形,仅此而已,因为其意义已经发生了完全的改变。对于西塞罗,recta ratio[正确理性]、nomos[礼法]和logos[逻各斯]指明了神圣实体,而且自然也是神的同义词。在格劳秀斯的定义中,"正确理性"是人类的推理力量,它允许把"行动"纳入"理性的自然",并且允许将"自然的规则"作为结果(有成功或机运作为小前提)宣示出来。而且,这个定义的核心"理性的自然",不是上帝,而是人。

现在,人是什么? 人是动物,却是一种高等的动物,其不同于其他动物之处在于

> 与其他同类结为社会的欲求(appetite)。这类欲求指

---

① 所用版本为《格劳修斯论战争与和平的法权(新版第三卷)》(*Hugonis Grotii De Iure Belli ac Pacis Libri tres*, *Editio Nova*, Amsterdam,1646,in the reproduction of The Classics of International Law,Washingtion, D. C. ;Camegie Institution,1913)。

向的不是其他类型的共同体,而是一种根据他的智力组织起来的和平共同体。该欲求被廊下派称作 oikeiosis[属己]:对此,最好的说法可能是吉丁斯(Franklin Henry Giddings)的同类意识(consciousness of kind)。

对于和平共同体的维持,"就是我们名副其实的法律的来源"(前言)。

格劳秀斯特别注意到,appetitus societatis[社会欲]——即一种对于共同体的渴望——是人性中一个独立要素,即便没有其他的决定性因素,也会导向人的联合;就此而言,他提出了第一个现代的社会本能理论。但是,他承认支撑这种欲求的是人的软弱(infirmity),这就使人寻求共同体乃是出于功利主义的原因。一旦共同体作为人的本质的一部分而得以固定,这些统治共同体生活的规则,随之也就成了适合于这种目的的手段。只有最低限度地保护财产、履行义务、惩罚罪行,共同体中的和平生活才得以可能。

这个规则体能够进一步扩展,乃是因为人不仅[58]有对于共同体的欲求,而且还有判断力(judgment)和预见(foresight)。他能够预见激情行动的结果,并且可以为了一个稳定、和平的未来而放弃当下的满足。

这个规则体的第三次扩展,乃是因为在单个家庭生活中那种脆弱和危险的体验。为了获得更好的保护,他们将联合成一个"政治社会"(civil society),并且建立起 potestas civilis[政治权力](卷1,章4,节7)。这种建立一个政治体的协议,引出了涉及国家和平生存的自然法、不服从他人意志的统治者的主权权力,以及被统治者的服从义务。最后,以和平生存为旨趣的人性,使得国家建立之前个体间类似战争的行为,以及国家建立后主权者间的战争行为，统统获得了正当性。保存生命和躯体以抵御攻击，与他人贪婪地竞争"对生命有用之物"；这两者就是人性的本质（卷1，章2，节1）。

（七）格劳秀斯和伊壁鸠鲁

一旦人们对于人性达成了共识，这套规则以及其他大量规则就能借助证明的方式，通过对"正确理性"的应用而被发展出来。这些规则仅限于作为手段，以此实现人在一个和平共同体中生存的目的。良心（conscience）没有被彻底地排除，但它被降低为一种惩罚性的功能———一旦违背自然法，良知就受折磨。这个体系是假言性的（hypothetical），直到康德，自然（nature）与道德才再次联系起来，假言律令也又一次转换为定言律令。在理论结构和历史处境上，格劳秀斯为自然法赋予的形式堪比伊壁鸠鲁对快乐的计算（calculus of pleasures），后者也受到一种生活理想的限定。当然，这些有所限定的体系依赖不同的理想：伊壁鸠鲁主义者信奉的理想是不动心（ataraxy），而格劳秀斯的理想是一商业化民族通过侵略扩张而实现的繁荣。

然而，这种对应关系还能更进一步。伊壁鸠鲁和格劳秀斯对神敬而远之，都是为了组织起一种不受干扰的人类生活。格劳秀斯很谨慎地承认，作为宇宙创造者的上帝无处不在，但是一说到人类生存的规则，他就一遍又一遍近乎歇斯底里地说，他所发展出来的规则独立于任何神圣建制，[59]这些规则不是出于某个启示的上帝诫命；要是自然法与一个关于法的神圣启示相偶合，那将是一种令人欣慰的确证，但也仅此而已；没有上帝，自然法也依旧成立；格劳秀斯将把自然法还原成了一些观念，它们"如此确定，以至于没有人能拒绝，除非谁能否定自己"；自然法本身"清晰而明证"，就像从感性知觉中得出的观念一样站得住脚（前言）。

> 自然法是如此恒久不变,以至于上帝也无法改变。原因在于,尽管上帝的权能无限,但有些事情仍旧处在上帝权能之外……哪怕上帝也不能使二乘二不等于四。(卷1,章1,节10)

格劳秀斯那代人多少厌倦了上帝和那群因圣灵而变得狂躁的圣徒,人开始寻求一种不受上帝干涉的秩序。

三 霍布斯

> 它在骄傲的所有子嗣之上作王。
>
> ——《约伯记》41:34

(一) 比较马基雅维利和博丹:现实主义的问题

霍布斯(1588-1679)的地位堪比马基雅维利和博丹。在一个半世纪内,我们第三次碰到一个非常特别的现象:处于那个时代的杰出思想家,不仅被巨大的孤独所环绕,而且也被误解、憎恨和忽视所包围。我们可能需要耗些笔墨来加以解释。

这三位思想家都是现实主义者(realists),而现实主义者通常都身处招致同时代人不满的危险之中,因为他倾向于捅破小宇宙的召唤,摧毁其魔力。当这些召唤通过几个世纪的过程汲取了实在的诸多要素,达成一种平衡性的妥协时,这种危险就会减少,哲学家在到达召唤的界限之前也能徜徉在追寻实在的漫长旅途中;中世纪盛期的 sacrum imperium[神圣帝国]就是这样的例子。当文明瓦解,人类在它的碎片下寻求庇护时,这种危险就会增加。实在的碎片勃然伸向宇宙的绝对者(cosmic absolutes),其结果就是:对于现实主义思想家而言,他的更大世界变成了一个私人（private）的世界。[60]何为公共（public）的问题，通常取决于当时社会上占主流地位的召唤。现实主义思想家变成了一个私人化的人，因为他没有公共可言——这里公共是指：在其中，他可以展示他在那更大世界中观察到的东西，而不会招来恐将导致羞辱、迫害甚至于死亡（如苏格拉底）的强烈怨恨。小宇宙的任何扰乱都会搅动起人的焦虑，这种焦虑在当下无法得到真正的缓和。

显然，对于现实主义者而言，个人的解决方式就是保持沉默。不幸的是，这个问题远没有这样简单。我们必须承认，小宇宙的召唤及其作为实在（reality）的从属性观念，在历史中发挥了实效。不管它是如何碎片化、狭隘以及没有价值，它已经对人们施加了魔力。小宇宙的存在是一种信仰的表达，并且这个信仰是真实的。但是，思想家也是实在的一个片段，并且可能比他周围的社会更为坚实有力，因为这需要更多生命力和灵魂力量去毫不退缩地观看世界，而不是在小宇宙里寻求庇护。这两种实在之间的冲突不可避免。那些生活在自己小宇宙中的人会发现，这位思想者完全不是一个现实主义者，而是持有一种荒谬的世界观，因为他所见的事物超越了小宇宙的边界；对于他们而言，这个小宇宙就是封闭了他们视野的 realissimum[最现实的]存在。此外，他们还会认为这位思想者的观点是不道德的，因为小宇宙的诸符号支撑起了一种秩序，但他的观念却与这些符号相冲突。一方面，思想家不会承认他所处社会中的主流召唤观念具有约束力，因为它们扭曲了实在，并且经由信仰行为，强加了一种基于对世界的不充分认识的秩序。而且，思想家所具有的更广阔的视野，绝不只是他可能自己留着的更多知识，因为知识——特别是融合了想象的知识——孕育了一种道德义务：哪怕冒着伤害人们感情的危险，也要为知识的结果赢得公共地位。

马基雅维利、博丹和霍布斯这三位现实主义者,都身处内部政治失序的严重处境。意大利、法国、英国的内战是他们施展其现实主义的背景。暂且把复杂的意大利问题搁一边,我们可以看到这样一位博丹必定遭人憎恶:在圣礼教会与因信称义、[61]分散化政治权威与至高王权这几种召唤捉对厮杀时,他采取了任何一方都不会满意的立场——首先,他是一位由 fruitio Dei[安享于神]来为自己的世界赋予秩序的人,其次,他认为一个完整的主权式王权终究更可取,因为现有条件下它最有可能满足小宇宙秩序的需求。在霍布斯那里,甚至保王派(royalists)也不喜欢他所支持的君主权力,因为他们极为正确地觉察到,霍布斯不惜任何代价追寻秩序,所以对他而言护国公(the lord protector)等价于君主。对于现实主义者而言,转变的时代最难受,因为在身体性暴力的兴奋中,这些参与斗争的人期待所有人都能够在某个问题上站队,因为这对他们而言如此重要,以至于他们为此甘冒生命危险。但这恰恰是现实主义者不能做的,因为他质疑这个问题本身的重要性。现实主义者变成了一个极端的公共丑闻,因为人们能够忍受他们的信仰遭到反对,却无法忍受他们的信仰遭到蔑视。

我们已经将这三位思想家一道作为现实主义者罗列了出来,但是他们的人格和态度也有深刻的差异。马基雅维利的魔鬼式现实主义(demonic realism),博丹的沉思性式现实主义,霍布斯的心理学现实主义;他们每一位都超越了沉溺于派系斗争的同时代人的视野,但彼此间却无任何衔接。历史形势之转变如此迅速,以至于他们聚焦的问题也是如此不同。马基雅维利依旧对教会的改革抱有一些希望;博丹和霍布斯却已经看腻了。马基雅维利的魔鬼式英雄(demonic hero)的神话,在其对意大利政治救主的盼望中发挥了作用,这位救主能效仿法国建立一个民族王国

(national realm);博丹这位法国人,还有霍布斯这位英国人,他们都不关心新国家的建立,而是只关心现存秩序。马基雅维利和霍布斯是同一类人,某种意义上还是"同时代人",由于意大利的基督教文明解体较早,马基雅维利率先注意到:从宇宙的神圣秩序中得到解放的人,在机运(fortuna)的协助和阻碍下,从他那魔鬼式的德性(virtù)中创造出了自己的俗世秩序——国家。《君主论》的可怕之处在于,它将人的魔鬼式本性启示为秩序的源泉。只有到 17 世纪,北欧才到达解体的这一阶段。

要想概述霍布斯的立场,[62]我们可以说,他理解了可在格劳秀斯的作品中找到其最初表达的新政治思想的含义。在霍布斯的注视下,格劳秀斯笔下理性的人性已经丧失了其天真无邪和虚假乐观。格劳秀斯的人类能够在自己的事务中感受到温暖和舒适,因为他在作为个体人的行动中服从于人类(generic human)的本性,就连上帝也无法掌控他的行动所遵循的秩序。在霍布斯的注视下,这个巧妙的小把戏卸除了个体的人对人类的责任,而它已经灰飞烟灭,人的本性也被抛入其个人生存(personal existence)的个体当中。这使人意识到,人的本性就是他个人的本性。这关键的一步,开启了与基督教截然不同的现代生存哲学。

(二) 对骄傲的分析

1 人的机械结构

我们主要使用 1651 年版的《利维坦》(*Leviathan*)[①]。霍布斯的分析一开始相当无害。所有人类行动都是起源于人对外在

---

① 所用版本为 A. D. Lindsay 版,Everyman's Library 丛书系列(London:J. M. Dent;New York:E. P. Dutton, 1962),文中的页码引自该版本。

刺激的机械式反应,这种反应是趋向或远离目标的一种运动;前者被称为欲求(appetite),后者被称为嫌恶(aversion)。从这个二分法中,不仅产生了行动领域的基本结构——爱(love)是对于目标的欲求,憎(hatred)是对于目标的厌恶——而且产生了善和恶的对象、高兴和烦恼、愉悦和不愉快等等差别(章6)。所以,人因其推理能力而比动物高级。他在预知中能够联系因和果,从而通过想象未来的事件而体验到欲求和嫌恶(章5-6)。在遵循其欲求和获取各种善的过程中,任人支配的手段被称为权力(power),权力又被细分成动物层次上的所谓自然权力,以及专属于人的权力,诸如"财富、声誉、朋友以及上帝隐秘的作工(人们称之为好运)"(章10,页43)。所有这些,大体上都没有超越格劳秀斯笔下的自然(Nature)。

2 "安享于神"的丧失

[63]第一个断裂发生在《利维坦》的第十一章,题为"品行"(Manner),霍布斯在这里讨论了人们在和平与联合中共同生活的品质(qualities)。人的品质很难缔造和平生活,因为任何方式都不能从之前所解释过的结构中推出和平生活,相反,和平生活具有一种独立的起源。人们在这种生活中找不到安宁或休息,因为"那些老派道德哲学家的书中所谈论"(页49)的终极目标或 summum bonum[至善]根本就不存在。幸福(felicity)就是欲望从一个对象转向下一个对象的持续进程。

> 因此,首先,我提出的全人类共有的普遍倾向便是一种永远的、永不止息的权力欲,它追逐一个接一个权力,至死方休。

亚里士多德式的 bios theoretikos[静观生活]问题获得了新的表

达方式。尽管博丹认为理想的俗世生活在于行动和沉思的结合，但他仍旧将自己的体系建立于作为 summun bonum[至善]的 fruitio Dei[安享于神]之上。可是，在霍布斯那里，沉思的近似物作为一个稳固的定向点——人的生活可以围绕它旋转——都被消除了。与上帝的联结被切断，只剩下对于"一个接一个权力"的毫无方向的欲望。

3 "安享于人"：对权力的沉思

在第十三章，霍布斯引入了一个更深入的要素，对无限的欲望作了新的阐述。所有人的自然构造都是平等的，所以争斗会一直持续，因为他们是在权力驱动下相互竞争，从而彼此间缺乏信任。导致争吵的第三个要素是这样一个事实：有些人"把征服进行得超出了自己的安全所需的限度，以沉思自己在这种征服中的权力为乐"。人因其权力而"荣耀"(glory)，他们的快乐在于和他人的比较，并且他们不过是享受自己的优异而已（章13，页64）。

我们触及了这个问题的核心。一旦丧失了通过终极的 fruitio Dei[安享于神]而达到的那种灵魂的安宁，人作为一种孤独和软弱的动物，就必须创立出自己全能(omnipotence)的幻象，在永不停息的行动和扩张中超过其他所有人，这样他才不会意识到自己的有限性，才不会堕入焦虑的无底深渊。人的生活可以被比作一场竞赛："但是我们必须认为，除了力争第一，这个竞赛没有其他目标，没有其他花环。"而且，在这场竞赛中"不断[64]被人超过就是悲惨，不断超过前面的人就是幸福。而放弃这个过程，就是死"。①

---

① 霍布斯，《法律、自然和政治的原理》(*The Elements of Law, Natural and Politic*, Ferdinand Toennies eds, Cambridge: Cambridge University Press, 1928)，章9，节21。

4 癫 狂

在对癫狂(madness)的讨论中,一个人对自己拥有的权力、荣耀、虚荣(vainglory)、骄傲或自负进行沉思的意义,变得更为清晰。癫狂是过度的骄傲。因骄傲而癫狂的典型例子是一个人对自己的神圣灵感(divine inspiration)的信念。按照霍布斯的说法,这种观念可能始于"幸运地发现了其他人普遍坚信的某个错误"。不能理解联想或推理的链条导致了一种侥幸的发现,自负的人便开始自我赞美,相信自己蒙受了上帝的特殊恩典,认为上帝已经通过圣灵(Spirit)将这一观念启示给他们。他们将自负的灵感建立为一种绝对的东西,开始对所有不同意他们的人发怒,正如我们在"发生动乱的国家中的煽动性喧嚣"这种大众现象中所能看到的那样(章 8,页 37)。最后一个例子是精神病院的病人,他相信自己就是圣父(章8)[①]。

骄傲的顶点是将自我(ego)等同于上帝,较低的层次是神圣的自我膨胀(divine inflation),这种膨胀创造了一个特殊的小宇宙作为绝对者。在这一分析中,霍布斯奠定了政治科学这门学科的基础——在中断了两个世纪后,它又在对政治神话的分析中得以延续。在当时人的眼中,霍布斯的罪孽不在于他通过一种替代性的召唤扰乱了个别的小宇宙,而是他以这种方式剖开了小宇宙的魔力本身,并且揭示了其源头就在于人性的一个要素,他称之为骄傲。[②]

[①] 《法律原理》卷 1,章 10,节 9 中有一段类似的话:"我们可以举一个例子,这个人在吉普赛街的二轮马车上布道,他抛弃了布道坛,自以为是基督——这就是属灵的骄傲或癫狂。"

[②] 对于骄傲的分析,以及接下来的对死亡之恐惧的分析,很大程度上得益于施特劳斯(Leo Strauss)的出色研究《霍布斯的政治哲学》(Oxford: Clarendon Press,1936)。

（三） 对死亡恐惧的分析

如果人类是无政府式的杂乱个体，每个人就会努力"超过"其他所有人，并且将自己构造成上帝的类似物。[65]结果就是 bellum omnium contra omnes［一切人反对一切人的战争］（章13）。为了阻止他们彼此灭绝，必须有一种权力置于人们之上，那就是利维坦。利维坦化用了《约伯记》41章的比喻，"上帝在这儿说明了利维坦的巨大力量，把它称为骄傲者之王"（章28，页170）。

政治社会的起源是霍布斯的第二个重要主题。霍布斯建立共同体所依靠的原则，不是一种社会本能（social instinct），就像在格劳秀斯的作品中通常出现的那样。相反，它是另一种激情，与虚荣或骄傲有同样的力量，因此能抵消它的影响，那就是对死亡的恐惧（the fear of death）。在自己激情的梦世界中完全迷醉的人，一旦遇到另一个为权力癫狂的个体，就会吃苦头，而这也会使其清醒。"人们除了根据自己所遭遇的意外灾祸来作推论以外，没有其他办法认识自己的黑暗。"（章44，页331）

就其本身而言，理性是无力的（powerless），正如格劳修斯所做的那样，理性已经被还原成了"计算"能力。但是，理性能够从阻抗外部世界的经验中得出结论：最为不幸的灾祸是因为暴力而死于他人之手，而他人都是潜在的谋杀者。霍布斯笔下的人不把 summum bonum［至善］作为自己生活的定向点，但是他有一种 summum malum［至恶］——死亡。① 霍布斯尚未洞察生存性感受（existential sentiments）的最深层次；他离克尔凯郭尔

---

① "避免死于暴力的至恶"（Mortem violentam tanquam summum malum studet evitare）（《论人》[De homine]，章11，节6；比较《论公民》[De cive]，章1，节7）。

(Kierkegaard)对焦虑的分析还很远。死亡经验还没有亲密到和生命如影随形的地步,以至于死亡的感受和生命的感受将密不可分,自负和骄傲所搭建的庇护所最终仍旧是焦虑本身。霍布斯对不定的、无对象的焦虑还没有什么概念,他只知道特定的死亡恐惧,以及特定形式的死亡:暴死,就像人在内战中可能遭受的那样。[①] 在分析骄傲时采用的例子已经表明,在何种程度上,霍布斯将宗教内战的经验用来作为自己的范例。

现在我们看到了一种死亡危险:在内战中,死于残忍自负的梦想家(dreamer)之手,而这是一种令人恐惧的死亡范例。这种死亡经验是道德的生存性来源,因为它诱使人走出自己骄傲的梦世界,放弃[66]对荣耀的无限制追求,同意一种被强加但能保障生命的秩序,因而使欲望的追求受到了限制。summum malum[至恶]成了中心,它赋予人的生命以融贯性、目标和规则,而与此同时,人的生命也永远失去了 summum bonum[至善]的滋养。

(四) 自然法的诸概念

霍布斯论证这一点时,引入了自然法的词汇。骄傲而癫狂(pride-mad)的个人相互间的普遍竞争和战争状态,就是人的一种自然状态。自然状态并不是指人类演化史的一个阶段,而是一种临界处境(border situation);只要人被骄傲的癫狂所战胜,任何时候它都可能再次出现。我们对此能够形成一个观念,它就像"原先在一个和平政府下生活的人们,往往会在一次内战中堕入的那种生活方式"(章13,节65)。在正常情况下,政府的建立已经消除了个体间的战争,并且将自然状态仅限于主权者之

---

① 《论物体》(*De corpore*),章1,节7。

间的关系。自然权利(ius naturale)是指自然状态下人人都有的一种自由(Liberty),即可以运用自己的力量来保存他的自然(Nature),也就是他的生命。所有服务于这个目的行动都是被允许的,对或错、正义或不正义的概念,在这种状态下没有一席之地(章 13-14)。在自然状态下,自由是不受阻碍行动的实际范围(章 14)。在死亡恐惧的压力下,自然法(lex naturalis)是一种普遍规则,它被理性所发现,服务于在社会中保存生命这一目的。理性的普遍规则就是:

> 所有人都应该致力于和平,只要他有得到和平的希望;而当他无法得到和平的时候,他可以寻求和使用一切对战争有利和有帮助的东西。(章 14,页 67)

这个规则的首要部分是基本自然法,第二部分是自然权利的总括(summe)。从首要部分推出了第二部分:人应当放弃自己的自然权利,保留的自由不多于自己愿意他人对自己所具有的自由。这条法律实质上等同于福音的律法——己所欲则施于人——或者那种消极的规则——己所不欲,勿施于人(章 14)。[67]单凭一份人与人之间缔结的放弃自然权利的契约,仍然无助于改善这样的状况,因为没有什么能保障它会得到履行。没有剑的许诺是空头支票。自然状态只能通过一种信约(Covenant)来克服,它建立了一种权力,以监督人们是否遵守协议。建立国家的信约具有如下的规则:

> 我放弃我统治自己的权利,把它授予这人或这个集体,但条件是你也把自己的权利拿出来授予他,并以同样的方式承认他的一切行动……这就是伟大的利维坦的诞生——

用更尊敬的方式来说,这就是有朽上帝(Mortall God)的诞生;在不朽上帝(Immortall God)之下,我们获得的和平与防卫就是从它那里来的。(第17章,89页)

他是个人或集体,由于得到了所有个体让渡的权利而被称为主权者。在这个国家中,除他以外的每一个人都是臣民(章17)。

(五) 对国家和人的分析

霍布斯将主权者命名为有朽上帝,这就表明:在霍布斯的国家理论中,他并没有从先前的深刻分析掉进自然法的俗套,即把法律符号文字抬到极高,却对其内涵毫无理解。根据信约,人们同意将自然权利转移给主权者;这种信约理论的基础,是依据人格结构而对现实进程所作的一种分析。这一分析的关键概念,是人格(person)的概念。

> 所谓人格,要么是言语或行为被认为发自其本身,要么是其言语和行为被认为代表着别人。

当他代表自己时,他是一个自然人格(natural person);当他代表另一个人,他被称为人造人格(artificial person)。人格的含义需要追溯到希腊文 prosopon 和拉丁语 persona——它们的意思是面容或者舞台上演员的面具。

> 所以在舞台上和在普通谈话中,人格的意义与演员的意义相同。装扮(to Personate)就是扮演或代表自己或别人。(章16,页83)

人格概念使得代表式的言与行的可见领域与灵魂过程的不可见领域相分离，造成了一个影响深远的后果：这些可见的言语和行动（它必定属于特定的自然）[68]可能代表了诸心理（psychic）进程的单位，它源于个体灵魂的相互作用。在自然状态下，每个人都有自己的人格（person），也就是说，他的言语和行动代表了源于其激情的权力。

政府的根基，在法律上表现为人们将自然权利转让给主权者，这意味着：在激情和人格的领域，属人的激情单位瓦解并融合成了一个名为国家的新单位。结果，个人的行动再也不能代表他们自己的进程，并且新的心理单位（psychological unit）的代表功能转移了个别人格的行动中，这个人格就是主权者。霍布斯坚持，政治单位的创立"不只是同意（Consent）或协调（Concord）"，它们会预设那些自然人格继续存在；国家是"全体的真正统一"。个体的人同意消解他们的人格性，并且"大家都使自己的意志服从于他（主权者）的意志，使自己的判断服从于他（主权者）的判断"（章17，页89）。称这位主权者是有朽上帝，不只是一种话术（façon de parler）；全能个体的癫狂因为服从主权者而被驱散，接着，人也伴随着自己的限度而发现了他的上帝。"他（主权者）能够组成他们所有人的意志"，"并且国家的本质就在于他"（页90）。这个国家是一个真实的神秘体，就像基督的神秘体一样。

（六）国家之法律封闭的完成

国家的结构是完整的。《利维坦》的余下部分（篇幅的五分之四）可以说是霍布斯的大量推论，他在其中无情而满意地关上一扇又一扇门，不让任何干扰国家的东西溜进来。首先，对于每一位可能提出异议的公民政治领袖，他都极为慎重地对待。不满的个体都会被告知,他没有这种反抗权利,因为他已经将自己的权威转让给了主权者;这个转让可能具有一种臣民相互缔结契约的形式,但它的基础肯定不是臣民与主权者之间的契约,所以主权者不必承担任何义务,也不可能为不履行契约负责。主权者的权威就是臣民自己的权威,如果臣民反叛并且被杀,[69]那么,在此过程中他其实就是自杀了。

人应当服从上帝的诫命甚于服从世俗统治者的命令;这一点并没有给臣民带来多大帮助,因为在外部行动中,人应当服从统治者,而他的信仰(这对于得救是必需的)并未陷入危险,因为没有哪个主权者能够深入臣民心灵的私人世界;哪怕在异教统治者的权柄之下,臣民也能够信仰基督。霍布斯驳斥了"律师们的愚蠢观点",即议会制定法律,君主只有执行权(executive power)。霍布斯的理由是:英格兰无疑是一个君主国,而不是一个人民共和国(popular republic),而且,主权者的权力不可分割。在这一部分的理论中,霍布斯完成了始于博丹的国家之法律封闭(legal closure)。随着议会获得至高地位,英格兰的宪制问题尘埃落定之后,霍布斯式的实定法(positive law)理论才再一次涌现出来;此时,在边沁(Bentham)和奥斯丁(Austin)的实定法学派中,它又被应用于作为主权者的议会了。

(七) 国家之精神封闭的完成

霍布斯的第二类讨论涉及宗教团体的反抗。在这方面,霍布斯完善了伊拉斯图派的(Erastian)立场。① 如果主权者接受基督教,并且让它的敬拜(worship)成为实定法,那么这个国家

---

① [译注]伊拉斯图派的主张包括,宗教和教会的事务应当完全服从国家的管理,世俗君主完全凌驾于教会之上。

就是一个基督教国家。教会是

> 宣告基督教信仰并结合在一个主权者人格之中的一群人,他们应当在主权者的命令下集会,没有主权者的权威就不应当集会。(章 39,页 252)

就其臣民是人而言,国家被称为政治国家(civil state);就其臣民是基督徒而言,国家又被称作教会。清教徒(Puritans)被告知,他们不能够和一位允许他们有异议或反抗的上帝立约,因为只有主权者才能和上帝立约,他才是国家人格(person)的担当者。异议者们不能在私人的宗教圈子里聚会,因为这将是一场非法的聚会。英国国教同意,这位主权者借着神圣恩典(divine grace)而成了国家的牧师(pastor),而主教和教士从君主手中领受职务,就像政治官员(civil officials)一样。设置教会职务的原因,与政治领域设置职司的原因相同:君主不能在执行圣礼上事事亲为,而是不得不有所分工。[70]圣俗二分是魔鬼的发明,注定导致国家的失序。

这些论证完成了国家的精神封闭(spritual closure),正如先前的法律封闭一样;在这方面,它预示了一种未来的可能性。个体骄傲的魔鬼式单位因为死亡恐惧而被打破,但是,他们在上帝面前还没有获得新的受造物身份(creaturely status)。他们的骄傲被转移到了国家。利维坦一边把骄傲之子削为谦卑,另一边也将他们的骄傲吸收到自己的人格中。个人间的自然状态被废除,但是主权者间的自然状态仍旧没有缓和。结果,作为利维坦的倡导者,霍布斯恰恰迷醉于他所揭示出来的、作为个体生存之恶的那一类癫狂。国家是一种属灵意义上的绝对者(spiritually absolute),谁要是胆敢干扰它的自负,那就是国家的有朽之敌。

《利维坦》的第四部分题为"黑暗王国"(The Kingdom of Darkness),处理了教会及其自诩代表人类的属灵统一体、超越于世俗诸政治组织之上的诉求。当讨论到民族国家领域内部的诸关系时,霍布斯拒斥了运动(Movement)的态度,因为在他看来,这将对国家的和平产生毁灭性的影响。但运动的不妥协精神在霍布斯那里并没有被打破,而是仅仅被转让给了民族国家。

(八) 对意见的控制

在意见控制的问题上,有一段话最是意味深长:

> 因为人的行动来源于他们的意见,为了他们的和平与协调,好好管理意见就是好好管理人们的行为。(章18,节93)

因此,主权者必须决定哪些意见和学说有害于和平,哪些又对和平有利。他必须决定谁可以在公共场合对听众说话,说什么样的主题,以及具有什么样的倾向性,而且必须建立书籍的预防审查制度。真理问题在禁止冲突的决断中消解了,因为不利于和平的学说绝不可能为真,所以理应被禁止。上述的这段话,也可以出现在一个现代的宣传部长的笔下。

(九) 总结:自下而上的运动和自上而下的压力

[71]这些推论仅仅是证实了利维坦的观念。霍布斯分析了两种形而上学的实体,它们是中世纪制度崩溃后遗留下的景象:人和民族国家。霍布斯既不是个人主义者,也不是集体主义者,而是一位伟大的心理学家。他坚定捍卫利维坦凌驾于骄傲之子

之上的绝对权力，这不应被视作他在表达对某种政府形式的偏好（就如通常那样），而应当被看作对某些力量之实力的见证；只有压制这些力量，现代处境下的和平社会生活才有可能实现。霍布斯第一次看到并充分理解了，一旦运动侵入制度的领域，它所释放出来的力量具有怎样的爆炸性；只有自我毁灭的致死恐惧才能阻止激情的癫狂，只有在灵魂和身体上对人拥有完全的权力，才能确保一种不稳定的和平。

我认为，内战这一反复出现的例子有着特殊的重要性，因为如果有人要把它另外分类，归于一个多少是建构出来的自然状态故事——只要证明人们对自然状态不满，人们就会为了社会生活而放弃它——那就是对霍布斯理论的一种彻底误解。霍布斯的自然状态不是被政府制度取代的过去某个阶段，而是一种崩溃的可能性，它永远存在于民族国家当中。任何时刻，这种激情都可能再次挣脱，受[神灵]激发的领袖就会出现，找到他们宗派的追随者，在新的内战中将国家毁灭。这种从下层而来的运动的危险，解释了来自上层的严酷压力。霍布斯的热血贡献了对于极权国家（totalitarian state）的重要理解；他开出了一张如何从精神和智识上控制人的处方，而如今的极权主义逐字逐句拿来照办了，并通过现代技术得到了完善。而且，如果要在那些业已失去不朽上帝的人们当中制造和平秩序，那么，由有朽上帝掌握的这种控制技术，也许就是不可或缺的工具。

《利维坦》的极权主义要素并没有直接的历史序列。凭借敏锐的洞察，霍布斯正确地把握了问题，但他错误地判断了问题的急迫性。宗教改革（Reformation）的驱动力已接近枯竭，在教会失败后，民族国家[72]能够将其消化，而经过诸如卫理公会（Wesleyan）之类小规模改革的更新，基督教的实体强劲得还能再维持几个世纪。新的危险时代开始于 19 世纪中期，伴随着大众民主和反基督教运动的同步渗透。在新的危险情形下,另一个伟大的心理学家有着堪比昔日霍布斯的地位和作用,他就是尼采。

第二章 英国革命

一 英国的状况

[73]英国内战的经验对霍布斯的著作产生了决定性影响,但是因为他的著作鞭辟入里,从附属性观念的层次向下捅到了人类生存的根基,因此,它对这个时代政治观念的塑造就显得不太重要了。霍布斯是最伟大的英国政治思想家,但正因为他的伟大,在讨论他的地位时,我们就要着眼于欧洲思想史,而不能局限于17世纪的英国政治。这一阶段英国政治思想的主体与制度更贴近,它关心的是消化掉宗教改革释放出来的力量和观念,以及在新的处境下重整英国国家秩序。

如果要完全令人满意地对这个思想主体进行一次彻底描述,即使不缺乏资料,那也不太可能做到。我们沉浸其中:在人类历史中,极少有这样的时代被如此彻底地研究,而且研究者都对它如此悉心爱护,因为这是一个为现代立宪政府(constitutional government)奠定基础的时代,但这些观念还没有发展成一个合乎逻辑的体系。在那时,它们产生自既存制度发生变革的时期,这些变革并没有以暴力的形式与传统决裂(至少刚开始时不是），而是转变了重点，强化了立场，结果在先前和谐共存的权力之间制造摩擦。这种演化并不按照规划发生，而是一种性情的变化，甚至很难追溯其变化的细节。

与西方世界的其他国家相比，英格兰的演化有一种几近于下意识的特质，它使更多中世纪的制度、观念和感受存活了下来。[74]美国也是如此。当然，难以形容的民族性情（national temperament）也起了一定作用，但我们先把这一点搁置一边；英国演化的特征取决于其政治史中的一些事件。玫瑰战争（The War of the Roses）在身体上、更在经济上耗尽了英国的贵族，以至于都铎王朝（the Tudors）能够毫无争议地夺取民族代表的功能，早于法国波旁王朝（Bourbons）一个世纪。而且这种消耗的影响如此深远，以至于英国的中等阶层能够获得法国人在旧制度下从未有过的优越的社会地位。

早在15世纪，英国的经济和政治权力的平衡已经从贵族转移到了中等阶层，这产生了一些重要的后果。首先，英国的中等阶层没有制造一场像法国1789年革命那样激进的民族革命；政治制度因而能缓慢地演化，并且通过所有后来的转变，保留大量中世纪的遗产。英格兰从未像法国或德意志那样"被现代化"。第二个重要的后果是，作为统治阶层的贵族得以保留，随着平民上升到这个等级，贵族阶层的成员也能得到更新。其他任何国家都没能在大众民主运行的框架中，仍然保留旧制度下具有显赫地位的贵族的骄傲。第三个结果（这可能成了英国没落的原因）是中世纪的"残余"（hangover）。其他任何一种欧洲强权都不像它这样，在现代政府机关的演化中如此大胆地"开倒车"，这些演化包括：理性化的法律和法庭程序、官僚机构和军事体制、行政法院体系（administrative court system）、社会立法（social legislation）。

二 詹姆斯一世

我们提到的性情改变，在詹姆斯一世继任英格兰王位之后就变得明晰可见了。这位君主在苏格兰加尔文主义者关于王权争论的氛围中长大。这种经验在他身上留下了刻骨铭心的印记，结果使他有些神经质地主张王权是一种神圣奥秘（divine mystery），并且认为人们不应该讨论此事。如果追根溯源的话，他所谓的神圣王权（divine kingship）理论看上去非常古怪。[75]1616年的《在星室法庭的演讲》(Speech in Star Chamber)中，他提出了一个著名的表述：

> 当涉及君主权力的奥秘时，争论是不合法的，因为这是对于君主弱点的攻击，并且窃取了对于神秘的敬畏，而这属于坐在圣座上的上帝。①

这意味着，任何将王权付诸理性化讨论的尝试，都只会揭示它的"弱点"；这也将表明，王权没有理性的基础——顺带一提，在这一点上，王权与其他任何权力并没有什么不同。我们必须重新调整对于这位君主作为政治哲学家的评价。在人民主权（popular sovereignty）神话占支配地位时，坚持君权神授多少显得有些荒唐。但是，如果我们以史家至少应当尽力具备的中立态度来切入这个问题，我们就必须认为：这位君主是这个争论时期中的一位稀有之人，而当他理解了王权的基础并不在社会契

---

① 《詹姆斯一世政治文集》(The Political Works of James I, with an introduction by C. H. McIlwain, Cambridge: Harvard University Press, 1918)，页333。

约的层次之后,在这个层次上迎战论敌就意味着王权观念的败北,而保留王权制度神话的唯一办法就是禁止讨论。后来,英格兰接受了这个看法:《威斯敏斯特条例》(Statute of Westminster)规定君主是英联邦统一体(the unity of British Commonwealth)的"符号",这当然不是一个经得起理性审查的制度。此外,为了保存"神秘的符号",所有好英国人都小心地避免谈论君主,正如詹姆斯一世建议他们做的那样。

我们可以说,这位君主不是反动派,而是一个进步人士;他抛弃了陈旧的契约符号体系,退而求助于上帝那不可测度的意志。然而,在政治实践中,这种撤退也意味着王权的议题赫然在目。在讨论的面纱下,一个议题能够被长期遮蔽起来,但现在撕开了这层遮蔽的面纱,王权作为一个令人恼火的事实也浮出水面。这里不存在什么理论或制度上的改变。这位君主仅仅是在主张:任何情形下,他的特权都是不容争辩的,不容律师置喙,而且借助于星室法庭和高等委员会,他相当程度上扩展了他的特权。

三 与法院和议会的冲突

[76]君主与科克爵士(Sir Edward Coke)的矛盾富有启发意义。正如人们有时假设的那样,君主和他的大法官(chief justice)在涉及普通法的理论时,观点没有什么不同。对于詹姆斯而言,普通法是王国的基本法,决定了他所拥有的特权以及臣民的权利。问题根本不在于普通法,而在于解释权。这位君主坚持,对于自己能做什么和不能做什么,他就是唯一的解释者;而大法官坚持认为,他才垄断了关于何谓法律的知识。大法官的这一立场不仅针对君主,还针对议会(博纳姆案[Bonham's

case]):他主张,如果一项议会法令与普通法的原则相矛盾,法庭就能判其无效。显然,没过多久,议会也坚持自己拥有无可争辩的、宣布何谓法律的权力。

冲突肇始于1621年。这一年,议会驳回了1621年12月18日的《大抗辩》(the Great Protestation),并且宣称在辩论此类事件时,议会拥有司法管辖权(jurisdiction)。于是,君主解散了议会,并且从议会的日志中撕掉了写有这份抗辩词的纸页。自始至终,冲突各方都一致认为,王国的法律(the law of the realm)拥有比他们更高的权威;不存在权力在哪里的问题,也不存在君主主权还是议会主权的问题。法律的气氛仍旧是中世纪的,即:在一个约束所有人的法律下,诸权力在 corpus mysticum[神秘体]中保持着和谐的平衡,只有解释上的不同。但是,如果我们使用霍布斯式的语言,政治权威可以说已经变成了权力意识(power conscious)。他们正推进到这样一个地步:中世纪分散权力的和谐即将被打破,敌对各方也将不得不达成一份明确协议。

四 教会宪制:《五月花号公约》

除了君主、议会和法院之外,还出现了第四种权力诉求,那就是人民(the people)。人民的诉求首先涉及宗教自由,并且在这方面,处境可能最关键,因为在教会的[77]事务中,各种立场的理论固化已经到达极致。在世俗领域中,权力理论到目前为止还没有打破中世纪的和谐,但在属灵领域中,我们发现:1604年的《宪法和规章》(Constitutions and Canons)①中,君主主权

---

① 《1604年教会宪法与规章》(Constitutions and Canons Ecclesiastical 1604, with an introduction and notes by H. A. Wilson, Oxford: Clarendon Press, 1923)。

(royal sovereignty)理论已经有了相当完善的构建。

在这些事项中,君主主权的第一条规则涉及国家的精神封闭。君主的权力被宣称为

> 在上帝之下的最高权力,按照上帝的律法,所有人对他……都要给予最大的忠诚和服从,他高于和超过世上所有其他任何权力和统治者。(规章1)

英格兰教会的主权理论与博丹的理论并没有明显的差异。在国内,君主的威严

> 在教会事务中,拥有与犹太人的神圣君主和早期教会的基督徒皇帝一样的权威。(规章2)

规章进一步宣称,脱离教会而进入一种新的团契,乃是非法;在国教之外的会众自称教会名义和缔结圣约,也是非法。在教会事务上,人事和法律形式的东方式等级制建构已经完成,至少纸面上如此。在实践中,执行的严格程度各有不同,但从未真正完成。

然而,这些已经足以使人困扰,导致已经缔约的英格兰会众向外移民。他们中最著名的一批人,就是从林肯郡和诺丁汉郡移民到荷兰,后来又移民到了美洲。但是,即便在这里,在这个张力最大的地方,他们也没有与国家观念真正决裂。《新英格兰的纪念碑》(*New England's Memorial*)枚举了移民到美洲的原因:

> 他们的后裔过不了几代就成为荷兰人,因此也失去了

他们在英国的利益。他们宁愿扩大陛下的领土，生活在他们自然君主的统治下。

另外，《五月花号公约》(Mayflower Compact)是他们在上帝面前相互缔结的。虽然君主不在，但这仍然是一份"我们敬畏的至高领袖——君主詹姆斯的忠实臣民"相互缔结的圣约。这个在君主治下的民族国家足够强大，甚至纳入了民主共和国在内。

五 对王权的限制

[78]在这种处境下，事情按预料进一步发展：人们越来越意识到各种地位的相对性，继而引发冲突，结果有必要为限定各种司法权找到一套表述。司法规则本身及其得以正当化的政治公理，就是所谓立宪政府原则的主体。

最重要的一组规则涉及对王权的限制。1628年的《权利请愿书》(The Petition of Right)[①]允准：(1)未经议会同意，不得直接征税；(2)必须遵守人身保护权的法令；(3)陪审团制度不容废止；(4)未经法律程序，禁止剥夺任何自由人的生命、自由和财产；(5)士兵不得违反居民意愿征用民宅；(6)废除战争法所征收的佣金。这些允准的总称，就是"根据法律和王国的议会立法"而属于臣民的"权利和自由"。"生命、自由和财产权"的表述并没有真正体现在权利请愿书中，但它在更为具体的表述中——诸如"处死"、"监禁"和"剥夺其土地或住宅"——得到了实质性的体现。

---

① 见《清教徒革命的宪制文件：1625-1660》(*The Constitutional Documents of the Puritan Revolution*, 1625-1660, ed. S. R. Gardiner, Oxford: Clarendon Press, 1906)，页66-70。下文引用该书时，均简称《宪制文件》。

相似内容可以在 1640 年的《大抗议书》(The Grand Remonstrance)第 129 节找到(《宪制文件》,页 202－232),由于星室法庭的废除,这时据说人们的"人身、自由和财产有了更多保障"(《宪制文件》,页 222)。更进一步的是来自 1642 年的"控诉"(Impeachment)(《宪制文件》,页 236 以下),在这里,君主指控议会的某些成员试图建立僭政式的权力,"侵犯了君主治下臣民的生命、自由和财产"。而在答复《大抗议书》时,君主谈到了他对自己治下百姓"安乐和幸福"的关心(《1641 年君主对于请愿书以及大抗议书的回答》[*The King's Answer to the Petition Accompanying the Grand Remonstrance*,1641],见《宪制文件》,页 233－236)。很多材料都有上面汇集的大多数表述,而这些材料在后来美国的宪制运动中发挥了重要作用。

六 转向议会主权的趋势

[79]第二组规则限制表明了一种趋势的产生,即向后来的议会主权的转变。1641 年的《三年法案》(The Triennial Act,《宪制文件》,页 144－155)确保议会每三年召集一次会议,无需君主的动议,同样,议会无需君主的动议就能每隔三年解散一次议会,重新进行选举。(在这项法案中,十一月的每个星期一非常重要,这种设定日期的模式在美国宪法中仍然可见。)在议会首次会议后的五十天内,如果没有两院的一致同意,议会不得被解散;而且五十天内未经议院本身的同意,任何一个议院均不得被中止。这个法案进一步规定了两院发言人经选举产生,还规定了议员的豁免权。

导致革命的那一步,源于 1641 年的《五月十日法案》(the Act of May 10,《宪制文件》,页 158 以下)。它规定,当时的议会——亦即长期议会(the Long Parliament)——在未经议会法案表示同意的情况下,不得在危机时期休会、中止或解散。最终,人们越来越强烈地坚持另一个要求,即君主的顾问应当是得到议会和人民信任的人;这后来变成了议会制政府的关键准则。这项要求出现于1641年6月24日的《十项提案》(the Ten Propositions)(《宪制文件》,页163-166),再次出现于1641年11月8日给苏格兰委员会的指示(《宪制文件》,页199-203)、1641年12月1日《大抗议书》第一百七十九节(《宪制文件》,页228)以及1642年6月1日《十九项提案》(the Nineteen Propositions)第一节(《宪制文件》,页254)。1643年2月的《牛津提案》(The Oxford Propositions)(《宪制文件》,页262-267)不再包含这项要求,早先关于议会控制行政和司法任命权的要求也不见踪影。加德纳(Gardiner)认为,议会仅仅希望在掌握军事和财政权的情况下,度过查理一世统治余下的岁月,等待与他的继任者达成协定(《宪制文件》,页xl)。这些主张再次以完整严格的形式,出现于1644年的乌克斯桥(Uxbridge)提案和1646年纽卡斯尔(Newcastle)提案(《宪制文件》,页275-286、290-306)。

七 圣 约

第三组宪制符号,起源于教会本身的抗争和圣约(covenant)的观念。在詹姆斯君主[80]的统治早期,我们注意到,地方性圣约的缔结导致了立约团体的移民,以及美洲天路客的殖民运动(American Pilgrim Settlement)。这是一些小规模的运动,可以说,它们在更大国家中造就了一块属于民主共和制的飞地。

第一个影响范围较大的圣约是1638年苏格兰人的"民族圣约"(National Covenant)(《宪制文件》,页124－134)。在这份圣约中,"贵族、男爵、绅士、自由民、牧师、百姓"以个人身份签署了捍卫苏格兰新教的文件。1638年11月,格拉斯哥的会众(Glasgow Assembly)废除了苏格兰的主教制度(episcopacy),最终确立了苏格兰教会(Kirk)。1643年,以长老会为基础的"神圣盟约"(the Solemn League and Covenant)(《宪制文件》,页267－271)实现了英格兰、苏格兰和爱尔兰的联盟,因此,英国议会反抗君主的行动也得到了苏格兰人的帮助。1645年,大主教劳德(Archbishop Laud)力争主教制教会在英格兰的至高性地位,但这位领袖最后遭到了指控和处死。

八 《军队的庄严誓约》

1647年,政治的主动权已经转移到了军队,而在军队中,普通士兵是由独立派(Independents)和平等派(Levellers)所组成的。现在,在世俗国家的层面上,军队掌握了圣约这个符号。记录这种转变的文献是1647年6月5日《军队的庄严誓约》(The Solemn Engagement of the Army)。[①]

这份文献首先描述了士兵委员会的选举及职能,这和1917年俄国军队的苏维埃党人(Russian army soviets)以及1918－1919年德意志的士兵委员会(Soldatenräte)非常类似。接着,

---

① 见《清教主义与自由:克拉克手稿及增补文件中的军队辩论(1647－1649)》(*Puritanism and Liberty: Being the Army Debates* [1647－9] *from the Clarke Manuscripts with Supplementary Documents*, ed. A. S. P. Woodhouse, 1936; rpt. London: J. M. Dent; Rutland, Vt.: C. E. Tuttle, 1992),页401－403。下文引用该书时,均简称《清教主义与自由》。

它发展成了士兵与军官共同签署的庄重约定,宣示在他们的抱怨和安全得到满足之前不会解散。他们的要求就是:"生而自由的英国人民",从此之后不会受到"压迫、伤害或虐待"。这项宣言的结尾指出,他们不是在争取特殊利益,而是希望"在我们范围和权力内,建立一种普遍和平等的权利、自由与安全,让所有人都能平等共享,同时既不否定他人享受同等权利,[81]也不允许他们享受不到这些权利"。

九 《人民公约》

军队捍卫革命果实,反对长老会主导的议会和伦敦城;这些努力促成了1647年10月28日《人民公约》(The Agreement of the People;《清教主义与自由》,页443-449)。这是一份来自军队的提案,它原则上巩固了现代宪制的形式和理论。《人民公约》不属于请愿、抗议、议会法令这些旧的法律形式,也不是圣约观念的延续。要是将其安置在历史起源的脉络之中,我们可能会说:这是世俗化的圣约,它的首要关切既不是信仰者的共同体,也不是真信仰和正确的敬拜方式。相反,《人民公约》源于被理解为广大民众(broad masses)的人民,他们为了自己的利益得到政治上的承认,反抗君主以及士绅(gentry)主导的议会。《致生而自由的英格兰人民的信》(The Letter to the Free-Born People of England)连同《人民公约》提出了新的宪制观念。新的"首要权利"(principal right)将为其他权利提供框架,这就是"你在议会中的代表身上所享权力的清晰、确定、充分、自由"。它认为,压迫和痛苦的根源是早期法律形式的"模糊和不确定",这两点导致了法律解释的分歧,最终引发摩擦和武装冲突。

用一个现代的范畴,我们可以说,在宪法、普通法和法庭程序的领域，英国的下层百姓渴求法律技术的改进。他们从悲痛的日常经验得知，晦涩的法律——也就是隐藏在各种先例和习俗的密林之中的法律——是那些雇得起律师的阶层为自己的社会和政治地位修建的巨大堡垒。独立派和平等派的圈子有一个普遍的倾向，就是要让法律理性化，尽可能从法律解释的模糊转变为法典编纂的"清晰"，而"清晰这一首要权利"(principal right of clearness)就是上述倾向的征兆。这种成文的协议显得像是人民权利的捍卫者，它尽可能谨慎地在技术上规范这个领域，使可供解释的漏洞变得最小。然而，除了美国宪法之外，法典在英格兰和美洲没起什么显著作用[82]，相反，它在欧洲大陆的革命中发挥了巨大作用。有时，这一点被人忽视了，因为在保留了更多中世纪遗产的盎格鲁—撒克逊国家中，人们未必总能正确理解，这种民事和刑事及其相关程序的法典对于保障广大民众的权利究竟有什么革命性影响。在这个问题上，《人民公约》的立场是清晰而毋庸置疑的。《致英格兰人民的信》要求人民加入《公约》，因为"我们可以拥有确定召集的议会，并且确定知道他们开庭和结束的时间，而且这项权力和信任是清晰和毫无疑问的"，如此等等(《清教主义与自由》，页445)。

这份成文协议故意没有被提交给议会。《致英格兰人民的信》明确指出了这一点：议会的法案并非无法改变，因此无法确保不会被后来的议会所改变。它的意图在于创建一种法律形式，能够超越通常议会权威的司法权。王国基本法的来源应当是人民本身，军队则发挥了一种功能，而在后来的宪制历史中——特别是在美国——制宪会议(constitutional conventions)履行了军队的这种功能。下面一段话，清楚表达了这种反对议会主权的人民主权原则：

议会将从信任他们的人中接过他们的权力和责任,因此,人民将宣称他们的权力和责任是什么,这就是公约的目的。

在这项公约下的议会被称为国家的代表(the Representative of the Nation),并且被笼统地授予各项权力:立法,废立公职和法院,委任、调动和问责所有官员,宣战媾和,以及外交事务;这一切都无需其他任何权威的同意。这里没有提到君主。但是,国家在许多事务上为其代表设置了种种限制,这些事务被明确列出,其中最重要的是宗教和敬拜的事务;在此类事务上,禁止制定任何法律。"我们宣布,这些事情是我们与生俱来的权利",任何侵犯它们的做法都将受到"所有人的反对"(《清教主义与自由》,页446)。豁免权(exemption)的列表成了后来权利法案的模板,在美国的宪制发展中尤其如此;但在英格兰,这一趋势最终又回到了完全的议会主权。

十 公民选举权的问题

[83]《人民公约》的一个基本问题是人民代表制度。在这个问题上,军队发生了分裂:士绅出身的军官支持财产资格(property qualifications),下层的士兵和军官倾向于普遍的男性公民选举权(manhood suffrage)。士绅军官在1647年8月1日发布的《建议要点》(*Heads of the Proposals*,《宪制文件》,页316–326)中提出,各郡的代表"按照他们各自承担的公共费用和王国赋税,按比例分配名额",但《人民公约》却提出"代表应根据居民数量来公平分配"。1647年10月29日的帕特尼辩论(Putney Debates)(《清教主义与自由》,页38–95)体现了这个问题上一

场严肃交锋。

更为保守的军官认为,普遍选举权的要求似乎隐含着对私人财产的威胁。埃尔顿(Henry Ireton)描述了一种可能性:没有财产的大量民众选举出来的大部分代表,可能都是一些打算废除财产权的人。雷恩斯伯勒(Thomas Rainborough)采取了自然法的立场,认为上帝平等地将理性给予所有人,其目的就是让他们使用理性,以改善自己的处境。"我根本没有听说过有什么东西能说服我,"他说,"为什么任何一个出生在英格兰的人,不应该在选举议员的时候发出他自己的声音"(《清教主义与自由》,页55)。如果人民不能通过自己的代表来对他们必须生活其中的法律表示同意,那么,"人民是一切法律的基础"就是一句空话。埃尔顿坚称,投票权应仅限于那些通过占有财产而在王国中享有"永恒利益"的人。克伦威尔(Oliver Cromwell)本人试图这样劝说:

> 在一个设下了任何约束或界限的地方,只要废除这些约束,那么,除了呼吸的利益外一无所有的人,难道不都应当在选举中有发言权吗?

1649年1月《人民公约》的最终稿,选择了一种不伦不类的表述:代表应该公平分配,不计一切涉及等级或居民的因素;反过来,针对议会权力的豁免权则规定,议会不得"夷平人们的不动产、破坏财产,或者使一切变为公有"(《宪制文件》,页369)。

围绕公民权问题的帕特尼辩论,已经远远超出了他们那个时代。这种"公平分配"只有到1832年的大改革(the great Reform)才开始在英格兰实行,普选权只有到后来19世纪和20世纪的改革才逐渐扩大。[84]美利坚各州在普选权方面走得更远一些,但是,其中的一部分(1945年)仍旧通过人头税(poll taxes)来维护财产资格的残余,一些州的"公正分配"还没有达到1832年英国的水平。相比盎格鲁—撒克逊国家而言,清教徒的选举权观念在欧洲大陆更有成效。1848年,法国在国家选举中开始推行男性公民的普遍选举权,德意志是1869年,奥地利是1907年,英格兰是1918年,而美国至今都还没有实现。①

十一 控告查理一世:《独立宣言》

内战的高潮是处死君主。1649年1月20日的指控(《宪制文件》,页371-374)和1月27日的判决(《宪制文件》,页377-380)值得关注,因为它们明确表达了有限君主立宪制(limited constitutional monarchy)的原则,而君主被认为已经违背了这些原则。根据这项指控,君主被信托"以有限的权力,凭靠并依据王国的法律——而非其他任何东西——来进行统治"。而且,他还有责任"为了人民的善和利益,为了保护他们的权利和自由"而使用这一信托。君主被指控试图"根据自己的意志,建立起一种不受限制的僭主式统治权";他试图颠覆人民的自由,为此缘故还与议会开战(《宪制文件》,页371以下)。法庭的司法权和指控内容在法律上是可疑的,但是,它们揭示了国家主权(national sovereignty)以及君主在立宪政府中的地位,这些新的观念意义重大。

此外,这次起诉和判决具有历史的重要性,这是因为:它们为第二次斩首英王提供了一个模式,只不过那是不流血的斩首

---

① [英文版编者注]1964年美国宪法第24条修正案的通过,禁止了在联邦选举中征收人头税;1971年第26条修正案的通过,则使十八岁以上的所有人都获得了选举权。

方式,即1776年7月4日美国《独立宣言》。① 《独立宣言》被建构为[85]针对君主的正式控告,它首先提出:政府的目的在于确保人民不可让渡的生命权、自由权,以及追求幸福的权利。美国人的指控明确规定了英国人未曾言明的东西:一旦政府开始破坏这些目的,人民就有权改变政府的形式。之后,他们继续像英国人一样,声明君主的某些行为违背了信托,以及君主有意建立僭政,最终高潮就是控诉君主与人民开战。当然,此处的司法情境与英国的案例有着深刻的区别。英国人将指控提交给了专门的高等法院(High Court of Justice),美国人则是将《独立宣言》提交给了"全人类的意见"(the opinions of mankind)。

十二 马萨诸塞湾、康涅狄格、罗德岛

一系列宪制符号表明,英国革命和其他革命有着相同的模式:他们的运动都是从右翼(right)转向左翼(left),直到耗尽动力。在宗教方面,运动始于主教制主义(Episcopalianism),经过长老派(Presbyterianism),直到独立派(Independency);在政治方面,始于王权政治(royalism),经过议会政治(parliamentarianism),直到人民共和政治(popular republicanism);在社会方面,反抗现存秩序的压力,首先来自士绅和商人,然后来自较低的中等阶层,最后来自底层的劳动人民;在观念领域,运动始于中世纪的法律之下的和谐,经过宗教上的圣约(berith),直到世俗化的自然法共识。当民族国家的消化性力量完成其工作,诸

---

① 《英格兰历史文件(第九册):至1776年的美洲殖民文件》(*English Historical Documents*, vol. 9, *American Colonial Documents to* 1776, ed. Merrill Jensen, gen. ed. David C. Douglas, New York: Oxford University Press, ,1962),页877。下文引用该书时,均简称《历史文件》。

力量也达成一种新的平衡之后,革命诸阶段便转变为新的政党派别:托利党(Tory)、辉格党(Whig)和诸民主团体。

但是,英国革命的模式与其他类似运动的显著区别,就在于它的移民结构。每一次革命都抛出了一批批流亡者:首先是革命的受害者,接着是复辟的受害者。英国革命的独特之处在于革命分子的奇怪特性,他们不是个别地移民,其目的也不是借助海外的有利位置以推动革命事业的发展,而是为了永久脱离宗主国的共同体,以团体的形式远走他乡。[86]从内部逐渐改变这个民族国家的做法,并没有耗尽这场革命的动力;它转向海外殖民地,产生了显著的和历史性的后果。显然,美洲殖民地的建立更清楚地揭示了这场运动的一些面向。原因在于,在新大陆的广袤空间里,人格与观念可以得到更自由的发展,而在英国本土,它们将遭到来自社会和历史环境的阻力。

有一种特性为英国革命的美国阶段染上了自己的色彩,同样也影响了直到20世纪初美国的独立发展;这一特性,就是逃避的根本可能性(the fundamental possibility of evasion)。如果欧洲的社会团体内部产生了摩擦冲突,那就必须通过妥协或斗争来解决。但在美国,移居其他地方就能化解问题。这种机会造成的后果利弊参半,并且深刻影响了美国的国家特性。我们可以列举种种好处:自由和独立的氛围,自我表现,自我主张,以及广泛民主基础上的人之尊严的氛围;在那些更加可疑的后果中,我们必须算上美国人对问题的逃避,以及悲剧感的缺乏——只有对于不可克服的阻力和屈服的必然性的集体经验,才能产生这种悲剧感。此种情况的一个症状就是,美国文学迄今未能产生一部高水准的悲剧,同样也不存在深刻的幽默。

我们已经注意到了第一批移民,即天路客团体。接下来的事业规模庞大得多,得到的财政支持也很可观;这就是马萨诸塞湾的殖民。它展现了长老会士绅和商人企业的特有属性。马萨诸塞湾公司最初的形式是一伙冒险家,按照我们今天的说法,就是一伙投机者:他们获得特许状的手段多少有些见不得人,完全不像新英格兰议会得到的特许状那样。第二个见不得人的手段发生在1629年8月29日,公司特许状换成了种植园特许状,并且它在新的殖民地的用法就像一部宪法那样。公司的管理者很可能事前就已经心知肚明,他们的意图乃是建立一个寡头政府,并且用民主信约的措辞作为粉饰,以建立一套符合英国习俗的牢固的士绅统治。因此,我们有了一个较为独特的环境,[87]其结果类似于日内瓦的加尔文主义的建构,尽管它们的源头大不相同。日内瓦的环境是中世纪的市镇建制,马萨诸塞湾的环境则是商业团体,后者允许自由民阶层中的一部分人能在世俗领域得到充分发展。寡头制凭借以下方式获得了宗教上的支持:1631年,它将公民权仅限于教会成员;1636年,它宣布,未经地方官员和长老批准,禁止建立新的教会;1648年,它通过《剑桥宣言》(Cambridge Platform)确立了本邦的宗教信条和教会。

在科顿(John Cotton)和温斯罗普(John Winthrop)的出色领导下,马萨诸塞湾殖民地在短短一代人间就获得了成功,直到后来蜕化为英克里斯·马瑟治下(Increase Mather)的僵化保守和科顿·马瑟(Cotton Mather)治下的停滞偏狭。但是,这个成功多少归因于先前我们指出的一类特性:那些对殖民地的结构产生威胁的人,不必干掉他们的对手,而是只需移居别地。1636年,两位杰出人士及其追随者离开了这块殖民地,建立起了他们自己的城镇。托马斯·胡克(Thomas Hooker)和他在纽敦的会众移居康涅狄格河谷(Connecticut valley),建立了哈特福德(Hartford);威廉斯(Roger Williams)和他的群体建立了普罗维登斯(Providence)。

康涅狄格殖民地是由独立派信徒所组织起来的,发展极为迅速。1639 年,根据康涅狄格基本法(the Fundamental Orders of Connecticut),哈特福德、温莎(Windsor)和韦琴斯菲尔德(Wethersfield)这三个相邻的城镇组成了一个政府(《历史文件》,页 222 以下)。这些基本法的独特之处在于,它们是最早被用来创建了一个政府的成文宪法。这个联盟的本质仍旧是教会,它的目的是:

> 坚持我们如今信奉的我主耶稣福音之自由和纯洁,维持教会的戒律——它遵循被传达的福音真理,在我们当中得以践行。

政府的组织方式是广泛的民主制,每年都有居民集会普选产生统治者和地方官员,立法权力归属于一个由各市镇代表组成的法庭,这些代表也由当地居民选举产生。实行正义,必须"按照这里确立的法律,以及它所根据的圣言的准则"。

[88]最重要的人物是威廉斯。在 1644 年《迫害的血腥佃客》(The Bloody Tenant of Persecution)中,[①]他对于这场由宗教决定的革命所涉及的根本问题作了一番出色分析。他对于各方立场的分类,仍旧是政治类型建构的杰作。至高的属灵权力属于"伟大的主上帝,主耶稣基督",众人当中的属灵权力只能够是"一种信托或代理的权力"(《威廉斯全集》,页 348 以下)。他将这些代理性权力(ministerial power)的竞争者分为三种。首先是教宗,"撒旦的主要代理人",他控制了"自己所有臣仆的灵

---

① 《威廉斯全集》(The Complete Writings of Roger Williams, New York: Russell and Russell,1963),第三册。

魂和良心"。第二个重要的竞争者是民政长官,他们相信自己是"以色列君主的原型"。在民政长官的庇护下,有三种相互竞争的派系试图用世俗武力来加强自己的灵性垄断权:(a)主教(Prelacy);(b)长老(Presbytery);(c)那些独立派人士,他们

> 渴望说服其母亲(旧英格兰)来模仿她女儿(新英格兰)的实践,即驱逐长老会人士,而只接受他们自己作为国家和人民的主教。

第三类竞争者的阶层——这也是他偏爱的阶层——就是那些"与所有其他人相分离的人"(《威廉斯全集》,页351)。

  第三个群体可谓是名副其实的分离派(Separatists),他们宣告"他们的做法必定更接近圣子"。他们不想要具体的建制,对于生活也只求最低限度的满足,而且不会试图用政治之剑(civil sword)来确保自己独享对于他人的权威。他们只想与自己的良心独处,就国家而言,他们只想享受"在他们灵魂的自由中""呼吸共同的空气"(《威廉斯全集》,页352)。因此,公民政府必须与属灵事务相分离,政府的功能是按照上帝的法令,"在涉及他们身体和财产时,保护人民的政治和平!"(《威廉斯全集》,页249)

  跟随威廉斯思想的内在次序非常重要,否则,我们可能会将其思想中的次要内容误认为根本所在。威廉斯的名字通常与宽容的观念相联系,这无疑是正确的,但是对此需要作一些限定。在我们20世纪的环境中,民族国家已经获得了它的实体和自身的分量,而这些在17世纪都没有。[89]今天,当我们谈论宽容的时候,我们毋宁是把民族国家当成了一个社会(society),它压制的可能不是个别的教会,而是一般意义上的宗教团体,就像在

极权国家里发生的那样。另一方面,威廉斯的问题是要从迫害中争得自由,这迫害不是来自国家,而是来自别的教会组织;它们或许有意攫取国家的权力机器,以便维持自身的垄断地位。国家尚未被视为自有其地位的历史实体,相反,国家仍然只是一种服务于教会实体的工具。威廉斯的抗议对象并非国家,而是马萨诸塞湾的长老会。"当卡顿先生(Mr. Cotton)和其他人先前被监禁时,他们曾发出满腔令人悲痛和真实的抱怨来反对迫害……但是当他们掌权时……他们又怎么会……违反常情和偏狭地对别人表现出狮子和美洲豹那样的残忍本性?"(《威廉斯全集》,页205)。威廉斯的目的是阻止世俗武力成为教会事务中的工具,这样做不是为了赋予国家自身以生命,而是为了将国家限制在关注"身体和财产"的次等职能上。

在这种语境下,威廉斯思想中的宽容观念就不那么重要了。一个具有历史重要性的要素是,国家领域被缩减成了一种服务型组织的职能,它必须满足人因其本性不可或缺,但在属灵意义上又不重要的需求。这种态度仍在盎格鲁—撒克逊——尤其是在美国的民主中——占有主流地位,使其根本上区别于欧陆的发展。民有政府(government of the people)和民治政府(government by the people)所引起的反响贯穿于西方的民主运动,但是在这些西方国家中,或许只有在美国才听得到民享政府(government for the people)的清晰声音。在那些没有分离派宗派主义基础这一背景的共同体中,我们很难再发现完整的回声,而这些共同体成员的感受主要取决于为民族神秘体服务和献身的观念的影响。

人们多半是感受(sensed)而非理解(understood)了美国与欧洲在政治态度方面的深刻鸿沟。鸿沟的根源在于,美国的宗派主义(sectarian)传统不同于欧洲的民族主义(nationalism)传统。宗派主义的态度回避了民族的问题，而且它之所以能如此延续两个半世纪，乃是因为陆上物理疆域的广阔给了他们［90］逃避的空间。地缘孤立提供了外部的安全，尽管内战也预示着这种分离的游戏业已告终，因为一个新的民族——美国人——正在提出自己的支配主张。在欧洲的历史和环境条件下，一种以退出民族为形式的革命在政治上绝无可能。革命团体不得不留在原地，要么夺取民族国家，按照自己的观念塑造它；要么承认失败，承担后果。对国家的大规模的反叛，不仅意味着对政治共同体的破坏，也意味着政治上屈服于得胜的邻国。直到1914年的危机以前，第二国际的马克思主义派别尚未认真对待过变节(defection)问题，但是，等到遭遇现实的时候，他们很快就放弃了这种想法。

随着拓荒时代的结束，随着一个国家的农业经济转型为完备的工业体系，宗派主义逃避的时代也在美国渐入尾声；这个国家也必须面对这些问题，并且随着军事技术的发展，外部的安全同样临近终点。可是，宗派主义态度的残余仍旧强烈，并且在真挚的孤立主义(isolationism)感受当中，构成了最厚重的成分。至于如今的孤立主义，我们最好理解为宗派主义逃避的痛苦；正是它塑造了早期新英格兰殖民地的特征。一个宗派主义者最后的伟大尝试，或许就是退出一个注定崩溃的民族，就像1914年马克思主义派别那样。这是因为，美国作为一个民族已经开始步入她历史中的悲剧阶段，不得不迎来她的命运。

在他的时代，威廉斯的观念不可能不招来怨恨和批评。在一般的感受中，政治权力仍旧与基督教实体紧密相连，而国家自身则无足轻重，因为这两个领域被构想为是彻底分离的；而如果由世俗武力来支持一个没有戒律(discipline)的教会，那似乎就意味着基督教和所有共同体文明的终结。威廉斯已经达到了这一步,而一个世纪之后,人们才能接受其观念。至于促使他提出这些看法的核心动机,他采用的例子和论证能够为我们透露一些线索。最重要的是他先前讨论过的私人宗教性(personal religiousness),在《迫害的血腥佃客》那个时代,其特征可能表现为:一个要求更加接近耶稣之道的寻求派信徒(Seeker)①,出于他内心的真实,不愿将他自己等候和焦虑的体验强加给其他人「91」。但还有其他令人惊讶的要素。在为犹太人、外邦人乃至于难以启齿(horribile dictu)的罗马天主教徒之良心自由所作的辩护中,他不断强调这样一个事实:政治社会即便在对基督教一无所知的情况下,也可以生存得极好——无论在古代还是在威廉斯当时的伊斯兰东方,都是如此。在威廉斯的思想中,我们发现了蔓延至北欧的一种对宗教更加宽容的态度,它源自一个更开阔视野之下的比较性知识。自从 15 世纪开始,这类现象就在地中海一带明显可见。

在治理罗德岛的生涯中,威廉斯意识到了他的教义有缺陷。只要共同体的成员从自己的自由良心那里得到命令,要求他们和平地生活在一起,要求他们既不反叛大家普遍接受的社会习俗,也不对抗既有的政府,那么,这项将世俗武力仅限于关心身体和财产,并且使共同体生活的本质集中在宗教领域的政策就会起作用。但是,如果有些人被自己的良心告知,自己不应当服从政治权力,因为它是邪恶的;或者他被告知,自己在公共领域中的行为,应该明显不同于共同体的标准,那样就会产生一种危

---

① [译注]寻求派(Seekers)是 17 世纪英国独立派中的一个小教派,其根源可追溯到 16 世纪欧洲大陆上的寂静派。该派谴责有形教会及其教义神学、组织制度和礼仪等,认为真正的信徒正在寻求上帝将要建立于地上的拥有使徒权力的教会。他们注重内在虔敬,主张和平。英国商人莱格特(Bartholomew Legate,约 1575-1612)是该派领导人之一,1652 年加入贵格会。

险的状况。人们会发现,良心与公民生活并不像威廉斯径直相信的那样截然分离,而且,以共同体实体之名所做出的行动,不仅包含了良心,也包含了人民的实质性伦理,以及另外一些文明要素。

1640年,一位叫戈顿(Gorton)的绅士来到这里,他的立场是反律法主义(antinomian)。[①] 他直率地表达了自己的立场:反对统治者和教会,拒斥市民政府的权威。威廉斯陷入了窘境。在这件事情上,他甚至咨询了温斯普罗,然后,他监禁了这位人士,也监禁了他自己的良心。1643年,他的殖民地的很多居民突然意识到,处死违规者乃是"沾满血的罪行"。威廉斯被迫解释说,在基督当中的平等并不意味着否定政府和统治者,而且,谁要是真敢这样想,威廉斯就会按照他应得的来处置他。

几个月后,他就有机会实施自己的承诺。最终,1656年有一些人或对或错地被贴上了贵格派(Quakers)标签。这些人过着一种相当平和的生活,却拒绝加入政府。除此之外,他们偶尔还会听从自己良心的命令,裸体出现在公共场合。这时,威廉斯的行为[92]表明,他已经濒临其立场的边界。他斥责那些犯罪者,特别是斥责他们政治上的分离主义。他至少发现了比他更分离、更逃避的人:撇开他们亚当派式(Adamitic)[②]的放纵不

---

① [译注]在基督教中,反律法主义(antinomianism,又译唯信仰论)意味着秉持因信仰和神圣恩典而得救的原则,以至于认为,得救与是否遵守摩西的律法无关。对于道德律法,反律法主义和其他基督教观点的区别在于:反律法主义者相信,对律法的遵从是由产生于信仰的内在原则所推动的,而非来自外部的强制。

② [译注]亚当派(Adamites)是对基督教不同时期一些小教派的统称。据说这些教派在崇拜活动时都实行裸体或群居。公元2世纪北非一教派主张恢复亚当犯罪前的无罪状态,举行礼拜时完全裸体,并禁止婚姻,以防原罪传递下去。15世纪波希米亚塔波尔派中的一派据说也曾有过此举。1580年前后出现于荷兰的再洗礼派中的一个小教派,要求加入组织者全身赤裸地出现在会众面前。

论,这些人竟然过着和平的生活,却不参与人民政府。

十三 弥尔顿

弥尔顿(John Milton)是民族革命的喉舌,正如威廉斯是这场革命的宗派主义阶段最为清晰的发言人。在解释弥尔顿的思想时,我们也会遇到在讨论威廉斯时遭遇的相同问题,也就是将次要问题误解为根本性内容的危险。和威廉斯一样,弥尔顿被视为宽容的倡导者,也是良心自由、意见自由和出版自由的倡导者。尽管这种观点不算错,但这忽视了整体的另一半,而且这被忽视的一半或许更重要。说弥尔顿倡导自由和宽容,其正确的程度大概就等于说现代极权主义也倡导这些观念一样。国家社会主义者(National Socialists)想要自己拥有完全的自由,他们只镇压那些不认同他们的人。弥尔顿同样如此,他为这场民族革命中诸势力的毫无阻碍的自由而辩护,但他也为严酷镇压任何反对者的行为而辩护。将那种现代的形式主义民主派(formalistic democrats)的观念——他们坚信民主的敌人也应该享有从内部摧毁民主的自由——投射到弥尔顿身上,将是一种严重的时代错乱。

我们几句话就能概括他的共和主义作品:它们根本上带有捉拿君主派(monarchomachic)的性质,只是其重点已经从圣约观念转向了作为政府之基础的自然法。人民将权力信托给了君主,如果他们认为君主没有履行自己的责任,人民就有权收回这种信托。令人耳目一新的是弥尔顿的坚实和怜悯,他说:

> 任何稍有知识的人都不会蠢到要否认,所有人都自然地生而自由,有着上帝自己的形象,并且与他相似。

由于亚当的堕落，为了避免人与人彼此间的不义和暴力，他们不得不一致参与政府的创立。① 在《再次声辩》(De fensio Secunda)中，弥尔顿自负地声称[93]：他的作品承担的不只是他对祖国的责任，而且有意要在"人类普遍种族"的社会和宗教中发挥最大用处，"以对抗人类自由的敌人"。② 在弥尔顿的作品里，英格兰找到了她那民族自豪感(national pride)的声音，就像法兰西在博丹那里找到的一样。英国革命是人类革命的典范。英国的自由不仅是英国人的自由，而且是人类本身的自由。谁不相信这一切，就是愚人，就需要被叫醒。

1649年，《论教会事务中的政治权力》(The Treatise of Civil Power in Ecclesiastical Causes)清晰明确地表达了宽容的原则，这一原则被理解为，政治统治应当与人内心的宗教生活相分离。教会必须为了自身而转变，而且，如果它们因为内部的异议陷入分裂，这也不属于政府该管的事务；世俗的武力不得被用来执行教会戒律。然而，宽容只限于新教徒。新教徒被定义为这样一种人，他们通过尽心尽责解释《圣经》的方式来塑造自己的宗教观点。③ 这个定义广泛到足以包含加尔文派、路德宗、独立派、阿米尼乌斯派(Arminians)、再洗礼派(Anabaptists)、一位论派(Unitarians)等等；但这个定义也经过了精心选择，以便排除那些不认同这场革命的力量。良心不是康德意义上的道德良

---

① 《君主和长官的职权》(The Tenure of Kings and Magistratesi,1649)，见《弥尔顿文集》(The Works of John Milton, New York: Columbia University Press, 1931-1938),5:8。
② 《弥尔顿再次为英国人民声辩》(Joannis Miltoni Angli Pro Populo Anglicano Defensio Secunda ,1654)，见《文集》,8:19。
③ 《论教会事务中的政治权力：表明尘世中的任何权力都不能合法地在宗教事务上进行强迫》(A Treatise of Civil Power in Ecclesiastical Causes: Showing that it is not lawfull for any power on earth to compell in matters of Religion,1649)，见《文集》,6:7。

知(moral conscience),而是被"圣灵的应许和基督的心"所激发起来的良心;这就在宗教事务上排除了一切信仰无差别论(indifferentism)。此外,指引良心的是《圣经》,而且唯独《圣经》;这就排除了一切诉诸传统的做法,并且将罗马天主教逐出了宽容的领域。最终,它还消除了加尔文的威权主义(authoritarianism),以及英国国教的伊拉斯图主义(Erastianism)①,并且创造了激进的新教主义(Protestantism)——弥尔顿更接近一种寻求派的立场,如同我们在威廉斯和克伦威尔(Cromwell)身上发现的一样。

有时,人们把新教激进主义的要素归于路德宗的影响,而路德宗缓和且转化了加尔文主义的改革。这种说法只适用于某一类人,他们就是自德意志再洗礼派时期以来的移民。这些移民已经与英国的改革者,以及[94]更为激进的德意志与荷兰新教建立了大量私人联系。但是,这种状况根本上不同于德意志。路德很快就限制了宽容,因为激进的新教主义在无政府的混乱中威胁要吞噬德意志的文明结构。在 17 世纪的英格兰,这种威胁却并不严重;尽管反文明化的要素已经开始弥漫,但是民族的实体却比德意志坚实得多,激进主义也能相对容易地得以消解。弥尔顿提出宽容的背景,乃是英国的民族主义。弥尔顿之所以能比路德更加宽容,乃是因为民族感受的毫无组织的不宽容态度已有足够强大的影响力,足以抑制那些激进分子的分离倾向。弥尔顿的宽容的本质就是他的民族主义,这一事实以反面形式呈现于他对待天主教的态度中。而当他为新教作品不受当局审查的自由出版而辩护时,我们同样可以看出这一点的正面呈现形式。

---

① [译注]伊拉斯图主义是 17 世纪出现于英国的基督教神学学说之一,主张国家高于教会,因而有权干预宗教事务。

在后来于1673年撰写的小册子《论真宗教》(*Of True Religion*)中，弥尔顿抨击教宗"伪称拥有王国和国家的权利，特别是对于英格兰，他伪称能选立和罢黜君主，假装能免除人民对君主的顺服"。现在，英格兰已经"摆脱了教宗的巴比伦之轭"，再不会给他机会"引诱、腐化和败坏"人民。哪怕"没有那些有良心的旁观者所看到的无法容忍的丑闻"，天主教的敬拜也不能得到宽容。而且，他请民政长官们好好想想，英格兰的天主教徒到底能不能得到宽容，即便他们不做公共敬拜。假如天主教徒抱怨说，如果民众的宗教仪典不允许他们参加，他们的良心就遭到了侵犯，这时弥尔顿就会答道："我们不被容许去尊重那种在《圣经》中找不到根基的良心。"①很明显，反天主教是一种民族主义的表达。任何一个教会组织，只要提出了普世主义的诉求，因而有可能与民族国家的制度发生属灵层次上的冲突，那么，它就不可能得到宽容。在社会技术的领域，激进的圣经主义（scripturalism）已经变成了一种工具，借助它，人的良心能够被限制在国家司法权的界限之内。

弥尔顿在他的圣经主义中甚至走得更远：他期望每个人担负起自己的责任，利用《圣经》英译本提供的机会，彻底地认识《圣经》。

> 乡下人、商人、律师[95]、医师、政治家，不要让他们把繁忙的事务当作不专心阅读《圣经》的借口。
>
> 教会的每个成员，无论教养如何，能力如何，最好都应当在属灵知识上有根基，如果必要，可以来检验他们老师的

---

① 《论真宗教、异端、教会分裂、宽容，以及可以用来对抗罗马天主教壮大的最好方法》(*Of True Religion, Haeresie, Schism, Toleration, And what best means may be us'd against the growth of Popery*, 1673)，见《文集》，6：172、173。

教导。(《论真宗教》,见《文集》,6:175 以下)

借用现代的范畴,我们可以说,弥尔顿是一个极权主义的民族圣经主义者。

他的民族激情,造就了 1644 年《论出版自由》(Areopagitica)的宏大表述:

> 我内心中已经看到了高贵而生气勃勃的民族,像一个睡醒了的巨人一样站起来,抖一抖他那所向无敌的发绺。我认为,我看到他像一只鹰一样换上青春的羽毛,对着正午的阳光不觉眩晕地照亮自己的眼睛。它在这天国的光辉下清洗、涮亮自己久置不用的目光,而周围畏缩胆小、群集一起、只爱熹微晨光的鸟群却在扑扑乱飞、唧喳乱叫。它们对于鹰这种雄姿感到惊讶,于是便心怀嫉妒地喋喋不休,预言有一个宗派和分裂的年头将要来到。①

弥尔顿并不担心不可避免的教会分裂:

> 当上帝用强烈而有益的暴乱来使王国得以普遍归正时,荒谬的教师将会出现,但是,有能力的人将会"在真理的发现上,继续开启新的进步。(《论出版自由》,见《文集》,4:350)

"对于那些不知道真理就是全能上帝的人"(《论出版自由》,见

---

① 《论出版自由》(Areopagitica),见《文集》,4:344。[译注]此处引用的弥尔顿原文,除个别地方有调整,总体上参照了吴之椿先生的译本,见弥尔顿,《论出版自由》,吴之椿译,北京:商务印书馆,1958 年。

《文集》,4:348),真理终将得胜。因此,所有观点的出版都应当被赋予完全的自由,无论它们是好是坏;一切都应该得到宽容,当然也有例外:

> 罗马天主教,以及公开要灭绝掉所有宗教和所有政治最高权力的迷信,它们自身便应该遭到除灭。(《论出版自由》,见《文集》,4:349)

弥尔顿保证,结果将会再一次有利于这个民族:

> 上议院和英格兰的百姓认为,民族就是尔等,尔等就是治理者:一个民族没有萧条和愚钝,而是有一种敏捷、天才和锐利的精神,敏于发明,说话有力,在任何方面都要达到人类能力的极致;这样的民族就能展翅翱翔。

它天性聪敏,"在法国人费力研究之前"就已经远超过它(《论出版自由》,见《文集》,4:339)。所有这一切,都与路德乃至加尔文的信仰不再有什么关系;打破了教会与帝国之统一的宗教改革,已经被这个民族所吸收。

[96]弥尔顿不是一个好心支持宽容的人;如果有谁还怀疑这一点,摄政统治(Protectorate)末期的例子就能提供一个证明,此时民族的表现完全不像弥尔顿期望的那样。接着,弥尔顿将他愤怒的矛头转向王权的拥护者。如果他们指出了这样一个事实,即大多数人民都赞成王政复辟(restoration),弥尔顿就会回头质问他们:如果大多数人并不珍爱自由,

> 而是甘愿抛弃自由,那么,反对政府主要目的的多数声

音就会奴役那些向往自由的少数人,这难道是正义或合理的吗？毫无疑问,更加正义的做法是：即便动用暴力,少数人也得强迫多数人保留自己的自由(尽管这在多数人眼里可能是行恶),而不是多数人为了他们低贱的愉悦,以最有害的方式迫使少数人沦为他们的奴隶。①

这番话可以为我们时代蜕化了的自由主义者们提供一些思想食粮,这类人把宽容扩展到各式各样的一切事物,其实却是在拿宽容开玩笑。共同体之中的自由在于共同拥有和自由培育一个精神实体(spiritual substance)。为了防止这个实体萎缩衰竭,广泛的宽容固然必要,但宽容的限度永远是一个有待争论的问题。宽容的界限确实应当扩展,不应收得太紧,尽管如此,限度却始终存在。对弥尔顿的研究可以加强我们对这一问题的理解,在我们的时代,这个问题再度变得紧要了起来。

十四 温斯坦利

革命深深地渗进了人民,搅动了社会的各阶层和感受,但这些事情并不能影响宪制符号的实际塑造。在"上帝的子民"一章中,我们讨论了关于千禧年主义(millenarian)暗流的一些典型实例。② 在对新锡安(Sion)的迷狂期待与实际的宪制观念之间的

---

① Milton,《建设自由共和国的简易办法》(*The Readie and Easie Way to Establishe a free Commonwealth*,1660),见《文集》,6：140以下。
② 见《沃格林全集》卷22,《政治观念史稿(卷四)：文艺复兴与宗教改革》(*The Collected Works of Eric Voegelin*, vol. 22, *History of Political Ideas*, vol. IV, *Renaissance and Reformation*, ed. David L. Morse and William M. Thompson, Columbia: University of Missouri Press, 1998),第四部分,第三章,"上帝的子民"。

边界上，我们发现一个值得关注的人，因为他能将自己的宗教性转化到观念的实体之中，进而触及根本的社会问题，这个人就是温斯坦利（Gerard Winstanley）。他是一个团体的代表，同样也是他们的首席宣传员，这些人自称是真正的平等派（True Levellers）。[97]这个称谓表明，在支持《人民共约》的平等派中，他们自认是激进的一派。然而，为了能更好地区分他们，人们通常赋予他们另一个称谓——掘地派（the Diggers），因为他们在基本观点上不同于平等派；他们把平等派的平等观念，从普选权的宪制问题扩展到了所有人的经济平等问题。这场运动的规模微不足道，似乎没有人能在任何时候发现超过三十个掘地派的人。然而，大地是人类公共财产的观念、穷人为了生存可以垦荒用地的观念以及基于这种直接行动所建立的观念大厦，全都清楚预示着，自由与平等的符号第一次显现出了它们共产的潜在涵义。

当然，在革命运动的结构中，掘地派立场对应于德意志的农民叛乱（German Peasant Revolt）。就其本身而言，掘地派几乎不值一提，因为相比德意志的剧变，它在数量上显得很不重要。但它有着德意志运动所不具备的意义。这是因为，它不是简单的穷人造反，而是让自身的观念适应了民族革命的框架。它特有的意图，不是让特定的群体获得特定的好处，而是将共产原则理解为基督教的原则，并且在社会和经济的层次上重新塑造整个民族国家，使之符合这套原则。掘地派构想出了一种基督教共产国家（Christian communist commonwealth）的观念。温斯坦利的观念，展现了基督教在一个共产社会组织中的潜在可能性；光凭这一点，这些观念就非常重要。这种潜能在今天的公共意识中多少有些模糊了，因为主要的几个教会已经与那种资本主义私有财产的社会联合在了一起。莫尔（More）在《乌托邦》（*Utopia*）中对此仍是一种讥讽和听天由命的态度，温斯坦利则提出了一套对于实践问题的敏锐构想,展现了一种行动的意志。

在温斯坦利思想的基础上,我们照例发现了一种启示,这启示引导他跑到圣乔治山(St. George's Hill)开垦土地。[①] 在他思想的下一个层次亦即千禧年主义当中,我们发现,[98]《圣经》与其他东方符号笼罩了他关于历史和政治的论证视野。

> 时间之初,伟大的造物主——理性——使得大地成为一份共同财富,以此保存走兽、飞鸟、鱼群和人类,正是造物主统治着这些被造物。

《圣经》没有一处说过"人类的一支应当统治其他人"。但人堕入了失明(blindness),圣灵被扼杀,人寻求来自"教师和统治者"的指引。少数人的自私幻想抓住了这个机会,以这种方式任命自己,而人类中的大众则陷入了他们的奴役。少数人利用他们的经济优势,开始用篱笆把土地围起来,买卖土地,而那些无立锥之地或者被骗走了土地的人,则是成了少数人的仆人和奴隶。掘地派必须纠正这个错误,使大地恢复为所有人的共同财富。当温斯坦利谈到,所有人都应当得到大地的喂养时,他用了母亲的符号来表达人的平等:"那给予了他生命的母亲。"在同一段话中,他还用父亲的符号来表明,所有人应当像同一人那样一起工作,"如同一位父亲的众子那样,一同供养"。消除贫穷,以及一切物品的公有,乃是《旧约》的命令:以色列没有乞丐;《新约》中也能看到相应的指示,在《使徒行传》4:32,众人被圣灵充满,"都

---

① Winstanley,《伦敦城的口号》(*A Watchword to the City of London*,1649);参见 G. P. Gooch,《17 世纪英国民主的观念(第二版)》(*English Democratic Ideas in the Seventeenth Century*, 2d ed. with supplementary notes and appendices by H. J. Laski,Cambridge: Cambridge University Press,1927),页 188。

有同一颗心、同一个灵魂,没有一人说他的东西有一样是自己的,都是大家公用"。①

第三个层次出现了英国历史处境的要素。以原初的历史为例,征服者对穷人的压迫,就是巴比伦给以色列人套上的轭;最近的一次,乃是诺曼人对英格兰的征服。

> 诺曼的私生子威廉本人,他的将领、长官、下层军官以及普通士兵,从那时起直到现在都还在追求胜利,还在监禁、掠夺、杀戮那些可怜的遭到奴役的英国以色列人。(《清教主义与自由》,页383)

在英国宪制中,这场征服仍然在土地所有者的特权地位中得到延续。这一段话在后来的思想史中展现出极为丰富的意涵。富人和穷人的经济差异,毫无保留地等同于统治者和臣民的差异。[99]而且,统治者和臣民不仅是经济上的两种阶层,而且是两种不同的人(peoples),一种人战胜了另一种人。我们发现,后来那种认为国家的起源是通过一群人征服另一群人的理论,实际上在19世纪的政治思想中完全发挥了重要作用。

第四组观念,讨论的是压迫和贫穷的机制。统治者诱使穷人

> 为了微薄的工资而替他们工作,穷人则因为自己的工作而使压迫者更加富有和强大。财富从来不可能通过诚实的手段获得,没有人能够仅仅依靠他自己的努力致富,而是

---

① Winstanley,《真正平等派的标准》(*The True Levellers' Standard Advanced*, 1649),见《清教主义与自由》,页379以下。

必须从他的帮手那里克扣他们工作的应得报酬。律师和牧师是统治者的工具,法律书籍应当被焚毁,因为在那所使穷人持续贫穷的监狱里,它们就是螺栓和栅栏,而律师就是狱卒。牧师则被雇佣来告诉人们,内心的满足原本就是宣称穷人要继承土地。"我告诉你,《圣经》将真正地得到实质上的实现……你嘲笑平等派的名,我告诉你,耶稣基督就是首要的平等派。"①

马克思的兵工厂将这些主要元素装配到了一起:剥削工人,工人因为贫穷而被迫工作,只为了仅能糊口的工资);劳动的成果被生产工具的所有者克扣;法律成了经济体系的上层建筑和统治阶层剥削工人的工具;宗教则成了人民的鸦片。

与此种分析中的激进主义相当的,是温斯坦利解决方案的激进主义。1652年,温斯坦利发表了《自由的法律》(Law of freedom)一书。在这部献给大地上所有民族(All the Nations of the Earth)的作品中,他勾勒了一个崭新国家的轮廓:在这里,土地的私人所有权被废止;生产是个人式的或者合作式的,但产品必须上交国家,每个人则根据自己的需要从公共仓库中领取物品;通过死刑来禁止买卖;劳动是义务的,未完成任务就要受罚;由六十岁以上的人来监管地方共同体;国家议会由成年男性普选产生;不需要律师,因为不存在需要法律来处理的事务;牧师的职责被简化为,在一个普及教育的系统框架中提供[100]研究和观察的有用指导。

---

① 参见 Gooch,《英国的民主观念》,前揭,页184。全文可参见《大英图书馆的托马森小册子集》(the Thomason Collection of Pamphlets of the British Library),第587册,页41-43。

十五 哈灵顿

从革命的力量、激情和怜悯心转向哈灵顿的《大洋国》(Oceana),就像是进了一个充满阳光的房间。除了霍布斯之外,在当时的英格兰,哈灵顿爵士(Sir James Harrington)似乎是唯一一个在写政治著作之前研究过政治的人。他没有哲学的天性,但拥有一双观察现实政治的敏锐眼睛。哈灵顿是一位训练有素的史家,并且细致研究过亚里士多德和马基雅维利。他拥有关于古代宪制(ancient constitutions)的丰富知识。他不是用基督徒的眼光,而是用一位试图了解以色列宪制如何运作的学者眼光来阅读《圣经》。对于罗马帝国衰落的社会原因和经济原因,他具有清晰的观念(受限于他那个时代的事实性知识)。对于封建体系以及英国自都铎王朝以来的演化,他也有清晰的观念。他曾广泛游历,仔细研究了威尼斯的宪制,而且,他从意大利带回来的不只是知识,还有某种关于政治事务的地中海式的成熟。哈灵顿的风格具体而微,也显示出他没有徒劳地阅读他引以为师的亚里士多德和马基雅维利。他在《大洋国》的"序言"中提出了自己的原则,阅读这篇序言是一件难得的乐事,因为在这个领域中,大量文献被其作者的激情与虚荣心毁坏了。他们相信,因为自己处理的主题很重要,所以他们的观点也同样重要。

1656年的《大洋国》由刚才提到的"序言"和主体部分所组成,主体部分包含了一套宪制设计,它将被用来鉴别英格兰的国家宪制。这部作品题献给克伦威尔。作品的第二部分采用了乌托邦文学的形式,可能是为了避免摄政时期的严格审查之类困难。形式是外在的,但在实质上,这部作品并不像莫尔的乌托邦。我们这里首要关心的是"序言"阐明的一些原则。

政府的两个原则是帝国和权威。帝国建立在支配(dominion)之上;支配首先是对于土地的所有权(property),其次是对于货币和物品的所有权。哈灵顿对统治科学(science of government)所做的第一个伟大贡献就是,[101]他坚决主张将权力的分配和财富联系在一起。他理论的缺陷在于,他低估了商业企业(commercial enterprise)这种财富形式的重要性,而是首要考虑农业经济这种类型的财富。然而,这个缺陷仅仅是环境所致,不是原理的缺陷。该原理被明确地陈述为:如果统治者或统治阶层没有支配这个国家的主要财富,那么,权力关系就无法稳定。在这条原理的指导下,他解释说,唯有统治者是主要的土地所有者,土耳其类型的绝对君主制才有可能实现;在中世纪的封建体系下,权力掌握在贵族和教士手中,因为他们都是大地主;经济结构的改变催生了自耕农(yeomanry)的出现,小规模的土地占有也广泛地散布开来,随着这些变化,权力将不可避免地转移到人民手中,政府也将转变为一个共富国(commonwealth)。

在其著作的语境之下,哈灵顿使用这个理论来解释,英国历史如何导致了一个共和国的建立。玫瑰战争耗尽了英国贵族的物质力量和经济力量;亨利七世和亨利八世统治下,贵族和修道院的财产被没收充公,并且以小规模土地产权的方式重新分配,这对于英国中等阶层的崛起具有重大意义——哈灵顿是第一个理解了这一切的史家。对哈灵顿而言,17世纪的英国内战,是从中世纪的土地分配向都铎王朝经济转变的后果;财产的分配是一项伟大的历史成就,无论就个案还是总体而言都是如此。他只不过错误地估计了经济要素的效力,而这恰恰是一元论经济解释常犯的错误。正如我们在这一章的开场白中所示,经济与权力的相互转化已经如此彻底，以至于革命未必会走向废除君主制和贵族的极端。这些制度已经不再是严重妨碍新兴中等阶层扩张的因素；为了保存它们，传统仍有分量能让人们感觉到它的存在。替代中世纪宪制的未必是共和制，也可以是议会君主制（parliamentary monarchy）。

作为解释英国政治的附带品，哈灵顿建构了另一个杰出的政治类型。受到贾诺蒂（Donato Gianotti）的影响，他区别了"按照古代明智"的统治和"按照现代明智"的统治。[102]这个标题隐藏了两类制度的区分，一是古代城邦的统治类型（它从部落时代未曾中断地持续演化而来），另一种则是欧洲的封建体系（它从相对原始的部落演化到了高度文明的帝国组织）。哈灵顿将它们区分为基于公共权利或公共利益的政治社会与基于征服群体利益的统治。尽管凭借自己掌握的历史知识，哈灵顿无法将这个问题的相关特征阐释清楚，但从他的讨论中，我们可以清楚地看到：他将城邦理解为人民的组织，而封建帝国自其开端就是一个征服者的行政机构，而相比于古代城邦共同体的凝聚力，诸民族实体只能在被征服的领土里缓慢生长。

统治的第二项原则是权威。在这个标题之下，哈灵顿发展出了一套有关精英和统治阶层的理论。理智天赋在众人当中的分配是不平等的，有些人更加智慧，有些人则不太聪明。上帝已经使一种"自然的贵族制"（natural aristocracy）散布于人类的整体之中，这是为了在公共事务当中指引那些一旦没有天赋优异者的建议就会陷入无助的民众。他更进一步认为，在统治一个共和国时，"自然的贵族制"是不够的，于是就需要将其制度化为一个士绅阶层（gentry）。

共和国的创立、统治和军队统率等问题上的某些事情，尽管有伟大的神学家、律师和各种事业中出现的伟人,却仍然是专属于士绅当中天才人物的事务。①

他通过一系列例子来证实这个论点。哈灵顿指出了一个根本性的问题:民主的宪制可以将政治平等作为建构的原则,但是唯有一个统治阶层才能让民主运转起来,无论这对于底层的人们来说可能是多么巨大的上升机会。在哈灵顿之后,直到19世纪大众民主的实现,这个问题断断续续地为人们所讨论,引起了政治思想家们的持久关注。

我们再简单说一下哈灵顿的宪制机构。应建立的机构包括:一个元老院("自然贵族"必须[103]在其中商议公共事务和给出建议)、一个必须做出决策的众议院(popular chamber)、一位必须负责执行的行政长官,此外还要设立投票制度(这是从威尼斯学来的),并且实施宗教宽容。关于这些建议产生的影响,尽管不可能给出书面的证据,我们却也有可能在1669年卡罗莱纳的宪法、佩恩(William Penn)于新泽西实施的宪制实验、宾夕法尼亚的宪法中辨识出来。哈灵顿同样影响了洛克和孟德斯鸠,特别是休谟,这些问题我们将在后面探讨。

---

① 参见《哈灵顿政治著作选》(*Political Works of James Harrington*, ed. J. G. A. Pocock,Cambridge:Cambridge University Press,1977),页183。[译注]中译参见哈林顿,《大洋国》,何新译,北京:商务印书馆,2016年,页46。译文有改动。

第三章 克伦威尔

一 投石党之战：国家对抗阶层

[104]随着君主被处死，革命到达了高潮，同时也陷入了绝境。支配接下来十年的人物是克伦威尔，人们普遍感觉到，这是一个转型的时代，尽管谁也不清楚它会将大家引向何处。克伦威尔去世后，紧接着就是无政府状态；人们这才看清，英格兰纯粹是凭借一个人的人格力量而得以维系十年之久。克伦威尔由此展现的力量和缺陷，已经使这个人及其观念多少成了一个谜。他的无计划性和态度变化，使得他看上去是一名机会主义者；与他的变化相伴随的信念，又让他显得像是一个伪君子。在尝试解释这一复杂的人格之前，我们必须思考当时政治局势的结构，而他正是在这局势中找到了自己的位置。为了理解这个状况，我们必须离开着魔的宪制符号和合法化观念的圈子，超越英国思想运动的界限，将其置于更为广阔的欧洲视野。

克伦威尔不是一个孤立人物，英国革命也不是一个孤立现象。整个17世纪，国际上充斥着新兴国家组织与王国诸阶层（estates of the realm）之间的斗争，后者仍然在为他们早期权力地位的残余而战。因此，除了少数的共和国之外，君主成了国家组织的首脑，这种斗争很容易被误认、有时则是被故意误称为绝对君主制与热望自由的民众之间的斗争。在这场斗争中，君主们实际上只是一个偶然的角色，理由在于一个明显的事实：[105]17世纪是众多伟大的国务大臣（Minister of State）和将军们的世纪。这是黎塞留（Richelieu）和马萨林（Mazarin）的时代，华伦斯坦（Wallenstein）和奥利瓦雷斯（Olivares）的时代，奥克森谢尔纳（Oxienstierna）和奥登巴内佛（Oldenbarneveldt）的时代。在英格兰，这个时代不仅属于克伦威尔，也属于斯特拉福德（Strafford）和劳德（Laud）。在这场争斗中，勃兰登堡大选帝侯是唯一一个发挥了重要个人作用的君主。

在法国，三级会议最后一次召开是在1614年。当王权政府开始对法国南部的加尔文派防御工事动手时，胡格诺战争（Huguenot wars）又重新打响了。内战阶段的决定性转折点是围攻拉罗谢尔（LaRochelle），1629年，这场战争以黎塞留的胜利告终。这次冲突之后，这些新教徒被解除武装，改换了一种可以得到宽容的教派形式。1648至1653年见证了投石党人的最后一战，首先登场的是贵族，然后是中等阶层。就在查理一世被斩首的那一年，法兰西宫廷被迫逃离巴黎。战争的获胜者准备登基为王，因为他的阵营有一些人更有能力。同时在1640年，西班牙几乎所有的省都爆发了科尔斯特家族（the Córtes）反对奥利瓦雷斯（Olivares）政权的革命。葡萄牙分离出来，又一次成为布拉甘扎（Braganzas）王朝治下的独立政权，并且向西印度和非洲扩展势力。加泰罗尼亚（Catalonia）成了一个共和国，过了十多年的战争之后才重新归附。1659年的协议奠定了加泰罗尼亚地区自治的发展基础。1647年，那不勒斯挣脱西班牙的统治，西班牙费了九牛二虎之力才把它重新夺回来。德意志爆发了三十年战争。

总体而言,所有斗争都出自同样的原因。国家的成长以及君主跃升至民族代表的角色,在财政、军事和司法方面为中央集权管理的创立和改进提供了基础。与中世纪的统治机构相反,司法权和国家行政效率的不断增长,逐渐蚕食了诸阶层的政治地位,而且激起了怨恨;这种怨恨针对的不是君主,而是高效的新政府组织。但我们必须当心如下信念:国家组织在所有方面也在蚕食着"人民"——这里的"人民"是指为了日常生活而劳作的广大民众们。恰恰相反,人民是受益者,因为他们第一次得到了可以抵御特权统治集团的少许保护。事实不是我们历史教科书展示的那个多愁善感的故事,问题根本不在人民和糟糕的暴君之间,[106]而是在行政管理的专家雇员与社会的特权宗派之间;一旦国家压制了后者凌驾于民族底层的地方性专断权力,这些特权阶层便因此大为惊恐。

二 欧洲大陆和英格兰:国家和无国家的政治社会

在不同的国家,斗争的结果也是不同的。在法国,国家取得了胜利,特权阶层不得不在民族国家的框架内安置自己。在英格兰,特权阶层获胜,他们成功地抑制了国家的成长,使其保持健康所需的要素完全受制于统治阶层。德意志的发展体现了这两者的混合:在民族的范围内,诸阶层获得了胜利,挫败了任何建立一个民族国家的帝国式组织(imperial organization)的企图,尽管华伦斯坦曾一度持有这种想象;然而,诸侯利用法国的模式,在自己的领土上组织国家。其中最重要的一个组织,勃兰登堡—普鲁士(Brandenburg-Prussian),最终成长为民族国家的组织。尽管长期的力量对于不同的结果肯定产生了影响,偶然的个人因素也发挥了出人意料的重要作用。要不是因为斯图亚特王朝的君主们不够老练,而且英国的投石党又找到了一位克伦威尔,英国政治史就可能被完全改写。同样,如果枢机主教德雷斯(Cardinal de Retz)和孔代(Condé)没有马萨林(Mazarin)和蒂雷纳(Turenne)这样的对手,法国的结果也可能大不相同。

英格兰的胜利者是投石党阶层,欧洲大陆的胜利者则是国家——英国和欧陆的发展分化固定了几个世纪,并且在它们二者迄今为止的政治运动和观念中留下了深远的差异。直到17世纪,英格兰和欧洲大陆整体上还拥有共同的政治思想结构。但是自投石党之战以来,它们就分道扬镳了。这种差别的外部征象,体现为两地对于 state 这一语言符号的使用。在都铎王朝的英格兰,state 的用法在许多方面与欧陆一样。在英国内战之后,这个词没有从英语中消失,[107]但它的用法明显受到了限制,因为它所意指的对象没有充分地演化。欧陆势力或许会创造出国家防卫(the defence of the state)的法律,英格兰则有王国防卫(the defense of the realm)的法案。法国,特别是德意志列国,已经发展出了国家理论(théorie de l'état)和国家学说(Staatslehre);英格兰和美国则是有政府理论(theory of government)。无论在事实还是理论的层面上,英格兰已经发展出了一个政治社会,它有相应的公平竞争和妥协的政治风格。尽管在英格兰本土和欧洲大陆,这种风格都成了理所应当的钦慕对象,但这种钦慕应当被冷静的思考所调和——对英格兰而言,妥协与调整的精神乃是生死攸关的条件。如果妥协失败了,英国政治社会就一无所有,只能退回不同对立团体之间的物理性暴力,因为它缺乏欧陆的大仲裁者——国家。这种妥协的精神和政治常识被理解为一个无国家的政治社会的生存法则,我们应该小心地将它与民主政治的态度区分开来。正如英国的例子所示，妥协和调整的态度与数百年不民主甚至反民主的阶层统治竟然也能完全相容，而且这些反民主阶层有时还非常残忍。

法国的政治和观念则有一种不同的风格，因为在民族的平衡遭到破坏之后，民族能够求助于作为稳定器的国家。1789年开始的百年革命所展示的两个周期，都精确地对应了这几个阶段。这场运动始于平衡的剧烈破裂。当动力耗尽时，对国家的重申（reassertion）掌握了形势，并使它稳定下来，这个阶段就是两位拿破仑（Napoleons）的时期；它最终结束于重新建立的平衡，也就是王政复辟和第三共和国（the Third Republic）。在革命之后的克伦威尔摄政时期，17世纪英国革命也展现出一种类似的模式，但是革命没有被社会的一个阶层引导来反对另一个阶层，而是被统治阶层用来对抗国家。裸中的国家权力被成功打破，而克伦威尔纯粹的军事组织无法为社会未来的平衡提供一个构架。英国的王政复辟不是在国家之内，而是在国家之外发生。从此以后，英格兰再也没有革命，它的对等物是所谓的光荣革命和19世纪变革时期（the Reform period）的伟大妥协。

三 议会和英格兰国家

[108]现在要转向英国的特殊问题，我们必须简要提及一下革命的本质阶段。这一阶段的斗争不是发生在君主和议会之间，这场斗争一方是议会中的地主和商人成员，另一方则是国家组织，后者的代表是劳德，尤其是斯特拉福德。加德纳刻画了斯特拉福德的立场，他说：

> 没有什么像富人所主张的特别报酬和恩惠那样更能召唤他的尖刻愤慨。下议院的统治对他而言意味着——总体

上看并非没有道理——以穷人为代价的地主和律师的统治。他靠一系列努力进了委员会,使那些困境中的人日子还能过得下去。①

这种努力的第一个伟大工具,就是济贫法(the Poor Law)的广泛实施。似乎在查理一世的专制时期(1629 - 1640),济贫法的实施很有效率,以至于该领域的专家声称,自查理一世以来,"我们有如此之多的工作可以提供给身体强壮的人,或者说,我们有如此完善的系统来照顾更加贫困的阶层"。② 其他救济工具是殖民地的行政管理和普通法法庭(the common law courts)的特权监督。在殖民地的行政管理中,大主教劳德引起了城市商人的痛恨,因为他不断地干涉商业事务,并且试图在殖民地限制对黑人的残酷剥削。在星室法庭中,特别是在北方委员会(the Council of the North)中,斯特拉福德伯爵成了一个罪人,因为他试图在一定程度上扩大对英国工人和穷人的保护,以抵御当地的士绅。因此,议会第一次攻击的矛头就指向这些法院。里德(R. R. Reed)描绘了北方委员会遭到废除所产生的后果:

> 对于雇佣劳力[109]尤其是穷人而言,北方委员会的消失纯粹是损失……普通法律师的胜利建立了司法体系,至

---

① 这段是以 G. R. Stirling Taylor 在其《英格兰近代史,1485 - 1932》(*Modern History of England*, 1485 - 1932: *A Study in Politics, Economics, and Ethics*, London: J. Cape,1932)中对该问题的出色陈述为基础。引文来自《前两位斯图亚特君主与议会革命》(*The First Two Stuarts and the Parliamentary Revolution*),参见《宪制文件》,页 76;Taylor,《英格兰近代史》,页 109。
② E. M. Leonard,《英国济贫事业的早期历史》(*The Early History of English Poor Relief*),参见 Taylor,《英格兰近代史》,页 103。

少在北部，这相当于对穷人正义的绝对否定；对很多非穷人而言，这相当于让小额债务的恢复变成了一种奢望。①

如今，特权法庭的废除通常被人当成了法治重建和为人民权利辩护的著名事例。

在斯特拉福德临终前，他周围的环境进一步说明了这个问题。引导这场斗争的团体的领袖是皮姆(John Pym)和他的友人们。皮姆、沃勒(Waller)、里奇(Rich)、奥利弗·圣约翰(Oliver St. John)、沃里克(Warwick)伯爵、霍兰(Holland)伯爵、艾塞克斯(Essex)伯爵、塞伊(Saye)勋爵、希利(Sele)勋爵、布鲁克(Brooke)勋爵和曼德维尔(Mandeville)勋爵，都是普罗维斯登(Providence)岛、汉丽埃塔(Henrietta)岛以及相邻岛屿上种植园冒险家公司(the Company of Adventurers)的董事。汉普登(Hampden)在康涅狄格有大量的不动产；克伦威尔通过私人关系也与这个群体联系紧密。

出于上文指出的财政和商业原因，他们中大多数人都对王室的行政管理怀有私怨。霍瑟姆(John Hotham)爵士在下议院公开抨击斯特拉福德，而他自己之前已经被这位伯爵通过北方委员会进行了"罢免"(disobligation)。这次审判的一位目击者是科克(Cork)伯爵，在获得和开发爱尔兰占有地的问题上，他也遭遇过斯特拉福德的反抗。主要的告发者是克洛特沃西(Clotsworthy)和芒特莫里斯(Mountmorris)，前者在开发爱尔兰的事情上再度受阻，后者担任公职时是一个大腐败分子，后来落到了斯特拉福德的手里。尽管斯特拉福德的记录确实也有瑕

---

① R. R. Reed,《君主的北方委员会》(*The King's Council in the North*)，见 Taylor,《英格兰近代史》，页 97。

疵，但整起事件让人感觉，他是一位高效且诚实的行政长官，一位有爱国情怀、忠诚可靠的国家公仆，一个相信国家必须同时保护富人和广大人民的利益的人。他被一些品德败坏的投机者、商人、腐败分子以及声名狼藉的投机者所贬低了，因为他居然敢干涉他们花天酒地的生活。伦敦暴民反对斯特拉福德的示威集会，看似是人民怒火的自发喷涌，但其实是受到了皮姆和他的朋友们的巧妙操纵。①

四 克伦威尔的立场

[110]我们已经说明了各种利益和观念的背景，正是在这一背景下，克伦威尔表现为一位具有伟大人格力量的历史人物。有一群富人密谋造反，以此反抗新兴的国家行政（state administration）：在统治符号的领域内，这些人为了实现自己的目的，可以利用君主危害议会特权这一议题。在这方面，斯图亚特王室的缺乏世故和严重政治错误，都给他们带来了巨大的帮助。但是，只有抓住宗教问题，只有对长老会的指导让步以换取苏格兰的帮助，只有释放独立派运动的力量以赢得中下层某些派系的支持，造反事业才能加速。为了使克伦威尔适应这一模式，我们首先必须提到，他在社会上属于冒险家群体，表现了他们的行为特点；战争是一笔好生意，克伦威尔和他的将领们利用议会为他们制定的钱款和土地方案，大发战争财。

我们之前讨论过，克伦威尔与军队中的激进派在选举权问题上发生过冲突；在那场冲突中，他又表现得像是"恒久利益"（permanent interest）的支持者。1653年，他发表了《统治的工

---

① 关于这一问题，参见 Taylor，《英格兰近代史》，页102以下。

具》(Instrument of Government)一书。在这本书的第 18 节,他要求按照当时的货币价值,投票权的财产资格应当是 200 磅;借助这种方式,他创造了一个属于富人的选民团体。1649 年,利尔本(John Lilburne)更加直言不讳地谈到,"这位虚伪的圣徒和最绝望的变节者"想打着神圣利益的虚伪名号,随自己的意志和喜好来统治人民,并且,比起统率一帮清教徒,他更想要一支禁卫军,"在这支军队的威压下,人民彻底沦为奴隶"。

五 克伦威尔和上帝的意志

但是,议会中的清教徒和平等派都误以为克伦威尔是和自己一伙儿的。我们可以从 1647 年 11 月 1 日的帕特尼辩论中捕捉到克伦威尔想法的一些蛛丝马迹。这次会议由于私人的祷告和对上帝的寻求而延期。当天重新召开会议时,一位中将(lieutenant general)有感而发:"每个人都可以谈谈自己的体验,谈谈上帝给了什么来回应他们的祷告。"(《清教主义与自由》,页 95)[111]在第一轮简短发言之后,众人谈起有什么意见来到了祷告者心里,这时,意见交流突然就变成了一场浮夸的争论。这场争论主要在高菲(William Goffe)与克伦威尔之间进行,所涉问题是如何发现上帝的意志。高菲解释道,上帝以各种方式说话。在以色列,上帝通过先知讲话,但是现在,上帝不是通过某些特定的人来讲话,"而是在我们每个人的心里言说"(《清教主义与自由》,页 100)结果就是,一旦讨论中出现矛盾——所有人的观点都声称来自对上帝声音的真诚聆听——人们就很难在行动的过程中解决问题。

现在,轮到克伦威尔回应了,他说:

按照上帝应许要在未来完成之事,上帝选出了一些人的心,让他们等候某种非凡的天命;我就是这些人中的一员。我唯有相信,上帝就是它们的源头。(《清教主义与自由》,页103以下)

但事实上,他没有什么非凡的天命。不过,对于令人信服的上帝的启示,他不可能坐下来静静等待,因为这样他会"遭受谴责",也就是说,他回避了责任,没有根据平常的神圣印象来行动,而"以这些印象的神圣程度,尚不足以携带足够的明证使内在拥有圣灵的人确信"(《清教主义与自由》,页104)。一旦失去了这些内在的证据,我们就必须靠外部的证据来辨别哪些观念与上帝真正一致:

从圣灵而来的外在证据,就是温顺、和蔼、仁慈、忍耐、自制和博爱的表现,就是善待所有人、不毁灭任何一个可以得救之人的渴求;除此之外,我不知道还有什么更加清晰的证据了。

从怨恨和嫉妒的灵而来的思想,"引导我们反对一切反对者"。

一方面,我认为上帝在不存在仁慈的地方也会拒绝行使正义,而在没有其他办法来拯救这个王国时,上帝也不会使用武力来保护它的安全,同样,他也会拒绝让他们免于恐惧其中的危险和困难;正是上帝引导着这一切。另一方面,他确实也用圣灵刻在生命当中、刻在我们心中的律法,以此引导我们。

眼下,关于是否应当废除君主和上议院这一问题,有些人由衷地相信上帝已经决定毁灭他们,而拒绝执行这项决定就会违抗上帝的意志。然而,其他人(包括克伦威尔)尚未确信这就是上帝的意志,草率行事[112]就意味着干预上帝的意志。必须让那些尚未确定上帝意志的人遵行如下准则:

> 即使上帝意在毁灭他们,即使我应当发现一种毁灭他们的欲求——尽管基督徒单凭自己的心灵几乎不可能发现这种欲求——但上帝自己就能做到这些,而不会迫使我们做可耻、有罪或者玷污圣名的事情。

他们的想法是,"等到做这些事既不犯罪也不可耻的时候,那时才让他们以这种方式来敬奉上帝"(《清教主义与自由》,页106)。

六 克伦威尔的政治学

无从决断的灵魂等待并寻求着上帝意志,期待着一个令人信服的启示,通过羞耻和罪的诡辩,人为而诡诈地迂回前行。只有当他再也无法抵抗环境的压力,进而把必然性解释为神意(Providence)的迹象时,他才会采取行动。无疑,这样的人既不是投机者,也不是武装的先知。在克伦威尔的行为中,我们找不出任何政治规划,只能看到等待的麻木(paralysis of waiting),接着又是间歇性的行动,以及因为被迫行动而歇斯底里爆发的愤怒。这些都表明,他正因为这种张力而饱受痛苦,达到了心智错乱(mental disturbance)的程度。

押送君主受审就是一个很典型的决定:"既然上帝已经将神

意投射到我们身上，那我就服从神意，尽管我还不能给你提供建议"。武力解散长期议会（the Long Parliament）也充分揭示了他行为的复杂性。残缺议会（the Rump）的成员希望保全他们的政权，军队却倒向左翼，希望捍卫革命果实；这两派的冲突最终走向了公开化。1653 年 4 月 22 日的公告称，议会成员当中出现了"对上帝子民的极度怨恨和反对，而且圣灵也在他们当中活动"。因此，军队必须解散议会，

> 但是，我们将以此画上句号：既然我们是在必然性和神意的引导下行动，甚至已经超越了我们自己的所思所欲。因此，在这伟大工作的该部分中，我们应该且确实完全仰赖上帝的赐福……因而庄严地渴求和期待：在这件事情上，所有人……都应当等待，因为上帝会让这一切发生。

换言之，克伦威尔原本［113］期待议会和平解散，将其权力与合法性赋予更能代表当下形势的大会；如果议会不遵循他的想法，他就会被迫行动。他异常愤怒，但目前也不知道下一步要做什么。

两天前，克伦威尔在议会中有一次情绪爆发，当时他正在带人驱散议会。只有把那次爆发和上面的公告放在一起看，我们才能充分理解这份公告中存在的张力。他告诉这些议员，他们中有些人是嫖客，有些人是酒鬼，有些人是腐败和不义之人，他们没有用心为公共利益做任何事情，他们维护长老会和律师们的利益，而后者则是僭政和压迫的支持者——然后，他命令自己的士兵把他们驱赶出去。这次爆发的重要性体现在两个方面：它本身证明了克伦威尔在行动时所受的压力，而且，它的内容是一个熟知内情的人对于提倡自由的清教徒所做的坦诚研究。当

他把权杖叫作"傻瓜的玩意儿"时,我们没有理由感到惊骇。因为,当一个老实人头脑清醒的时候,在他眼里,议会一旦掌握权杖就会变成这般模样。

我们没有必要进入克伦威尔解散议会的细节,本质已经很清楚了:克伦威尔是一个伟大的战士,却是一位平庸的政治家。对于英国的形势以及他在其中的位置,克伦威尔从来都不能形成一幅清晰的图景,也无法得出结论。我们能将他的很多行为追溯到它们在其人格结构中的根源,以此理解它们,但是,这种人格本身却不是一个完整的行动工具,像伟大的黎塞留那样。因此,在历史的结构中,克伦威尔的行动显得不连贯,呈现出一连串矛盾。他是一位敬虔的寻求派,并且像所有的寻求派一样,有着发自内心的宽容;所有的清教主义(Puritanism),从长老派、浸礼宗到自由的会众,都拥有完全的自由。克伦威尔甚至能容忍缺乏公众认可的祷告书(the Prayer Book),这在政治上是不可设想的。他对天主教的侵扰,比某些安立甘宗和长老派议会所做的还要少。

另一方面,他能够投身于爱尔兰的残暴屠杀,极有可能是因为:当他的神秘主义发作时,天主教徒在他看来就成了必须铲除的邪恶势力,而身为战士的克伦威尔能把他的拉丁文秘书弥尔顿脑海中的梦想付诸行动。为了全面认识克伦威尔在爱尔兰犯下的暴行,我们应当对比一下黎塞留与法国南部加尔文派教徒的和解。[114]在克伦威尔这里,这颗受触动的灵魂的魔鬼主义(satanism)展示了最坏的一面。如我们所示,在社会生活的层面,克伦威尔属于反叛的议会派团体,但其灵魂的广大和深邃不允许他像他的同伴一样单纯作恶。当他清醒时,例如他解散长期议会的时候,克伦威尔预见到将要发生什么,但他无法内在地从他所处的社会环境中解放自己。在政治上,克伦威尔将君主送上了绞刑架,可他却不是一个共和主义者;他拒绝将王权给予自己,不是出于蔑视王权,而是出于尊重王权。他没有兴趣成为人民的护民官,除此之外,历史处境也不利于这种做法。

在议会工具能够应用于人民的利益之前,民主不得不再等待二个世纪。在17和18世纪,国家组织必须通过缓慢地营造社会责任感而成为民主化的工具。一种大范围民众的代表是不可能的,不仅因为激进主义的种种危险,也是因为富人的选民团体背叛了清教主义和克伦威尔的军队。还有一个原因是政府的高效与诚实可靠,这是克伦威尔的主要将领在新创建的区(districts)所取得的成功,克伦威尔在1655年采取了这一举措。但是,在革命斗争的目的变成废除绝对主义国家和君主之后,这种政府在政治上就不再可能了。这将我们带回了那个关键的问题:克伦威尔已经把他的军事人才投注到富人反叛者这边,并且在为他们服务的过程中摧毁了英格兰国家。要不是他品质中的宽容要素有助力于给予英国人民自由,以使他们能扩张其宗教禀赋,进而为后来几个世纪引入民主化的力量(贵格会运动是第一个征象),否则人们就不得不说,克伦威尔是站在错误的一方战斗。

第四章 法国的投石党和君主制

一 高等法院

[115]与英国革命同时期的法国的事件和观念,在政治观念史上得到的关注通常都很少。这种忽视是没有道理的。史学家太过轻易地屈服于这样一种偏见:一种政治观念如果没有获得政治上的成功,那就不重要。而且,即便从这种更为唯物主义(materialistci)的角度来看,投石党的观念也并非不重要。投石党人没有达到他们的直接目的,也就是罢黜马萨林,并且通过高等法院(Parlement)来限制王权。但是,他们的态度和观念在法国仍然是一股力量。路易十四驾崩之后,在摄政统治的第一年,我们能够目睹这种力量的复兴,尽管非常短暂。大臣的政府(ministerial government)转变为一个由委员会(councils)组成的政府,这给大贵族和地方行政长官们带来了巨大的影响,但这种政府却因明显的效率低下而很快遭到了废止。

后来,在1789年大革命之前的几年,我们再一次看到,高等法院的关键态度起到了决定性的作用。大革命的原因是一个错综复杂的问题,然而,在一元论(monistic)理论的时代之后,似乎就会出现一种更健全的观念。无论是智识人的作品还是农民的悲惨境遇，再也不能被看作决定性的因素，尽管它们也有重要贡献。无可否认，大量的农民生活悲苦，但他们的境遇并不比其他国家的农民更糟，甚至更好一些。那些革命作品——比如卢梭的政治著作——并非广为人知，而且过于复杂难懂，以至于不能发挥广泛的影响力。即使在大革命前夕，也鲜有人阅读卢梭的《社会契约论》(Contrat Social)。这本书后来变得知名，乃是因为革命运动已经展开，而这本书中的一些表述被证明有用。高等法院自称代表了[116]公众的意愿(volonté publique)，相比卢梭的公意(volonté générale)的潜在意涵，高等法院的说法可能产生了更大的实际影响，而只有接受过良好理论训练的人才能理解卢梭的公意概念。革命性的氛围有它自己的中心：一方是王权和诸特权阶层，另一方是以高等法院为代表的第三等级(the Tiers Etat)，他们围绕王国财政状况的冲突才是革命的中心。除了对其自身所处时代的重要性之外，17世纪的投石党人已经展现出了这种处境的大致轮廓，在此意义上，它也有助于我们理解后来的问题。①

就法律问题而言，巴黎高等法院的权力源于一种习惯：关于立法和财政的王室法令，必须由高等法院登记注册之后方能获得法律效力。这种登记行为可以成为一项政治武器，其原因可见于高等法院的人员构成。巴黎高等法院是法国地方行政长官在司法和财政方面的首脑组织，当时，投石党中大约四万名官员就从这个系统中产生。这四万个家族代表了法国的商业和工

---

① 参见 F. Eppensteiner,《卢梭对革命前的小册子和革命爆发的影响》(Rousseaus Einfluss auf die vorrevolutionären Flugschriften und den Ausbruch der Revolution, Beiträge zur Parteigeschichte, ed. AdalbertWahl, vol. 8, Tübingen: Mohr, 1914)。

业财富。巴黎高等法院自身有两百名左右的成员,由不同的议庭(chambers)组成,但是在涉及国家事务时要召开全体会议。涉及登记权利的各方态度,主要体现在两个地方:一是1656年3月16日的抗议,高等法院声称这一权利从国家诞生时就有了,它为诸侯和贵族的议事会保留了一席之地,而且高等法院拥有审议、检查与合理修订的权利,对象包括所有的法令、条例、官职设立以及送来登记的和约;二是1641年(黎塞留在世的最后一年)2月3日的王室公告,它宣布高等法院的设立只是为了司法事务,而且它明令禁止高等法院对任何行政事务或政府事务进行认定,这些是属于君主的特权,而且,所有未经审议的法令条例都必须登记备案。

1642年,黎塞留去世。在接下来的四年中,政府机器依靠黎塞留给予的动力继续运行。1647年,[117]高等法院拒绝了马萨林的税收法令。1648年发生的事件,导致议会试图以公告的形式赋予自己明确的权利。① 下面这一份草案比最终出台的文件更加全面,它的主要规定如下:

(1) 减少百分之二十五的租税,这项措施旨在减轻穷

---

① 对于公告第一版草案的文本,从1648年6月30日讨论到7月12日,见《日志,包含巴黎高等法院所做的所有事情、所有分庭议会和其他地方、关于当前事务的主题》(*Journal, Contenant tout ce qui s'est fait et passé en la Cour du Parlement de Paris, Toutes les Chambres assemblées et autres lieux, sur le sujet des affaires du temps pr'esent*, Paris, 1649)。关于1648年10月的最终公告,见《已故巴黎高等法院总法律顾问塔隆先生的回忆录》(*Mémoires du feu M. Omer Talon, avocat-général en la Cour du Parlement de Paris*, Le Haye,, 1732), 6: 271-91。有关历史性的考察,见Sainte-Aulaire,《投石党的历史》(*Histoire de la Fronde*, 3 vols., Paris: Boudoin Frères, 1827)。对于社会背景的考察见Léon Lecestre,《投石党时代的巴黎资产阶级》(*La Bourgeoisie Parisienne au Temps de la Fronde*, Paris: Plon-Nourrit, 1913)。

人的负担。(条款 2)

(2) 涉及税收和征税的一切立法必须由高等法院登记认可,高等法院具有完全的审议自由;税收法令必须通过高等法院来执行。(条款 3)

(3) 人身保护的权利。(条款 6)

(4) 地方行政官的独立性。实现方式如下:

(a) 废除所有未经最高法院(the Sovereign Courts)正式审核的特别佣金。(条款 1、条款 10)

(b) 未经最高法院同意,不得设立新的行政长官或改变现有的组织。(条款 19)

(5) 废除所有的贸易垄断。(条款 24)

(6) 设立正义法庭(Court of Justice)以调查王室的财政管理,由最高法庭成员及其任命的成员组成。(条款 7)

(7) 禁止进口英格兰和荷兰的羊毛和丝织品、西班牙和意大利的饰边,以此保护法国的产业。(条例 25)

(8) 邮政大臣和邮政业务服从于高等法院的控制。(条例 18)

这种处境在某些方面堪比英国。中世纪那种分散化权威的和谐濒临破灭;各方立场逐渐固化,权威也变成了权力—意识(power-conscious)。直接的原因——国家行政的增长以及民族战争中财政问题的增长——与英格兰如出一辙。然而,最重要的不同在于,法国的国家行政远远强于英国,因为黎塞留政府和巴黎高等法院[118]没有英国议会的民族代表传统。建立有限君主制的尝试被证明是徒劳的,王权政府的绝对支配地位很快又重新建立起来。这里涉及的财政问题的重要性,在法国地方长官职位的标价上得到了反映:从路易十四早期到绝对政府巩固的时期,官职标价下跌了90%。

二 枢机主教德雷斯

投石党运动最重要的人物,就是曾经的副主教(coadjutor)、后来的巴黎大主教兼枢机主教德雷斯(de Retz)。他的《回忆录》(*Mémoires*)是一部法国文学经典,其中,他讲述了投石党的历史,并且在根本性的政治问题上展现了老练的洞察力。他没有以一种缜密的体系来塑造自己的观念;这些观念看似只是这一时期历史的旁注,很有可能因此也未曾获得应有的关注。然而,就分析人类行为的动机而言,当时仅有两个人可与他相比:霍布斯和拉罗什富科(La Rochefoucauld)。当这部《回忆录》于1717年出版时,它给人留下了深刻的印象,而且事实证明反响热烈。紧接着就是1718年的切拉马雷(Cellamare)阴谋。贡斯当(Benjamin Constant)发现,在督政府(the Directory)时期他只有两位作家可读,那就是马基雅维利和德雷斯。①

对于前宗教改革时代一直到17世纪的政治氛围变化,这位枢机主教尤其敏感。他观察到,法国的君主制以一种权力制衡为基础,它拥有德雷斯极为珍视的某种特性,即法国君主制绝不会试图以成文的形式将君主的权力固定下来。法国的王权与英格兰和阿拉贡的王权从来没有类似之处。它不是绝对的,而是得到了传统的调和,这些传统的担当者就是三级会议(the Estates General)和高等法院,"这是我们父辈在王室特权与民众自由之间发现的一条中庸之道"。对于德雷斯而言,黎塞留是一

---

① 见 Charles Augustine Sainte-Beuve,《星期一会谈》(*Causeries du lundi*, 15 vols., Paris: Garnier, 1882 – 1885), 5:41。

个魔鬼;在建立"最为可耻和危险的僭政"以取代旧的合法君主制的过程中,黎塞留汇聚了近两个世纪以来的所有危险倾向。① 结果,权力制衡的问题公开了,那层覆盖着"国家奥秘"(mystery of the State)的面纱也即将被撕裂。

> 每种君主制都拥有自己的奥秘,法国的奥秘在于某种宗教的、神圣的沉默。人们并不相信自己有废除这种奥秘的权利,而是将废除它们的权利深深地埋藏其中,与此同时,他们几乎总是盲从君主。(《全集》,2:105)

在与孔代的交谈中,这位枢机主教向那位亲王解释了形势的危险。由于行政机构的侵犯,高等法院被迫表达立场,结果赢得了人民的极大尊重。"我知道,"他说,

> 你觉得他们没多少分量,因为君主拥有军队;但是请允许我说,当他们把一切都揽到自己名下的时候,人们就得重视他们了。他们已经实现了这一点,现在开始轮到他们将你们的军队视若无物了。而且不幸的是,他们的力量在于其想象:人们可以诚实地说,与所有其他类型的权力相反,只要他们达到一个阶段,他们就能做出他们自信能够做到的事情。(《全集》,2:103 以下)

从后来的眼光,尤其是当代的眼光看,谁能怀疑德雷斯对那些事件的理解呢? 在他看来,只要环境合适,这些事件就蕴藏着一种

---

① Jean François Cardinal de Retz,《德雷斯全集》(*Oeuvres du cardinal de Retz*,Paris: Hachette,1870 – 1920),1:271 f. ,275。

通过想象的力量来创造政治权力的潜能。然而，想象自身不能发挥作用，它需要努力。那是一个漫长的过程，正如德雷斯自己所言："从起念到意愿，从意愿到决心，从决心到选择手段，从选择手段到应用手段。"可敬的地方官员一定要中午回家吃正餐，五点钟吃晚餐；要想避免家里出乱子，他们就得一丝不苟地遵循这一切。他们不是那种能发起致命打击的行动之人。尽管必须对特殊情况加以限定，但我们仍然不得不说，德雷斯明确表达了现代政治学的基本问题。他对想象力的评论将霍布斯的分析推进了一步。霍布斯视权力意识为罪的根源，只有对死亡的恐惧打破了冲动的癫狂[120]，只有激情沸腾的水壶被利维坦这个盖子盖住时，秩序才能产生。在德雷斯看来，想象（imagination）是一种新的政治体系的来源。借助想象，再加上技艺精熟的行动的支持，人们就能以惊人的方式改变现存秩序。如果得到明智的引导，霍布斯式的权力癫狂就能变为政治成功的源头。

德雷斯在政治史和观念史中自有其地位。他是第一位现代阴谋家（modern conspirator），他是一个享受这种游戏，并且把它发展成艺术的职业煽动家。他说：

> 我坚信，塑造一位优秀的党派领袖（chef de parti）所要求的品质，比塑造一位优秀的宇宙帝王要求的品质更加伟大；在他拥有的品质当中，决心与判断力同等重要；我的意思是，英雄的判断的首要功能，就是区分非凡和不可能。(《全集》，1：125)

中世纪的小宇宙秩序毫无疑问已经瓦解，人的关系获得了一种新的流动性。技艺精熟的、聪明的个人显示出了一种新的潜在力量，这种力量迄今都难以测度。在这种"英雄式判断"（heroic judgment)的表述中，马基雅维利式的德性（virtù）依然存在，但是这一个半世纪的时间已使环境发生了深刻的改变。德雷斯实质上既是一位心理学家，也是一个扮演某个角色的演员。对于氛围和性情的改变，他极其清醒，在这一点上甚至超过了霍布斯。在1652年的一本小册子中，他给出了一系列卓越的表述：

> 当德性占支配地位时，人们能够通过其责任（duty）来判断他们；当时代败坏时，尽管仍然会产生技艺精熟的人，但人们必须通过其利益（interests）来判断他们；当时代完全腐化堕落，并且很少展现出智慧时，也就是我们生活的时代，人们不得不把人之偏好（inclinations）加入到利益中，并且把这种混合物作为判断的规则。[①]

德雷斯完全理解了西方文明的巨大断裂，理解了从"德性"时代向"利益和偏好"时代的转变；后一个时代，也就是迷失方向之人（disoriented man）的时代，标志着希腊（Hellas）的终结。

无论对于德雷斯的人格还是他的作品，上面引用的那段话都不是偶然的。很早他就沉迷于阴谋（conspiracy）的问题。在熟悉了马斯卡迪（Agostino Mascardi）的著作后，他自己也发表了一些关于[121]菲耶斯克（Fiesco）阴谋的出色研究。[②] 这篇文章充斥着关于如何组织一场阴谋的建议，并且被付诸实践。德雷斯在投石党运动中的实际行为，特别是他博得人民青睐的技术，表明他知道如何应用他那些规则。这也表现出一个新的基

[①] 《时间的利益》(*Les interèts du temps*,1652),《全集》,5:251。

[②] Agostino Mascardi,《乔吉伯爵的阴谋：菲耶斯克》(*La congiura del Conte Gio: Luigi de' Fieschi*, Venetia, 1629)。Retz,《菲耶斯克的阴谋》(*La conjuration du Conte Jean Luis de Fiesque*,1st ed.,1665;2d ed.,1682),见《全集》,第5册。

调,阐明了那场肇始于马基雅维利的变化。作为一位更早的思想家,马基雅维利在把自己的箴言呈献给君主时,很清楚自己这些法则的不道德性质。德雷斯并没有试图通过一种处境的必然性来证明政治行为的正当性,而是断然否认了其不道德的性质:

> 为了使俗众的灵魂惊恐,这些公共意见创造出那些臭名昭著的幻影。如果采取了光荣行动的人获得了成功,这些幻影就根本无法羞辱他们。顾忌与伟大永远无法相容,关于俗常明智的柔软格言应该给予人民,但不适于伟大的领主(grands seigneurs)。篡夺王位的罪行是如此显赫辉煌,以至于就像是一种德性;人的每一种处境都有它自己的声誉:对于小人物,我们必须通过他们的节制来评判,而对于大人物,我们必须通过他们的野心和勇气来评判。①

这个态度远远超出了马基雅维利式的国家理性(the raison d'état)。从德性到利益再到偏好的类型序列,就是德雷斯对于这一段演变进程的正确描述。

三 路易十四

1661年,在马萨林逝世后,路易十四组织起一个由他亲自领导的法国政府。关于他统治的头几年(1661-1668),有一份极佳的描述保存在他的《回忆录》(*Mémoires*)中;他写这本书是为了指导皇太子(Dauphin),其中夹杂着大量的离题话,讨论的

---

① 《阴谋》,见《全集》,5:543f.。这篇文章在第二版中被遗漏了,他反映了马斯卡迪的一篇类似的文章,见《阴谋》,页44。

是各种指导他完成使命的原则。① 一直以来，这份文献都没有得到观念史家的充分重视。这位君主有着非凡的常识和精明，尽管他比不上那些伟大的政治哲人们，但他确实也创造了一种伟大君主的类型：[122]他支配着绝对国家的时代。《回忆录》证明，路易不只是继承了王位，他确实就是王位的主人，并且掌握了这一职业的规则。作为王权观念的真正来源，他的著作应当位列于波舒哀（Bossuet）之前。②

他采取第一个的措施，就是废除首相（prime minister）一职。君主建议他的儿子，在法国，就连这一官职的名字都不应该再被提起。这个手段并不意味着国家组织的缩减，反而说明事务集中到了君主自己手中。他让一群能干的行政官员簇拥着自己，而且如果后世的批评者们评论说，这位君主的成功应当归功于他的大臣们，那我们就必须考虑到，这些大臣也是从他那里获得职位，并且依照他的意志行事。这位君主确立了一条规则：大臣应当是社会地位较低的人，这样他们才不会有危险的野心。原则上，出身高贵的贵族们被排除在这些官职之外。在君主眼中，这项措施具有长远的益处：正是这一类新人能够更好地与人民的真实需要相联系，而且掌握上层人士无法获得的信息。于是，君主便能亲耳听到来自底层的抱怨：

> 我将一种自由无差别地赐予我的臣民，让他们可以随时用言语或文字向我进谏。

---

① 《路易十四回忆录》(*Mémoires de Louis XIV*, ed. Jean Longnon, Paris: Jules Tallandler, 1927)。

② Jacques Bossuet,《源于圣经话语的政治》(*La politique tirée des propres paroles de l'Ecriture Sainte*, ca. 1670)。

一些私人性的干涉，似乎有效地改善了司法行政的工作。总管大臣富凯（Fouquet）这一著名案件中的干涉，给金融家阶层的内心注入了一些敬畏之情。通过频繁而必需的个人述职，再加上君主养成了常常突然索要关于各种主题的信息的习惯，大臣们就受到了君主的牢固控制。

由于篇幅的原因，我们无法深入散布在整本《回忆录》中的政治理论观念。我挑选了两个最基本的问题。第一个问题和王权的宗教基础有关。那些讨论这一问题的文字自有其魅力，而这种魅力就在于它们的亲切。它们没有直接给出君权神授（divine right of kingship）这种枯燥的理论，而是对一种感受进行了分析，为空洞的法律主张赋予一种实在性。这位君主建议他的儿子要谨慎履行自己的宗教责任，因为忽视责任[123]不仅不义，也不明智。君主是上帝的副官，他们对上帝的服从为臣民对君主的服从树立了榜样。"如果每个人都相信自己拥有和我们一样的权利，对上级的权力（我们的权力也是其中一部分）缺乏敬畏"，那么，军队和议会就不会保全王权的存续。向上帝展示尊敬"是我们政策中首要的亦即最重要的部分"。有一个看法耐人寻味：君主权力的宗教基础被认为是不牢靠的，光凭空话套话无济于事；如果这一基础在君主的行为中没有任何实在性，人民变得具有了革命性也就不足为奇了。虽然国家理性盛名在外，但上帝还没有完全沦为笑柄。这位君主明确告诫他的儿子，以利益为基础的宗教实践还不够，"因为这种诡诈总是会背叛自身，而且长远来看，它也无法发挥和虔敬相当的作用"。人民迟早会发现事实的真相，上帝也是如此，而且这是对上帝的极大亵渎。

君主用来支持其论点的事例，绝妙地展现了他的立场：他解释了自己在叛乱中的经历，底层民众的武装反抗远不如周围亲信的背叛更令他愤怒。上帝也有和路易十四同样的感受,如果君主们假装虔敬而并非真正虔敬,从而表现出对上帝的不敬,那么,上帝受到的冒犯将远甚于上帝从普通人的不敬那里受到的冒犯,而且上帝也会做出相应的反应。上帝作为至高的君主,身边簇拥着宫廷中的君主们,而君主作为神圣者的类似物,身边也簇拥着他宫廷中的朝臣——这幅图景就是君主感受的完美表达。①

我们不能高估《回忆录》中这一段话及其类似段落的价值。它们展示了,对他人和自身的人格进行有意识管理的精神,如何深刻地渗透了这个时代。在王权和革命、国家和议会投石党、贵族和中等阶层、中等阶层和人民这些表面对抗之下,还有各种共通性存在:心理学现实主义、戏剧性行动、伪装、霍布斯意义上的代表式面具(representative mask)。人们在如下场景中就能体验到这一切:利尔本被判处当街绞刑时,对人民发表长篇演讲的启示;[124]皮姆为了增加利润,利用真诚的宗教情感煽动人心的狡猾技巧;德雷斯那令人愉悦的地中海式卑劣行为,他把阿斯兰第兹阴谋的残酷转化成野心的游戏,并且把教宗的选举理解成一场比莫里哀(Molière)更高明的喜剧;直至现在,还有路易十四表演的那场王权的神圣戏剧。正如德雷斯清楚看到的那样,这不再是前宗教改革时期的腐败,而是欧洲的伦理和宗教实体逐渐瓦解的一个新阶段:在此阶段中,就连真诚(sincerity)也变成了一种有意识的、经过精心培育的行动工具。这里有一条直接且更简短的线索:开端是英国的清教徒议会党人和法国的天主教君主,一直延伸到索雷尔(Georges Sorel)的人造神话(artificial myth),还有希特勒。希特勒将真

---

① 《回忆录》,页24、62以下。这段话是波舒哀负责皇太子的教育时写下的。

诚和有意识的心理技术放在一起,创造出了一个奇怪的混合物。

我们从《回忆录》中摘取的第二段话,将会进一步阐明这个问题。君主细致讨论了他自己的人格和宫廷的功能,它们都是为人民准备的一场奇景(spectacle)。"人们喜欢这样的表演,它们的根本目的就是取悦人民。"这位君主不得不沉湎于常人的愉悦,并且培育他身体方面的天赋,因为一般而言,臣民"乐意见到他们喜爱什么,我们也喜爱什么;这就是他们最大的成功"。但这种做法也不能太过火,君主不应当让自己在愉悦和施展才华方面投入过多。如果他的臣民在身体和心灵的技艺方面超过了自己,君主应当宽容;如果可能的话,君主应该只在统治技艺方面让自己无与伦比。毕竟,君主是主人,如果君主在其他技艺上太过卓越,那就可能使他的注意力偏离自己的真正职能,并且损害他的名声。

《回忆录》为这种炫示和浮华给出的理由,乃是以一种伟大的君主制作为背景,但是本质上这种态度无异于明斯特(Münster)再洗礼派王国中的范莱登(Jan van Leyden)。独立于路易十四的新型权力代表正在形成,正如总管大臣富凯的故事所显示的那样。富凯深居于他在沃克斯(Vaux)的城堡中,却已经预先知晓凡尔赛的很多事情。他的建筑师勒沃(Le Vau)、画家勒布朗(Le Brun)、景观设计师勒诺特尔(Le Nôtre)以及秘书佩利松(Pellisson),都开始为君主服务。富凯的倒台,虽然很大程度上归咎于他的财务问题,但部分也是由于君主个人的报复,因为一位臣民展现出来的奢华激怒了这位君主:这种奢华的风格已经逾越了他自己的生活轨道。[125]富凯试图赢得拉瓦利埃(La Vallière)小姐的芳心,还想让她成为自己高贵家族的女主人,殊不知她已是君主的女人,此时,君臣关系也就濒临破裂了。①

在创造王权风格时,君主采用太阳作为他的图案:

> 它有举世无双的品质,周围光彩夺目,光芒辐射到其他星辰,这就形成了它的宫廷。它的光芒平等、公正地分配给了世界上的不同气候,其美好遍及全地,不断地产生出各种各样的生命、快乐和活动。它的运动无休无止,却显得安宁静谧,它恒定不变的轨迹从不偏移——这无疑是一位伟大君王最动人、最美丽的肖像。②

巴比伦和埃及的宇宙论符号,柏拉图和后来地中海思想家们的太阳,在最后这一场转变中,就这样呈现为王权威严的纹章符号。

---

① 《回忆录》,页122以下。对富凯的讨论,参见 Sainte-Beuve,《总管大臣富凯》(*Le Surintendant Fouque*),载《星期一会谈》,第五卷。
② *Mémoires*, 124-25.

第五章 斯宾诺莎

斯宾诺莎是一个沉醉于神的人。

——诺瓦利斯

一 东方主义

[126]跟随着斯宾诺莎,我们回到了那些遭人厌恶的伟大政治思想家的层面。斯宾诺莎遭到的共同抵制持续了一个多世纪,与我们先前提到的例子有着相同的原因:这位深刻的政治思想家是一位令人不快的现实主义者。但是,就细节而言,斯宾诺莎的案例自有其特点,从而将他与博丹和霍布斯区分开来。

之前的章节已经非常清楚地表明,西方政治思想并没有汇聚为一条宽广的河流;在更宽泛的西方文明框架中,地中海、西欧以及欧洲中心的文明都有它们自身的问题。我们注意到,拜占庭和其他东方式文明影响了法国南部,阿拉伯文明影响了经院哲学的时代,与东方的接触影响了马基雅维利和博丹,地中海文明也为哈灵顿和德雷斯增添了灵感。与斯宾诺莎一道,地中海文明再次闯进了西方的思想。斯宾诺莎的哲学使用了欧洲巴洛克式的语言——我们看到了不可避免的自然权利、契约与几何学方法——但是,在某种普遍意义上,有一种东方式的精神赋予这些符号以生命。

我所说的是一般意义上的东方,因为我们很难证明他的思想与哪些具体的东方思想家有关。篇幅不允许我们进入这个迷人问题的细节。我们只能注意到,斯宾诺莎的神秘主义态度展现出它与卡巴拉(Cabala)①——特别是《苏哈尔》(Sohar)——的神秘部分和思辨部分的亲缘性[127],这种亲缘性通过《苏哈尔》可以一直延伸到新柏拉图主义的思想。圣经批判和理性主义的态度,或许能追溯到犹太哲学的理性化倾向,追溯到12世纪的伊本·以斯拉(Ibn Ezra)和迈蒙尼德(Maimonides),以及14世纪吉尔松尼德(Gersonides)的批判性考证。但是,斯宾诺莎异端教诲有一个更加直接的根源,它就在玛拉诺(Marranic)犹太人②的命运当中。第一代马拉诺人在16世纪末跑到了阿姆斯特丹,他们希望在荷兰这个更宽容的环境中恢复自己的宗教实践。在秘密生存了很长一段时间之后,这次恢复行动陷入了重重困难。17世纪,一系列开除教籍(excommunications)的事件表现了他们的困境。一方面,犹太人的共同体被迫严守僵化的正统教义,因为任何松懈都会激起阿姆斯特丹非正统基督

---

① [译注]卡巴拉,又称"希伯来神秘哲学"。从基督教产生以前开始,在犹太教内部发展起来的一整套神秘主义学说。在希伯来文中,此词本义是"接受到的"或"传统的"。原指相对于《圣经》而言的《旧约》其他两个组成部分《先知书》和《圣录》,其内容着重于精神和感觉。卡巴拉的学说与正统的犹太教教义是对立的。它包括把超越的神与世界联系起来的流溢说。把"无限的光"与创造联系起来的范围学说,其范围与新柏拉图主义的流溢的等级相类似,论述从无限的光到物质事物之间的等级层次。等级排列是由天使和巨匠进行的,促进了神与人之间的联系。

② [译注]马拉诺人指1391年后为避免处死或迫害而信奉基督教的犹太人。他们被怀疑秘密信奉犹太教,因而成为西班牙宗教法庭的迫害目标。

徒教派的抱怨,他们会说,阿姆斯特丹的犹太人获得了比基督徒更多的自由,就像 1617 年抗辩派们(Remonstrants)的抗议一样;另一方面,传统的断裂与多少带有人为色彩的恢复(resumption),激发了更多聪明年轻的心灵去追求智识独立。继17 世纪 30 年代达科斯塔(Da Costa)的悲剧性事件之后,就是1656 年斯宾诺莎被逐出犹太会堂,以及 1667 年德普拉托(Juan [Daniel] de Prato)被开除教籍。人格因素可能也扮演了重要的角色。莫特拉(Morteira)拉比似乎并不具备能深刻影响像斯宾诺莎那样能力非凡的年轻人的人格特质,而能干的玛拿西·本·以色列(Manasseh ben Israel)正忙于和克伦威尔磋商英格兰重新接纳犹太人的事宜,此时这场谈判正处于关键阶段。

二 《智性改进论》的计划

斯宾诺莎政治思想的中心是他的神秘主义。在这本《智性改进论》(*De Intellectus Emendatione*)中——其创作时间可能早于《伦理学》(*Ethics*)——斯宾诺莎就已经发展出了他的计划。经验教他懂得,社会生活中的周围环境都是空虚而徒然的。在这之后,他决定去探究

> 是否可能有一些真正的善(good),这种善具有传达自身的力量,可以排除其他一切东西而单独对心灵(mind)造成影响。①

---

① Benedict de Spinoza,《智性改进论》(*On the Improvement of Human Understanding*, in The Chief Works of Spinozza, trans. R. H. M. Elwes, vol. 2, New York: Doover, 1955),页 3。[译注]部分中译文参考贺麟译本(斯宾诺莎,《智性改进论》,贺麟译,北京:商务印书馆,1960 年),根据沃格林的引文有所调整。

结果便是,对有朽之物的爱似乎引起了不幸,而只有"对永恒无限事物的爱,才可以培养我们的心灵,使心灵享有完全的快乐,不掺杂一丝悲伤"(页5)。[128]"这种永恒和无限的事物"就是按照"永恒秩序和固定法则"演化的自然整体(页6)。在这个自然整全(whole of Nature)中,没有什么本质上善或恶、完善或不完善的事物。因此,人的任务就是获得某种品质,以便能在摆脱价值属性的情况下理解自然本身,因为只要拥有这种品质,人就达到了首要的善,即"关于心灵与自然整全相统一的知识"(页6)。既然这种统一性必须在人类生活中实现,那就必须产生出有助于达成目的的条件,作为工具性的善。人应当拥有这种人所渴求的品质,"如果可能,其他人也拥有它","这也是我幸福的一部分,即尽力帮助别人,使他们具有与我相同的知识,并且使他们的认识和欲求与我完全一致"。此外,必须有一种社会秩序,它能够"促进尽可能多的人付出最少的困难和危险来实现这种品性"(页7)。道德哲学和教育的理论必不可少;医学必须发展,因为健康的身体是有益的;机械科学必须发展,因为发明使生活更加便利;最重要的是,为了获得关于自然整全的知识,智性首先必须得到改进。

这就是斯宾诺莎态度的主要因素:与自然相统一就是至善;神即自然;不存在神人同形同性论(anthropomorphic)的属性;只要获得这种品质,人就有可能与自然相统一;人与他人一道获得这种品质,并且要用一种能让最大多数人获得这种品质的方式来建构政治社会。现在,我们必须用斯宾诺莎的观念填充这份主要观点的大纲,这些观念是在他后来的体系性作品中发展出来的。

三 神秘主义

《伦理学》第五卷就是斯宾诺莎神秘主义的中心。① 幸福在于对神的爱,这种爱是人类心灵的一种智性活动,借着这种爱,心灵认为自身伴随着作为原因的神之观念;[129]而且,由于人类心灵是神圣实体的样态(mode)之一,这种心灵对神的智性之爱也就是神爱自身的那种无限之爱的一部分。心灵的本质就在于一种知识,它认识到了心灵在神当中的开端和基础;而且,领悟这种知识就是一种与生命相伴的永久意识(permanent consciousness),因而也可以被称为精神在自然(神)秩序当中的某种默从(acquiescence),而精神也是自然(神)的一个样态。达到这种境界的人将从激情的搅扰中获得解放,使他的生命集中于他的本质性部分:

> 智慧之人……他的精神几乎完全不受搅扰,而且依某种永恒的必然性能够知己、知神、知物。他绝不会不再是其所是,相反,他永远享有他精神的真正默从。(《伦理学》,卷5,命题42)

acquiescentia[默从]②的神秘主义不同于博丹的沉思式

---

① Benedict de Spinoza,《伦理学》(The Ethics, in ibid., vol. 2)。[译注]中译参考斯宾诺莎,《伦理学》,贺麟译,北京:商务印书馆,1998年。
② [校注]acquiescentia 殊难翻译,贺麟先生译为"满足",而沃格林将其英译为 acquiescence,有"默许"、"默认"之意。但沃格林最后暗示,这个词与 Islam 同义,而 Islam 与 Muslim 的词源均指"顺从者"。根据沃格林的本意,结合斯宾诺莎哲学的神秘主义色彩和东方宗教色彩,文中统译为"默从"。

(contemplative)神秘主义,后者源于亚里士多德。如我们所见,亚里士多德的问题是如何将 bios theoretikos[静观生活]建构成一种积极行动类型。在博丹那里,fruitio Dei[安享于神]被稀释为这种生活的近似物,而完完全全的 fruitio in conspectu Dei[安享于对神的凝视]只有死后才能实现。在博丹那里,沉思的感受与积极行动的感受之间存在着明显的冲突。他的沉思式神秘主义所构想的 fruitio[安享],是在人的形象之下与上帝面对面。但是对行动主义者而言,这不能超过一个极点:在一瞬间的凝视后,他又回到了日常生活的行动。斯宾诺莎的感受却具有完全不同的根源。人和神都不再被构想为某种人格(personality);那神秘的瞬间不是一种凝视,人不 in conspectu Dei[在上帝面前];这种神秘主义的经验乃是一种永久意识,它意识到人类心灵是上帝的样态,是永恒秩序的一部分。在自然必然性的洪流中,人就像转瞬即逝的涟漪;正是在这种经验中,人的人格被消灭了。斯宾诺莎的 acquiescentia 简单译成英文就是 acquiescence[默从],但是我认为,如果我们记得 acquiescentia 这个语词乃是 islam 的同义词,我们就能更加接近它的意义氛围。

四 隐微主义

在政治写作中,这种伊斯兰态度的表述会让解释者深感困惑。斯宾诺莎不断地在两个层面同时展开论证:隐微的(esoteric)和显白的(exoteric)。结果,我们不能[130]以一种清晰的阐释来把握斯宾诺莎隐微的政治理论,而是不得不冒着误解的风险,把它从这样一些术语中解脱出来——斯宾诺莎有意使用这些术语,不仅是为了隐藏他的理论,也是为了使其理论更容易被同时代的人所接受。斯宾诺莎在《智性改进论》中直白地宣布了

这一计划,他把一种生活规则设定为"临时性的善"(provisionally good):

> 言语必须使民众听得懂。一切不妨害实现我们目标的一般习俗,我们都要遵从。因为我们如果能努力适应民众的理解力,也可以获益匪浅。这样我们就能获得真理的友好听众了。(页7)

在最后这一点上,斯宾诺莎想错了:尽管民众理解不了真理,但是他们理解的程度足以使他们变得不友好。尽管如此,他还是做出了尝试。

为了切中问题的核心,让我们来考察一下斯宾诺莎将"权利"(right)等同于"力量"(power)的公式。每一个自然物(人也是自然物)都是凭借神的力量而存在;它们存在与行动的权利有多大,取决于它们从神那里获得的力量有多大。但是,光凭这些说法就拿"强力造就权利"这样的公式来表达斯宾诺莎的理论,那也不对。权利这个术语是他捕获民众的一个策略,这是属于显白部分的词汇。隐微部分直接否认权利这个符号具有任何意义。权利被归类为不充足的、迷信的概念。现实没有显示任何权利的结构,而是只有一种力量的结构。斯宾诺莎有一章专门讨论自然权利(Natural Right)(《政治论》,章2),却没有任何自然权利理论。这种说法同样适用于人之政治状态(civil state)和自然状态(natural state)的区分。人从来没有离开过"自然状态"(《政治论》,章3,节3),但是自然抛弃了力量丛集(power constellations),称之为政治状态;相比其他权力丛集而言,政治状态更有利于那种伊斯兰特性的发展。政治理论是关于这种有利的权力丛集的技艺和科学,并且这项技艺的第一步就是用能够被人接受的术语,把实在掩藏起来。

五 霍布斯和斯宾诺莎

尽管霍布斯和斯宾诺莎的理论频繁出现关联,但这两位哲学家的基本态度却不同。[131]霍布斯从权力癫狂和死亡恐惧中建构了人和社会,理性没有力量(powerless),唯有恐惧能引导人打破权力欲,使其行为符合道德规则;但霍布斯本人仍然是一位道德主义者(moralist)。斯宾诺莎扩展了力量(potentia)这个概念,使其同时包括了理性和激情。① 人的自我保存欲可能会遵循他的激情,但有时也可能遵循他的理性。他更经常遵循的是哪一个,取决于那位巨匠用来捏成他的黏土是哪一种。不管怎样,他的行为始终是自然的,在这种情况下,它们也不是道德判断的合适对象。

斯宾诺莎不是一位道德主义者。"理性教导人们践行虔敬,保持平静温和的精神"(《政治论》,章 2,节 21),因为理性有利于那种已经克服了激情冲动,并且达到默从境界的品质。然而,平静与温和不是伦理知识的对象,而是伊斯兰式理性的行为特征。"幸福(Blessedness)不是德性的回报,而是德性本身"(《伦理学》,卷 5,命题 42)。那些不够平静与温和的人并没有犯下道德错误,而只是表明他尚未获得对神的智性之爱的幸福,他处于本体上不完善(ontic imperfection)的状态。在自然秩序当中不存在对错:凭自己理性来决定行动的人,并不比跟随激情的人更加

---

① [校注]potentia 即 power,兼有"权力"和"力量"二义。在汉语学术里,权力一词带有政治和法律的传统语境,故而始终兼顾事实与规范这两个层面。但斯宾诺莎最激进之处,就是彻底废除了政治领域的一切规范性内涵,师法一种马基雅维利主义的"力量政治"。因此,potentia 涉及斯宾诺莎的部分均作"力量"。

受到永恒秩序的垂青。

六　权力的理论

只有当个人把他们的力量汇聚成一个公共力量（common power），并且创造了涉及他们彼此间关系的规则时，是非对错的问题才会产生。汇聚（pooling）这个术语可能最充分地展现了力量联合的隐微意义，而力量联合正是政治社会的特征。在斯宾诺莎发表的《神学政治论》（*Tractatus Theologico-Politicus*）中，"汇聚"在一定程度上被"契约"（compact）和"协议"（agreement）的符号所遮蔽了，而未出版的《政治论》（*Tractatus Politicus*）就使用了不那么显白的词："集合在一起"、"联合他们的力量"、"结合"。人之生存作为一个孤立的力量单位，仅仅是为了抵御敌人而吸收所有力量；只有在相对安全和舒适的状态下，理性的生活才是可能的。力量汇聚具有两重功效：既保护共同体的全体不被外部的敌人侵害，也保护个体不被共同体内部的其他人攻击。通过将个人的力量让渡给一个集体性的代理者——这个代理者可以是整个共同体、少数人或者一个人（民主制、贵族制、君主制）——统治权（imperium）被创造了出来〔132〕，从而实现上述双重功效。力量让渡就是这个术语背后隐藏的意思，即力量的汇聚和再分配。从现在起，个体被限制在他的"权利"上，但这只是在如下意义上：主权代理者行使的力量聚合，事实上限制了个体的力量。如果政府强大，个人的力量就会弱小；如果主权者弱小，个人的力量也会相应地变得强大。任何进入这种关系的个人"权利"或主权者都不例外。唯独一种情况下，主权者能够保持他的"权利"：只有"他能够维持使自己意志的力量时，他才能保持这种统治权；否则，他就要在他的王位上动摇,凡比他强的没有一个会违背自己的意志而服从他"(《神学政治论》,章16)。

因此,政府理论是这样一种理论,它涉及的不是主权者和臣民各自的权利,而是在一个政治社会中实际可能的力量配置。问题不再是这样或那样的权利是否已然或应当被让渡,而是哪种力量可以在不毁灭个体生存意义的情况下被让渡出去;哪种力量能被主权者垄断而不会引发臣民的反抗,导致主权者的垮台;统治或支配的力量能够在多大程度上限制臣民的行动,而不会窒息那种防止共同体陷入停滞的力量。对斯宾诺莎而言,政治体不是一个固体;他认为,政治体处于其生存之流中,永远受到一种压力,即维持它自身吸纳的所有个体力量的相互平衡。

我们已经了解到博丹的类似态度,他讨论过:主权者若想维持一种和谐的国内秩序,就必须为自己设下哪些实践中的限制。既然如此,这门属于亚里士多德和马基雅维利的技艺,就能应用于法国的君主制。在处理这个问题的时候,斯宾诺莎超过了博丹,甚至也许超过了马基雅维利,因为根据他的隐微学说,伦理的意涵被彻底排除了。于是,为了分析政治社会内部组织中的可能之物和必然之物,同时让这种分析成为一种方法论上堪称纯粹的分析,斯宾诺莎使自己的心灵获得了自由。斯宾诺莎作品中涉及个人权利让渡、主权者的权利以及言论自由的章节(特别是《神学政治论》中相关章节),[133]乃是现实主义分析的杰作。例如,当时对于言论自由的所有讨论,都凭借斯宾诺莎而得到了巨大的提升。

七 自由主义

从大量细致的观察中,我们挑出了一条涉及思想自由和宗教自由的论证线索。斯宾诺莎通常和弥尔顿一道被尊为自由主义者。但这一点使我们颇感怀疑，事实上，斯宾诺莎的自由主义不完全是现代自由主义者所认为的那样。我们在这一部分第一章讨论霍布斯那一节的开场白中尝试分析了当时的处境，在一系列深入洞察了这一处境的伟大思想家中，斯宾诺莎身居首位。他看到，基督教文明内部的破裂非但没有创造出一种新的自由，反而释放了宗派主义的激情，每一个宗派都想把自己的人格狭隘（personal narrowness）当作思想和信仰的标准，强加给其他所有人。斯宾诺莎呼吁思想自由，乃是为了免受宗派主义狂热的迫害；这也是像他那样的神秘主义思想家对这种思想自由的呼吁（《神学政治论》，章20）。

斯宾诺莎有特别的理由来提出这样的吁求，因为他本人的伊斯兰式神秘主义废除了一些教条符号，而就连那些更激进的宗派主义者都仍然坚信此类符号。关于神的观念失去了一切神人同形同性论的性质，等同于有着永恒秩序的自然；这就使斯宾诺莎遭到了无神论指控。这些指控总是针对一些神秘主义者，他们持有一种去人格化的神的观念，比如卡巴拉主义（Cabalistic）的无限（En Soph）、波墨（Boehme）的深渊（Ungrund）或者斯宾诺莎的自然。中世纪基督教的高度文明曾为这种边缘案例提供过一个相对安全的庇护所，这是通过身处等级秩序之高位、接受过教育的教会领导阶层来实现的。然而，这个庇护所已经被打破了；思想家遭遇了某种激情，此类激情属于被解放的底层新教牧师和平信徒、宗教改革后不幸受到限制的天主教徒，以及正统犹太教徒。斯宾诺莎位列"罗马天主教徒、无神论者和其他迷信之人"的行列，在英国的民族国家里，这些人都得不到弥尔顿的宽容。斯宾诺莎对理性生活的呼吁，恰恰就是要反对弥尔顿这种类型的心灵。如果认识到这些，我们就可以更好地理解斯宾诺莎的处境。

八 政府的规划

[134]只有在荷兰的特殊状况下研究斯宾诺莎关于政府组织的建议,这个问题才会变得更为清晰。1650年威廉二世去世之后,主张邦权(state rights-minded)的贵族再次占据了支配的地位,在德威特(Jan de Witt)执政的荷兰共和国,这种支配地位维持到1672年,直到他被谋杀。贵族的邦权派与奥兰治家族(the House of Orange)的中央集权倾向之间产生了政治冲突,这对应于抗辩派中的自由派与支持总督的大众化加尔文派传道者之间的社会和宗教冲突。斯宾诺莎塑造具体的政治观念,既是为了使它们适用于德威特的贵族制宗教宽容政府,也是为了让平民主义的加尔文派尽可能变得无害。这种敌对力量之间的平衡,一方面给了精神一个喘息的空间,另一方面又不会残忍地镇压宗派主义者。为了实现这种平衡,斯宾诺莎构想出了一种贵族制政府的观念,这个政府将把国家宗教建立在最低限度的教义(minimum dogma)的基础之上,留给每个人尽可能多的自由,使他们可以随心所欲地往这个最低限度的教义上添加东西,只要他不试图把自己添加的东西强加给别人。

在柏拉图那里,在莫尔和胡克(Hooker)的思想中,我们已经碰到过这种最低限度教义的观念。斯宾诺莎观念的基础在于,他把信仰定义为关于神的知识,"没有这些,顺从神就是不可能的,顺从神的含义就是认识神"(《神学政治论》,章14)。信仰并不要求教义是真实的,而是要求它们应当虔敬(pious),并且能够激发顺从之心。任何能发挥这种功效的教义都会让斯宾诺莎满意。但是,只有属于全人类普世宗教的教义,才被绝对地要求产生顺从的效果；然而，任何人都可以额外采用对他自己有用的教义，不必对那些将来出现的教义产生争论。显然，只有神秘主义者才会持有这样的立场，对他们而言，教条化的符号已经失去了相关性；生活在制度化和教条化世界中的信仰者无法接受上述教义，乃是因为他们的灵魂不够强健和深刻，以至于不能在神秘主义的宗教性中扎根。再说，斯宾诺莎本人也不相信这个最低限度的教义，他只是为了满足大众而将其作为一种显白的政治建议提出来；就此而言，斯宾诺莎的立场不同于他的那些前辈。[135]因此，如上文所示，斯宾诺莎的观念是新发展进程的第一个顶点，它旨在利用民众的信念来使他们满足，从而实现对他们的心理操纵（psychological management），但操纵者自身未必与民众一样。我们面临着一种演化的征象，在今天这个极权主义的开端时期，我们已经能观察到它的后果；教会文明原本可以把原始的偶像崇拜者和不拜偶像的神秘主义者整合进同一个属灵整体，但在教会文明崩溃之后，政治家就变成了人民的精神导师（spiritual director）。

斯宾诺莎的规划有几个主要特点：这个政体必须是贵族制；贵族们必须信奉"最简单和最普世宗教"（由最低限度的教义来定义），不得分裂为宗派，否则他们自身将受到迷信的威胁，将倾向于剥夺臣民享有各自钟爱的迷信的自由；臣民也必须信仰这个最低限度的教义，他们在其他方面可以自由地添上自己想要的东西，只要不是与基本教义产生逻辑矛盾即可。只要遵守一定规则，人们就可以自由地组成教派和进行信仰宣告，这些规则包括：（1）每个教派都能想着什么就说什么，但是禁止为了宣传目的而组织的大型集会；（2）他们想建多少个教会就建多少个，但必须是小型教会，只限于当地使用，彼此间保持一定距离；（3）国家宗教的教会——"而且这是很重要的"——必须是宏大和壮丽的;(4)在国家教会中,只有贵族才能拥有祭司的职分(洗礼、婚礼、按手礼),他们是这个普世宗教的护卫者和解释者,而且他们作为传道人(preachers)也能在民众中任命一些对他们负责的人,让这些人担当这项职责(《政治论》,章8,尤其参见节46)。

九 宣 誓

让一个神秘主义者尝试在17世纪的政治共同体框架内构建一个精神性的文明,这样的计划颇令人悲哀。斯宾诺莎不经意地揭示了他的计划在实践中无法实现的根本原因。在讨论宣誓的那一章中(《政治论,章8,节48》),他说:

> [136]对于那些按照法律规定必须宣誓的人们来说,如果宣誓是以祖国的安宁和自由的名义、以最高议事会的名义,而非以神的名义,他们就会更加小心不要违背誓言。因为,以神的名义宣誓是拿自己评判的私人利益为担保,而以祖国的安宁和自由的名义宣誓则是以公共利益为担保,那不是自己所能评判的,而且,违背誓言就等于宣告自己是祖国的敌人。①

神再也不能成为人之话语的担保,人的祖国才是一个更为安全的担保人。神已经成为一种私人人格(private person),公共生活再也不能建立在圣灵之上,因为在人的政治感受中,民族

---

① [译注]中译参照斯宾诺莎,《政治论》,冯炳坤译,北京:商务印书馆,2003年,页122-123。

已经取代了神的位置。但是,这并非终结,正如我们所说,这只是演化的第一个高潮(high mark);当尼采宣布"上帝死了"的时候,另一个高潮就到来了。

第六章 洛　　克

喂那将要死于饥饿的人；
如果你不喂养他，
你就是在谋杀他。

——圣安布罗斯

上帝和自然形成了普遍的架构，
使自爱和社会成为相同事物。

——蒲伯

[137]曾有一段时期，洛克被史家视为一位伟大政治哲人，而这样的时代似乎正在逝去。尽管洛克思想的基本线索早在1688年之前就已经确定，但在今天，他的思想却被认为表达了王政复辟和光荣革命的社会和宪制安排。而且，洛克对整个18世纪英格兰和美洲殖民地的巨大影响，以及对法国政治思想的影响，恰恰是他思想的局限性所致。他对于有限君主制(limited monarchy)的描述，还有他的同意理论和财产理论，都属于最为成功的从属性召唤(ancillary evocations)。

一　契约理论

尽管对于洛克的重新评价仍在进行，但我认为其思想的特质尚未得到充分澄清，因为对于他那具有广泛吸引力的体系，人们仍然过多关注其中的次要要素。在这个次要的行列中，排在首位的就是契约的表述。

洛克的理论——先前生活在自然状态下的个人通过契约产生了政治社会——并非意图成为一种关于政府起源的理论，而是只有一种论战功能。在《政府论》第100节往后的部分[138]，洛克与历史现实展开了英勇搏斗。尽管他提到了有一些人怀疑罗马、威尼斯还有以色列的建立方式——它们都被视为按契约建立政治社会的例子——但是，洛克也不能只谈论历史，因为历史整体上并没有为我们展现那么多契约建国的例子。①为了保全一点颜面，洛克假设，早期契约的记录已经遗失（节 101；页 166 以下）。但洛克也承认，在大部分情况下，社会的原初状态是君主制（monarchy），这是由父亲的地位发展而来。可是，只有在统治者和臣民都不滥用君主制政府的情况下，这个"黄金时代"才能延续下去。在这个黄金时代，

> 一方面，没有不断扩张的特权来压制人民，另一方面，

---

① 此处引用的《政府论》文本，均来自《政府论》的下篇，它的副标题是《论公民政府的真正起源、范围和目的》（*An Essay Concerning the True Original Extent and End of Civil Government*）。文中所引页码版本为"人人丛书"（Everyman's Library）版，《论公民政府：两篇论文》（*Of Civil Government: Two Treatises*, ed. William S. Carpenter, London: J. M. Dent; New York: E. P. Dutton, 1924）。[译注]中译参考洛克，《政府论（下篇）》，叶启芳、瞿菊农译，北京：商务印书馆，2009 年。译文有改动。

人们对于特权也没有任何足以削减或限制长官权力的争议。(节111;页173)

只有围绕各方权利的争论扰乱了这种和谐之后,人们才会发现,有必要审查"政府的起源与权利",并且寻找约束的方法。政府起源于契约的说法在第112节逐渐消失(页174),并且被缩减成了或明示、或默许的"同意"(consent),军事征服的问题也被搁置一边。如果我们把这些抽象的语言归于洛克脑海中明显想到的历史模型,那么,他的契约理论仅仅意味着:直到斯图亚特王朝时期,君主制的存在多多少少不成问题;到了詹姆斯一世时期,特权(prerogative)的问题出现了;而如今,统治者与臣民的关系必须接受"审查"。契约本身并非那么重要,重要的是君主与人民的实际关系,这种关系必须经过"审查"后被认为令人满意。如果作为人民代言人的洛克审查过它们,并且发现它们是好的,那就可以说,它们享有人民的"同意"。

二 有限君主制理论

第二个次要的特征,就是获得洛克认可的那种政府结构类型,它使人们的注意力偏离了洛克理论的本质。人们普遍同意,洛克对有限君主制的偏爱不完全是原创。[139]洛克喜欢1688年的解决方案,它巩固了革命,并且使得英国的君主依赖于议会。然而,我们不能把这种关于洛克喜好的说法当成他的私事,从而忽略掉它。原因在于,正是洛克简单而不甚精确的阐述,以及他将新结构予以理性化的做法,赢得了18世纪天真的殖民者(innocent colonials)和外国人的广泛阅读,并且决定了他们对于英国政府是什么样子的看法,即便当时英国政府已经发生了很大的变化,而这也带来了一些革命性的后果。按照洛克的说法,可欲的政府结构是由以下两部分组成:作为首要立法机构的议会(assembly),以及被授予执行权、对外联盟权和特权的君主。

为了立法事宜,议会间歇性地召开,要么独立制定法律,要么在君主同意的情况下制定法律。立法权是国家的至高权力,但是君主也可以"在一个能够容忍的意义上"被称为至高者;这时,君主参与立法,所以就没有地位比他更高的立法者了。执行权本身包括了司法权(judiciary),它处于立法权之下,因为它仅限于忠实地执行法律。执行权和立法权相互分离,而且也应该分离,因为将制定和执行法律的权力交给同一只手乃是不明智之举。出于实践的缘故,执行权必须永久发挥其功能,而不像立法权那样只是间歇活跃。因此,君主的永恒性也是不可或缺,因为他掌握着对外联盟权,也就是战争与和平、联合与联盟以及一般意义上的外交权力;必须有人持久不断地操心这些事情。最终,特权(prerogative power)乃是"在没有规定的情况下谋求公共善"的君主权力。这是一项衡平(equity)权力,在没有法律规定甚至于违反法律的情况下也能生效,只要严格履行法律会引起不该有的困难。内战经验在反抗君主的权利上得到了反映,这个君主使用他召集议会的权力乃是为了解散议会。在指控查理一世的意义上,这种行为就是一场"反对人民的战争"。议会自身掌握着来自人民的立法信托(legislative trust),它也有可能制定出与这一信托相悖的措施,届时,人民就又一次被赋予反抗的权利。

这就是立宪政府的景象,但它几乎囊括了所有曾在革命过程中被召唤的观念。[140]洛克政治哲学的重要性,不在于政府的蓝图,而在于他著作的其他部分;在那里,洛克发展出了自己的人性原理,而这正是政府这一上层建筑的基础。

三 与胡克的关系

在洛克著作中,第三个次要的因素是他与理查德·胡克《教会政治体》(*Ecclesiastical Polity*)的关系。史学家往往会详细记录这一点,它确实也不容忽视,因为洛克《政府论》的一些章节在脚注里相当密集地引用了胡克的说法,以支持正文里的观点。这种联系是非常有趣的,因为它展示了,中世纪政府理论的传统——以胡克为中介——多大程度上在后来的英国政治思想中得以保留。尤其是作为政治社会基础的同意理论,这种理论能从洛克那里直接追溯到胡克、阿奎那(Aquinas),最终到塞涅卡(Seneca)和西塞罗。

但是,我想这就是全部了。我们不能因为洛克《政府论》大量引用了胡克就忽视如下事实:只要仔细审视,我们就会发现有一部分引用与洛克的文本没什么联系,而且反倒证明了洛克在随意曲解胡克。不仅如此,尽管《政府论》的特定章节充斥着对胡克的引用,但值得注意的是,这些引文在论财产的那个关键章节中缺席了。最后,人们还应该考虑到,洛克和胡克的政治理论在一个重要问题上存有差异:胡克对政治社会的推演,不仅是在基督教国家(Christian commonwealth)的理论框架下进行,而且需要与教会政治体(ecclesiastical polity)联系到一起才能得以理解,但洛克的政治社会已经放弃了这种联系。

四 得胜的清教徒

只有移除了大量的次要主题,我们才有可能呈现洛克理论的核心。正如霍布斯和斯宾诺莎一样,洛克理论的核心就是后中世纪时代(postmedieval)的新人类学。但与另两位哲人不同的是,洛克关于人的观念没有一个体系性中心,而是更类似于格劳秀斯的漫无边际。洛克的弟子们已经注意到,[141]他在《人类理解论》(Essay Concerning Human Understanding)中对天赋观念(innate ideas)的批判,有悖于他在《政府论》中对于天赋理性观念的信念。然而,对于这两种立场的逻辑矛盾,我们未必要将其视为洛克思想体系的瑕疵,而是应当看作洛克的哲学习惯不严谨的一种征象,而这种不严谨并没有严重削弱他基本观点的一致性。

与他同时代的两位伟人不同,洛克不是狂热的思想家。他没有试图洞察人性的基本原理,而只是满足于描述他看到的那种人,以及与他自己属于同一社会群体的老百姓(average people)。拿他和霍布斯的方法相比,我们可以说:霍布斯试图洞察"现代人"这种奇怪的新型动物的生存性根源,而洛克则是在描绘这类动物的一个重要变种。我认为,这就是洛克的力量和真正重要性所在:《政府论》中的人,是得胜的清教徒布尔乔亚(bourgeois)在政治中的召唤。出于一种个人与环境之间的深层密切联系(洛克的父亲是一位律师,曾加入克伦威尔的军队作战),洛克捕捉到了那种类型的本质,后者将对接下来几个世纪的英国政治发挥决定性的影响。洛克看似是一位单调得让人无法忍受的哲学家,但这正是他影响力的秘密所在:他描绘了一种新人的图景,而新人也想要看清楚自己。因此,他的《政府论》可能是我们理解英国商业社会以及其他国家类似现象的最重要来源之一。

五 洛克论宽容的作品

要想分析洛克关于人的观念,最好的办法就是遵照他的著作年表,因为它碰巧和问题的体系性次序相一致。首要问题关系到人的宗教人格和教会。如果不作限定,我们也许会说洛克是宽容的倡导者。他关于这个问题的最早声明之一,就是写于1667年的未完稿《宽容短论》(*Essay Concerning Toleration*)。一年后,他开始作为医生服侍阿什利勋爵(Lord Ashley),即后来的沙夫茨伯里伯爵(Earl of Shaftesbury)。上述文章观点再次出现于1669年《卡罗莱纳政府的基本宪法》(*Fundamental Constitutions for the Government of Carolina*)。一般认为,宗教自由的相关条款与其他条款一样,都是在洛克的影响下,被阿什利勋爵和其他业主写进了草案。

这些相关条款[142]指出,谁要是不承认和不公开敬拜上帝,谁就不应该是自由人,甚至不该成为这个殖民地的居民。然而,只要符合这些条件,无论属于哪个教派,任何人在践行自己的教义时都应当受到保护。这份《基本宪法》并没有实施,但它的权威赋予了卡罗莱纳一种宗教自由主义(religious liberalism),由此使得卡罗莱纳不同于马萨诸塞和宾夕法尼亚。洛克的早期观点在《论宽容书》(*Letters Concerning Toleration*)(第一封信写于1689年,第二和第三封信写于1690年)中得到了充分的发展。第一封信的内容与我们的语境相关,①它为国家和教会下了定义,从而奠定了《政府论》的基础。

> 在我看来,国家就是一个由人构成的社会,其目的仅仅在于谋求、保存以及增进他们自己的民政利益(civil interest)。

---

① 见《洛克著作集》(*The Works of John Locke*, 10 vols., London, 1823),卷6,页1-58。此后引用的文本,标注的都是卷6相应页码。

这些民政利益包括：生命、自由、健康、"身体远离病痛"，还有金钱、土地、房屋、家具之类的外物（页9）。民政长官（civil magistrate）的作用在于，保护国家每个成员安全享有上述事物，教会是"人们自愿结合的团体。人们自发地结合在一起，乃是因为他们认为用上帝允许的方式敬拜上帝，就能实现拯救灵魂的目的"（页13）。

六　宽容和革命的新模式

作为政治社会框架内的一种私人组织，教会观念是如下演进过程的最后阶段，而我们可以在路德和加尔文那里辨认出这一演进过程的开端。宗教改革造成了伟大妥协（great compromise）的破裂，这种破裂有两个宗派主义的表现：一是坚守教会领域的纯洁性，二是忽视世俗武力。这样造成的结果，并不是他们所渴求的世俗领域从属于教会组织，反倒是世俗领域从宗教妥协的限制下被解放出来。宗教改革的开端是使世俗领域屈从于圣徒控制下的规划，但它的终局却是把圣徒驱除到"一个自由和自发的社会"的角落。这些运动的宗派主义者[143]已经赢得了他们的良心自由，但其代价就是保持缄默，并且不准用他们的事干扰政治共同体。

遗憾的是，宽容观念的特征——凭借其从洛克那里得来的形式——仍旧遭到了更广泛的公众误解。我们现代人无条件地赞许抽象的宽容，却忽视了这样一个事实：在西方文明具体的历史处境下，一种新的社会模式已经被创造出来，其中充满了各种可怕的革命危险。今天，其中一种危险已经变得如此明显，以至于没有人会质疑它：由于宗教的私人化，西方社会已经自我剥夺了正式的公共工具，以抵御某些信条的生长；这些信条不仅与基督教不相容,其进一步的后果与建立在基督教之上的文明体也不相容。许多人并不清楚一个事实:这种危险——即敌基督信条的增长——仅仅是宽容所召唤的革命危险作为一般类型的个例。教会的私人化意味着,在社会影响方面,政治领域已经丧失了它的灵性权威;而宗教领域——就其范围等于众多得到宽容的教会而言——也已经被斥责为在公共领域虚弱无力。

一个宽容的社会,不仅失去了抵御各种有害信条的公共机构,而且也自行剥夺了一般意义上公共精神生活的机构。既然人还没有停止为人(cease to be man),精神也没有因为洛克或别人告诉它应当怎样就放弃了对公共地位的渴望,那么,既有精神性情也有政治性情的人们,便已发现了一条可以通向公共领域的新道路。我们看到,智识人在教会之外竞相崛起,其谱系可以按照性情和环境作如下排列:从学者开始,经由政论家(the publicist),再到试图为其信条赢得公共政治地位的职业革命家。在教会私人化之后,那些从事上述行业的人员,在很大程度上都是一样的:他们都从其他地方发现了貌似能进入精神等级(spiritual hierarchy)的道路。一旦考虑到如下事实,我们就会发现事实的确如此:在18世纪和19世纪,德意志很多学者和哲学家的父亲都是新教牧师;三位首要的俄国政治家——斯大林(Stalin)、日丹诺夫(Zdanov)、米高扬(Mikoyan)也都做过神学院的学生。

当然,不只是智识人领袖,广大的民众也有着对于公共地位的渴望,只是后者采用了他们那种更加原始和野蛮的方式。[144]如果我们意识到现代革命的原因不只是经济原因,还能面对这样一个事实,即共产主义或国家社会主义之类信条在相当程度上满足了民众的一种严肃需要——他们的精神人格需要一种公共形式——那么,我们对于现代革命的理解就会得到巨大提升。我们可能不喜欢这种精神,但我们也不能指责人们去获取他们能够得到的东西;如果我们不喜欢它,我们就必须提供更好的东西。除非它们迅速弥补了去精神化的公共领域与私人化的精神之间的鸿沟,否则,即便是盎格鲁—撒克逊的民主政治也可能发现自己的未来充满了惊奇。迄今为止,公民广泛信仰基督教(这本身又是清教、贵格会、卫理公会之类所致)的后果就是,这些国家似乎对政治宗教已经有了免疫力。只在军事上胜过国家社会主义和共产主义,既无法缓解现存的革命张力,也不能为这种甜蜜而毫无精神的常态营造一个安全的世界。

七 17世纪的宽容面面观

现在,我们能够从弥尔顿、斯宾诺莎、威廉斯和洛克所表达的宽容中,更好地辨识宽容的不同面相。弥尔顿代表的是宗派主义类型的宽容,他希望借助一些强制力,在较为广阔的基础上为精神生活赋予一种公共的民族地位,我们称之为民族圣经主义(National Scripturalism)。对他而言,宽容意味着民族精神(national spirit)之公共形式的进步,只要它在一定范围内发展,并且对这个范围之外的精神现象(不只是私人化的精神现象)予以彻底镇压。

斯宾诺莎这位神秘主义者不满足于这种宽容,因为它不能把公共地位赋予他认为最重要的精神形式。他共享了弥尔顿对于公共地位问题的洞察,同时也要求一种国家宗教。只要赋予宗派主义在公共等级中较低的地位,国家宗教就能避免宗派主义的危险。

威廉斯的宽容观念非常宽泛,然而却是以殖民地逃避(colonial evasion)这一实际策略来躲避公共地位的问题。实际上,罗德岛的解决方案更接近早期的宗教改革者,他们将共同体的实体置于教会之中,认为世俗武力也是教会的附属机构。我们已经知道,一旦良心(威廉斯将其摆在第一位)与政府机构产生了冲突,即便是在罗德岛,这种立场的局限性也会变得显而易见。洛克将政治国家(civil state)排在首位,赋予其对公共地位的垄断权,并且一开始就从国家的需要出发限制了宽容,从而避免了威廉斯面临的困难。

[145]根据洛克的计划,一切信条——除了某些例外——都能组织起它们的敬拜团体。注意,这里得不到宽容的对象包括(a)反律法主义者,他们是给威廉斯造成麻烦的来源之一;(b)暗中服从外国统治者并将其视为属灵领袖的宗教,比如伊斯兰教;(c)天主教会,因为它自称有权基于属灵权威而干涉公共事务;(d)终末论教派,他们声称自己是为了上帝的子民而支配尘世物品;(e)无神论者(页 46 以下)。只要浏览一下这份清单,我们就能发现:实际上,洛克的宽容并不比弥尔顿更加广泛,但关键性的区别在于,弥尔顿从正面定义了什么样的精神应该具有公共地位,而洛克则从反面定义了什么样的现象应该受到完全压制,同时也从公共领域中排除了精神的其他所有表现形式。

八　主的自费午餐会①

在刚才概述的限制范围内,教会可以组建和驱逐成员,可以接纳和开除成员,无需诉诸政治制裁。从告诫到开除教籍,教会的戒律必须完全依赖于属灵手段。民政长官没有插足的机会,因为他的任务是保护财产,而纯粹属灵的教会领域不涉及任何财产关系。我们可以设想,对于一种政治权利的侵犯,只有在开除教籍的时候

---

① 　[译注]本节标题为:The Lord's Dutch Lunch,意即每个人都需要付钱。

才可能发生,但这种可能性被认为无关紧要,从而忽略不计:

> 教会牧师在举行圣餐礼时,不再向被开除教籍者分发饼和酒,这样做并不会伤害他的政治权利,因为这些东西都是用别人的钱买来的。(页 17)

将圣餐(Lord's Supper)精巧地解释为主的自费午餐会(Lord's Dutch Lunch)——人们享有参会资格只是因为他们已经提前付费——这是洛克从一种新近获得的宽容立场出发,为基督教的教义所做的独特贡献。

九 上帝:人的所有者

洛克剥夺了人的精神人格的公共地位,使其获得了解放。此后,洛克转而致力于探究那些构成了公共领域的人性要素[146]。正如精神是一个禁忌,共同体的实体也不能是某个神秘体的任何变种,无论是基督教的神秘体,还是民族国家的神秘体,抑或像霍布斯那样是一种众多人格的融合物。人并非肩负着一种精神人格,而是作为人类的形式,进入了社会;这样的人拥有实用的智力和推理能力,但是(就我们所说的国家而言),人所拥有的也仅此而已。洛克准备赋予人这一单位以公共政治地位,我们可以将他建立这个单位的过程,分为三个步骤。

第一步,人被定义为神圣巨匠的造物。上帝创造人,人是上帝的财产,他们有责任活着,不能互相伤害,因为任何此类行为都意味着伤害了上帝的财产。上帝是严肃的。他创造人不是图乐子,只要创造了人,上帝就想要他们尽可能存活下去(《政府论》,节 6;页 119)。这第一个表述包含着理解洛克政治学的关键。有一条规则禁止任何人破坏上帝的财产;要是探究这条规则的源头,我们就会涉及上帝、自然、理性和普遍正义,而这些来源中任何一个都无法以任何方式得到定义或解释。因此,我们不必在乎上述列举的来源,而是可以仅仅把它们当作一批神秘的符码(hieroglyphs)。洛克太过乐观,以至于看不出这里所存在的问题,而且,他颇感满意地向读者脑袋里随便灌输一个个名字好听的权威。

显然,上帝作为巨匠的前提,不仅假定了禁止损害上帝财产的规则,而且也设定了人们应当将爱、尊重和互助这些积极关系奉为主流的规则。人们同样可以从神圣创造的公理中推演出一套社会义务体系,同时将上帝创造的问题置之一旁,不必用普通法的术语来加以解释。① [147]《政府论》并没有显示出这种观点的任何痕迹;洛克根本没有想过,有什么积极的社会义务可以被归入公共领域。② 禁止伤害的规则无关乎理性、自然或其他

---

① 世界和世上万物都属于上帝,因为它们皆为上帝所造;这种观念源自《圣经》,见《诗篇》24:1:"地和其中所充满的,世界和住在其间的,都属耶和华。"《圣经》和拉比文献中有这一公理衍生出来的社会伦理体系,以及富裕者对于穷人弟兄之责任的主要规则,参见 S. Schechter,《论犹太慈善讲座的笔记》*Notes of Lectures on Jewish Philanthropy*),见 *Studies in Judaism*, *Third Series*, Philadelphia: Jewish Publication Society of America, 1924),页 243 以下。具体参见卡巴拉主义故事的有关论述:

> 萨法德城中(the city of Safed)有一位贫穷的大学者,打破了他打水经常用的水罐。他没有能力再买一个新的,于是他向上帝抱怨说,他不应该贫穷到如此境地。由于没有人弥补他的损失,上帝就打算用蝗虫击打这个城市。幸运的是,这个城中伟大的卡巴拉秘术家(cabalist),名叫吕里亚(R. Isaac Luria)。他听见了上帝的密语(Bat Kol)告诉他迫近的灾难及其原因。他立刻筹集了足够的金钱,赠送给这位穷人,从而解救了这座城市免遭蝗灾。(页 248 以下)

② 考虑到洛克提出的自然状态下财产获取的限制性规则也可以解作一种社会义务,文中这一论述的正确性也许会遭到质疑。关于这一点的详细说明,见《政府论》,页 13,注 3。

的神秘符码,而是源于洛克及其所在社会的伦理习俗;洛克正是那个社会的一位尊贵代表。人是一个所有者,①他看守着自己拥有的财产,认识到自己的责任是不伤害其他人,并且在自己的形象中形成了上帝。17世纪出现了关于上帝形象的奇妙大杂烩:对格劳秀斯而言,上帝是流动的商人,他想要全球所有人都保持贸易往来;对霍布斯而言,上帝是凌驾于骄傲之子之上的利维坦;对路易十四而言,上帝是法庭的君主;对宗教情怀深厚的洛克而言,上帝是一个匠人,不希望自己的财产遭人损害。

十 人:自身的所有者

但是,这种宗教摆设很快就遭到了抛弃。在论财产这一章(《政府论》,章5;页129以下),洛克开始言归正传。无论上帝是不是所有者,真正重要的是,人是自我的所有者。没有打着任何推演的幌子,洛克就迈出了第二步:人不过是"对他自己的人身享有一种所有权"(节26,页130)②。在洛克理论的这一阶段,人人都是平等的所有者(proprietor),而洛克将这一阶段称为"自然状态"。如果霍布斯能够活着目睹人成了他自身的所有者,霍布斯定会很感兴趣。霍布斯可能会将这样的现象归于一种癫狂,就像那种相信自己是上帝的人一样。政治思想史上还

---

① [译注]本节标题为 The Prorietor of Man,其中 proprietor 一词有庇护人、领主、所有者之意。根据语境,沃格林的意思是说:在洛克看来,人是上帝创造出来的财产,因此上帝是人的所有者。故译作"所有者",侧重财产所有者的含义,下节标题同理。
② 但是,人们或许会反驳说,这理论的第一部分即上帝的所有权并未彻底消失,因为拥有自身的人们也承担着尊重他人权利的义务。由于他们作为受造物的地位,人人平等,并且每一个人都是自己人身的所有者。但我们将看到,这个理论的第三个阶段很大程度上偏离了平等,因此,这个创造性的论点其实相当薄弱。

没有哪一种对人之尊严的攻击堪比于此:[148]洛克将人的人格当作一种资本性商品(capital good),将其归类于一种不受干扰的经济用途,而且人对这种经济用途享有自然权利。古代将人区分为自由人和自然奴隶,现代将人区分为优等种族和劣等种族,但它们至少承认有一部分人类是有尊严的,并且论证其余部分是人类当中的次等品种,以此证明不尊重他人的正当性。但是,如果说人是经济生产的工具,人对自己活生生的身体享有所有权,就像他对"他身体从事的劳动"和"他双手进行的工作"享有所有权一样(节26;页130),那么,这种草率的观点就像上帝的自费午餐会一样怪异。这样的断言,与很多杰出权威描述的洛克的传统印象很难调和:他们说,洛克不仅有深刻的宗教性,而且对人的尊严十分敏感。

在自然状态下,人作为自身的所有者(self-owners),享有将他们的劳动与自然相混合的权利,而且这是上帝普遍赋予所有人的权利。通过占有和转让自然质料以供人使用,圈占土地以供果实生长之类的方式,所有权扩大了范围,超出了人的身体范畴。因此,任何被投入了劳作的自然物,都变成了投入者的财产。唯一的限制,只是禁止占取别人已经通过劳动而占有了的物品,以及禁止任何人把自己用不完的公共财富予以贮藏或者圈存等等。这是真正的田园牧歌状态,甚至掘地派们也曾多少怀有这样的梦想。尽管洛克用渴望和欢喜的笔调作了描绘,但这依旧不是洛克向往的社会类型。

洛克最接近于公共领域中社会义务的概念,就是对于获取财产的限制。但是,如果我们分析洛克著作时太过看重这一阶段,那就很成问题了。因为在洛克看来,这种自然状态的描述,不过是上升到他的政治体系更高阶段的垫脚石。自然领域的义务不影响其他阶段的建构,并且就洛克的最终意图而言,这种义务也可能被忽视了。但是,只要脱离了洛克

《政府论》的语境——就像后来的政治思想家那样——自然的社会义务这一理论就变得重要了。如果脱离洛克的体系,个人劳动投入作为对私有财产之限制的理论,就能发展成一种极具爆炸性的观念;我们能够在19世纪马克思的革命纲领中发现它的踪迹。①

同一作者认为,辉格党的士绅们不可能从洛克的理论中获得安慰(页92)。但这一观点似乎不够完善,因为我们将看到,洛克大费周章地极力澄清:自然义务不是政治义务。洛克理论的不同层次之间的断裂,是每一位解释者的遗憾。我认为对这些断裂的唯一解释,就是洛克很可悲地缺乏一种智识人的责任心(intellectual responsibility),而这种责任心是对一位伟大哲人的首要要求。另有一些解释者称洛克是"一位务实的思想家"——无论这是在什么意义上——或者赞许他"温和"或他有"良好的判断力",以此表达了同样的批评。这些客套话相当客气,但我怀疑,严肃的观念分析是否能够借助于这些术语。将一些可能属于政治家之德性的品质归于洛克,由此赞美他,这等于说:无法用一种哲人的标准来衡量洛克。

十一 政治状态:货币和财产的分化

[149]为了使财产能够真正为人们所用,并且使得相当数量的公民能够脱离这种所有人都必须平等地开垦土地的荒谬状况,洛克需要他理论的第三步,因为上帝、理性和自然在这种状况下都不会施以援手,人不得不求助于自我。自然状态是一种危险不定的状态,因为每个人都是他自己的法官和执行者,而且每个人都面临着其他任何人的侵犯。为了避免种种"不便"(inconveniences),人们同意组建一个共同体,并且成立一个政府。政府承

---

① 关于这种发展,参见 C. H. Driver,《约翰·洛克》("John Locke"),见 The Social and Political Ideas of Some English Thinkers of the Augustan Age A. D. 1650-1750, ed. F. J. C. Hearnshaw, London: G. G. Harrap and Co., 1928; rpt. New York: Barnes and Noble, 1967), 页91。

担起了一项任务,即为了保护财产而制定不偏不倚的规则,并且在平等的人们当中毫无歧视地执行规则(节95;页164以下)。这种超越了自然状态的政治社会有三个优点:(1)已成建制的法律;(2)公正的判决;(3)强制力。一旦缔结了联合契约,涉及政府制度的所有决议就应当由多数人达成,而他们也引入了先前描述过的那种政府的合理类型。这种政治状态的建立,尽管很大程度上减少了某些"不便",但还是有相当数量的公民继续开垦土地。

但如今,政治状态揭示了它作为不平等来源的真正意义。洛克扩大了同意(consent)的概念,超出了其在联合契约这一语境下的含义。同意不仅是指同意政府对于平等权利的保护,亦即同意建构一种正式机制(formal machinery)以便更完美地保障那种本质上属于自然状态的处境。毋宁说,同意的含义被扩大了:它意味着赞同资本主义社会的物质制度(material institution)。于是,同意被稀释成了对于资本主义社会结构之事实性存在的同意,对于不搞底层抗争的同意;[150]只要不抗争,那就是同意。从平等主义的自然状态到政治社会的财产分化(differentiation)(而非保护[protection])乃是一个关键转变,同时也伴随着"货币的发明,以及人通过默许同意(tacit agreement)而为货币赋予了价值"(节36;页34)。

对于耐用品价值的承认——即它们可以用作货币——终结了使用价值的经济。货币使人们可以储藏价值,并且"通过同意",人们还能借助自己存储货币的交换价值获取更多财产(节36)。就人之体力劳动的产品而言,人享有相同的财产权利(节50;页140以下)。不平等的财产不是自然权利,不过,既然没有遭到人们抗争,那它就是一种获得同意的权利。可是,为什么人们会同意财产分化呢?这个答案涉及这一概念体系中的一个惊人转变:人们同意,乃是因为人们有一种"超出自己所需的占有欲"(节37;页134)。法律的符码体系濒临崩塌,我们也回到了坚实的霍布斯式激情:占有式财产社会(acquisitive property society)并非权利的产物,而是激情的产物。要是还想保留什么体面的说法,那我们只能这样表述:人们同意让激情来统治自己。

十二 对不平等的平等保护

我们已经给出了洛克学说的本质性要素,但还需要添加一些细节。尽管结局皆大欢喜,但洛克为了令读者感到舒适,对平等多作了一些讨论。在第54节,他说服读者确信:"尽管我前面说过'所有的人生来平等',但不能认为我所说的包括一切类型的平等。"(页142)通过这种方式,他减轻了读者的疑惑。接着,洛克列举了不平等的合法来源,包括"年龄和德性"、"高超的才能和特长"、出身、得到认可的利益,等等。平等仅限于一种"自然的自由"(natural freedom),即不臣服于任何未经同意的权威。然而,"保护财产"才是政府权威的唯一目的(节123;页179)。

有一条铁律贯穿《政府论》始终:人在能想到的一切方面都可以是不平等的,但他们都平等地接受了对不平等的保护。政府将出于一种神圣的中立态度,保护穷人的财产和富人的财富。人们通常认为,马克思是资产阶级法权秩序的批评者,他认为这套秩序其实服务于阶层分化的上层建筑[151]。事实上,没必要以一种批判方式来揭示这样一个迄今无人留意的缺陷;恰恰相反,保护财产不平等就是洛克式政府体系的公开目的。洛克是一位发明的天才,他创造了一套被后世批评者借用的语汇。我在这里只举一个例子:在第142节(页189),他提出每个国家的立法权力都要受到神法和自然法的限制,其中第一条就是:"不论穷人还是富人、权贵还是庄稼人,都应一视同仁。"在读到这句话的时候,谁不会想起法郎士(Anatole France)对法律的赞美?他说,法律的永恒威严就是以同等严厉的标准惩罚穷人和富人的偷盗行为,并且平等地许可他们睡在桥下。

十三 精神疾病:孕育革命的要素

这种对洛克精神的描绘,给人留下了一个古怪的印象:人的精神人格被逐出了公共领域,并且被宣告为虚弱无能;人的公共人格被贬低一种财产权对象,与土地、家具和其他动产无异;政府被缩减成了一种保护社会现状的工具,而这种社会状况本身的正义性却令人怀疑。如果资产阶级社会的敌人使出浑身解数来描绘这种图景,以此证明革命的合法性,那他就会把所有这些特征聚合在一起。但是,洛克用一种正面价值的语气召唤了这副图景,把这幅图景作为社会的理念和典范推荐给我们。如果我们思考这种对人类价值的古怪曲解;如果我们进一步想起其他某些细节,比如他把上帝塑造成一个所有者,对圣餐作了亵渎性的评论,淡然承认激情是一种社会秩序的决定性因素,还有他拒绝把任何积极的伦理原则引入公共领域以限制激情;如果我们再考虑到,洛克对他展现出的恶行采取了一种既无良心也无意识(conscienceless unawareness)的态度,我们就会得出一个结论——细心的读者可能已经心知肚明——那就是洛克遭受着一种严重的精神错乱(spiritual disturbance)。

我可以胸有成竹地说,错乱的是精神,而不是心智;洛克不是一个临床病例,他的疾病也不属于[152]精神病理学的范畴。洛克是在柏拉图 nosos[灵魂疾病]意义上的一个精神疾病案例;这属于17世纪的灵魂病理学(pneumato-pathology),而霍布斯曾是一位高超的诊断师。在洛克那里，清教徒的占取所具有的那种冷酷的癫狂，已经失去了控制。人格化神秘主义（personal mysticism）的暴怒，已经得到了平息。一种道德的公共秩序要素——也就是源自圣经传统的要素——也已经消失。那种基于对民族之精神实体的信仰的公共道德，事实上还没有出现。留下来的只是对财产的激情，一种令人讨厌的残渣。

我们之前提到了马克思，并且指出：他意图揭露的资产阶级法权秩序理论，却被洛克当成一种积极正面的品质公然摆上台面。我们可以把这一点普遍化，认为洛克已经成功创作了一幅资产阶级社会的讽刺画，而这幅画的特征完全符合后来社会主义革命者所描绘的黑暗图景。当一个社会创造出它自己的革命讽刺画，还致以真诚敬意的时候，我们就不需要更进一步的证据来表明，这个社会已经生活在了多么深重的精神失序当中。当然，如果我们以为洛克的理论就是对资产阶级现实的准确描绘，那也是荒谬可笑的。即使对人类评价很低的人或许也愿意承认，以洛克原则为基础——同时排除其他所有原则——的社会，不可能活过一代人的时间。尽管洛克不能代表资产阶级社会最可取的特征，但确定无疑的是，他能够代表一部分特征，而且有数百万像他一样的人接受了他的原则，将其原则当成了政治秩序的标准。就此而言，洛克是资本主义秩序的一个突出符号；他象征着孕育革命的要素，预示着19和20世纪的事件。

第七章 间　　歇

一　第一个周期：秩序对抗精神

[153]在洛克那里，现代政治思想的第一个周期（cycle）迎来了尾声。此时，我们或许应当对这一结果稍作反思。新秩序的创造，肇始于把合法战争仅限于主权的政治单位。尽管格劳秀斯的理论为政治单位划定了一个相当大的范围，但他的理论从国际舞台上排除了宗教派别作为战争单位的可能性，从此以后，仅有非宗教性的权力单位可以拥有公共地位。在这个世纪终结的时候，洛克的宽容理论对应上了这个原则；该理论从国内的公共舞台上排除了教会，仅仅将公共地位赋予人类的非灵性要素。宗派性的宗教狂热已经瓦解了中世纪的文明妥协（civilizational compromise），在可怕的社会动荡之后，有着众多正在崛起的民族国家的欧洲社会最终抑制住了那些反文明的危险，而这些危险是教会无法消化和抑制的。结果，宗教组织的威望一落千丈，并且服从于新的政治共同体的利益。

从 17 世纪晚期开始，人们深信，肇始于宗教改革的大危机使人们获得了文明，而不是毁灭了它。为了领会那种自我表达的有关秩序的新感受的力量，我们必须充分认识到那长逾一个世纪的斗争中的绝望，以及反文明的破坏所蕴藏的真正危险。从这一时期开始，有一种历史模式出现了：首先是宗教和神学的黑暗时代，随后是建立在自然（Nature）和理性（Reason）的基础之上的大写"文明"（Civilization）。这种历史模式仍然广受欢迎，甚至对于这一行当的门外汉也是如此。新时代是[154]精神的解放者，教会则是精神的有朽敌人。18世纪的启蒙运动和伏尔泰的"碾碎贱民！"（Ecrasez l'infame），一直到今日都在深刻地固化这种感受。

新的教派纷纷崛起。《资本论》与一种新可兰经，列宁与一种教父文学，异端首领托洛茨基（Trotsky），新的宗教裁判所——这些事物的出现，要么被那些将宗教现象当作信条的坚定拥护者们一概拒斥，要么只在下述意义上得到了承认：它们只是从"文明"标准向中世纪形式的野蛮倒退，而进步（progress）已经将那种中世纪的形式永远抛在身后了。它们本质上不过是一场噩梦，早晚会烟消云散；但这样的事情并没有在20世纪真正发生。

伟大的解决方案和新的起点已经被创造出来，这种感受就是本世纪（20世纪）末的主要基调。这种感受及其产生的神话式召唤是如此强大，以至于在信徒那里掩盖了处境的真实情形。

洛克的政治秩序观念是一幅革命的讽刺画，但其本身却可能被人忽视，而且大多数研究者仍然忽视了这一点，其原因就在于那种严重的精神失序（spiritual disorder）。但是，即使一种精神失序也必须展现为一种相对的秩序，否则就会变得难以忍受。而且，解决方案的诸符号也提供了正在毁灭中的秩序神话（Myth of Order），无论对于格劳秀斯还是洛克而言都是如此，而这两个秩序神话就是理性和自然。人是理性的存在者，一旦宗教狂热(洛克)得到了抑制,人的理性就允许他通过知识和经验来控制激情的缺陷,进一步朝着合乎理性的生活前进。

尽管对格劳秀斯和洛克而言,这种新秩序在理性和自然的神话中表现得很乐观,但是,那些与他们同时代的更伟大的人物却并不高兴。霍布斯这位心理学家和道德学家洞察了人类的生存层面,在这里,他发现了"宗派式的反文明主义"与"文明化的反精神主义"的共通性,即权力的激情。在宗派式虔敬的虚饰下,呈现出了自命不凡的"癫狂"和良心的不宽容;在理性和自然的外表之下,格劳修斯那里呈现出了商业机会的开发利用,以那些欠发达的国家为代价;在洛克那里,他的伶牙俐齿中呈现出了财产摆脱社会义务约束的扩张欲望。斯宾诺莎这位神秘主义者为了理性生活而英勇斗争,但他所能做的也只是证明,理性的生活(Life of Reason)与合理的生活(the reasonable life)无法兼容,甚至于相互排斥。

二 第二个周期:精神的重申

[155]尽管此时已经有了一个秩序,但精神业已失落。思想的下一个周期带来了对精神的重申(reassertion),伴随的是一种崭新而复杂的思想史结构。从现在开始,政治思想至少沿着三条不同的道路行进。

第一条道路是维柯(Giambattista Vico)开辟的新科学。大体上说,新科学是被西方衰落的经验激发出来的。当时,它的领军人物注意到了文明和政治灾难之症状所引起的愈演愈烈的警报,这些灾难在我们这个时代到达了血腥的高潮。他们英勇地尝试唤醒人们意识到危机。他们描绘了衰败的标志,而且,为了辨识出这种危机意识,进而在自身当中恢复一种对于精神文明之诸标准的意识,他们中的一些人(如维柯或者后来的尼采)希望拯救行动能得到一种的回音——但这显然无法实现,因为一个宽容的社会为所有人提供了平等机会,伟大之人在他的时代无人倾听,卑劣的诋毁者反倒俘获了公众。从维柯到韦伯(Max Weber)的两个世纪在人类思想史上无与伦比,因为众多才思敏捷之人投身政治,陶醉于这幅衰败的景象,并且在建立一种政治科学方面取得了成就——但总的来说,个人的努力和科学的成就,在影响公众方面都是徒劳。

在第二条道路上,我们发现了一些人,他们有时是这场危机的极佳诊断者,如马克思和列宁;但此外也是精神的激进分子,谋划革命以对抗衰退的社会,如墨索里尼和希特勒。他们形成了一个夹在新科学之人与资产阶级思想家之间的居间团体;他们正确诊断了这种衰退,但他们提出的解决方案却是一种精神的偏狭(narrowness of spirit)。这就使风雨飘摇的西方文明进一步瓦解,与此同时,他们也背离了原本想要克服衰退的初心。

然后是第三条路,这是 17 世纪解决方案的道路,也是理性、进步和文明成功的神话的道路。走这条路的人无疑是二流头脑。撇开那些影响了 19 世纪及其后时代的激进团体不谈,我们可以说[156]有两种态度决定了这些路径的分道扬镳,而霍布斯和洛克就是这两种态度的符号。

接下来我们会有所取舍,我们将概略处理那些二流思想家,转而集中注意新科学之人(men of the New Science)的群体。在展示那些贯穿于不同时期、位于不同层面的思想现象时,有一种特定的困难出现:事实上的衰退及其遭到的激进主义者们的反抗,与新科学中的观念演化相比进展缓慢,以至于对衰败现象的讨论和漠视都是基于它们在科学领域中的早期征候,而当时它们尚未在衰退的领域中充分发展。兹举数例：早在18世纪初，维柯就已经对进步和理性做出了回应，但进步观念本身只有到半个世纪之后才完全发展成熟，并且在19世纪支配了许多伟大的社会学体系。

康德详细阐述了生物演化的理论，说明了为什么它没有解释18世纪末人们期待它去解释的东西。达尔文（Darwin）将竞争性资产阶级社会中的生存斗争转移到动物领域，从而使生物进化理论在政治上得以新生。通过这些方式，达尔文使这一理论变得流行起来，这才使它在衰退领域中获得了完全的统治地位，因为现在它已经得到了自然科学法则的声誉。维柯确立了一个论点：社会秩序的基础是社会神话。谢林延续了这个观念，而它也成了谢林《神话哲学》（*Philosophy of Mythology*）的基石。但是，只有到19世纪末期，它才渗入激进主义者的领域，在索雷尔和后来的墨索里尼那里产生了社会性的影响。

经由勒南（Renan）、尼采、莫斯卡（Mosca）和帕累托（Pareto）之手，政治科学的精英主义解释被充分地确立起来；自此以后，激进主义者们才把它当成一个技术性的手段，以此发动针对民主的造反。大众心理学（Mass psychology）的发展，是对于民主衰退（democratic decadence）的分析的衍生品，此时几乎还看不到普选权的影子——它被尊为民主的胜利——而十年后，它又会被用作一种手段以反对民主自身。事实上，在所有这些案例中，理性神话的信徒都还没有承认科学的结果。实际上。近来的各种政治思想史从未提起过维柯，还把尼采当成了一个次要的法西斯主义者，脑子里有一些关于金发野兽（Blond Beast）的有趣想法而已。在实际描述的时候，这就意味着：在分析新科学的时候，我们想当然地认为，数十年数百年之后的伟大科学家们都没有看到这种衰落现象[157]；一些早有预料的阶段，即便如今也尚未发生。

始于维柯的思想周期,在黑格尔那里实现了体系性的终结。在政治上,这是民族性民主(national democracy)建立的阶段:在召唤领域,它产生了民族精神,以及黑格尔的作为客观道德(objective morality)的国家(state)。黑格尔逝世的那一年,英国颁布了改革法案。黑格尔最后一本书的分析,就是大众民主的开端。马克思则开启了拥有群众效应(mass effectiveness)的精神行动主义者的谱系。

三 愤怒与怀疑主义

在维柯的强力批判和新科学的一流人物之后,北欧迈着踌躇的步伐脱离了这个理性神话,看上去有些落后于时代。然而,我们绝不能低估他们。维柯的作品没有在英格兰和法国产生影响;抵抗不得不由这些社会力量独立地发展出来。虽然与维柯的作品相比,它们产生的结果更加温和,但是,导致这一切得以可能的感受变化仍然值得我们关注,至少有一些突出的例子如此。

(一) 休谟的怀疑主义

在英格兰,这种决定性的断裂是通过休谟(David Hume,1711—1776)实现的。他的《人性论》(*Treatise of Human Nature*,1739—1740)[①]发起了对理性的攻击,其目的是揭示道德和政治在情感领域的真正基础。这是一条犹豫得令人吃惊的进路,无论批判的原则还是结果都不太清晰。对于政治秩序而言,

---

① David Hume,《人性论》(*A Treatise of Human Nature*, Everyman's Library Edition, 2 vols., London: J. M. Dent; Toronto: E. P. Dutton, 1991, 1920);文中引用的页码,均依据该版本。

休谟不是一位革命思想家。他接受了1688年的和解,认为君主、上议院和下议院之间的权力平衡是可行办法,而且拥护沃尔波尔(Walpole)政权。原因在于,议会的强势地位——因腐败而有所冲淡——将提供一个令人高兴的珀律比俄斯式混合政府。[158]这样的政府最有利于所有人的自由。

休谟是保守派,他在一个既定的社会里独自悠游,除了希望维持事物不受干扰、令人愉悦的状态之外,不再抱有其他的原则。休谟是保守派,但也是一位智者;他承认,他对现存秩序的同情和享受就等于没有原则,没有原则就等于他所谓的怀疑主义(skepticism)。至少对他而言,社会实际存在的那个样子就是令人愉快的,而且他也分析了各种决定性的动机,正是这些动机使休谟赞同他的社会中的财产秩序和宪政秩序。这些动机体现为一套复杂的情感、习俗、信仰和惯例,而不是对一种契约的合乎理性的同意。

(二)理性和情感

休谟的主要功绩在于,他证明了那种符合洛克理想的政治社会,理论上可以从情感中被建构出来。要是他的情感理论想成为一种对政治社会的通透解释,那可能不大站得住脚,但它仍有可取之处,因为它也是一种对数量可观的普罗大众之政治态度的类型描述:这类人与政治仅有的关系,就是他们渴望只操心自己的私事,尽可能地避免政治领域的干扰。虽然这样的成果对于政治科学而言算不上什么伟大贡献,但它潜在的肯定性意涵和否定性意涵都将产生重要的结果。在否定的意义上,休谟煞费苦心地揭示了契约理论作为一种社会起源理论的荒谬。休谟对理性的批判,不过是他的政治哲学的前期准备,却也使得他眼中的那部代表作笼罩上了一层阴影。如今我们提到休谟名字的时候,不会首先认为他是一位政治哲人,而是将他看作一位断言因果关系范畴实乃一种信仰的知识论学者。

这是自然科学理论中的重要一步,决定了康德关于知性之先验结构的反转理论(countertheory)。但对于政治理论而言,它就只有次要的重要性了。就政治科学而言,休谟所做的工作没有超出恢复格劳秀斯立场的程度。理性具有形式推理(formal ratiocination)的功能,无论是在数学、在得出结论还是在正确调适手段以实现目的方面,理性都有一席之地。但在源于人类"习性"(propensities)的政治领域,[159]推理所应用的主题不得不来自别处。然而,理性批判具有一刀切的性质,将一种作为质料知识(material knowledge)来源的理性无情地逐出了自然科学、宗教、道德和政治的领域,结果留下了一种深刻印象,而且可以说对政治科学中的契约理论造成了致命打击。在肯定的意义上,休谟的情感理论产生了一种后果,即证明可以在理性之外的别处发现政府的原理;对于一种将人的人格(human personality)当作政治理论核心的分析来说,道路又一次被打开了,尽管休谟本人对这一目的的贡献仍然受到一些限制。

(三) 绅士愤怒的习性

这些限制是休谟强加给自己的,它们取决于休谟的政治态度,以及他对于哲学在英国社会中的功能的看法。休谟哲学的根源,不是博丹或斯宾诺莎那样的神秘主义,而是18世纪英国绅士的"习性"。在《人性论》第一卷最后一节(章4,节7;卷1,页249以下),休谟极好地描述了自己立场的两难。对终极原则的探寻使得生活有可能获得一种定向,而这种探寻的结果便是洞察到:根本不存在这样的客观原则。"我在哪里?我是什么?我的生存来自什么原因,将来又会回到什么状态?我应该追求谁的恩惠,惧怕谁的愤怒?"(卷1,页253)①对于这一类问题,经过反思之后的答案呈现为心灵的主观决定因素,而它们是由习俗获得的。这种努力本身就是徒劳。反思得越深,这些问题就会变得越发令人不安、越发难以回答,直到"我身陷最深的黑暗,被彻底剥夺了每一个肢体和每一种官能的运用能力"(卷1,页254)。

理性无法驱散这些疑云,但幸运的是,自然(Nature)通过让绷紧的心灵舒缓下来,以此治愈了"这种哲学的忧郁和错乱"。

> 我吃饭,我玩双六,我谈话,我和我的朋友们找乐子;经过三四个钟头的娱乐以后,我再回过头来看这些思辨,它们就显得那样冷酷、牵强、可笑,因而我自己也无心继续深入它们了。

在这种情绪下,他仍然感受到先前那种性情的残余:他准备将所有的书和笔记[160]统统丢进火坑,决心"不再为了推理和哲学而放弃人生的快乐"。不过,这种"愤怒和懒散"的情感并不是终结。哲学无法击败这种情感,但是自然沿着自己的轨道行进:当他厌倦了同伴而去散步时,休谟的心灵再一次凝聚起来,好奇心也被唤醒。如果他抵抗这种哲学情感,"我就会觉得,从快乐的视角来看我会变成一个失败者;这就是我的哲学的起源"(卷1,页255)。

(四) 怀疑论反思的社会功能

然而,哲学情绪与社会情绪之间若无其事的变动,并不完全

---

① [译注]中译均参见休谟,《人性论》,关文运译,北京:商务印书馆,2014年。

是一个习性的问题。人类的弱点必然会导致沉思性的探究,因为离开了反思,人们就会沉溺于流行的幻想和迷信,而它们有可能威胁社会的和平。既然人类心灵不可能"止息在……那个主要是日常言行的狭隘的对象范围内"(卷1,页256),那就只能在各种迷信式信仰与哲学之间做出选择。在这种情况下,哲学更可取,因为迷信更强有力地俘获人心,搅乱举止和行动,而哲学"只要是公正的,那就只能给予我们温和与节制的各种情感"。哲人极少出现犬儒主义(Cynics)之类的荒谬行为:"一般而言,宗教中的错误都是危险的,而哲学中的错误只是可笑而已。"

最后的评论,提供了休谟哲学态度的关键。宗教仍然是一种公共危险,理由遭到禁止;哲学更加安全,虽然有时它可能有些过火,但它终究是一种更加冷静的兴趣,该兴趣就是关心人在宇宙中的位置。哲学的这种"淡漠风度"(careless manner)是最可欲的东西。反思应当前进到这样一步:届时,对于宇宙、人和社会的某种客观真实结构的流行信念统统遭到摧毁,同时抵消了那种源于信仰(faith)——它是迷信的同义词——的危险。随之而来的忧郁,通过操持"家事"和"一般消遣"的娱乐,也得到了缓和。这是一种非常卫生的哲学,以更多的尘世愉悦来平衡一种思辨式忧郁的口味,从而总体上使一个既定的社会整体能够顺畅运行下去。

(五) 同情和约定

[161]只要用一点点怀疑论反思扎破那些令人不安的迷信气泡,社会就能顺畅地运行下去;这一点要归因于人性的结构。人当中有一种要素能使社会融贯一致,这就是同情(sympathy):

> 人性中最杰出的品质——无论就其本身还是其结果而言——莫过于我们拥有的一种习性：同情他人，并且通过交流来接受他人的倾向和情感，无论这些倾向和情感与我们多么不同甚至相反。（卷2，节11；卷2，页40）

人很难按照自己的倾向或判断来反对他们的社会环境；通过共情（empathy），心理压力强大到足以朝着普遍统一的方向活动。同情的效果更有保证，因为人性整体上是统一的；能让这个人快乐的东西，也能让那个人快乐。如果一个人仅仅按照他的自利（self-interest）行事，他很快就会发现：只要他避免攻击他人，他在拥有自己的生命和财产方面就会更安全，而且其他人也会看到这一点。大家达成了一种共通理解：从长远来看，自我约束是一种更好的办法。这种共通理解将建立起社会行为的规则，这套规则的基础不是契约，而是休谟所谓的习惯（conventions）。

所谓习惯，就是一种行为规则；遵守它不是因为道德的原因，也不是因为有某种先已作出的承诺，而是由于人们全都懂得遵守规则符合每个人的利益。这里不必继续深入细节：自利、一种有限的慷慨以及同情，就是使政治社会的建构得以可能的力量。正如我先前所言，这种建构的优点乃是基于一个事实，它在经验层面很准确地描绘了广大民众的态度：这些人之所以被整合进社会，乃是因为他们的社会压力、自利以及一种模糊的同情心，也是因为他们不愿反对既定秩序，只要自己的生活在财产和舒适方面还算安稳；简言之，他们是社会的一种非历史区间。

休谟的态度和理论，本质上是对洛克的一种确证。人之人格的边缘性部分被赋予了建构政治社会的垄断权。精神被剥夺了公共地位，而附加上的哲学乃是一个护卫者，为了防范任何一种狂热主义所产生的动荡不安。历史的"冰封"(freezing)已经达到极致。另一方面,一场决定性的改变[162]已经发生。这种非历史的社会不再是由法律的符码来建构,而是现实地呈现为诸情感的一种结构,无论这样的分析在细节上可能有多少缺陷。休谟偶然写的一句话,让人回想起维柯的那种氛围:"人性是人唯一的科学,但迄今始终遭到了最大的忽视。"(卷1,节7;卷1,页257)①当然,休谟肯定没有打算为后来康德和黑格尔那种人类学式的哲学(anthropological philosophy)开路,但他的理性批判和对于人格——至少是人格的边缘性部分——所做的现实主义分析,实际上已经起到了这样的效果。

四 孟德斯鸠

(一) 孟德斯鸠的氛围

在休谟对理性进行批判的同时,法国也出现了一种反抗,来自孟德斯鸠(Montesquieu,1689-1755)。一系列新的问题再度被打开了,这些问题都不能用理性神话或政府的契约理论来涵盖。但是,两者的平行关系到此为止:孟德斯鸠的方法迥然不同

---

① 但是,人们不应高估这种关联;我是在把这种怀疑的益处送给休谟。事实上,那句引言可能不过是当时谈话的一种陈词滥调。参见蒲伯(Pope)的《论人》(*Essay on Man*, London, 1734),页23(书信2,行1-2):

> 认识你自己,意味着上帝不再审视你,
> 对人类而言,恰当的研究对象就是人。

比较斯提尔(Richard Steele)的《小号俱乐部》(The Club at the Trumpet, Tatler, no. 132, February 11, 1709-1710)。这有助于更好地认识上述休谟从思辨到比较之间的转换。在斯提尔那里,无聊同伴的愉悦是思考和睡眠之间的一种过渡。但在休谟几乎所有措辞中,他总是用高高兴兴的语气来描述这种愉悦。

于休谟,正如法国的政治处境不同于英国。休谟是一个既定社会(settled society)的哲人,这个社会已经度过了革命。在休谟那里,一种慢慢加剧的愤怒情绪(splenetic humor),因一种自然的自满(natural complacency)而被冲淡了。但是,透过他因循守旧和怀疑主义的外表,人们还是能察觉到的可能性:休谟的世纪是贝克福德(Beckford)及其著作《瓦提克》(Valthek)的世纪,孟德斯鸠的法国则充满了动荡不安,预示着一场革命即将到来。对于运动的期待以及未知视野的气息就是孟德斯鸠的特点,正如那种停滞的霉烂味道也是休谟的特点一样。

读者可能觉得奇怪,我竟然要从氛围(atmosphere)的角度对比孟德斯鸠和休谟,但我并不是沉溺于诗性的特权[163]。要想完全理解孟德斯鸠著作的意义,我们就有必要对那种氛围形成一种感觉。1748年出版的巨著《论法的精神》(De l'esprit des Lois)是政治学著作当中的一部奇葩,因为其他任何著作都没有像它那样的体量、类似的问题域、等价的名声以及大约二十年的心血,但如果我们想从中找到什么实实在在的结论,它却什么都没有提供。我们能够拼凑起一些次要的观念,诸如刑法改革的建议、孟德斯鸠的反奴隶制立场、他个人对于自由的热忱,或者他把政府权力三分为立法权、执行权和司法权。这些不是不重要,但与他作品的体量相比,这些内容所占的比例却不太合理。然而,他的名字并没有令人想起他对于政治理论的原理有什么突出贡献。《论法的精神》的成果,明显不像马基雅维利、博丹、霍布斯或维柯那样值得讨论。

孟德斯鸠著作的重要性完全在于,它重新论述了当时一种政治学体系的问题域;在那个时候,由于理性和契约理论的智识偏狭,问题域不幸也遭到了缩减。原则上,这本著作是对诸问题之复合体的一次重构,这些问题光凭自身无法整合进一个体系。由于孟德斯鸠不具有构建一种体系的哲学能力，所以这些互不相容的理论碎片就并置在一起；又由于他没有批判地洞察史料的能力，所以他的理论所应用的大量历史材料都不切题。在理论和经验方面，《论法的精神》都不过是一部半吊子的著作，但是这部半吊子却有着热忱、野心、开阔的视野和对各种本质性要素的鉴别力。

（二）人类学的问题

孟德斯鸠很清楚自己面对的是什么问题。人是政治的中心，他的时代就是需要一种关于人的科学。在《论法的精神》序言中，他自夸道，如果他的作品能够帮助摧毁"偏见"（prejudices），那么他就会很高兴。所谓偏见，他指的是"人不认识自己这一事实"。当孟德斯鸠说道，人很容易受到他人印象的影响，以至于如果有人把他的本性展示给他看，他就能了解自己的本性；如果有人将它隐藏起来，他就会失去对这种本性的一切感知——这时，我们就会回想起休谟的同情观念。[164]就这样，人类学问题就作为核心的体系性主题而被提出来了。

然而，一旦开始执行这种计划，我们就遇到了难题：我们是在用一种技术上无法胜任的术语来把各种问题一笔带过。限于篇幅，我们不能一点一点地清理乱糟糟的第一卷：《论一般的法》。我必须请读者参考原版，在这里只给出论证的主旨。从结构上讲，人属于几种领域：人是物体，也是动物，他有智力，也有一种道德人格，还有能获得宗教经验的精神人格。这种结构决定了人与环境之间的关系。环境这个词，就其最宽泛的意义而言，包括了自然、同类和上帝。有一套规则支配着人与环境之间的关系：它们由造物主所确立，并且可以为人的知识所理解。这套规则被孟德斯鸠称为"自然的法"（laws of nature），包括物理法则、支配着社会关系的自然法则、支配着人与上帝关系的自然法则。

由于人容易犯错、软弱且受激情影响，所以人容易背离其中一些法则。物理世界的法则超出了他的能力范围，但是在宗教、道德和政治方面，人能侵犯上帝的自然法则。为了防止这样的侵犯，或者至少使其最小化，人必须永远被提醒有这些法则存在。这种目的服务于宗教法，上帝凭借它使人回想起自己的自然状态；这种目的也服务于道德法，哲人凭借它维持着道德意识的生命力；这种目的也服务于"政治法和民法"，立法者凭借它维系着人们的社会性自然关系。最后提到的法律分类，就是《论法的精神》(卷1，章1-2)的主题。

(三) 民族:《论法的精神》

到目前为止，孟德斯鸠对于可欲的政治法和民法的阐释，可能导致了另一种自然法建构。但是，就在这个节骨眼上，民族(the people)这个新的因素被引入了。据他设想，民族有和人一样的结构序列，从体质到性情、风俗(moeurs)再到宗教。在普遍人性的框架中，各民族互不相同。它们不是简单地彼此复制，而是都有各自的个性。立法者的技艺是使政治法和民法适应于各种案例的具体环境。一般的法(general law)在适应个别民族的结构性要素时所产生的所有变体，[165]就被孟德斯鸠称为一法律秩序的精神(esprit；卷1，章3)。

与法的精神相关的结构性特征，可分为两类。第一类包含了政府的结构性要素：一民族可以组织为共和政体、君主政体或专制政体。至于哪一个更可取，这要看该民族的规模而定。小国最好是组成共和政体(民主式或贵族式)，中等规模领土的国家偏爱君主制，类似亚洲的那种领土广袤的国家则最喜欢专制制度。第二类包含了"更为特殊"的结构性要素，范围包括一民族的气候、土壤直到宗教。《论法的精神》的编排就是遵循了这种计划:总有人指责这部著作的大部分内容杂乱无章,这么讲没道理。这部著作编排得很好,以至于我们可能认为他漫不经心地略过了那些理论性的问题。下面是一份《论法的精神》的目录,旨在揭示那些主题的体系性秩序;孟德斯鸠对于这相互协调的三十一卷书的编排,掩盖了这种秩序。另外,这份目录也意在展示那份被孟德斯鸠恢复了的问题名录。[166]

(四)《论法的精神》的目录

1. 一般的结构性要素(卷2-8)

(1) 政府的三种类型(卷2)

(2) 三种政府类型的原则(卷3)

(3) 这些原则的影响

  (a) 论教育法(卷4)

  (b) 论政治法(卷5)

  (c) 论民法和刑法(卷6)

  (d) 论关于奢侈和妇女的法律(卷7)

(4) 三种政府原则的腐化(卷8)

2. 特殊的结构性要素(卷9-25)

(1) 安全

  (a) 攻击(卷9)

  (b) 防御(卷10)

(2) 人的自由

  (a) 政治自由,宪制(卷11)

  (b) 公民自由,奴隶制(卷12)

  (c) 国家的岁入,税收(卷13)

(3) 气候和土壤

  (a) 气候对于人及其习俗的影响(卷14)

(b) 气候和奴隶制(卷15)

(c) 家庭奴隶制；妇女的地位(卷16)

(d) 政治的奴役(卷17)

(e) 地形的本性；地质的影响(卷18)

(4) 民族精神(卷19)

(5) 经济学

(a) 商业；本性和特点(卷20)

(b) 商业的演变(卷21)

(c) 金钱的用途(卷22)

(6) 人口的规模(卷23)

(7) 宗教(卷24-25)

3. 立法技术

(1) 民法、政治法、道德法、宗教法、自然法的相互关系(卷26)

(2) 法律的构成(卷29)

4. 关于历史的离题话

(1) 罗马的继承法(卷27)

(2) 法兰克人的民法(卷28)

(3) 法兰克人的封建法，以及君主制(卷30-31)

(五) 新的历史感：民族命运

精读这份目录表，我们就能看出它在体系性上的薄弱。但我们同时也能看到，从霍布斯到洛克的时代以来，氛围已经发生了彻底的变化。对于建构一种理想政府体系的痴迷，此时已经让位于对民族(peoples)之无限多样性的承认，它们都要求统治秩序与自己的历史个性(historic individualities)相一致。如果一个制度体系很好地适应了一民族的总体精神(general spirit)，那么在孟德斯鸠看来，这种制度就具有强大的个性，以至于无法为其他民族所用。有人相信，在某一国家当中卓有成效的政府体系，就是疗救全世界之恶的一副万灵药；读读孟德斯鸠或许能使这种不可救药的偏狭之人受益。

有一种感觉突然出现了，即民族（nations）就是历史性的个体。历史和地理视野的大扩张，进一步强化了这种感觉。孟德斯鸠的著作充满了关于中国、日本、波斯以及原始社会的内容。[167]人们能够感觉到，他热心于发现各种不同的民族和文明，发现人类丰富的多样性。理性人（reasonable man）身上仍有野蛮的残留，这种人相信自己的标准定义了理想之人（ideal man），而且其他所有人都必须变成他那个样子。但是，孟德斯鸠的主导感受是对多样性报以深深的尊重，他觉得不该干涉这种多样性。孟德斯鸠甚至承认，伊斯兰教是一种适合于近东地区的宗教，而且基督教的扩张事实也是与它的自然环境相适应。他进一步相信，不应当轻率地把新宗教引入一个国家，因为这将危及民族精神的团结。但是，当批评者提请他注意这一原则也会阻碍基督教的传教活动时，孟德斯鸠立刻撤消了这种说法，同时承认真宗教当然不受这一规则的制约。这起事件揭示了孟德斯鸠的窘境。他意识到，基督教的西方文明本身也是一个历史性的个体，对于其他民族来说没有强制性。可是，他既没有一种内在自由（inner freedom）以承认这个事实，也缺乏智识力量来建构一套可以处理这个问题的历史哲学。

孟德斯鸠甚至呈现了一种宿命论（fatalism）的感受，只有到了19世纪后期，这种宿命论作为历史主义（historicism）的果实才彻底展现出它的力量。在《论法的精神》第11卷第5章，孟德斯鸠写道，每个国家除了维持自身存在这个一般目的（general aim），还拥有"一种特殊目的"（particular aim），也就是它独特的历史使命。在他讨论罗马历史的论著中，罗马的"观念"（即它对外扩张的动力）就是剖析罗马命运的指导性原则。一旦使命和目标成形，一民族就无法逃避历史进程，哪怕结局是毁灭，它也不会抛弃这种使命和目标。政治家和国家也无力抵抗自己的命运：

> 如果凯撒和庞培像加图那样思想，别人就可能会像凯撒和庞培那样思想；注定灭亡的共和国，也就会经别人之手而被拖入深渊了。①

就像在维柯那里一样，命运和衰落的感受也出现在孟德斯鸠的作品中。

这一类反思表明，孟德斯鸠已经在多大程度上能够实现他恢复关于人的科学的计划。[168]人的合理性（rationality）已经成了其中一个结构性要素；政治科学必须把人的完整结构融入自己的体系，并且在人的复杂结构所产生的一切复杂性当中处理政治问题。政治体不是一个理性王国，而是一个生活圈子；在这里，气候和性情的因素发挥着与宗教经验一样大的影响。关于总体精神及其宿命般的决定性力量的理论，增添了人的历史性生存这一新因素。

（六）自由政府的观念

在孟德斯鸠的作品中，这些因素被组合了起来，但它们并没有被编织进一个体系。历史宿命感偶尔出现，但这并不妨碍其他段落中表现出一种对于政府改革的更乐观的态度。最后谈一

---

① Montesquieu，《罗马盛衰原因论》（*Considérations sur les causes de la grandeur des Romains et de leur décadence*，1734，Paris: Éditions Garnier Frères，1954），页60。

谈孟德斯鸠这方面的内容是有必要的,因为在从属性召唤的领域中,这是最有实效的一个召唤。孟德斯鸠区分的三种政府形式,与其说是科学类型,毋宁说是尚有争议的政治观念。以公民德性为特征的共和制——无论民主共和还是贵族共和——就是拿罗马作为榜样。孟德斯鸠认为,这是一种适合小型政治共同体的政府形式,但在当前的政治中没什么重要意义。专制政体(despoty)是一种基于恐惧原则的君主专断统治,其原型是黎塞留和路易十六治下的法国。这种统治形式取代了法国的宪政,对法国人民极为不利。君主制是一种在固定法律之下的王权统治,基于荣誉原则,而且受到贵族和一种地方行政官的调解——他们的作用就是充当"法律的护卫者"。最后一种才是法国应当恢复的类型。

英国的宪制也吸引了他的兴趣,这是一种确保了自由和法治的政府形式,能够充当法国改革的样板。在这一语境下,孟德斯鸠提出了一种可谓是关于自由的古典理性观念,截然不同于我们现代关于自由的情绪化观念。他定义道:"政治自由是一种心灵的安宁(tranquillity),而这种心灵安宁源于所有人都认为他本身是安全的。"(卷11,章6)但是,这也不是一个人想做什么就做什么的自由。在一种法治状态下,自由就是"一个人有能力做他应该做的事情,而不被强迫去做他不应该做的事情"(卷11,章3)。或者,我们不妨在这一点上拿它与现代观念作对比:对于孟德斯鸠[169]而言,只要每个人都能安全地做自己按照道德规则所应做的事情,自由的政府就实现了。但如今,我们设想的自由政府是指这样一个国家,在其中人们可以做自己想做的事情,无论他们是否应当去做。为了确保孟德斯鸠意义上的自由,立法权、执行权和司法权似乎就有必要被分配给不同的人:这就是权力分立的原则。

五 地理视野的扩大:人类的生物多样性

(一) 关于诸新世界的知识:相对性感受的开端

孟德斯鸠的作品中有这样一些特征:如果不了解周围的智识气候,我们就无法充分理解它们的重要性。人们对孟德斯鸠的通常刻画,往往过于强调传统的要素;人们很容易指出,孟德斯鸠在处理诸问题的普世性时明显带有亚里士多德的风格,人们也能够从学术上指出,早在孟德斯鸠之前已经有了博丹的气候理论。这一类历史联系确实存在,而且有必要将它们提出来。但是,孟德斯鸠著作的独特性不在各种传统特征的这一层次上。孟德斯鸠的新意在于历史相对性(historical relativity)的碎片,在于一种对西方文明不是世界中心、不是全人类义务标准的微弱怀疑。我们注意到,这种动荡早在马基雅维利的德性(virtù)观念中便有了开端,而且这些开端从一个民族漫游到了另一个民族,给予每个民族一段伟大的历史岁月,接着又让她重新堕入黑暗。这种动荡有着多方面的来源:在地中海一带,与阿拉伯文明、土耳其人和蒙古帝国的物质性接触,使超越西方之外的世界意识得以存活下来。自文艺复兴以来,对罗马帝国兴衰的重新认识一直是动荡的持久来源,而我们也在马基雅维利、维柯和孟德斯鸠那里看到了它的各种影响。《罗马谈话》(*Römisches Gespräch*)永远是针对一种过度乐观主义的有效解毒剂。宗教改革的冲突进一步发挥了瓦解作用,它摧毁了西方教会的庇护所。最终,大航海和地理大发现的时代打破了西方视野的界限,无论在空间还是在民族志的层面上都开启了新的维度。

我们注意到,当时人的直接反应是[170]急忙钻进一个庇护所,即更受限制的民族小宇宙。在法国、英格兰、意大利,这些民族开始发展出了奥菲罗斯(omphalos)①的神话。这种民族小宇宙接管了 sacrum imperium[神圣帝国]的功能。但是,新的民族庇护所的兴起,仍然无法彻底抹去人们对于这种碎片化状况的意识。西方人被分殊化成了一系列民族社会,这不过是增强了一种张力感,而这种感受源于如下对比:一边是有限的民族共同体,另一边则是人类在空间和时间上的广阔无垠。

(二) 旅行文学:布封的《自然史》

这种张力感清晰体现在孟德斯鸠的著作中。书中大量提及亚洲人和原始社会,但是,由于孟德斯鸠的非体系化风格,浩如烟海的材料使得这种张力未能充分呈现出来。因此,我们必须简要地考虑一下布封(Buffon)的《自然史》(*Histoire naturelle*)。在这部书的第一卷中,作者基于对大量旅行文学的科学关怀,以一种体系性的方式考察了人的身体多样性(somatic variety)问题。②

与我们背景相关的要点,乃是材料的体量。"人种的多样性"这一章③引用了超过八十篇游记、旅行笔记集以及欧洲和非欧洲民族的相关报道。我从这个庞大的参考书目中选出了若干项,可以让我们对材料的范围有所印象。布封使用的最为古老的旅行报告是 12 世纪马可·波罗(Marco Polo)的游记。16 世纪的资料是皮加菲塔(Pigafetta)的《东方的印度》(*India Orien-*

---

① [译注]阿波罗神殿中的圆锥形神石,古希腊人视为地球的中心。
② Buffon,《自然史》(*Histoire naturelle, générale et particulière, avec la description du Cabinet du Roy*)。第一卷于 1749 年问世,晚于《论法的精神》。
③ 《布封全集》(*Oeuvres complètes de Buffon*, ed. M. Flourens, 12 vols., Paris: Garnier, 1853 – 1855), 2:137 – 221("人种的多样性")。

talis)、德莱里(Jean de Lery)的巴西游记,以及贝隆(Pierre Belon)对于土耳其的观察。17世纪的材料数量有所增加。被引用的包括:奥雷利奥-德利安齐(Aurelio degli Anzi)伯爵的《漫游的天才》(*Genio vagante*),皮拉德(Pyrard)、蒂维诺(Thevenot)和维拉蒙(Villamon)的游记,1667年一位无名氏写的《勒旺新志》(*Nouvelle Relation du Levant*),鲁德贝基(Olaii Rudbekii)的《亚特兰蒂斯》(*Atlantica*),一位西班牙人和两位俄罗斯人的旅行笔记,一部《欧洲航海史》(*Voyages historiques de l'Europe*)一部汇编,帕拉福克斯(Palafox)的《鞑靼征服中国史》(*Histoire de la conquête de la Chine par les Tartars*),[171]曼德尔斯洛(Johann Albrecht von Mandelslo)在波斯、东印度和马达加斯加的游记。

18世纪上半叶开始出现了大量材料,首先是体量庞大的文集:《航海汇编》(*Recueil des voyages*)、《东印度公司的建立和发展》(*Qui ont servi à l'établissement et au progrès de la compagnie des Indes Orientales*)、《荷兰联合省的形成》(*Formée dans les Provinces-unies des Pais-Bas*)、《北部航海汇编》(*Recueil des voyages au Nord*)、《各种商业和航海回忆录》(*Contenant divers memoires très utiles au commerce et à la navigation*)、《礼貌和好奇的信函》(*Lettres édifiantes et curieuses*)、《外国使团书函》(*écrites des missions étrangères*)、《一些耶稣会士的书信》(*par quelques missionaries de la compagnie de Jésus*),这些书籍于1703年开始出现。18世纪频繁引用的条目包括斯特鲁斯(Jean Struys)、勒让蒂(Le Gentil)、夏尔丹(Chardin)、奥文顿(Ovington)的游记,此外还有1746年的《航海通史》(*Histoire générale des voyages*),关于台湾、马里亚纳群岛、锡兰、几内亚的报告,以及圣多明各、新法兰西和印加的历史。

（三）人种体系

布封的作品在政治观念史中具有一个关键位置。然而，他收集的几个世纪的大量材料，迄今只产生了一些很偶然的影响。如今，这些材料在不同人种的分类中得以体系化，并且这些多样性的分类并非只是扩展到了身体的特征，而且包含了布封所谓的"不同人种的本性"（naturel des différens peuples）。在他的体系中，区分人类群体的标准不仅有肤色和体型，还有他们的制度、习俗、宗教，等等。这个体系相当广泛，后来的自然人类学极大地扩充了它的细节，但是人类之生物多样性的大致轮廓此时已经完成。布封的体系如同一块磐石般屹立，人种问题已经进入现代思想史。18 世纪，布鲁门巴赫（Blumenbach）、赫尔德（Herder）和康德进一步拓展了这个问题。自布封以来，史学经历了惊人的发展，积累了新的材料。19 世纪，克莱姆（Klemm）、戈宾诺（Gobineau）和卡鲁斯（Carus）把这些材料添加了进去。到 19 世纪中期，人种理论已经详尽到了我们如今知道的那个样子。

（四）种族的多样性和人类的联合

布封的体系在某些方面比孟德斯鸠的体系更有趣，因为他的人类学更加详尽，[172]因而也更清晰地展示了新的问题。如我们先前所说，在描述人类的各种分支类型时，他调和了身体（somatic）和精神（spiritual）的要素，但他没有勾画出一条从身体结构到精神结构的决定性线索。在他的理论中，地球上的气候差异决定了身体和精神的特性。气候环境的变化将会导致类型的变化。布封估计，这种转变需要八到十二代人的时间才能完成。黑人迁移到温带地域之后，在一段时间内就会变成白人，而白人在非洲将会变黑。

我们现在可以理解,气候理论在18世纪思想中发挥了怎样的作用:一旦人种差异被归咎于气候的影响,面对各种令人不安的视野差异,人类的统一性就得到了保护。只有在生物学表明了身体差异的基础在于人的基因结构,几乎不受环境影响之后,现代的人种决定论(racial determinism)才能发展起来。布封可能会坚持一种标准人(standard man)的观念:标准人是一种样式,它在温带地区的适宜条件下发展起来,而其他拥有异域特点和畸变的人种,等级上则是低于西方欧洲人。相比孟德斯鸠,布封可能更容易坚持这种立场,因为布封的材料包含了原始社会的全体范围,而孟德斯鸠的作品只是强调了像罗马和阿拉伯那样伟大的非基督教文明,从而可能会对基督教西方类型的优越性提出一些质疑。

(五)地理视野和历史视野

布封和孟德斯鸠的态度差异,使得我们能清楚区分两种因素——正是这两种因素导致了从理性神话朝向新的政治思想体系的运动,这些体系就是生物主义(biologism)和历史主义(historicism)。在《论法的精神》中,这两种因素没有被充分地区别开来。布封的《自然史》分离出了身体因素,从而使得准确界定思想的一个新要素及其根源成为可能,而这种新要素正是地理大发现和旅行的时代所带来的。身体因素的分离,反过来也更加清楚地凸显了第二个独立因素,那就是历史视野的扩大。

第八部分
最后的定向

导论性的注疏

[175]在一个文明瓦解的时代,智识史不再沿着直线前进。我们无法区分如下两者:一边是一种占主导地位的诸问题之复合体的持续演化,另一边则是一种紧靠在前者表面上的占次要地位的制度复合体(subinstitutional complex)。在中世纪,我们能够区分出:一边是占主导地位的精神成熟的复合体,另一边则是逐渐兴起的诸问题之复合体;我们在"时代的结构"(the structure of saeculum)①这个标题下谈过这些内容。在一个分崩离析的时代,问题领域在社会上是开放的——主导着公共舞台的问题都是反映了迷途(disorientation)和混乱的各种问题——而那些成功为精神和智识找到定向的尝试,反倒在社会上被扫进了阴暗角落。

鉴于这种处境,如果我们只是单纯遵循一种关于众多思想家和观念的编年史次序,那么我们在分析黑格尔之后的危机时就会遇到困难;我们会在一片材料荒漠中迷路,几乎没有可以引

---

① 见《沃格林全集》卷20,《政治观念史稿(卷二):中世纪(至阿奎那)》,Peter von Sivers 编(Columbia:University of Missouri Press,1997),页105-204。

导我们的意义线索。为了解决这种方法论上的困难,我们选择将目前这一部分独立成篇,冠名为"最后的定向"(Last Orientation)。我们将这样一个诸观念之复合体视为体系性中心(systematically central),因而在这个危机世纪愈演愈烈的混乱中,它很适合提供一个稳定的定向点。

至于这种定位性的诸观念之复合体的主干,我们可以采用谢林对这个时代的解释。谢林哲学对于历史生存和政治生存[176]的阐释,将构成"定向"的中心部分。然而,在通过谢林其人其书提出一种时代的自我解释之前,我们必须先分析"现象主义"(Phenomenalism)的诸问题,而这个分析就构成了目前"定向"的第一章。在此分析中,我们意图提供一些历史视角,必须透过它们来看谢林的问题。

上文提到,体系性中心问题的持续演化,在这个分崩离析的时代遭到了破坏,所以有必要以这种方式来补充这样一些历史视角。因此,谢林所处的位置并不适合用编年史的方式插进一个讲究思想先后顺序的连续体中。对于理解这场危机而言,谢林的诸观念能够充当一个定向点,因为它们没有被这场危机本身所吞没。这些观念属于长青哲学(philosophia perennis)的层次。几个世纪之后,谢林接续了布鲁诺(Giordano Bruno)的伟大问题,问题就是:如何将在人类本性的直接经验中发现的意义投射到自然领域和历史领域,以此来解释宇宙。几个世纪以后,谢林接续了布鲁诺对于一种现象科学("偶性之偶性"的科学)与一种实体科学的区分,而在那几个世纪期间,占主导地位的数学化科学和哲学逐渐发展成一种物理学的批判知识论。

但是,谢林对这个问题的重申,以及经由一种无意识(unconscious)哲学的解决办法,都没有破坏"科学主义"(scientism)的发展势头。在数学化科学的范例影响下,关于实体的思辨仍然不断遭受破坏,甚至在生物学、经济学和心理学领域被破坏到了新的衰败程度。因此,在题为"现象主义"的这一章,我们首先将重述布鲁诺的问题,进而阐述现象主义的诸原则,最后对19到20世纪现象主义的各种变体作一番简要考察。在这种背景下,谢林作出了重建一种实体哲学的伟大努力;这种努力将赢得充分的重要性,而且我们也会弄清楚,为什么这种努力没能成为一场文明复兴的起点。

最后,继谢林这一章之后就是"关于荷尔德林的笔记"。通过荷尔德林(Hölderlin),一种关于自然的异教符号得以重生,古代神话也得到了全新的理解;不过,这些成就必须以谢林的工作为先决条件。而且,除了[177]这位诗人与这位哲人之间的直接关系以外,新的神话召唤自有其重要性:在危机的世纪里,它不祥地预示了基督教时代之后一系列神话式感受的兴起。

第一章 现象主义

一 现象主义和科学

（一）科学主义

[178]我们必须提醒读者注意，16世纪末，布鲁诺已经清楚提出了这个问题，它夹在关于宇宙的无限实体的思辨与一门关于"偶性之偶性"的数学化科学之间。一方面，布鲁诺的思辨没有找到直接的继承者。另一方面，在自然科学崛起的几个世纪，"偶性之偶性"吸引了学者以及越来越广泛的公众的兴趣。科学进步和牛顿体系蔚为大观，催生了一些态度和感受，而它们已成为现代人和现代文明的一个决定性要素。在这种新的诸感受之复合体中，有时我们必须提到其中一个要素，我们称之为科学主义（scientism）：这是一种对于数学化科学的信仰，它将数学化科学当作典范科学，其他所有科学都应当遵从它的方法。①

目前，我们必须将这种复合体作为一个整体来处理，我称之

---

① 关于科学主义，参见哈耶克（F. A. von Hayek），《科学主义与社会研究》（"Scientism and the Study of Society"），*Economica* 9, no. 32(1942):267 以下;10, no. 37(1943):34 以下;11, no. 41(1944):27 以下。

为现象主义(phenomenalism),以此表示人对于在科学中显现的世界之诸现象方面的迷恋,以及人对于人和宇宙之实体性(substantiality)的意识的衰退。现象主义与科学进步本身所采用的方法没什么关系;之所以提出这个词,是为了标示出一系列感受、想象、信念、观念和思辨,以及由它们所决定的行为范式,这些东西借着数学化科学进步的机缘而出现。[179]不止如此,我们还必须留心另一种假定,即科学进步是现象主义崛起的唯一原因。这些新的感受和态度,尽管离开了科学的巨大进步便几乎无从设想,但也并非是后者的必然结果。现象主义之所以能获得它事实上的重要地位,归根结底首先是因为基督教灵性(spirituality)的衰落,以及各种内在俗世感受的生长。就科学进步容易加强内在俗世的感受而言,就嫁接在科学上的现象主义已成为表现这些内在俗世感受的一个重要工具而言,科学进步在此过程中只不过是一个助推因素。

(二) 现象主义和唯物主义

我们必须特别谨慎,不要把现象主义误认为唯物主义。这种误解有相当大的危险;这两个问题通常没有得到术语上的区分,而且,那些在性质上实属现象主义的感受和观念,在19世纪就已经被误称为唯物主义。之所以容易产生这种混淆,就是因为在一种现象(phenomena)取代实体(substances)的意义上的现象主义,经常借着关于物质现象的科学(也就是物理学)的机缘而出现;因此,被现象取代的实体或许碰巧也是物质。这样一来,这种信念的现象主义要素或许会被忽视,而其唯物主义的内容反倒会被过分强调。可是,有一种纯粹的唯物主义,假定物质(而非其现象)就是所有本体论形式下的那个基础的、真正的实体,而它导向了一些与现象主义观念大相径庭的形而上学假定。

一种纯粹的、非现象式的唯物主义(materialism),其实有时非常接近于一种纯粹的、非现象的唯灵主义(spiritualism)。

要能理解这个问题,最好的方式也许是首先反思如下两者的关系:一者是布鲁诺对于宇宙无限性的唯灵主义思辨,另一者则是卢克莱修(Lucretius)对于同样问题的唯物主义思辨。卢克莱修接受了希腊意义上的宇宙,即宇宙(大地、天空以及周围的空气)作为一个封闭实体,因此,这位罗马诗人对空间的无限性展开了如下思辨:空间的无限性超越了"世界之墙",进入了思想通过一种灵魂的自由投射(Animi jactus liber)所能扩展到的地方。[180]这种投射的结果,便是如下结论:空间的无限性必定被无限多的事物所充实,而在我们的宇宙之外,必定还有无限多像我们已知宇宙那样的宇宙;因为对于那支配其他物质之产生的法则(the law),宇宙也毫无例外地必须服从,就像动物和植物一样,宇宙也有无限多的复本。卢克莱修的观念,虽然是对无限性的思辨,却没有超越希腊人视觉感知的界限;宇宙仍旧是一个封闭的领域,外壳上有一些固定的恒星,而这些恒星也没有被设想为无限多的其他世界。这个宇宙没有开放,也没有扩展到像布鲁诺所主张的那种无限性;它只是具有复多性。

尽管如此,这个观念却必定对布鲁诺产生了强烈的影响,因为无论选择什么作为实体,无论实体是物质还是精神,都不会影响关于实体无限性的思辨的原则。至于选择精神还是物质,那是由哲人自身的感受和精神经验(spiritual experience)所决定的。对布鲁诺而言,物质(matter)能够且必须是一种有生机的原则,因为精神的生机(aliveness)就是他在自身当中经验和证实了的最实在者(the realissimum)。对卢克莱修而言,在无限多宇宙中显现自身的实体必须是物质,因为在他眼中,宇宙的有灵(animation)就意味着希腊诸神实际存在。只有当实体是没有灵魂的物质时,诸神才会被废弃,连同由他们存在和人类对他们可能行动的思考所产生的希望与恐惧也被一道废弃。卢克莱修之所以接受了有无限多物质世界存在的假设,最私密的动机就是他由此得出的结论:根本无法想象有一个神能成为无限多宇宙的主事者(moderator)。对于不动心(ataraxy)的追求,决定了卢克莱修采取了物质的假定,正如想象和思辨的"酒神式"充溢,决定了布鲁诺采取了精神即宇宙实体的假定。①

真正的唯物主义极其稀有,而且转向唯物主义的哲人都属于他们时代最杰出的心灵。在我们时代,伟大的唯物主义者是桑塔亚纳(George Santayana)和瓦莱里(Paul Valéry),他们都受到了卢克莱修的强烈影响。唯物主义并不意味着否定精神甚至于蔑视精神,相反,唯有一种伟大的精神敏感性才能揭穿精神生存的衰弱,揭穿它把符号作为实体的幻觉,揭穿它把这些符号当作生命之实体性神秘的审美式表达的幻觉。有一类唯物主义者,盼望和欲求生活将以去人格化(depersonalization)而告终;有一类神秘主义者,虽然活在对于"一切都进了地下,又回到这场游戏"(Tout va sous terre et rentre dans le jeu!)的洞察中,却还能满怀勇气和微笑地接受生活的游戏——"起风了……唯当努力生活!"(le vent se lève……Il faut tenter de vivre!)我们甚至怀疑,比起许多唯灵主义者,这一类唯物主义者和神秘主义者更加敏锐地感受到了精神生活中实体与偶性的张力。②

---

① 卢克莱修,《论万物的自然》(*De rerum natura*), II. vv. 1045 以下。
② 瓦莱里,《海滨墓园》(*Le Cimitière Marin*), *Nouvelle Revue Française* 81 (1920):781-787;另见瓦莱里,《作品集》(*Oeuvres*),Jean Hytier 编,卷二(Paris:Gallimard,1957),1:147-151。

（三）诸定义

我们已经区分了现象主义与用来表达它的内在俗世感受，也区分了现象主义与很容易相混淆的唯物主义。现在，我们要初步定义现象主义本身，它是一个聚集在某种倾向周围的诸感受和观念之复合体，而这种倾向就是将作为科学对象的诸现象关系解释为事物的一种实体秩序。无论何时，只要现象被当成了实体，我们就应当将这种实体化（substantialization）的结果命名为"现象式实在"（phenomenal reality）。一旦承认科学的符号和关系是实体，随之而来的现象式实在就能被当成思辨对象，好像它是实体式实在（substantial reality）一样；对于这种思辨类型，我们应当命名为"现象式思辨"（phenomenal speculation）。不止如此，人们能够将希望和恐惧投射进现象式实在，而且，人们也能随着现象式实在一道进入诸经验关系，就好像这些经验关系就是实体式实在本身一样；对于这种投射类型，我们应当命名为"现象式投射"（phenomenal projections），而将它们对人产生的影响称为"现象式着魔"（phenomenal obsessions）。最终，当人在现象式思辨的基础上，在现象式着魔的影响下行动时，我们可以将作为其结果的行动模式和态度模式，分别命名为"现象式行动"（phenomenal action）和"现象式行动主义"（phenomenal activism）。

就我们所知，这一现象主义复合体从来没有被孤立出来，当作现代人智识生活和精神生活中的一个组成要素，而且，我们也没法向读者介绍该主题有什么现存专著。既然当前研究的背景没法提供这样的专著，我们就应该首先着手提出第一个例子，以使其中的问题吸引到哪位哲人的注意；然后，我们会简短列举一些必须归于这标题之下的主要现象。

(四) 帕斯卡与现象式思辨

17世纪中叶,现象主义已经成为一个问题。天文学和物理学的进步积蓄了充分的动力,不仅越来越广泛地吸引了有教养的公众,而且通过敞开关于外部世界的无限知识视域而令人着魔。这种吸引力,这种着魔,似乎一直有如下信念直接相伴:新科学不只是一种探索现象的工具,还为打开实在的某种新维度提供了一把钥匙;作为这种新科学的结果,我们关于人及其在宇宙中的位置的知识,将受到实质性影响;进一步的后果就是,在基督教人类学中曾经完成的对于人的理解,也将断然失效。这个问题吸引了帕斯卡(Pascal)。在《沉思录》(Pensées)中,我们发现了帕斯卡在大量残篇中试图缓解科学成就所激发的傲慢和骚动,并且他试图说服读者,这种现象式世界观只能使人认识到自身的不重要和有限性,无限多的现象式视角恰恰应该将人抛回到这样一种认识当中,那就是认识到人在基督教意义上的受造性。①

布鲁诺对于无限者的实体式思辨,到了帕斯卡的时代似乎已经完全成了现象式思辨。布鲁诺在一种精神的自由投射中创造了无限者,而且这无限者也有其作为一种投射的意义,意义就是使人确信:如今不是人关于宇宙的现象式知识,而是人自身精神的实在及其在神圣太一(Oneness)中的根基,已经外化成了对于偶性的无限探究。对帕斯卡而言,在他的残篇中,帕斯卡邀请读者去沉思太阳与相对不那么重要的地球,然后继续沉思恒星和相对不那么重要的太阳:如果他的想象就这样继续下去,那么他将很快发现,[183]事物的无限性将超出想象的无限性:

---

① 帕斯卡,《思想录》(Pensées de Pascal), Leon Brunschvicg ed. Paris: Garner, 1925, no. 72 (pp. 80 – 86)。

> 我们也许能将我们的诸观念扩展到超出可以想象的诸空间之外，而一旦以牺牲万物的实在为代价，那我们除了原子外什么都无法产生。

和布鲁诺一样，帕斯卡指出，无限领域的中心无处不在，而它的外围无处存在：

> 我们的想象将会在这种思考中迷失自我；这一点就是我们对于神圣全能者可以感觉到的最大性质（le plus grand caractère sensible）。

因此，现象式想象的尝试及其失败，将人抛回他自身，并使他思考一个问题：

> 在无限者当中，人是什么？

如果人继续沉思这种无限性，继续拓展，深入到无比细小的微粒，直到趋近于无（le néant），那么这种沉思将更有益处。在原子中，人的想象将会发现

> 宇宙进一步的无限性；它的苍穹、星球和大地，与可见世界有着同样的比例。

人在两个维度上想象宇宙，结果，他将发现自己悬置于至大与虚无之间的深渊；人的好奇心将变成赞美，他将更愿意默然沉思，而非带着假设去继续探究。

然而，人没有走上这条沉思之路。他鲁莽地扎入自然探究

中,就好像这样做与他相称:

> 真奇怪:人竟想通过无限多的假设——假设就像其对象一样无限多——以此理解万物的原理,并且以此为基础去认识万物。

如果我们认识到有限性就是我们的本性,而且它被悬置于虚无和无限者之间,那我们就会理解:这些原理向我们隐匿,因为它们源于虚无;无限的至大也向我们隐匿,因为我们的生存有着种种限度。对我们而言,世界并非静止:

> 我们备受一种欲望的煎熬,那就是想发现一个坚实的位置和一个终极的恒定基础,以便在其上竖立起一座伸向无限者的高塔;但是,我们的根基破裂,大地也敞开了深渊。

我们可以清楚看见帕斯卡的立场及其批判的潜在含义。人的有限性被悬置于思辨的至大与至小之间;这种观念处在库萨的尼古拉(Nicholas of Cusa)和布鲁诺的传统当中。① 帕斯卡攻击那种探究原理的做法,[184]并且偶尔评论一下那些题为《哲学原理》(Des principes de la philosophie)之类的书籍的愚蠢;这都是在直接反对新物理学和笛卡尔体系。另外,还有一种诊断认为,科学进步与新的恶如影随形——"这是我们引导自然知识将至的地方"(Voilà où nous mènent les connaissances naturelles)——这种诊断直接切入了我们必须处理的态度的核

---

① 在布鲁诺《论原因、本原和太一》(De la causa, del principio et uno)第五篇对话中,不只是关于在上帝当中至大和至小的思辨原则,而且有些例证也是直接从库萨的尼古拉《论有学识的无知》中直接借用过来的。

心:这种态度将关于"偶性之偶性"的科学转变成了关于"实在的"自然秩序的科学,转变成了一种关于人和宇宙的知识的基础——据说这种知识将取代关于实体的知识,但它本身其实也起源于精神经验。

(五)生物学现象主义

为了考察现象主义,最好首先考察一个困扰着观念史家的问题,这个问题就是 19 世纪演化论(theory of evolution)所取得的成就。如我们所见,18 世纪的生物学理论全面讨论了诸生命形式的演化:它抛弃了物种的创造论,构想出了一种从原始到最复杂的诸生命形式的世代继替观念。人们接受了关于物种演变的现象式知识的增长,但同时也产生了另一种洞见:诸生命形式的演化观念,无法使我们进一步理解同样沿着诸形式之链而不断演化的实体的奥秘。作为一个整体,不断演化的诸形式之链无异于一种本体论上的终极基准,而这基准曾经是特定一类物种。无论是以思辨方式将演化链条延伸到无机的质料中,还是去追问有机形式能否起源于无机质料,问题本身都无法改变。这类思辨仅仅意味着,将时间中以形态学方式展开的潜能的奥秘往回追溯,却没有更好理解它。最终,我们总是面临莱布尼茨(Leibniz)的两个基础本体论问题:为什么是有(something),为什么不是无(nothing)?为什么有是这样?

到了康德的时代,演化问题被还原成了它的现象式比例物(phenomenal proportions),而 19 世纪就像什么都没发生过一样。一种新的现象式演化理论——它利用了生存斗争、适者生存、自然选择等观念——获得了[185]广泛的成功,并且变成了受过部分教育的大众的信条。假设它在经验上站得住脚,那么这种理论顶多能对演化机制提供一种洞见,但并没有触及它的实体;

这样的理论被公认为一种关于生命本性的启示,迫使我们对于人的本性和人在宇宙中地位的看法发生了重新定向。

西方思想史发生了一个关键性的断裂:断裂的一边是实体问题日益狭窄的发展主线,另一边则是日益支配着公共舞台,并且造成了我们时代的道德混乱和智识混乱的现象式大众运动。作为这种断裂的一般症状,有一种做法变得十分重要,那就是在大众运动的新层次上,重新开放一个理论上已经解决的问题。不止如此,生物学理论的例子也特别重要,因为它极为清楚地揭示了现象主义特有的问题。一种本身可能有助于我们认识实体的现象式展开的理论,也被歪曲成了实体哲学;现象的因果关系(通常假定了理论的正确性),被理解成了一种生命实体层次上的解释。

导致诸现象式关系转变为一种现象式实在的首要因素,已为人们熟知。达尔文(Darwin)是一位伟大的经验生物学家,他整理了大量令人信服的材料来支持他的理论,而这一大批经验数据让人看到了一种秩序化知识的崭新领域。与此同时,无论达尔文还是其追随者都不是最好的理论家,以至于夹在现象知识与实体知识之间的问题始终相对模糊。我们面对着19世纪的一个问题:随着科学的专业化,学者毫无争议地成为自己领域的主人,但这导致他们无法看到,他们的专业科学中的理论问题与本体论和形而上学中的问题之间有一种适当的关系。不止如此,还有一种意志因素独立于当时生物学的巨大进展之外,它想从现象科学的诸命题中创造出一个现象式实在,情况就像17世纪天文学和物理学取得进展时一样。演化论运动之所以凸显了一种敌基督和世俗主义的风格,其实是因为它有一个假定:它将人解释成演化链条的最后一环,而这种解释又与将人视为一种精神存在的理解有关。这场巨变的动力因素在于一种意志:它想通过一种现象科学来理解人,认为人的位置是在一种内在俗世的[186]秩序中,而不是在一种由信仰之知(Cognitio fidei)所启示的超越式秩序中。

我们再一次强调:认可诸生命形式的演化——人作为演化的高峰——既未必要提出一种关于人的内在俗世式的、现象式的解释,也未必与基要主义者念兹在兹的基督教教义产生冲突。因为,在16世纪帕拉塞尔苏斯(Paracelsus)的人类学中,我们已经发现以《创世记》为基础的一种关于人的生物学解释,而它解决了演化论在一种实体理论层次上提出的问题。帕拉塞尔苏斯假设,上帝的创造分为两步:首先,上帝通过"言"从无中创造了万物;接着,上帝从实体中创造了人,"而这实体是从天地间所有受造物中萃取出来的"。

> 从天地间所有受造物、所有元素、所有星体,从所有性质、本质、自然、类、样态等等当中,他萃取了最精妙和最好的,并且将其压缩为一体(massa):上帝从这一体当中创造了人。因此,人就是小世界,人就是小宇宙。

这样一种对人的召唤,不仅吸纳了动物血统,还吸纳了基本元素、植物以及星体。但是,这里的吸纳不是现象性的,意义在于形态学式的派生;而是实体性的,意义在于由一位炼金术师上帝提炼出的一种实体所发挥的同化作用。术语"萃取"(extraction)和"压缩"(contraction)是指如下过程:第一实体被转化为它的"第五本质"(quintessence),也就是人的自然实体。对于一种哲学人类学而言,"第五本质"的观念有着方法论上的核心重要性,因为要想穷尽人的非灵性层面(无机的、植物的、本能的、联想的等等),就不能采取将它们在现象上孤立出来的办法——那样做就好像人不过是植物或动物似的。在人这一复合物中,较低的本体层面发生了一些功能性变化,而这些变化将这些较低层面融入灵性生命,从而使它们成了人的专属。人不单单是一个动物附带上理性或灵性而已,相反,人是一个生存的统一体,它是从灵性层次而被完整赋予了秩序。

帕拉塞尔苏斯使用"以太"这个观念,以此表示在人的复合体中较低层次的转变。帕拉塞尔苏斯尚不知道生命形式在时间中的展开,但现在已经有了一条思辨原则:我们对于演化之链的知识也必须奠基于一种关心人之实体的人类学上。现象式知识的扩充可以要求有一种劳动分工,可以要求有一门关于生命现象的专业化科学,但这还没有触及最根本的问题(引文出自帕拉塞尔苏斯,《天文学解释》[*Erklärung der ganzen Astronomey*],选自《作品集》,Karl Sudhoff 编,第 1 版[Munich and Berlin: R. Oldenbourg,1928],10:648)。

就其结果而言,演化论运动再一次能被用来作为现象式思辨、着魔和行动这些问题的原型。社会和政治的解释,吸收了生存斗争、适者生存之类的生物学观念。在竞争性社会的秩序中,自然选择的观点能够强化如下信念:成功的人就是更好的人;成功在自然秩序中是命中注定的;由成功所创造的秩序就是正当秩序,因为它出于自然的意志,无关乎道德和精神的问题。在与种族差异理论相结合的过程中,[187]这些生物学观念使得如下做法成为可能,那就是:利用一种劣等种族和优等种族、命定统治或命定被统治的说法,重新解释历史和政治——当然,这些说法也无关乎道德和精神的问题。生物学现象的外衣遮蔽了人和社会的实体,窒息了道德和精神意识,并且试图用一种生物学式的生存秩序来取代社会的精神秩序。当它正式成为一种行动的准则时,生命的现象式秩序就变成了一种现象式着魔。①

---

① 这一节相关问题的详尽讨论,见《沃格林全集》卷 3,《种族观念史》(*The History of the Race Idea*),Ruth Hein 译,Klaus Vondung 编(1997;available Columbia: University of Missouri Press,1999)。

（六）经济学现象主义

既然确立了类型，现在我们就能更简洁地讨论经济学和心理学中出现的相似问题。经济学的问题也包含在了演化理论中，因为适者生存之类的生物学范畴已经同化了对于竞争性社会的现象式着魔，而这种竞争性社会在 18 世纪和 19 世纪就发展起来了。在经济理论的例子中，我们再一次得到了一种现象科学，它运用的假定包括：人是一种利益导向的理性的经济个体，社会中大量个体的理性经济行动将使全社会实现商品的最大化均衡。如果假设它们有效，那么，对于这样一种社会——其法律秩序偏爱不受限制的理性的经济行动——是否可欲的问题，从这些假定中根本推不出任何结论。实体性秩序则是提出这样的问题：对社会中的人及其生活而言，是否有少数事物比商品最大化更加重要？为了一个生产出最大化财富的经济秩序，是否值得牺牲那些为了维持它而牺牲的价值？

经济现象的理论相当合理地不讨论这些问题。只有当一种经济行为理论发展出来的法律被当成了行动标准，经济关系的理论体系被视为不可扰乱的社会正当秩序时，现象式着迷的要素才会浮出水面。结果，[188]我们必定再一次目睹道德意识的衰落，同时甘愿对一些恶表示认可：这些恶源于从现象式关系转变为一种实体性义务秩序的过程中的不便（inconveniences），而这些暂时的不便终将因为长期的收益而得到补偿。对经济学现象主义而言，关于短期和长期的论证尤其耐人寻味。按照人类实体的秩序，短期是人的具体生存，长期则根本就不存在；原因在于，以具体当下的视角来看，显现为长期的那个时间点，随着时间的流逝，终究也会变成当下。既然如此，个体的具体生存，在后来的那个时间点上仍然是短期。由于用现象性秩序来取代实体性秩序,现象主义忽略了这样一个事实:人不仅仅是商品的吸纳者,相反,人的地位取决于他与社会整体之间的关系。所谓的个人与商品间的真实均衡——它也许事实上符合经济理论的预测——实际上是现象式的,而那种在实体上真实的贫困和富裕——它取决于社会其他成员的贫富关系——也许根本就没有改变。原则上说,忽视社会中的人的实体性秩序,就有一种导致现象式行动之野蛮性的危险,正如生物学现象主义的情况那样。

即使凭借革命来试图重建一种社会的实体性秩序,也无法打破这种行动的野蛮性。极权主义革命——如国家社会主义——包含一种欲望的要素,那就是打破自由经济(liberal economic)的着魔,演化出一种新的实体性秩序。但这种对于实体的革命,在不同程度上遭到了计划的新式现象主义的遮蔽。"计划"(plan)就像自由经济的市场机制一样,成为一种遍布社会实体性秩序之上的诸经济关系的体系。实体性秩序的观念将成为一个前提条件,没了它,计划观念就是空谈。然而,在政治实践中,我们发现它们和自由主义有着一样的趋势:将计划树立成一种绝对秩序,将个人当作计划的一个功能,甚至比现象式自由主义对待个人更加残忍,毕竟后者只将个人视为经济行动的相互作用当中的一个功能性要素。

马克思敏锐注意到了19世纪政治中的经济学现象主义。[189]他对这个问题的意识,导致他提出了更令人不解的关于资产阶级社会的经济学解释。一个社会的法律和文明的秩序是以经济秩序为基础的"上层建筑"(superstructure),或者说,社会的实体秩序是经济秩序的一个功能;这种观念在现象主义者手里根本就是对社会的误解。然而,在马克思进行构想的那个时代,这种观念也包含了一种实实在在的经验性真理,因为在当时,自由主义的现象主义发展到了顶峰;在那个工业革命的时代,经济关系的秩序确实具有令人着魔的特性,而这种特性使得经济关系的秩序变成了实际影响社会的决定因素。

在论洛克的那一章中,我们已经看到:17世纪末,私有产权的程序性保护已经着魔到了这种地步,以至于洛克的《政府论》压根儿没有关于社会义务的问题。洛克认为法律一视同仁地保护了穷人的贫穷和富人的财富,并且将此树立为政治社会的价值;洛克的做法之所以没有引起嘲讽和反感,乃是因为当时的英国政治社会本来就是他著作中实际暗含的预设。到了20世纪,在工人问题面前颂扬一种排除了任何实体性秩序观念的程序性保护,已经变得可疑了,即便英国也是如此。考虑到德意志甚至还没有一个清晰分明的政治社会,这种程序性保护对于当时的德意志人来说几乎毫无意义。洛克用来捍卫私有财产权社会的论证,恰恰成了马克思用来攻击一种秩序的工具:这种秩序很大程度上已经变成了现象式秩序,因而破坏了社会的道德与精神的实体。马克思主义的意识形态概念,作为解释社会的一个基本范畴是无效的,但它凭借强大的经验洞察力捕捉到了一些个例,捕捉到了在经济学着魔的压力下实体的萎缩。

(七) 心理学现象主义

心理学现象主义已经相当彻底地渗透了我们的文明,以至于这个问题可谓是众所周知。这里只需要提醒读者们注意现象式心理学的几种变体即可。我们拥有一门实验的、生理学式的心理学,它完全丧失了人的精神实体[190];此外,我们也有一门行为主义心理学,其中,心灵的行动变成了"语言行为",而观念则成了"思想材料";我们还有一门深层心理学,其中,灵魂被还原成了一种关于性的量化和升华的经济学。在这种类型的心理学的冲击之下,精神生活倾向于被消解成多种多样可以管控的因果关系;"心理学管理者"取代了灵魂的引导者(directeur de l'âme)。心理学管理在我们的文明中无孔不入,并且创造了一个着魔于现象的、缺乏实体性实在的幻造世界——为了实现这一点,它借助了商业广告、政治宣传、"新闻"报道、期刊杂志上的文学批评等等方式。

我们生活的世界,充斥着名牌商标、香皂、香烟、必读书、畅销书、特殊场合专用香水,以及一堆凭着挑威士忌牌子而享有权威和殊荣的人士;这是一个有着领袖、电影明星、大人物、教育家以及战争犯的世界;这是一个有着中立国、永久和平以及无条件投降的世界;这是一个有着三巨头、四巨头、五巨头的世界;这是一个有着史无前例的载弹量和演说量的世界;这是一个有着各种历史性会议的世界;这是一个有着矫正、健身、教育和再教育的世界;这是一个有着宣传和反宣传的世界;这是一个充满了复杂、踌躇、挫败和喜悦的世界;这是一个实现了好几个世纪进步的世界,也是一个有着儿童、常人和无用之人的世界。总之,随着中世纪关于天使与魔鬼的名录变得看似琐细、拙劣之后,我们如今也创造了一种现代的魔鬼学。

(八) 诸类型的结合

我们这个时代混杂着各种类型的现象主义,在结论中,让我们首先反思一下我们这个时代的某些现象。物理学以及一般意义上的自然科学的现象主义,产生于19世纪,随后诞生了一种特殊的文学种类:对于科学式着魔的虚构探索。雪莱夫人(Mrs. Shelley)的《弗兰克斯坦》(*Frankenstein*)开启了一个有着科学怪物和冒险、人格分裂、时间机器、月球旅行和火星旅行、环球旅行、海底旅行和地心旅行的世界。这场运动的代表人物有爱伦坡(Edgar Allan Poe)、斯蒂文森(Robert Louis Stevenson)、凡尔纳(Jules Verne)、拉斯维茨(Curt Lasswitz)[191]以及韦尔斯(H. G. Wells)。

在我们的时代,这场运动已经在冒险连环画和"科幻小说"的大量生产中遭到了商品化。这场运动在我们的语境中有着重要意义,因为小说的想象似乎已经成功掩盖了真实的现象式着魔。以赫胥黎(Aldous Huxley)的《美丽新世界》(*Brave New World*)为例,我们能看到,公众对这个作品的接受有些摇摆不定:一些人认为它是对现象主义的讽刺,另一些人则误解它是看待人类未来社会中科学的潜力和效果的一种视角。① 小说的想象与现象式着魔相融合,最终偶尔会造就奥逊·威尔斯(Orson Welles)的火星人入侵广播。曾有一场恐惧在听众中爆发,因为他们相信小说中的入侵是真实的,而他们之所以能相信这是真实的,乃是因为他们生活在一个现象世界中;在这里,火星人入侵是一件可以料想的事情,就如同中世纪一位魔鬼学家的世界中也能料想到长爪有尾的恶魔一样。在这些相信它的人中,还有两位来自普林斯顿的地质学家,他们冒着生命危险英勇地着手调查这场入侵,就好像这是真正科学家的本分一样。

我没有过分关注这个事件,当它发生之后,给人留下的印象就是听众将一场某外国势力的入侵事件误以为是火星人入侵。这已经够疯狂了。

---

① 在一个现象主义的时代,讽刺文学的写作日益困难,甚至到了不可能的地步,这一点可参见卡尔·克劳斯(Karl Kraus),特别是他对于国家社会主义长达三百页的回应,以《为何火炬不出现》(*Warum die Fackel nicht erscheint*)为题发表于《火炬》(*Die Fackel*) 36 (July 1934)第 890 – 905 期。另见他的主要著作,《人性的最后日子》(*Die letzten Tage der Menschheit*)(Vienna-Leipzig:"Die Fackel",1922);要想知道其中大量的恐怖事情,不必通过讽刺夸张,直接引用新闻报纸和其他材料就行。

但我依旧记得,我在读哈德利·坎切尔(Hadley Cantril)对这种恐惧的分析时——见《火星人入侵:恐慌的心理学研究》(*The Invasion from Mars: A Study in the Psychology of Panic* [Princeton: Princeton University Press, 1940])——突然感到一阵冷冰冰的恐怖。我意识到,这些听众真的是从字面上理解火星人入侵,相信火星人入侵,并且在这种信念下行事。借此机缘,我理解到了我们生活其中的疯狂究竟有多深。

另一方面,我们也目睹了:在一个有着宏伟技术成就的领域中,科学的潜力究竟如何展开。这一技术领域变得越来越现象化,并且获得了着魔的特性,因为它诱惑人用技术手段来转变实在,而不考虑这将在一种实在秩序的领域中产生什么后果。技术手段的领域变成了一种合法化的秩序,[192]在同样意义上,生物学或经济学的理论秩序也成了一个标准:能做什么,就应当做什么。结果,我们目睹了整个民族遭到迁移和毁灭,平民被机枪扫射,城镇遭到恐怖轰炸和夷为平地,还有恐怖的集中营。这些工具不再是一种服务于实质性目的的执行工具,而是自身获得了一种动力,能够将目的扭转成技术上的可能性。如果目的领域本身在实体上已经竭尽,就像我们这个时代一样,目的领域也让位于对生物学、经济学和心理学的着魔,那么,各式各样现象主义的结合就会灭绝最后一丝残存的实体。国家社会主义者的极端之处在于,它赤裸裸地主张现象式着魔已经战胜了精神秩序。连环漫画与集中营之间有着一种最为直接的联系:逃离了火星人入侵的人与毫无内疚地绞死一名囚犯的党卫军,在精神实在的秩序中都是同穿一条裤子的兄弟,因为前者的人格已经被连环漫画和广播所瓦解,后者对自己行动的意义已经麻木得没了感觉。现象主义已经走得如此之远,以至于要将我们的社会转变成一种疯人院与屠宰场的结合体;但许多当代人仍然太过理智,以至于丝毫没有觉察到这一点。

附言:这一章写完时,正是往广岛投下原子弹的六周以前——这一天使我们离那个地方更近了一步:在那里,现实与漫画变得难以区别。

第二章 谢 林

一 分崩离析时代的实在论者

(一) 社会对实在论者的孤立

[193]关于生物学现象主义,我们注意到一个特殊情况:在大众信条的层次上,有一个18世纪的思辨已经解决了的问题,此时重新出现了。这起事件是一个严重征象,代表着自1300年以来一直作为西方特质的深渊裂口再次扩大:一边是精神的保存者、精神实在论者以及在其传统下生活的哲人;另一边是一股股大众浪潮,奔向世俗化、去精神化的特殊力量和运动的领域。分裂之所以不断扩大,乃是因为一些共同体逐渐消失了:实在论者能以一种再现的方式来表达这些共同体的精神,而这些共同体反过来也保留了由他所创造的各种标准和传统。

如我们所见,圣托马斯有一个多明我修会来保存他的作品并使其保持活力;尽管它在更大的欧洲舞台上没有产生其原本想要造成的直接影响,但它始终保留了一种哲学定向的框架,一直延续到我们时代的新托马斯主义思想家。在接下来的一代人里,但丁已是孑然一身;尽管如此,这位伟大天才(majestate genii)的作品,直到今日也是意大利民族生活的一种权威尺度,而且他对马志尼(Mazzini)的强烈影响显而易见。博丹的真正伟大之处在于他是一位理智神秘主义者,也是《七贤对话录》(*Heptaplomeres*)的作者;虽然这些都已消逝不再,但博丹召唤的王权式民族国家在17世纪也进入了法国的政治生活。即便是斯宾诺莎的神秘主义和宽容,也尚未遭到相当程度的孤立,而是在他那个时代的荷兰贵族制中有其共同体背景。[194]但是,只有到了18世纪,各种党派性立场的荒漠才开始扩大,在这荒漠里,精神越来越难找到一个能容纳它的共同体的绿洲。那些实际存在的共同体和具有社会影响力的运动,已经彻底脱离了西方的精神秩序及其传统的残余物,以至于在它们盲目前行的道路上,精神的声音再也无法触及它们。

(二) 哲学的浅薄

不止如此,生物学现象主义的例子表明,还有一种导致状况不断恶化的新因素。人们的感受和态度纵然天差地别,但他们依旧生活在同一个话语的宇宙中。但丁召唤的一种俗世君主政体,并没有阻止欧洲趋向民族国家的潮流,不过,他那个时代的学者(docti)仍然能理解但丁的哲学技艺和论证。18世纪和19世纪,这种精神的分裂和衰败开始腐蚀理性的概念工具,而这些工具本应用来充分地表达观念。日常的哲学语言开始瓦解,随之瓦解的是人们跨越不同的感受和态度而达成相互理解的可能性。不止如此,随着相互理解的日益困难,人们越来越不愿意开展理性讨论,而持有不同信条的共同体也开始钻进他们各自的话语真空中。日常语言的瓦解有多种原因,而原因之一就是我们在这个背景下渐渐相互孤立。虽然只是因素之一,但它相当重要,而我们所谓的重要就是指日益增长的哲学浅薄。

目前为止,我们已经描述了现象主义的特点,即它用一种诸现象关系的领域取代了实体性的实在,却没有反思这么做在技术上所具有的哲学意涵。现在,我们不得不强调其技术性的一面,我们必须说:在形而上学中有一个巨大的技术性错误,即认为一种关于生物学现象的理论足以影响我们对于人之精神性生存的理解。按照同样的方式,我们也不得不描绘其他现象主义的特点,例如经济学唯物主义:在一种大众层次上接受这些信条,并不能消除它是浅薄的形而上学这一事实。我们时代的智识混乱有一个绝非无足轻重的部分,而它在民主主义[195]与法西斯主义之间、共产主义与自由主义之间感到了痛苦和不可调解的憎恨;这都要归因于哲学浅薄之徒的胡作非为。

(三) 理性主义

去精神化、形而上学浅薄或者说非理性主义,都是彼此关联的,因为哲学话语的理性主义依赖于一套健全的本体论。如果不能恰当地区分存在(being)的诸领域,如果不能识别出它们各自所在的实体和结构,如果精神被分析成了一种物质的附带现象或者精神的物质,如果精神的活动被还原成了各种心理关系,或者被解释成了诸本能的升华,抑或是被当成了某种经济状况、社会状况或种族因素所造成的影响,那么,话语就再也不是理性的话语了。原因在于,按照外围现象式的建构原则,一切类型的本体领域统统将遭到歪曲,无论是它们的自身结构,还是它们的相互关系,都是如此;进一步的原因在于,这些事物被唤以其他领域事物的名字,不再沿用它们原本的名字。理性主义——在本研究使用的意义上——意味着接受了这样一种本体论:它承认实在的结构,包括从物质一直到精神的所有层次,而不是试图以因果的方式把一个存在领域的现象还原成另一个领域的现象。理性主义进一步意味着:在存在的分层化以后,要用语言符号来再现实在,而不是试图把适用于某一存在领域之现象的符号用到另一个领域中。上述定义的理性主义,在一个时代迅速遭到了瓦解,而这就是我们迈进的现象主义时代。

理性时代(Age of Reason)本身,引发了针对理性主义的第一波巨大打击。因为我们在"离经叛教"(Apostasy)[1]那一章已经看到,大写的理性作为一种绝对标准,预设了对精神领域的不承认。这样一种本体论斩首(decapitation)的直接后果便是术语陷入混乱,以至于"理性主义"一词成为了某种真正非理性态度的名称。"理性主义者"(rationalist)否认精神秩序在他自身中是一种活生生的力量,从而犯下了摧毁实在秩序的原罪。然而,一旦秩序没有了一种精神性原则[196],精神的失序也就没有了限制;一旦"理性主义者"随着历史时间的流逝而离开了那个崩溃发生的时刻,一旦植根于制度、思考习惯和行为模式当中的精神内容在那个崩溃时刻衰败而死,"理性主义者"也许就会坠入这种精神失序当中。接着,行为的"合理性"渐渐只意味着目的与手段的正确协调,无论目的本身可能变得多么失序。在这种意义已遭歪曲的"合理性"下,任何深受现象式着魔所影响的现象式行动都不得不被称为"理性的"——今天确实也称之为

---

[1] 见《沃格林全集》卷24,《政治观念史稿(卷六):革命与新科学》,Barry Cooper 编(Columbia:University of Missouri Press,1998),第1章。

"理性的"——只要这种行动的正确定向发生在着魔范围内的目的－手段关系当中。

对于观念史家而言,这类本体论毁坏和非理性术语造成了巨大的困难。再现圣托马斯的观念相对容易,一是因为托马斯的体系依赖于一种卓越的本体论,并且它的发展出自一位哲学技艺炉火纯青的大师之手;二是因为圣托马斯的观念在自身中设定了一种合理性的标准,并且能用它们自己的术语来呈现这种标准,这就为这位思想家与记录他的史家之间根本态度的差异留下了余地,也为源于人类软弱的种种缺陷留下了余地。另一方面,再现伏尔泰(Voltaire)的观念就非常困难,因为伏尔泰是一位技艺很差的思想家,而且,要想阐明伏尔泰观念的潜在意涵,那就只有援引一种超越于伏尔泰本人思想之上的合理性标准。但要想援引这样一种超越性的标准,那就要求阐明一种多少可用于描述伏尔泰之非理性主义的术语工具。因此,在像伏尔泰这样的例子中,历史学家必须驾驭三套语言:(1)伏尔泰的语言;(2)合理性标准的语言;(3)一种描绘前两者之间关系的语言。

(四) 偏狭和颠倒

一旦认识到这种历史解释所产生的困难,我们就更容易理解:在一个现象主义和逐渐瓦解的理性主义的时代中,精神实在论者究竟遭遇了什么问题。伟大的中世纪哲学技艺保存在众多学派手中,但它们逐渐失去了权威,影响因素有二:[197]首先是一系列感受和心态,它们无法在一个智识上有凝聚力的教会组织那里找到自身的位置;其次是源于科学进步的新问题。从文艺复兴开始,一种新的世俗哲学从经院主义的诸传统中逐渐发展出来,它不得不阐明和保存自己的技艺,同时得不到秩序和学派所提供的连续体的保障。18世纪再次标志着一个革命纪元，因为这个时代已经做了决定：从现在起，西方世界不再拥有一种哲学技艺的传统，也就是一种在连续体中得到发展，并且用来表达一种共同的精神实体的工具——相反，各哲学学派与不同个体的哲学将各自踏上大相径庭的道路，这些道路既表达了各种地域性共同体的实体，也表达了世界的诸个别面向（正如物理学、化学、经济学、生物学和心理学的进步），还有就是表达了那些"原创性"思想家的古怪观点。

18世纪以来，出现了一些规模浩大的趋势：由于诸共同体而导致的思想偏狭化，由于时代兴趣的偏狭视角而导致的思想碎片化，以及哲学技艺不可避免的衰落。我们进入了一个混乱时代，在这个时代，任何人都可以轻易地成为正确，因为几乎每个人都是错的，甚至到了这种程度：谁要想达到至少像对手一样的部分正确，只需强调对方论点的反面即可。这种立场的颠倒，已经成了现代政治观念和运动中的一个普遍特征。它不只是较低层次的对立双方的特征，例如无政府主义与极权主义、个人主义与集体主义、自由与权威、平等主义民主制与等级制、常人与精英、经济自由主义与计划经济、封建价值与资产阶级价值、布尔乔亚价值与无产阶级价值、中产阶级安全感与 Vivere pericolosamente［冒险生活］等等，而且也延伸到了现代哲学的最高层次，例如黑格尔体系与马克思体系之间的关系就是一个经典的颠倒实例。即便黑格尔也在他那个时代的偏狭当中陷得如此之深，以至于马克思能对黑格尔的辩证法施以一种迷人操作："头脚颠倒"。被颠倒过来的黑格尔辩证法，仍然是一种特殊兴趣及其闪光点的产物，但这种操作［198］几乎无法用在柏拉图、圣奥古斯丁或者圣托马斯这样的人身上。

（五）实在论者的无实效性

因此，实在论者发现自己身处这样一种智识环境和社会环境：这种环境再也无法容纳由一种精神上良序的人格所产生的合乎理性、技艺完备的思想。在这样一种人人相斗的非理性主义失序中，实在论者将频频发现，诸问题的延续体遭到了破坏。人们重新提出早已解决的问题，而且搞得好像此前没有人处理过一样。基础性的哲学错误也能飞黄腾达，进而支配一个已经丧失了合理的批判标准的公共舞台。如果实在论者以一位竞争者的身份主动卷进这场大混战，那他自己的哲学目的也将作废。为了赢得听众，实在论者不得不成为一位偏狭之人；为了成为偏狭之人，实在论者不得不放弃合理性的标准。

另一方面，即便实在论者有足够的精神力量和哲学良心，以使他身为哲人理应坚守的立场超越于时代失序之上，他在社会上也仍然毫无实效，甚至遭人误解。这又是革命和危机时代的一个新要素：有一种非正统的中世纪唯灵论者曾经受到迫害，但他们也受到了相当程度的重视；博丹和斯宾诺莎，至少也是被好基督徒斥为阴险的无神论者；布鲁诺也因为被烧死而获得了社会关注。如今，在一个有着社会影响力的范围内，实在论者找不到任何回应。没有任何建立在理解基础上的攻击和赞美，就是他的命运。在最好的情况下，人们以某种实用主义的方式将实在论者的论点滥用于党派目的；至于其他情况，实在论者早已被人遗忘。

（六）谢林的影响

当我们接近所有时代中最伟大的哲人之一谢林（Friedrich Wilhelm Joseph von Schelling，1775－1854），接近其人其书的时候，我们必须意识到这个时代荒凉的精神氛围和学术氛围。谢林的同时代人几乎都没有认识到谢林作为一位哲人的才华，而在1811年雅可比（Jacobi）以泛神论攻击和指控他之后，[199]谢林余生中公开发表的作品就仅限于一些小文章了。谢林作品的主体是以遗著形式发表的，而他视为自己哲学的经典表述的专著——《世界时代》（Ages of the World）——从未完成。谢林早期对先验观念论（transcendental idealism）的批判在德意志内外并非没有影响，但这种影响力到了19世纪已经穷尽；当时谢林的批判不再用于反黑格尔主义的斗争，因为那场斗争已经平息了。经济唯物论、达尔文主义、自由主义经济理论、新康德主义知识论、历史主义、经验社会学以及心理学都是当时的强大运动，根本没有给谢林精神的展开留下什么空间。谢林的实证哲学，从未成为哪怕是一个不太重要的"学派"的起点和核心。当那些占领了公共舞台的运动在精神上逐渐衰败时，一位有着谢林这样声望的哲人也可能被流放出公共舞台；尽管如此，但这决不能阻止谢林发挥出一种随着时间推移而日渐重要的潜在影响力。这位实在论者与排斥其直接影响的时代之间存有张力，而一旦那些精神上盲目的力量最终陷入了无助的混乱，这张力就会因一种延时发挥的影响力而渐渐消解。

因此，我们必须注意到：在那些趋向精神失序的表面性潮流之下，谢林作品带来了怎样的启发。这种启发，可以在叔本华（Schopenhauer）、克尔凯郭尔以及后来的哈特曼（Eduard von Hartmann）和洛采（Lotze）那里感受到；这条越来越宽的洪流，也可以在柏格森（Bergson）和蒂利希（Tillich）、雅斯贝尔斯（Jaspers）和海德格尔（Heidegger）、奥尔特加·加塞特（Ortega y Gasset）和别尔嘉耶夫（Berdyaev）那里看到。20世纪，人们对谢林的关注有了巨大的发展势头，以至于可谓是"谢林复兴"（Schelling Renaissance）①。因此，谢林的影响几乎[200]刚刚开始。我们对他的理解仍然不如尼采或克尔凯郭尔，但我们能看到，他的作品将为一种关于人类生存的现代哲学提供一个最重要的定向点。

二 谢林立场的诸要素

在当前背景下，我们的任务不是要呈现谢林观念的所有维度。我们不得不仅限于少数几条思想主线：它们与现代人类学的展开有着重大关系，具体而言，它们与布鲁诺开创的实体思辨问题的进展有着重大关系。我们已经看到，布鲁诺如何重新建

---

① 至于人们对谢林的兴趣有多大，见 Frederick deWolfe Bolman《世界时代》英译本导言(New York: Columbia University Press, 1942)，页 8。这个译本就是人们对谢林兴趣越来越大的标志，正如 James Gutman 翻译谢林的《人类的自由》（*Human Freedom*, Chicago: Open Court, 1936）一样。以下著作带着不同的特殊兴趣，收罗了更丰富的文献：蒂利希，《谢林哲学发展中的神秘主义和罪感意识》（*Mystik und Schuldbewußtsein in Schelling's philosophischer Entwicklung*, Gütersloh: C. Bertelsmann, 1912）；Kurt Leese,《从波墨到谢林：上帝问题的形而上学》（*Von Jakob Böhme zu Schelling: Zur Metaphysik des Gottesproblems*, Erfurt: K. Stenger, 1927）；Vladimir Jankélevitch,《谢林后期哲学中良心的奥德赛》（*L'Odyssée de la conscience dans la dernière philosophie de Schelling*, Paris: F. Alcan, 1933）；Otto Kein,《尼采和谢林的阿波罗与狄奥尼索斯》（*Das Apollinische und Dionysische bei Nietzsche und Schelling*, Berlin: Junker und Dunnhaupt, 1935）；还有一个文本也许最重要，那就是巴尔塔萨（Hans Urs von Balthasar）《德意志灵魂启示录》（*Apokalypse der deutschen Seele*, vol. 1, *Der deutsche Idealismus*, Salzburg and Leipzig: A. Pustet, 1937 – 1939）第一卷《德意志观念论》讨论谢林的那一章。英语读者可以参考上述译本中 Gutman 和 Bolman 写的精彩导言。

[校注]按照《世界时代》的版本考订，沃格林引文的底本应当是 1915 年谢林手写遗稿残篇，中译见"世界时代·残篇（来自一份手写遗稿）"，载于《世界时代》，先刚译，北京：北京大学出版社，2018 年，第 287 – 483 页。

立起了一种自然哲学,而这种自然哲学能够发现在人的精神生机(spiritual alivenss)当中的实体,以此洞察宇宙的实体。历经两个世纪之后,谢林重新提出了布鲁诺的问题,而我们首先必须追问:在此期间究竟发生了什么?是什么诱发了谢林重提这个问题?

(一) 笛卡尔和笛卡尔之后的思辨

谢林本人已经处理了这个问题,而他的回答就是将自己的立场解释为一种体系性的总结,总结了从布鲁诺到他自己之间的哲学发展。但是,介于他们之间的发展恰恰是从笛卡尔到黑格尔的现代哲学经典时代(classic age),因而我们必须理解:为什么在谢林看来,一直到他那时为止的发展进程其实是一场巨大的偏差?谢林的解释是一项有趣尝试:他试图把自笛卡尔以来各种不同的哲学立场,解释成一个开端早已千疮百孔的体系逐步解体的不同阶段。最初的恶,就是笛卡尔将世界分裂成了物体和心灵:一方面我们拥有对自我(ego)的沉思性探究,另一方面则是物质的机械论。在心灵与僵死物质的二元论中,世界的实体统一性丧失了。斯宾诺莎想要在一个根本实体(神)中维持心与物的终极同一性——心和物就是神的思想样态与广延样态——以此使这两者重新结合为一。谢林对斯宾诺莎的尝试致以最高敬意,因为它的方向是对的。但他也认为斯宾诺莎的尝试是失败的,因为这仅仅是一种机械的同一性[201],没有显明物质和心灵是在一种活生生的实体过程中的不同时刻或阶段(就像布鲁诺所做的那样)。

继斯宾诺莎的不充分尝试之后,这场解体便开始了,并且一步步显现自身:第一阶段是莱布尼茨观念论与一种谢林所谓的物活论(hylpzoism)立场之间的对立。莱布尼茨试图废除存在整体，将实在解释为 Vorstellung[表象]，以此重新建立统一性。但是，莱布尼茨并没有否认一种物体-世界的实在，而是在将它保留在了如下观念里：诸物体是独立于我们知识与思想之外的 Vorstellkräte[表象性力量]。作为反面立场的物活论不过是一种猜想，谢林没有将其归于历史上的任何哲人名下，尽管他偶尔提到是布鲁诺启发了它；谢林似乎是将物活论建构成了一种与莱布尼茨同时代的反面立场，以此完成了在他眼中这场哲学解体的理想类型。不管怎样，物活论据说是这样一种形而上学立场：它使用了斯宾诺莎两类样态中的广延作为绝对实体，但它假设物质被赋予了活力，以此保留了心灵。①

最后一个阶段赖以建立的方式，就是从莱布尼茨实体和物活论实体中消除了它们相互对立的要素，最终，摆在我们面前的是法国唯物主义与费希特(Fichte)先验观念论之间的对立。唯物主义设想物质"仅仅是一种外在性"，"仅仅是诸部分的集聚"，而且必须从中推衍出活生生的自然以及人类的各种思想、感受和行动。另一方面，费希特的观念论则把观念式的实体限定成主体性的自我(ego)："这是对自然的彻底谋杀。"如下图示可以呈现出上述整个模式：[202]

---

① [编者注]沃格林猜想，谢林可能构建了物活论概念，以此完成了哲学解体的一种理想类型；这个猜想无法得到历史事实的支持。物活论这个术语，已经被剑桥柏拉图主义者卡德沃斯(Ralph Cudworth)用于 1678 年《宇宙的真正理智体系》(*The True Intellectual System of the Universe*)，其中明确引用了布鲁诺和瓦尼尼(Vanini)关于被赋予灵魂的物质的观念。见波考克(J. G. A. Pocock)，《霍布斯：无神论者还是宗教狂？论霍布斯在复辟时期争论中的位置》("Thomas Hobbes: Atheist or Enthusiast? His Place in the Restoration Debate")，*History of Political Thought* 11:4 [winter 1990]，页 744 以下。

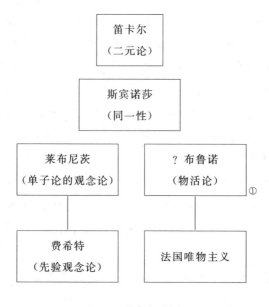

（二）时代批判

从这样的分析中,谢林将得出什么结论呢? 在《世界时代》评论完费希特之后的几页里,谢林指出了其中一些潜在含义。在费希特的观念论中,谢林发现有一种趋势越来越明显,而它有时在科学、艺术和公共生活中占有支配地位。谢林追问,所有现代神学努力将基督教逐渐观念化,逐渐掏空,但这种努力究竟是什么? 在生活和公共意见中,能力、力量和品性变得微不足道,所谓的人道(humanity)反而成了一切,但没了能力和力量它就什么都不是;只有一位上帝能满足这个时代,但从其概念上看,上帝已经被夺走了一切权力和力量。有一位上帝,它生命的最高表现就是思考和认识;有一个世界,它是上帝空洞地图式化自己的结果(a world in which he schematizes emptily him-

---

① 见《作品集》I,8:342;谢林称 Jordanus Brunus 是物活论的一位代表。

self)——这是一个只有影像(image)的世界,它其实只有影像之影像、阴影之阴影、无之无;人无非也是幻象,是阴影的梦;一个好心致力于所谓启蒙的民族,业已成功地将一切事物消解在思想当中,但随着黑暗失去了全部力量,这民族也失去了那种野蛮(barbarou)的本原——可是,对于一切伟大和美而言,要想维持它们的基础,这种野蛮本原就必须被征服,但绝不能被灭绝:

> 毋宁说,这些就是必然发生的当代现象,正如我们的确在当代看到了这些现象。①

[203]这就是谢林的时代批判的核心。其中包含各自的各种不同要素在后来分离出来,成了19世纪伟大批判的各自起点。基督教已经被观念化,被掏空了:对于这一事实的反抗,决定了克尔凯郭尔对中产阶级基督教的批判,以及他旨在复原基督教的努力。这一事实也是马克思以革命的方式攻击"人民的鸦片"的起点,自此以后基督教再也没能恢复过来。这一事实还激起了尼采对基督教的憎恨。基督教已经变得空洞,因为上帝已经失去了他的"权力和力量"。

从谢林的视角来看,这种攻击直接指向了从笛卡尔、牛顿和伏尔泰以来自然神论(deism)的各种变体,但它也第一次表述了尼采断言的"上帝死了"。谢林更加清晰地表述了这种控诉的历史-经验性的内容:"上帝死了"意味着,上帝不再活在这个时代的人们当中。但是,一旦上帝不再活着,而是仅仅成了一种思考和认识,上帝——接着是人和人的世界——就会成为上帝的一种"空洞的图式化"。谢林堆砌了诸如"影像之影像"、"阴影之阴

---

① 谢林,《世界时代》,前揭,I,8:342以下。

影"之类的表述,这让我们想到了布鲁诺的"偶性之偶性",而且,在仅仅是"阴影的梦"的人那里,我们辨识出了现象主义者,他们就处在现象式着魔和现象式行动的世界当中。最终,人道——也就是失去了力量和品性的人道主义感觉——成了一种毁灭性力量,榨干了伟大和秩序的根基。我们不得不赞美谢林的敏锐洞察力,因为直到我们这个时代,关于人性善的乐观主义信念才充分暴露了它的毁灭性。

如今我们知道,一旦这种"野蛮本原"被从现象上灭绝而非征服,它那不可征服的赤裸性就会爆发,并且毁灭这种本性良善的、被启蒙了的、有理性的、非常道德的、文明化了的人的世界;但不幸的是,被毁灭的不只是他们的世界。我们还能辨认出,在谢林对人道的攻击当中,已经上演了后来尼采对"末人"的攻击,以及格奥尔格(Stefan George)对Lämmer[羔羊]的攻击。

(三) 论理性的警句

既然实体已经被启蒙了的理性和人道所吞噬,谢林又有什么正面的替代选项呢? 对于这个问题,我们[204]在他论理性(Vernunft)的警句中找到了第一个答案:

> 认识上帝的不是我们,不是你们,也不是我。因为理性——就其肯定了上帝而言——无非只是肯定了虚空,并且在这些行动中毁灭了作为一种特殊性的自己,毁灭了作为一种外在于上帝之物的自己。

在实在中,没有主体(subject)和自我(ego),因而也没有对象(object)和非我(nonego)——这种看法与费希特相反——而只有太一(the One)、上帝或者说宇宙,此外就是虚无(nothing)。

"我思故我在"是自笛卡尔以来所有**认识**(Erkenntnis)的根本错误;思不是我的思,存在也不是我的存在,因为一切都仅仅属于上帝,或者说属于大全(the All)。

理性不是一种能力,也不是工具,它不能被使用:事实上,根本就不是我们拥有理性,而是只有一种拥有了我们的理性。

理性不是对太一(the One)的某种肯定,否则它就会在太一的外部;理性是一种对上帝的认识活动,而它本身就在上帝之中。

理性不**拥有**(have)上帝的观念;它就**是**(is)这种观念,而不是别的什么。

关于上帝的知识根本不存在上升,而是只有一种直接认识;这种直接认识不是出于人,而是出于神圣者、属于神圣者。

上帝绝不是一个知识对象;我们从来没有在上帝之外,因而我们无法把他设定为一个对象。还有一种态度也应当谴责,它主张,主体会肯定自己就是主体:

> 根本不存在这样的信仰,即相信上帝是在主体当中的一种性质。你只想拯救这个主体,却不想神化(verklären)神圣者。
>
> 因此,唯有绝对者作为主观与客观之绝对而不可分割的同一性,绝对者才能被永恒地保留下来,而这条准则相当于上帝那无限的自我肯定。①

---

① 《关于自然哲学导论的警句》(*Aphorismen zur Einleitung in die Naturphilosophie*,1806),第 42-54 和 65 条警句,前揭,I,7:148 以下。

在启蒙和理性的时代之后,这些警句就完全停止了。

三 谢林的思辨

谢林将哲学的经典时代解释成了关于太一的思辨的解体过程,同时批判了启蒙运动的神学和人类学,还写下了一些论理性的警句;这三种要素汇聚到一起,使我们能对谢林的思辨问题展开分析。但是,我们不打算考察这个体系整体的宏大阐述,而仅限于考察谢林方法的诸原则。

(一) 回到布鲁诺

[205]首先,思辨问题被抛回笛卡尔之前,一直回溯到布鲁诺的阶段。谢林既没有回到基督教的本体论,也没有回到以圣灵为中心(Pneumatocentric)的人类学,而是回到了这样一个思辨任务:它试图凭借在人之本性中能够找到的手段,将宇宙建构为一个可以理解的整体。我们已经看到这个问题如何变得尖锐:当时,一种属灵的基督教与一种占星术式、炼金术式的自然哲学的共存变得岌岌可危,并且在新自然科学的冲击下土崩瓦解。一方面,关于自然现象的科学取得了辉煌进步,我们不能对此视而不见;另一方面,现象科学绝不是实体哲学,这一点也变得愈加清晰。在这种情况下,布鲁诺迈出了将自然哲学理性化的关键一步:他放弃了炼金术传统,构建出了世界灵魂(Anima mundi)。至于世界灵魂,它甚至活在物质当中,通过存在的诸领域而展开,最终在人的思辨精神和反思精神那里达到顶点。不止如此,布鲁诺之所以能发展出这个观念,是因为他共享了一种哥白尼式的内在俗世的感受和意志,那就是要让世界臣服于人类心灵的思辨形式,以此命令世界。最终,这场冒险不是一场毫无成果的天马行

空幻想,而是有着生存上的正当理据,因为布鲁诺经验到了,他自己的精神就是一种扩张性的自然:他能够创造无限宇宙的思辨式类比,这是因为他的思辨精神本身就是一条从物质流向太一的有灵自然之洪流的高潮所在。黑格尔将布鲁诺本性中的这个要素刻画为"某种酒神式的东西",而我们将在谢林那里看到,这种要素以一种变体形式再次出现,那就是普罗米修斯式的生存。

与布鲁诺的思辨相反,笛卡尔主义哲学必定表现为一种根本性的错误,甚至是一件毁灭性的作品。笛卡尔彻底打破了在那位思辨哲人当中的精神与自然之同一性。既然笛卡尔不可能想回到一种基督教本体论,那么,这场破坏的结果便是一种笛卡尔所特有的经验:自然的直接性遭到了灭绝(如果用德语精神病学术语的话,也可谓是"体验中止"[Ausfallserlebnis]),因此,能否真正认识外部世界也就存疑了;要想重新赢得确实性,那就只能在生存上还原回一个思考性原点,也就是哲人的自我(ego);[206]一旦哲人确定,不仅他那自我的生存隐示了上帝的实存,而且上帝不可能想欺骗他,届时,世界才能被重新建立起来。随着一种直接的自然经验的消失,笛卡尔的如下几样事物也有了严肃的生存基础:他所谓的方法论怀疑主义,关于一种白板(tabula rasa)的诸观念,以及哲学的一种新起点。笛卡尔的伟大在于他经受住了自己的工作,并且在自己的工作中规定了这种生存的可能性;结果就是,他奠定了一种批判性知识论的基础,而康德正是这种知识论的集大成者。但是,我们不得不同意谢林的如下看法:笛卡尔的立场是一种致命的堕落,它偏离了布鲁诺先前达到的思辨水平。

(二) 回到康德

一旦理解了肇始于笛卡尔的问题,谢林讲的笛卡尔之后的解体范式也就不言自明了。但是，读者必定注意到了一点：康德没有被列入这个范式当中。事实上，谢林向康德致以最高敬意，因为康德已经意识到了思辨当中的自然问题。尽管康德自己没有给出解决办法，但他让这个问题保持开放，没有对它作出错误建构。康德的物自体（Ding an sich）观念——这在诸因果联系的现象式表面下是不可通达的——让这个问题本身保持了流动不居的状态；就算到了开普勒（Kepler）与弗卢德（Robert Fludd）争论的时代，这个问题也仍旧存在。物自体的观念，在实践理性（praktische Vernunft）中被赋予了直接性，但在自然中不可通达——这就始终警醒哲人，有一个关于自然与理性之实体同一性的问题存在：你可以忽视它，就像新康德主义对科学方法的批判那样，但绝不能废弃它。谢林的思辨不只是要越过笛卡尔回到布鲁诺，也是要越过费希特和黑格尔回到康德。

（三）浸没在宇宙实体中

在论理性的警句中，这种回归的结果已经部分可见了。笛卡尔的我思立场被抛弃了。自我不再是一种具有推理能力的终极实体，而只是一个中介；借此中介，宇宙实体在其诸过程中活动。对谢林而言，在关于上帝的知识中，[207]既没有知识的主体，也没有知识的对象，而是只有神圣实体的生命，它为世界以及作为世界一部分的人赋予了灵魂。在这个意义上，对于上帝的认识活动就在上帝当中，理性也并非拥有一种关于上帝的观念，相反，理性就是这个观念，而人关于上帝的知识同时也是上帝的一种自我肯定。对于这种理性－上帝的特殊关系而言，实体同一性在这个过程中被重新确定为各种认识关系的基础。谢林的思辨有一普遍原则，那就是：将存在诸领域以及诸认识关系的形态学分层，浸没到实体同一性或者神圣过程当中。不单是理性－上帝的关系,还有人－自然以及上帝－自然的关系,都浸没在这个宇宙过程当中。这一普遍浸没的本原,致使谢林遇到了一个问题:上帝不可能像18世纪的自然神论中那样,相反,上帝必须在自然中,自然也必须在上帝中。这样一来,关于宇宙的思辨再一次变得像布鲁诺那样,成了一种关于在宇宙中的上帝启示的思辨——不过,思辨如今已到了一种自觉意识和理性化的崭新层次。

在布鲁诺那里,思辨问题仍旧保留着某种悬疑,因为他使用了传统的基督教和希腊哲学的符号,却没有将它们整合进一个融贯体系。结果,今天人们还能争论,布鲁诺究竟是不是一位泛神论者。如果人们将他的世界－灵魂观念分离出来,径直将其等同于上帝,那么布鲁诺的确能被视为一位泛神论者;确实,布鲁诺自己也说这个世界－灵魂就是某种神圣存在。但是,布鲁诺也拥有一种上帝观念:这位上帝高踞有灵的世界之上,它创造了这个世界并赋予其灵魂。在这样一种超越了世界灵魂(Anima mundi)的上帝观念中,上帝不是在自然里面活动,因而在创世行动之后实际上也失去了作用;这种上帝观念使得布鲁诺的神学非常接近于自然神论的上帝观念,即上帝在创造了世界－机器之后,就让受造物自行按照这台机器自身的法则来运作。对神学只知皮毛的宗教裁判所,对布鲁诺哲学的这一方面抱有极大兴趣,而且这种可谓是神体一位论(unitarianism)的主张,也许正是布鲁诺被定罪的首要原因。因此,我们必须承认,无论是将布鲁诺归类为泛神论者还是神体一位论者,这都没什么意义。这种归类法恰恰破坏了观念史中非常重要的一点:布鲁诺的思辨缺乏结论,而谢林给出了结论。

[208]继笛卡尔到黑格尔的反复试验和犯错以后,谢林彻底理解了这个问题,并且知道了布鲁诺缺乏结论的根源,那就是他

缺乏一套充分的术语用来区分如下两者：一边是上帝的实体同一性，另一边是存在的诸领域，源于存在自身那静态的形态学分化。在这种理解的诱导下，谢林为这一实体性过程的诸阶段创造了一个极易遭人误解的术语：Potenz［潜能阶次］。[①] 这个德语词表示某个数在一系列数学幂次中的方程式（例如 $2, 2^2, 2^3$……）。通过使用这种形式化的术语，以 A^1, A^2, A^3 的形式来命名太一过程中的诸阶段，谢林避免了一个困难，那就是从术语上将根本实体等同于这一整体过程绽露环节（articulated）的诸部分阶段。因此，根本实体既不是物质也不是精神，既不是超越的上帝也不是内在的自然，而是过程的同一性；在这过程中，太一变成了绽露环节的宇宙。

（四）潜能阶次学说

只有在全部阶段的绽露环节（articulation）中，我们才能认识其中一个绽露环节的阶段。[②] 既然如此，如果不能使用任何一个绽露环节的阶段，那我们应该使用什么术语来谈论根本实体及其绽露环节的过程呢？对此，我们不得不长话短说，因为我们的首要关切并不是潜能阶次学说（Potenzenlehre），虽然它也许是迄今为止阐发过的最深奥的哲学思想之一。我们只要指出一点就够了：谢林谈论潜能阶次学说的根据就是灵魂中的张力，这些张力包括：自由 vs 必然；一种扩张欲望 vs 一种限制自身、

---

① ［校注］这一术语既指数学上的幂次，又指向亚里士多德哲学的重要术语——潜能，今按先刚译本作"潜能阶次"。
② ［校注］"绽露"（articulate）在谢林原文中作 Artikulation，意思是实体作为一个过程，既在展开过程中有着过程的同一性，也清晰显露自身环环相扣的各阶段。注意，这不是人在实体外部对实体进行的"阐释"、"揭露"、"构想"等等。先刚译作"清楚分节"，意思准确，但行文颇不便，故暂译为"绽露环节"。

锁闭自身的相反欲望;一种原初的否定和黑暗 vs 一种不断展开的本质以及照亮本质的冲动;一种诸趋势相互间的盲目斗争 vs 一种同样盲目的绽露环节;一种原初自然中的较高者和较低者 vs 一种较低者想以较高者为定向的欲望;如此等等。

这场斗争的结果,首先是设定了第一潜能阶次,亦即抵抗启示和绽露环节的原则,将其作为自然(A^1);接着是设定了从自然中绽放出一个绽露环节的世界——从无机形式到人都包括在内,其途径是通过现实化而成了作为"救主和解放者"的第二潜能阶次(A^2);最后是设定了自然向自由的提升,这是在第三潜能阶次(A^3)中发生的,[209]第三潜能阶次即世界灵魂,它是宇宙(整全)与最纯粹的上帝(the Lauterste Gott)之间的桥梁。

这种术语的长处显而易见。内在于上帝的必然性绽露为宇宙,相应地,内在于上帝的自由也绽露为一位超越的"最纯粹的上帝";它们也许最清楚地表明,这就是谢林对于布鲁诺悬疑的神学问题所提出的解决办法。在谢林看来,"自然不是上帝";它只不过归属于上帝当中的必然者,因为上帝"严格来说之所以能被称为上帝,仅仅是就上帝的自由而言"。另外,即便是就这一必然者来说,自然也仅仅是它的一个部分,亦即第一潜能阶次。所以,自然不能被称为上帝,因为它只是一个部分。

> 唯有整体能被称作上帝;甚至连整体也不行,因为它已经从"一"(One)生出了"全"(All),因而已经溢出了神性。[①]

这些话足以澄清,将谢林的体系归类于"泛神论",就像将布鲁诺归类于泛神论者那样,都不够恰当。这种根本实体甚至不是习

---

① 谢林,《世界时代》,前揭,I,8:244。

传哲学术语中的上帝,因为上帝自身也是这种根本过程的一个分化,有时被谢林称为 A^0,以此表明上帝的等级在这些潜能阶次的斗争之外。

另一方面,我们也将在尼采的例子中看到,缺乏这样的区分会导致严重的困难。尼采的生存哲学经常有一种滑向廉价的自然主义的危险,原因在于:尼采从未澄清,自然作为生存"根基"(亦即谢林的第一潜能阶次),自然作为绽露环节的存在领域,这两者究竟有什么差别。在尼采那里,"权力意志"作为一种自我实现的宇宙意志,"支配欲"(Libido dominandi)作为驱使一种特殊的人类生存趋向自我肯定的生物学冲动,这两者始终处于一种相互混淆的状态。

我们沿用的是谢林在《世界时代》文本中提出的潜能阶次学说。但是,读者应当注意,在1847年后他临终的那几年里,谢林更加强调"潜能阶次"的其他面向。在《神话哲学导论》(*Einleitung in die Philosophie der Mythologie*)中,谢林说:

> 由于这一自然秩序,我们谈到了第一潜能阶次、第二潜能阶次、第三潜能阶次,虽然命名为"潜能阶次"(Potenz),但我们没有想过与数学的"幂次"(Potenz)作类比。(同上,II,1:391)

在这个语境里,他经常使用 Macht[力]这种提法,强调动力因素而非形式因素。在接下来的文本中,我们必须恢复"潜能阶次"(Potenz)这个术语的其他意涵。

四 历史性生存:思辨的关键

[210]至于潜能阶次学说(Potenzenlehre)的细节,我们必须提请读者自行参考谢林的论述。这里,我们必须追问另一个问

题：究竟有什么知识来源，能使我们建构起这种宇宙过程呢？我们可以从下面这段话中找到谢林答案的核心：

> 黑暗中有一道光。按照古老得几近于陈腐的说法，人是一个小世界。因此，人类生命的过程，从至深到至高，必定与宇宙生命的过程相一致。确定无疑的是：谁要是能从根基出发来书写自己生命的历史，谁也就同时将宇宙（Weltall）的历史凝聚在了一份简短纲要当中。①

现在，谢林以体系性的方式将人类学变成了思辨的关键；任何东西，只要不能在人类本性中找到，不能在人类本性的深处与高处找到，不能在生存的限度与生存对超越式实在的敞开中找到，那就一定无法成为思辨的内容。

（一）历史性生存

哲学的经典时代虽已解体，但也结出了硕果，因为相比布鲁诺，谢林的态度已经变成了批判性的态度。② 谢林已经清楚地意识到，思辨必须依赖于什么样的基础。谢林仔细证明了人类本性何以成为思辨的基础：

> 人必须承认有一种外在于并且高于这个世界的本原。不然，在所有受造物中，怎么可能唯独人能追溯漫长的演化道路，从当下一直追溯到过去最深的黑夜；怎么可能唯独人能上升到所有世代的开端，除非在人当中已有一种关于所

---

① 《世界时代》，前揭，I, 8: 207。
② 谢林承认了哲学经典时代的正面成就，参见《天启哲学》(*Philosophie der Offenbarung*)，前揭，II, 3: 39 以下。

有世代之开端的本原。

人类灵魂来自万物的根源,并且与它有亲缘性,因而"人类灵魂有一种关于创造的共同－知识(Mitwissenschaft)"。灵魂不知道,"毋宁说它自身就是知识"。[①] 因此,谢林引进了人的历史性,以此作为思辨的一个构成性要素。[211]哲人不再以一块白板作为开端,而是发现自己历史性地生存于一个知识领域中,而这种知识域——神话、启示、理性哲学思辨、各种经验性历史科学(包含自然科学在内)——与宇宙本身共同延展到了宇宙的起源。自然和精神之同一性、无限宇宙与关于无限者的实体思辨之共同延展性,就是布鲁诺的生存经验;在谢林对于人的历史性生存的经验中,布鲁诺的生存经验得到了扩展和深化,因为在谢林那里,人的历史性生存与宇宙的历史过程也具有共同延展性。

另外,在布鲁诺看来,对于这个有着复多世界的无限宇宙而言,关于无限者的思辨能够成为理解它的关键;类似地,在谢林看来,神话和启示现在变成了理解宇宙之无限历史维度的关键。[②] 异教多神教、希伯来一神教、基督教都是一种神谱式过程(theogonic process)的诸阶段,在这过程中,神圣启示与人类创造的诸符号相互渗透。神话和启示是一种器皿,盛装了神在世界中通过人所作的自我肯定;它们是宇宙历史的一部分,正如它们也是诸生命形式之历史的一部分。再者,这个过程尚未终结,相反,它以人的灵魂为中介不断持续下去,并且在创造新宗教符号——例如谢林的潜能阶次学说——的

---

① 《世界时代》,前揭,I,8:200。
② 见谢林《神话哲学》(前揭,II,1-2),《天启哲学》(前揭,II,3-4)。

过程中显现自身。

（二）记忆式对话

因此，历史具有双重意义。首先，它是宇宙中自然事件和人类事件的一种实际过程；如果将诸事件的过程理解为宇宙的某种有意义的展开，那么，它就变成了第二种意义上的历史。之所以可能发生诸事件过程的内在化，或者说外部过程浸没在一种灵魂运动当中，乃是因为这种内在化的灵魂本身就是这股潮流的一部分。当灵魂为这股潮流赋予意义之时，灵魂也就在自身中发现了这股潮流及其意义。在这种意义上，灵魂即知识，历史学是一门关于灵魂的科学。

但是，这种关于灵魂的知识，并不是作为一个能被主体认识的对象领域而保持敞开。相反，灵魂被极化（polarized）成了一种自由本原；借此本原，它能理解万物[212]，也能理解一种陷入黑暗和遭到遗忘的本原——正是在后面这种本原当中，万物的原型陷入了沉睡，遭到了遮蔽和遗忘。

> 在人当中，有一种事物是必须被记忆起来的，另一种事物则是引起记忆的；有一种事物已经有了解答所有问题的答案，另一种事物则从前者那里孕育出了答案。

一方面，这根基处的黑暗束缚了自由本原，压制了自由本原；只要黑暗没有表示出同意的迹象，自由本原就不可能拥有任何真实之物。另一方面，黑暗也被自由本原解放了出来，并且向自由本原敞开了自身。

> 这种分裂，这种我们自身的复合成双，这种秘密的交合

(其中有两种存在)……这种沉默的对话,这种内在的说服技艺,就是哲人特有的秘密。

外部的哲学对话和说服技艺,就是对于内在对话的"摹仿",因而也被称为*辩证法*(dialectic)。① 我们可以将这些话总结成一个主题:宇宙的过程借由一种记忆(anamnesis)而变得可知,凭借这样一种记忆,人从自己的无意识当中提炼出了外部过程的意义。

(三) 记忆与历史

在这个主题中,我们发现了一种原则的最全面表述,而这种原则在德意志历史主义(historicism)的发展中被赋予了灵魂;德意志历史主义始于赫尔德(Herder)和巴阿德(Baader),作为启蒙运动的对立面。赫尔德已经将历史构想成了"人类灵魂的历史",并且把历史学家的灵魂视为解释工具,因为"我们能移植进他人当中的东西只不过是我们自身",而且"一个灵魂只有通过另一个灵魂才能被发现";此外,赫尔德已经看到了无意识(unconsciousness)在历史事件中的重要性。② 谢林为这些前人努力赋予了精确性,并且将这种原则拓展到了哲学即历史学、历史学即灵魂科学的地步。不止如此,"意义"的来源也没有被明确限定为灵魂中进行的记忆式对话。记忆既未完成,也非即将完成,因而我们也不知道历史作为整体的意义,未来仍然是开放

---

① 《世界时代》,前揭 I,8:201。
② 见雅诺希(Friedrich Engel-Janosi),《德国历史主义的发展》(*The Growth of German Historicism*, Baltimore: Johns Hopkins Press, 1944),页 19;迈内克(Friedrich Meinecke),《历史主义的兴起》(*Die Entstehung des Historismus*, Munich: R. Oldenbourg, 1936)。

的。作为科学的一种"客观"历史学,不可能将诸事件的过程[213]视为一种业已完成的过去。

> 我们不可能是叙述者,我们只是探索者。

我们能做的不过是权衡每一组正反意见,直到时代最终凿实无疑地确定了哪一方是对的。① 这些话包含着一种祈愿,但也仅止于此。谢林的实在论(realism)阻止了他沉迷于任何一种终末论。灵魂的对话仍在继续,思辨也尚未成为一种"科学",即关于过去的知识;思辨仅仅是"辩证式的",也就是一种通过记忆(Wiedererkennung)来争取意识的努力。② 这样一来,哲学就不能通过辩证法而被建立为科学,原因在于,"恰恰是辩证法的存在和必然性,证明了哲学根本还不是真正的科学"。③

(四) 谢林与黑格尔

上面的这些评论直接针对黑格尔。谢林与黑格尔之间的区别很清楚:谢林的辩证法是记忆式对话的概念化,黑格尔的辩证法则是将对话变形成了一种通向绝对理念(Idea)④的绝对运动。在黑格尔的辩证法中,这种运动已经终结,而随着客观运动的终

---

① 《世界时代》,载于《文集》,I,8:206。
② 《世界时代》,前揭,8:201。
③ 《世界时代》,前揭,8:202。
④ [校注]在康德之后,德国观念论传统的 idea,大多具有跃出主体"观念"内部的客观化、外化色彩,故可译为"理念"。在沃格林笔下,黑格尔以观念的辩证法运动一直上升到了观念作为无所不包的整全式绝对者的地位,而谢林则是将理念置于生存及其历史性当中,同时强调其超出人类有限性的一面。因此,文中的 idea 除了日常语言的"观念、看法"义项外,涉及与谢林相关的德国哲学思辨,均译为"理念";黑格尔的大写 Idea,专译为"绝对理念"。

结,哲学也达到了它的体系性终结;对谢林而言,记忆的辩证式阐发是一件艺术品,它并没有对未来艺术家的阐发形成先入之见。① 就绝对理念本身已经在当下实现了充分的、反思性的自我理解而言,黑格尔的历史哲学仍然带有启蒙运动的印记;就人已经成为一种尚未穷尽的历史性生存而言,谢林则超越了启蒙运动。对黑格尔而言,[214]没有什么视角能看到一种未来;对谢林而言,无意识孕育了尚未成为过去的时间。

无论是黑格尔还是谢林的辩证法,两者的历史性来源都是神秘主义传统,尤其是波墨(Jacob Boehme)的神秘主义。在黑格尔那里,神秘主义灵魂的运动,在正题-反题-合题(thesis-antithesis-synthesis)的辩证法范式中发生了对象化,而这种范式能应用于历史材料的组织和意义的建构。另一方面,谢林消除了甚至存在于神秘主义者著作中的对象化要素,因为神秘主义者展示的真理据说是在"直观"中作为一对象而被给予他的真理。谢林坚称:

> 我们不是生活在直观中(Im Schauen);我们的知识是

---

① 谢林,《对人类自由本质的哲学研究》(*Philosophische Untersuchungen über das Wesen der menschlichen Freiheit* in),前揭,I,7:414;Jede Begeisterung äußert sich auf eine bestimmte Weise; und so gibt es auch eine, die sich durch dialektischen Kunsttrieb äußert, eine eigentlich wissenschaftliche Begeisterung. Es gibt darum auch eine dialektische Philosophie, die als Wissenschaft bestimmt, z. B. von Poesie und Religion, geschieden, und etwas ganz für sich Bestehendes, nicht aber mit allem Möglichen nach der Reihe eins ist, wie die behaupten, welche jetzt in so vielen Schriften alles mit allem zu vermischen bemüht sind[一切热情都以一种特殊方式来表现自身,因而也有一种真正的科学式热情,它通过辩证法的艺术本能来表现自身。因此,有一种被定义为科学的辩证法哲学,有别于诸如诗和宗教之类的东西;它完全自为地存在,而不是侧身于其他所有种类的事物当中,后面这种情况就像如今那些人所断言的一样,他们在大量著作中努力要把一切与一切都混合起来]。

零碎的,而这就意味着,知识必须在各种划分和阶段中一点一点地被产生出来,不可能在毫无任何反思的情况下如此。①

思辨的真理,既不是在直观中"被给予",也不是什么绝对理念的辩证法运动所自动产生的结果;相反,它是一种经过阐释的、反思性的真理,必须借助记忆式对话才能得到永久的证明。

五 欢欲式生存

到了这个节点,我们必须引入一个术语:元辩证式经验(protodialectic experience)。事实证明,它不仅适用于解释谢林,也普遍适用于一种关于人类生存的哲学。这种经验的对象是一种从无意识中涌现出来的内容:在固化为语言符号之前,它始终处在流动和模糊的状态中,同时还伴有灵魂的各种动力式的"基调",例如焦虑、痉挛、冲动、压力、努力、踌躇、躁动、不安、放松、快乐,等等。我们需要这个术语,因为我们刚刚初步描述的经验——从无意识过渡到意识和反思的经验——就是谢林用来解释宇宙过程的一个范例。在谢林的作品当中,到处散落着关于这一经验领域的片段性描述;它们通常出现在一种辩证式阐释的语境中,并且支持后者。要想充分考察这些片段,那还需要一部长篇专著。我们只择取[215]一部分有助于照亮谢林之后人类学发展的片段。

元辩证式经验,是一种关于创造性过程的经验。我们之所以不得不称为"过程"(process),乃是因为"行动"(act)已经是对

---

① 《世界时代》,前揭,8:203。

于某种直接经验的阐释,但在这种直接经验里,行动的主体与对象尚未相互区别开来。在这个过程中,被动激情(passion)与主动行动(action)是共同存在的。正是这个过程,将无意识与意识相互联结起来。谢林已经表述了这一过程中不同环节之间的联系:

> 一切有意识的创造都是以一种无意识作为前提,而且只是无意识的一种展开和阐释。①

弥漫在这场过程当中的第一组基调,都带有一种欢欲式的气息(orgiastic tinge)。像巴阿德(Franz Baader)一样,谢林发现:

> 对知识的冲动与对生育的冲动有着最大的相似性。②

要想理解这个类比,我们最好看看谢林对这一过程的描述:活动着的潜能阶次(potency)不是直接地展现出全部力量,而是像某种温吞的宫缩(gentle contraction),就好像从沉眠中觉醒之前的状态。随着力度的增加,存在(being)的诸力量受激而做出了迟缓、盲目的行动(sluggish, blind activity)。尚未成形的分娩(shapeless births)开始出现。身处这场斗争当中的存在,就像在沉重的梦里一样魇住了(heaves as in heavy dreams),而这些梦源于存在,亦即源于过去。随着冲突加剧,黑夜的这些分娩穿透了灵魂,就像野蛮的幻想(wild fantasies)一样,而灵魂在它们当中经验到了关于它自身存在的所有恐怖(all the ter-

---

① 《世界时代》,前揭,8:337。
② 《论人类自由的本质》,前揭,I,7:414。

rors)。在诸趋势的相互冲突中,占主导地位的情感是一种焦虑(anxiety)或惧怕(Angst),它不知道要转向哪条道路。

与此同时,力量的痉挛(orgasm of powers)越来越大,使得灵魂的整合性力量惧怕一种彻底的分裂(complete dissociation)或完全的解体(total dissolution)。

到了这个节点上,灵魂的整合性力量承认自己已成为过去,以此让自身生命得到自由(sets free)或者放弃(surrenders)自身生命。而在这种解放(release)活动中,它自身生命的更高形式(higher form)以及精神的宁静的纯洁(quiet purity),也像一道闪电那样在它面前显现。① 这种欢欲式受苦是不可避免的,因为

> 痛苦是一切生命当中的某种普遍、必然之物,这是通往自由的必经之路。
> 每一个存在者必须学会认识它自身的深度,而这不可能不包含痛苦。

存在是所有痛苦的唯一源头,[216]一切活着的事物必定首先自行闭合于存在之中,然后从它的黑暗中突围,实现变容(transfiguration)。②

---

① 《世界时代》,前揭,8:336。
② 《世界时代》,前揭,8:335。[校注]transfiguration 出现语境往往描述实体过程是从生存到存在、从有限到无限、从本原到绽露的升华或突变,既有存在的辩证式"展开"的思辨内涵,也有存在的超越式"飞跃"的神学意味。沃格林往往用谢林与基督教比照,因此,中译接续这个词作为"基督变容"(《马太福音》17:2)的意涵,译作"变容"。

在最后几句话里，我们已经从单纯描述过渡到了一种普遍化的解释。谢林认为，这种经验揭示了一般意义上的宇宙过程的特征。

> 有一种徒劳的努力，就是把自然的多样性解释为不同力量彼此间的一种和平的渗透与和谐化。可是，只有在躁动不安和不满（Unmut）当中，一切进入存在的事物才能如此。而且，既然焦虑是一切活着的受造物的基本情感，那么，一切事物也是像这样被构想出来，并且在暴力的斗争中得以诞生。①

但是，这种普遍化的解释目前被回溯到了直接经验，因为

> 我们在一个例子中看到——它容许我们去见证一种原初创造——只有在殊死斗争、恐怖的不安以及一种走向绝望的焦虑当中，未来人类的首要基础才得以形成。②

接着，这种直接经验再一次被投射到了神圣自然本身：

> 我们甚至应该毫不犹豫地再现出原生存在（即外在显现的上帝的第一潜能），而它处于不断展开的过程所特有的受苦状态当中。通常，受苦是通往荣耀（Herrlichkeit）的道路，不只对人类而言，也是对造物主而言……造物主需要参

---

① 《世界时代》，前揭，8：322。
② 《世界时代》，前揭，8：322 以下。

与那盲目、黑暗并且在自然中受苦的全(all),这样才能将他提升到最高的意识当中。①

这位受苦的上帝,就是理解神圣启示在历史中的诸阶段的一个必要假设:

> 要是没有关于一位像人那样受苦的上帝的观念——它对于古代所有神秘事物和精神宗教而言都是共通的——那么,一切历史势必会保持无法理解的状态。②

这种生育式启示的恐怖和痛苦,在这个世界中仍旧与我们同在;"上帝是全中的全"的那个时代,尚未来临。③ 原因在于,当前上帝是在一个充满了恐怖的世界登上王座,而且

> 就那在他当中和借由他而被隐匿的东西而言,上帝可以被称为恐怖的、可畏的,不仅比喻上如此,字面上也是如此。④

[217]根据这些描述和建构,我们也许会假定:就算谢林选择了 potency[潜能阶次]这个词,他也意识到了其中带有某种潜在的性意味。而且,就其依赖于元辩证式经验而言,潜能阶次学说也是对于生育活动的经验所作的一场数学式思辨。

---

① 《世界时代》,前揭,8:335。
② 《论人类自由的本质》,前揭,I,7:403。
③ 《论人类自由的本质》,前揭,I,7:404。
④ 《世界时代》,前揭,8:268。

六 普罗米修斯式的生存

人不是一种绝对的生存,相反,他的存在是整个宇宙体系的一部分。人的本性,人的无意识,都不是由他自己设定为其存在的根基,就像上帝设定了神圣自然(即第一潜能阶次)那样;相反,人发现自己带有存在的根基,发现它是一种在他底下且他所依赖的东西。与此同时,人也是一个自我,他作为宇宙里一个明显独特的中心而生存着;人不仅仅是在一场宇宙大火中闪现的火花,而是一种立足于自身的存在。通过这种类型的命题——它们属于谢林的辩证法领域——我们在元辩证式经验中圈出了一种"诸基调"(tones)之复合体,自由和必然性、罪、反抗、堕落、忧郁之类的词语为这些基调命名。在谢林那里,这一整个复合体的核心就是普罗米修斯(Prometheus)这个符号。那么,普罗米修斯的符号有什么意义呢?

普罗米修斯不是一个由人发明出来的思想,而是那些原生思想之一。它们自行楔进了生存,进而展开——前提是它们在一个完满的精神中找到了合适环境,比如埃斯库罗斯笔下的普罗米修斯。

普罗米修斯是人性的本原,我们称之为精神(nous);他将理解和意识放进了那些曾经精神贫弱的灵魂之中。[①]

普罗米修斯既是宙斯自身的本原,也是某种与人有关的神圣事物,即一种后来成了人的理解之原因的神圣事物……但在与神圣者的关系中,普罗米修斯是意志(Will),不可征服,不会被宙斯自身所处死,因此能够抵抗神。[②]

---

① 谢林,《神话哲学导论》,前揭,II,1:482。
② 谢林,《神话哲学导论》,前揭,II,1:481。

宙斯是精神(nous)，也是柏拉图的精神之王(nous basilikòs)，而普罗米修斯把先前未曾参与它的活动的人类，提升为它；从神那里被盗走的神圣之火(the ignis aetherea domo subductus)，就是自由意志。①

(一) 双重生命

[218]用更加技术化的语言来说，谢林是在如下主题中提出了普罗米修斯神话：这主题就是个别者(particular)在全(All)中的双重生命(Gedoppeltes Leben)。个别者拥有：(1)在绝对者当中的生命，亦即在理念中的生命，因而它必须被描述为有限者在无限者中的消融、个别者在全中的消融；(2)在它自身中(in itself)的生命，这真实地属于它，但只有在它消融于全(the All)当中时才是如此；如果与上帝的生命相分离，它就变成了一种仅仅是表象的生命。消融于全当中，就是生命的绝对性和永恒性的条件。个别者的生命，不可能既安享自身作为个别生命，同时又是绝对者。

在上帝的永恒肯定中，个别者在一个并且是同一个行动中被创造和被毁灭：它被创造，是作为一种绝对实在；它被毁灭，则是因为它没有那种能作为个别者而与全(All)相分离的生命。

在全当中的这个生命，亦即诸事物的这一本质(essence)，就是理念(the idea)，其根基在于上帝的永恒；而且，它们在全之中的存在，就是一种根据理念(idea)的存在。②

---

① 谢林，《神话哲学导论》，前揭，II, 1: 484。
② 《全部哲学尤其是自然哲学的体系》(System der gesamten Philosophie und der Naturphilosophie insbesondere)，前揭，I, 6: 187。

这种双重生命,就是普罗米修斯式的诸经验之复合体的关键。记忆式对话,以及从无意识到意识的欢欲式过渡,都与灵魂从自然上升到精神的过程相关。现在,我们关心的是从黑暗到光明的内容,即灵魂的本质,亦即灵魂的理念:灵魂的理念必须从无意识中被提取出来,提升为精神的显现。随着人类生命渐渐生长为人的精神性、反思性的形态,我们便经验到了自然与必然性、罪与和谐之间的张力。自由行动就是与必然性相和谐的行动,罪的行动则是反叛必然性的行动。罪与和谐都是经验的"基调"(tones),它们揭示了生存的结构,并且构成了辩证式阐释的经验基础。① 不止如此,罪与和谐也是张力与和缓的经验,因此,它们揭示了生存的各个极端,而在这些极端之间就能感受到这种张力。在罪当中,反叛是从必然性中被揭示出来的,而在这种反叛当中,必然性本身与反叛的自由也一道被揭示了出来。

[219]在这个意义上的自由(freedom)与必然性(necessity),显然不适用于经验性行动的自由问题。在经验性行动中,人总是受制于生理上和心理上的必然性,根本没有什么经验性的自由可言。但是,如果行动与必然性没有在生存的意义上达成和谐,那么,这种经验上的必然性也就没有废弃罪的经验。因此,自由与必然性必须被理解为灵魂的结构,这些结构延展到了一种在无意识当中的起源。另外,既然无意识——亦即灵魂的本性——植根于从永恒而被设定的宇宙本性,那么,自由和必然也就是灵魂当中永恒者的结构。罪与和谐都是通向理解这个"双重生命"的经验之门:人有精神和自我(selfhood),凭借着它们,人就能从神圣意志中分离出个别意志,而在神圣意志中,必然性与自由是永恒同一的。②

---

① 《全部哲学尤其是自然哲学的体系》,前揭,I,6:553。
② 《论人类自由的本质》,前揭,I,7:364以下。

（二）内在回归

迄今为止，谢林的描述在相当程度上处于基督教经验的范围内。人是上帝的形象，但人不是上帝。人的渴望超出了有限性和受造性，渴求与上帝的终极合一。

> 一切自由行动的最高目标，就是自由与必然性的同一；既然这种同一只在上帝当中，所以目标就是要在一个人的行动中显明上帝，也就是与上帝同一。①

与上帝同一，只能由灵魂当中的永恒者来实现。既然灵魂当中的永恒者是无时间的，那么这种同一性就不是经验上可以理解的。这种同一性的经验废弃了所有的时间，同时也将绝对的永恒正确地置于时间当中。

> 与上帝之间的和平，过去的消失，罪的赦免。这样一种朝向无时间状态却又发生在时间当中的转变是不可理解的，我们总是能感受到这种不可理解性。②

人意识到了他在自己灵魂中拥有永恒；这种意识，"就像意识一种突然的澄明和照亮"。从经验性视角来看，这种永恒的突如其来（irruption）只能表达作恩典。③

在基督教看来，生命的意义在于成圣；谢林恢复了这一基督教的生命意义，而这也决定了谢林对他那个时代主流的政治观

---

① 《全部哲学尤其是自然哲学的体系》，前揭，I,6:562。
② 《全部哲学尤其是自然哲学的体系》，前揭。
③ 《全部哲学尤其是自然哲学的体系》，前揭，I,6:563。

念和立场持有怎样的态度[220]。成圣要求以沉思的方式回归永恒起源,而这在行动的盲目性当中无法实现。那些力争在世界上(基督教意义上的俗世)获得行动自由的人,将失去这种沉思式的回归;他们力争实现的那种境界——即自由与必然性之间的和谐——在行动中退离了他们。这种境界不是在他们前方,而是在他们背后。

为了找到它,他们首先必须停下来。然而,多数人从未停下来过。①

不止如此,这种回归也是每一个人最为切己之事。个体生命的成圣与人类的得救没有直接关系,一个人的命运也没有包含在人类的命运当中。每一个人不得不尽力自己去再现最高者。

最远离这种感受的做法,莫过于永无止息地力争使别人在正确行动方面改善和进步,这就是许许多多人沉溺其中的博爱;他们永远不停地谈论人类的财富,想要加速人类的进步,因而取代了神意的位置。通常,这些人不知道如何使自己完满,却一心想让别人享受他们的无聊所结出的果子。

从这个视角来看,关于一个未来黄金时代、永久和平之类的博爱式观念,也就丧失了很多重要性。如果人人都在自身中再现这个黄金时代,而且那些在自身中已有了它的人不需要它在自身之外,那么,黄金时代就会自行到来。

古人的智慧已经留给了我们一个重要线索:它将黄金

---

① 《全部哲学尤其是自然哲学的体系》,前揭,I,6;563。

时代置于过去，就好像暗示我们不应当通过在世界中无止境的进步和行动来寻找它，而是要回到每个人的开端，也就是回到与绝对者的内在同一，以此来寻找它。①

（三）忧郁和恩典

然而，通过双重生命经验当中的一些"基调"，谢林扭转了这种朝向上帝之内在回归的基督教观念的方向，而这些基调开启了他对于生存的其他一些维度的洞察。内在回归是不确定的，恩典时刻也是稍纵即逝。人无法逃离他的个别生存的有限性。既然在人底下的本性从来无法被彻底地精神化，那么，人想在生命中获得完满的意志就会遭到挫败。在他当中的独立根基不愿被征服。生存的这一面向，[221]在忧郁（melancholy）的"基调"中经验性地得到了揭示。

> 在人的本性中最黑暗、最深邃的是渴望（Sehnsucht），就好像是灵魂的内在引力；因此，在它的最深处有一种忧郁（在德语中是 Schwerkraft 和 Schwermut），而在这种忧郁中发现了人对于自然的同情。在自然中最深邃的也是忧郁；自然也哀悼一种失去了的善，并且让所有生命都染上了一种不可毁灭的忧郁，因为在这忧郁之下还有某种独立于它的东西。②

如果上帝没有背负起这种处境，如果他没有在这种处境中与一种绝对的人格相合一，那么，在上帝那里也会有一种黑暗的根基。

---

① 《全部哲学尤其是自然哲学的体系》，前揭，I, 6: 563。
② 《斯图加特私人讲座》（*Stuttgarter Privatvorlesungen*），前揭，I, 7: 465 以下。

但是，人从未使自己的处境彻底达到上帝的权力那样，即使人邪恶地努力这样做；人的处境独立于上帝之外；因而，人的人格(personality)和自我(selfhood)从来不能产生完美的行动(actus)。

这是一切有限生命都染上了的悲哀；即使在上帝当中这种处境至少相对独立，但在上帝当中仍然有一种悲哀的源泉，尽管它从未上升到现实性，而是在永恒的快乐中遭到克服。因此，忧郁的面纱笼罩了全部自然，这是一切生命的深邃而不可毁灭的忧郁。①

所有生命都无法逃离它们带有的那种悲哀，除非是在一个稍纵即逝的时刻(moment)。建立在悲哀根基上的这种幸福时刻，就是一种可以企及的极致，而它只能在一种苦行的宗教生活达到高潮时产生。谢林的宗教性观念，与普罗米修斯式的经验相互联系起来。

这里的宗教性，不是指一个病态时代所谓的宗教性，后者是怠惰的闷头沉思(brooding)、虔敬作派(pietizing)、猜度(surmising)，或者一种只是微弱地想感受到神圣者的意愿。

宗教性是一种良心，或者说，就是一个人按着他所知道的去行动，并且与他行动当中的知识之光毫无矛盾。

一个不可能有这种矛盾的人，就是在最高意义上有宗教性或者说有良心的人。

---

① 《论人类自由的本质》，前揭，I,7:399。

在发生情况的时候，如果人首先记住的是他的义务法则，然后出于尊重这法则而决定去做正确的事情，那么，这样的人就不是有良心的人。①

在良心的这个意义上，德性未必是狂热的。相反，德性是感受的苦行（austerity of sentiment），从中孕育出了真正的优美和神性。但是，如果神圣本原在苦行中爆发了出来，[222]那么，德行将变成狂热，变成与邪恶相斗的英雄主义。狂热的德性就是信仰。谢林正在重新恢复信仰的生存意义，以此对抗启蒙中产阶级那种衰败的基督教。信仰（faith）不是一种相信某些东西为真的信念（belief）；这是伏尔泰的信仰观念，而这种信仰已经屈服于理性批判和历史批判的攻击。对谢林而言，这种信念没有价值。信仰必须被恢复到它的原初意义：信（Fides），也就是信靠神圣者，依赖神圣者，排除其他一切选择。而且，感受的这种坚实的严肃性始终是先决条件，只有进入了这种严肃性，

> 神圣的爱才会降下一道光，使得人的生命产生最高的变容（transfiguration）：人类生命将转变为优美（Anmut）和神圣之美。②

---

① 《论人类自由的本质》，前揭，I,7:392。
② 《论人类自由的本质》，前揭，I,7:393 以下。这里选用优美（gracefulness）和美（beauty）这两个词绝非偶然。普罗米修斯式的幸福只能通过行动而在"瞬间"被把握到，而这种幸福能在艺术中得到长久实现。见谢林《论造型艺术与自然的关系》(Über das Verhältnis der bildenden Künste zu der Natur, 1807)，前揭，I,7；特别是论米开朗琪罗和拉斐尔的那些章节，页 318 以下；更进一步谈论艺术的是《全部哲学尤其是自然哲学的体系》，前揭，I,6:569 以下；读者还可以比较论"忧郁，它就像一味甜药遍布于希腊人最出色的作品中"的段落，载于《天启哲学》，前揭，II,3:512。

在下面这段话中,这一恩典时刻的潜在意味变得更加清晰:

> 把握(grasping)一个人自身中被认出来的永恒;这种把握,从行动的视角来看,只能显示为恩典的实效,显示为一种特殊幸福的实效。①

恩典既像神圣之爱的一道光那样降下,但也仍然能从永恒的无意识的底部出发而被把握;这就揭示了普罗米修斯式经验的非－基督教特征。借由恩典,基督教的经验解决了受造物的有限性与无限性、生与死之间的张力;恩典自上而下地把握了人,使他湮灭,从而进入了一种超越的幸福。相反,普罗米修斯式的恩典则是由人来把握住,而且,它在一刹那的内在幸福中解放了生与死之间的张力。②

七 政治生存

(一) 可理解的存在秩序

政治生存在谢林的理论中占有一个体系性的位置,这可以从以下几方面看出来:谢林偶尔针对时代所作的批判性评论;内在回归的观念;对黄金时代的种种反思。[223]人在这个世界上不是孤独的,人是人类的一部分。内在回归是通向个人完满之路,而非人类在共同体中共存的道路。人的理念,也就是人在上帝当中的永恒同一,要求上帝是诸自由本质的统一体。但是,人已经堕落,人类的生存并非与上帝真正统一。永恒已经失落,而国家既是它的替代品,也是它的

---

① 《全部哲学尤其是自然哲学的体系》,前揭,I,6:563。
② 见巴尔塔萨,《德意志灵魂启示录》卷一,《德意志观念论》(*Der deutsche Idealismus*),第 236 页。

残余物:国家是一种自然的统一体,而这是高于第一自然的第二自然。国家是"人类所负咒诅的一个后果"。① 我们可能会说:

> 人已经偏离了可理解的万物秩序,而这种秩序已经变成了人对于国家的亏欠。②
>
> 在事实世界面前,国家是一种已经成为事实的可理解的秩序。③

这种可理解的秩序,就是存在的普遍建制的一部分。这些共同生活、世代延续的人类个体,都是来自同一个模子的不同塑像。人与人彼此不同。人类的整体可能性无法在任何一个人那里实现;只有作为一个整体的人类,通过在所有人当中有着多种分化的实现活动,才能实现人类的整体可能性。这就是人们在类的平等框架之下,却有着个体间不平等的根源所在;在这个框架之下,一种源于个体差异之互补性的和谐也有其基础。因此,人与人之间的秩序是一种可理解的秩序,"它比所有现实的人更古老,而且不是源于实在"。④ 在历史的实在中,这一秩序自行显现在多种多样的民族和帝国当中,显现在统治者和被统治者当中,显现在反抗和臣服之中,显现在战争当中。不止如此,在历史实在中,它还成了国家权力及其正当性的源泉。

(二) 国家和教会:万族之约

在历史-政治的过程中,人自有其本体论上的位置;就这

---

① 《斯图加特私人讲座》,前揭,I,7:461。
② 《神话哲学导论》,前揭,II,1:547。
③ 《神话哲学导论》,前揭,II,1:550。
④ 《神话哲学导论》,前揭,II,1:528。

个意义而言，人的生存是政治性的。可理解的存在建制（constitution）是既成事实，它不是由人依照某种理性范式所创造的秩序，也不随着人的意志而改变。它与人的理念一样永恒，而且是人的生存的一个要素。鉴于这个秩序在本体论上的客观性，[224]探求一个理想国家的做法必将徒劳无功。完美国家不是为了这个世界而存在的；任何发明完美国家的尝试，最终只能以各种启示录式的幻想告终。① 另一方面，这种生存性的政治观念开启了一种理解方式，那就是将国家理解为一种历史现象。

谢林对历史中各种政治制度作了大量反思，我们将选取他在《斯图加特私人讲座》(*Stuttgarter Privatvorlesungen*, 1810)中对于权力－国家和教会的观察。在这次讲座中，谢林的出发点就是法国大革命的事件。大革命的建制性问题，以及随它一道觉醒的康德政治哲学，就是这样一种尝试：它试图表明，统一体如何与诸自由个体的生存相符，国家如何可能充当个体之最高自由的基础。

但是，不可能有这一类国家。

为了避免术语上的混淆，我们必须补充一句：只有作为一种权力－国家，这类国家才是不可能的。一旦国家的权力被剥夺了力量，那么，紧随在一场短暂的自由梦之后，就将是国家权力的一种专制式增长，正如法国大革命的过程所表明的那样。在政治理论中也能观察到同样的序列：在一个人人谈论自由的时代之后，一旦那些最有恒心的人发展出了完美国家的理念，他们同时也就得出

---

① 《神话哲学导论》，前揭，II, 1: 552。

了最坏的专制观念,例如费希特《封闭的贸易国》(*Geschlossene Handelsstaat*)就是如此。谢林的结论认为,权力－国家本身不可能找到一种真正、绝对的统一体。各种权力－国家都不过是发现这类统一体的尝试,不过是成为一种有机整体的尝试——结果,它们共享了有机存在者的命运:兴起、成熟、衰老和死亡。对于实现此类统一体的尝试而言,最大的障碍源于国与国之间的冲突。一个为此缘故而尚未奠立和不会奠立的统一体有一种症状性表现,那就是战争——对于诸权力－国家彼此间关系而言,战争不仅必需,而且不可避免,正如自然中诸要素彼此间的斗争一样。在战争中,人类被公开还原到了作为自然存在者彼此间关系的那个层次。除了这幅自然的权力－国家的图景之外,还必须加上由国家本身所导致的各种恶,那就是在大量民众当中的贫穷、邪恶,而他们都是被还原到了生存斗争层次上的一类人。①

(三) 理想和理念

[225]然而,权力－国家纯粹外在的统一体,并不是历史中兴起的统一化制度的唯一类型。还有一种事物与它并肩同行:我们看到,以神圣启示为基础的教会,也是试图营造出一种人与人之间心灵的内在统一体。但是,既然这种内在世界与外在世界在人类的生存中已经相互分离,教会就不能成为一种外在权力,而是总会被外在权力赶入内在生命中。所以说,教会的巨大错误不在于干涉国家的事务,而是恰恰相反,它允许国家的结构进入教会内部。教会没有保持自身纯洁免受外在影响,而是沉溺于外在权力的进步。当教会开始迫害异教徒的时候,它就已经丧失了它真正的理念(idea)。②

---

① 《斯图加特私人讲座》,前揭,I,7:461 以下。
② 《斯图加特私人讲座》,前揭,I,7:463 以下。

基督教欧洲的政治史，可以解释成从一种封建化、等级化的教会迈向一个世俗化、非灵性的权力-国家的运动。第一次尝试是通过教会来营造出内在统一体，它之所以必然失败，乃是因为教会也变得外在化了。只有在教会的等级秩序衰落以后，第二次尝试才开始了：权力-国家获得了自主性。第二次尝试的特征就是，政治上的僭政越来越多，多到人们相信可以舍弃人们的内在统一体。而且，僭政很可能增加到一个最大值，以至于可能会诱使人类转而走上一条不那么偏狭的路。至于未来的尝试将是什么样，我们不得而知。但可以确定的是，要想实现真正的统一体，唯有人类力所能及的宗教洞察力发展到了最高的、最无所不包的地步。在这期间，国家不会消失，但它将从盲目的权力中逐渐得到解放，并且变容（transfigured）成为可理解者。教会不应支配国家，国家也不应支配教会，相反，国家将必须在自身中发展出宗教本原（principle），最终使伟大的万族之约（Bund aller Völker）能建立在一种普遍的宗教信念的基础上。①

前面段落中，在谢林单纯使用国家（state）一词的地方，我们换用了权力-国家（power-state）这个词。这种术语的精确性[226]之所以必要，原因在于——读者也会注意到——谢林没有发展出一种国家理论，将国家视为历史中一种恒常的政治形式；相反，他发展了一种关于政治生存的理论，它与历史的普遍过程不可分离，而这种历史的普遍过程被理解为神谱式的过程——在此过程中，上帝在宇宙中展开自身并且回归自身。这里的"国家"是政治生存的一种特殊的历史分化，而它正是中世纪之后政治发展的特征。在《斯图加特私人讲座》中，"国家"不是城邦，不

---

① 《斯图加特私人讲座》，前揭，同上 I, 7: 464 以下。

是罗马帝国,也不是神圣帝国(Sacrum Imperium),而是一种仿照路易十四时代法国民族国家所塑造出来的生存类型。① 国家(state)这个词在严格意义上保留了一种政治生存的形式;在此形式当中,国家是一个器皿,它容纳了艺术、科学和宗教的自由而有机的展开过程。

> 教会不是在这样一个国家的外部,而是在内部。只有对于一个抱有纯粹世俗的目的和制度的国家,教会才可能是"在其外部";不过,这样的国家也就不再是国家了。②

谢林认为,建构一个理想国家的蓝图实属徒劳,因为这一类建构,"尤其自康德以来在科学中建构的各种统治形式",仅仅是在处理世俗的权力-国家。③ 在这个层面上根本就找不出理想性(ideality),不过,虽然建构一种理想是不可能的,但这并不意味着政治哲人是相对主义者:由于没有用来衡量统治形式好坏的价值标准,就觉得任何一种统治形式都是同样好坏。相反,只有放弃了对于理想国家的追寻,人们才有可能对政治生存作出一种现实主义解释,因为现在这种解释的定向可以不朝向理想(ideal),而是朝向国家的理念(idea)。建构一个理想,就是一场摧毁实在之结构的主观冒险;另一方面,一个理念的本体论假设在生存当中屈服于实在,并且使得哲人能将政治理解为一个历

---

① 见《神话哲学》,前揭,II,1:546。这段话非常重要,是因为谢林反对法国的权力-国家建构。而德意志宗教改革是一种与国家相反的对立运动,它最终将用"真正的神权政体"来取代中世纪的教会神权政体,而"真正的神权政体"——die eine Herrschaft des erkannten, göttlichen Geistes selbst seyn wird[它将是被识认出的圣灵的一种统治]。在这场运动中,谢林看到了德意志的历史使命。
② 《全部哲学尤其是自然哲学的体系》,前揭,I,6:576。
③ 《全部哲学尤其是自然哲学的体系》,前揭,I,6:575。

史共同体的生命当中的某种生存性要素。

[227]通过这种从政治组织到政治生存的回归,谢林已经在柏拉图和圣奥古斯丁的层次上重建了政治理论。这种政治理论的关心对象,不是源于世俗化现代国家的分化了的政治组织,而是在任何历史时代都属于社会中总体性人类生存一部分的政治形式。一种政治理论的主题,被再次扩展到了《王制》和《上帝之城》的范围。对于探讨现代国家而言,这种扩展意味着:政治理论并没有被那些关于绝对君主制与立宪君主制、共和与民主、行政与法治、执行权和立法权以及司法权等等反思所穷尽;相反,必须在世俗国家的世俗性当中理解世俗国家,也就是说,必须在世俗国家与共同体的精神实体之间的关系当中理解世俗国家。首要的政治问题不是国家的内在组织,而是这些分化了的世俗化政治单位与精神实体之间的关系(在谢林的术语中也就是与理念的关系)。在这种关系当中,植根着稳定与不稳定、政治崛起与衰败、变化与演进、革命与危机这些问题。如果不将世俗国家置于现代世界的精神历史的背景中,那就必然无法彻底理解一个危机时代的政治现象,还会将相关讨论简化到如下地步:要么是一种对于外部事件的干巴巴描述,要么就是激愤地议论那些不喜欢好的、自由主义的、启蒙的民主的坏人。

(四) 城邦:第三狄奥尼索斯

在生存当中的理念,就是政治科学的中心问题。最好用一个例子来阐明这个主题。因此,我们将大致勾勒谢林对于希腊城邦中危机意识的杰出分析,这种危机意识显现为多神教的国家宗教与各种秘仪(mysteries)之间的张力。奥利匹亚诸神是城邦的神祇,他们对于当下永世(present aeon)的统治与处在历史性当下的城邦的生存有着紧密联系。对希腊政治观念所做的研究让我们看到,通过克塞诺梵尼和赫拉克利特,一种新的逻各斯-宗教的兴起变得清晰可辨,并且与城邦的官方宗教制度产生了冲突。苏格拉底之死和柏拉图式的灵魂神话,就是与传统的精神实体公开决裂,最终城邦的理念[228]在犬儒学派、廊下派以及伊壁鸠鲁学派的非政治主义中死去。[①] 谢林试图发掘这场危机的公共进程背后危机意识的演进,以及服从诸神和城邦的潜在意愿,而它们就在各种秘仪的狄奥尼索斯式要素当中。

我们不必深入支撑谢林理论的浩繁证据,而仅限于摆明他的结论。谢林发现,狄奥尼索斯在希腊神话中有着三个面向:扎格列欧斯(Zagreus),巴克库斯(Bacchus),伊阿科斯(Iacchos)。扎格列欧斯是自然的野蛮神(the wild God),也是地下世界,属于远古时代;巴克库斯是在公共的欢欲式节庆中受人崇拜的狄奥尼索斯,也是当下的统治者;伊阿科斯是得墨忒耳秘仪中的狄奥尼索斯,是未来永世(future aeon)的统治者,它超越了奥利匹亚式的城邦当下。诸神并不是永远统治下去:克洛诺斯(Kronos)在宙斯之前统治,狄奥尼索斯-伊阿科斯(Dionysus-Iacchos)又将是宙斯的继承者。狄奥尼索斯秘仪,就是关于这种神谱式进程的知识,以及对于多神教世界之终结的预感。这位神经历了一系列变容:从黑暗的统治者,到生者的巴克库斯,最终成了一位精神性的神,这在秘仪中呈现为神之死和伊阿科斯的诞生。有一种鲜活的意识存在:神谱式进程尚未在城邦的当下生存中达到终点,而是将超越城邦,继续进入一

[①] 见《秩序与历史》卷二《城邦的世界》(*The World of the Polis*),卷三《柏拉图与亚里士多德》(*Plato and Aristotle*)(1957;Columbia:University of Missouri Press,1999);亦见《沃格林全集》卷19,《政治观念史稿(卷一):希腊化、罗马和早期基督教》,Athanasios Moulakis 编(Columbia:University of Missouri Press,1997)。

种精神性的生存当中。

为什么关于永世(aeon)终结的意识必须采取这样一种秘仪的形式？为什么亵渎这种秘仪就是最大的政治罪？谢林的回答是，这秘仪中有一个要素使它与城邦相容，否则秘仪根本不能得到宽容，但也有一个次要的要素与城邦的生存不相容，致使它得不到公共认可。使秘仪得到宽容的要素，就是接受狄奥尼索斯作为当下的巴克库斯；遭到公共生活排斥的要素，则是对神之死以及新的永世到来的盼望和吁求。

在埃斯库罗斯(Aeschylus)的古怪官司中，谢林发现了这种意识状态有一个耐人寻味的症象：埃斯库罗斯的《普罗米修斯》[229]激起了民众的暴怒，因为他们觉得他亵渎了狄奥尼索斯秘仪。埃斯库罗斯为了自救，申辩自己没有亵渎这个秘仪，因为他不是肇始者。埃斯库罗斯的官司始终是一个神秘问题，因为我们确实不知道哪一段话据说包含了亵渎的内容。[①] 谢林猜测是普罗米修斯表达自己轻视宙斯的那几行文字：愿宙斯随他喜欢来统治他那短短的一段时间；宙斯统治诸神的日子已经不多了；[②]在后面一句话里，他再次提到了奥利匹斯统治的"短命"。[③]简而言之，希腊晚期文明已经发展出了一种强大的终末论意识，它意识到了诸神——连带着城邦——那不断迫近的黄昏。

（五）秘仪和终末论

但是，这种意识的表达仅限于秘仪。在城邦的公共表面，它的显现只在形而上学的发展当中，也就是在阐述超越了多神教

---

① 见耶格尔(Werner Jaeger)，《教化：希腊文化的理想》(Paideia: The Ideals of Greek Culture)，3 vols(Oxford: B. Blackwell, 1939–1945)，1:235 以下。
② 埃斯库罗斯，《普罗米修斯》(*Prometheus*)，vv. 936 以下。
③ 同上书，vv. 952 以下。

之宗教性范围的上帝和灵魂的观念当中。① 在官方的国家宗教与秘仪的终末论之间有一种严格的制度性分离,这是希腊多神教的政治生存的典型特点。而且,无需过多推理就能表明,要是不适当考虑这种根本性的特点,希腊的政治观念就几乎无法得到充分理解。

中世纪的基督教文明没有在公共领域中禁止终末论,因为终末论意识正是基督教的宗教性赖以彰显的核心。结果,在城邦里上演的国家宗教与秘仪之间的张力,在中世纪那里便呈现为一个范围极其多样的张力领域,而这些张力发生在制度化基督教与挑战公共地位的终末论运动之间。随着精神化(spiritualization)而来的是,官方终末论内部也产生了亚终末论(subeschatologies)现象,以及针对这些必定产生的冲突的各种解决办法:[230]从方济各修会那样的秩序整合,一直到对那些貌似与官方宗教不相容的运动加以迫害和毁灭。

这些终末论之间的张力取得了改革和革命的公共政治形式,一直到理性时代以及后来各种不断变革的世俗化革命。很显然,希腊城邦没有这种作为革命来源的终末论意识。革命最主要的是社会革命和经济革命,只有在伦常(ethos)的变革当中,革命才会以精神性的方式在公共领域表现自身——尽管大众教派的宣传运动没有被贬为一种打破贵族的宗教特权的手段。在希腊政治中,我们找不到类似于通过约阿希姆(Joachim of Fiore)以降的第三王国(Third Realm)终末论而实现的文明的内在转型。

---

① 关于秘仪与公共领域之间的大量联系,见谢林,《天启哲学》,前揭,II,3:411 到卷末。至于各种秘仪领域与形而上学之间的有趣联系,见耶格尔,《教化》,1:176 以下论巴门尼德一章。

(六) 第三基督教:基督和狄奥尼索斯

希腊的政治思辨中没有什么第三王国,但谢林在秘仪中发现了第三狄奥尼索斯。这种关于第三神(the Third God)的观念,引导我们回到了谢林本人的历史性生存。我们记得,历史观念就是材料在意义当中的浸没,而意义也是从史家灵魂的无意识当中涌现出来的。在谢林对狄奥尼索斯的解释中,以下几种事物紧密交织在一起:由批判性的语文学方法所确立的材料(在谢林那个时代的语文学水平上),借由诸潜能阶次的神谱式过程的理论,以及个人的和社会的历史处境(作为神谱式过程的辩证式表达)。狄奥尼索斯逐渐演变成了第三神的形象:这一点虽然还在多神教经验的范围内,却预示了所有人类的基督教属灵上帝——谢林之所以能看到这种演变,乃是因为他本人身处基督教危机这样一个类似处境当中:他仍旧在教会的经验(无论是天主教还是新教、彼得还是保罗)内部,但也预示了约阿希姆式的第三基督教。虽然谢林也许不是在约阿希姆的直接影响下构想出了第三属灵基督教的观念,但谢林很熟悉约阿希姆的观念,也意识到了自己的思辨与约阿希姆式的思辨之间的关系。① 我们已经看到,这个观念活跃在一种对于[231]万族之约的愿景当中,而万族之约所依赖的便是一种所有人的新的精神化基督教。

在关于普罗米修斯式生存的讨论中,我们已经看到:谢林的经验如何接近于基督教,但在决定性的一点上,它又如何通过忧郁和内在恩典的经验而获得了一种新的基调。我们必须注意,谢林表面上延续了约阿希姆式的第三王国思辨,但其中也有一种断裂存在。谢林的最终结论,并不是一种使徒约翰式(Johan-

---

① 见谢林《天启哲学》,前揭,II,4:298 关于约阿希姆的脚注。

nine)的第三基督教的前景。无论是上帝以精神化的方式变成其启示的第三潜能阶次，还是关于人类在精神当中统一的观念，要想与谢林的生存相一致，就必须满足如下条件：朝向一种新的精神性的发展，同时也是一种朝向自然的回归。

自中世纪关于第三王国的思辨以降，"终末论内部的终末论"(eschatology within the eschatology)就有一种固有趋势，即朝向某种新的自然化发展。有些思想家想让精神变得内在于人类当中：他们满意的似乎并不是精神性在个体人格当中的内在增长（这将是一场人们无需第三王国终末论就能随时实现的内在回归）；相反，他们想看到精神再次成为肉身，就像在约阿希姆的《指南》(*dux*)、神父安吉利科(Papa angelico)著作以及《猎犬》(*veltro*)等等当中的那样。末后精神(final spirit)的永世，渴求一种新的神话式人格。谢林在这方面的感受，并没有表现为对于一位新领袖（无论是精神性的还是俗世的）的想象，而是表现为一种对于生存问题更加深刻的理解，而生存问题就在这一类神话创造之冲动的底部。通过基督教而来的精神化，已经压制甚至于部分毁坏了神话式想象的内在俗世创造性——当"世界"是一种衰老时代(Saeculum senescens)的时候，如果世界不是一个以终结性来表现自身的有灵自然，而是不得不超越到生命之外来寻求生命的完满，那么，通过基督教而实现的精神化，也就不可避免地会造成这种破坏。

自13世纪以来，随着内在主义潮流的兴起，这种冲动也不断增长，以至于要创立神话符号来代表人在共同体当中的内在俗世式生存。在个别的政治共同体内部，这种神话冲动可以体现在如下事物当中：民族神话，民族的创立者、护卫者和救世主的神话，民族使命和命运的神话，大众代表的英雄化（如林肯和马克思、列宁，等等）的神话——直到如今，所有这一切都没有

[232]与基督神秘体(corpus mysticum Christi)发生决定性的断裂,而后者就是一种关于无所不包的人类统一体的观念。我们生活在一种混杂的宗教体系当中,它混杂着基督一神教的精神性与诸多个别共同体和个别运动的多神教。如果认为是人类整体而非个别共同体拥有一种内在俗世的命运,那么,这个问题本身的性质就改变了。现在,在谢林的理论当中,狄奥尼索斯的演变强加给自己一种古怪的颠倒。秘仪的第三狄奥尼索斯是一位超越了多神教的精神化上帝形象;狄奥尼索斯的诸形式抛弃了自然,最终迈向了精神化。在基督教的永世中,关于第三上帝的思辨必须设想一位超越的上帝或者再度内在化的上帝。而在狄奥尼索斯的范围内,这意味着要从第三狄奥尼索斯回归巴克库斯。

这种颠倒,恰恰就是谢林所设想的解决文明危机的方案,他在艺术哲学的背景下标志性地提出了这个问题。谢林抱怨,这个时代已经没有能与希腊媲美的艺术,特别是这个时代没有悲剧。导致这种状况的原因,不是个人力量的萎缩,而在于这样一个事实:艺术要想繁荣,就必须使用这样一种材料:它不再是原始的、初级的,而是本身就是有机的。这样一种有机的材料,只能是符号式的材料。那么,为什么这个时代没有符号能供艺术家使用呢?原因在于:

> 一切符号必定起源于自然,并且回到自然。同时,自然事物不仅意味着,而且也是……一种真正的符号材料,它只能在神话(mythology)中被发现;而唯有将神话的诸形象与自然相联系起来,神话才有可能。这就是古代神话的诸神的荣耀所在:他们不只是个体,不只是像现代诗当中的形象那样的历史性存在——诸神不是稍纵即逝的表象,而是

自然的永恒本质;诸神介入历史,在历史中行动,同时也在自然中拥有永恒根基;诸神既是个体,也是类。

因此,复兴一种符号式的自然观,将成为复原一种真正神话的第一步。①

这类神话,不可能由行动业已分化的诸个体或某一种族来产生。新神话的先决条件,就是[233]人类的重新统一。在目前状况下,

只可能有一种局部的神话,它使用了那个时代的材料,例如在但丁、莎士比亚、塞万提斯、歌德那里,但是,它不是一种有着普遍的、类的符号的神话。②

具有希腊品性的神话和艺术

只可能从一民族的总体性中孕育出来,而这一民族的生存是在其作为个体的同一性当中。

只有从一民族的精神统一体,从一种真正的公共生活中,才能涌现真实而普遍有效的诗——正如,只有在一民族的精神生存和政治生存当中,科学和宗教才能发现它们客观的生存。

在一个公共自由湮没于私人生活之奴役的地方,根本没有这样的政治生活存在。③

---

① 《全部哲学尤其是自然哲学的体系》,前揭,I,6:571 以下。
② 《全部哲学尤其是自然哲学的体系》,前揭,I,6:572。
③ 《全部哲学尤其是自然哲学的体系》,前揭,I,6:572 以下。

历史不可能任人计划,而谢林也没有沉溺于做这些细节的无用功。但很显然,谢林的第三王国观念不是模仿一种修道僧侣的秩序,就像约阿希姆的王国那样,而是在模仿希腊城邦。基督教逻各斯的王国应当在自然中有其根基,并且从这种自然中应当兴起一个有着内在的、当下生存的诸神的新世界。谢林梦想有一种公共国家,由狄奥尼索斯-巴克库斯和基督的灵来共同统治。这不是在对于永世终结的盼望中回归曾经的普罗米修斯式生存,相反,这是一种关于在共同体当中生存的展望,而这个共同体就是一个有着内在恩典的永恒国家;只有在稍纵即逝的幸福的瞬间,这种内在恩典才会在普罗米修斯式的生存当中变容。

八　涅　槃

要想衡量谢林的伟大,就得看他在以下两方面的力量:一是他使得一种容易爆散的经验复合体保持了生存上的平衡,二是他以辩证法的方式将平衡融入了一种体系当中。谢林的新教主义既没有阻碍他看到罗马教会的历史必然性,也没有阻碍他看到罗马教会继续存在的价值和意义。谢林的基督性并没有引导他回归教会(不管是新教的或天主教的),而是超越了教会,进入了灵知(Gnosis)的使徒约翰式的发展当中。这种朝向与上帝同一的基督教式的回归,使得"双重生命"和普罗米修斯式的恩典时刻变得更加敏感,而非迟滞。谢林的精神主义(spiritualism),没有使他超越于自然之上,而是驱使他召唤了一位[234]上帝:凭借一种行动,上帝从他的本性上升到了纯洁性,而且就像人一样经受着这场行动的焦虑。谢林对希腊的爱没有使他堕入一种古典主义式的理想主义,而是通过对于多神教危机的洞察实现了平衡。再者,谢林对于基督教危机的意识,没有使他皈信一种灵性的苦行主义,而是通过对于一种新的自然神话的渴望实现了平衡。最后,谢林对于第三王国的约阿希姆式的思辨,也没有展现为对于终末论的迷恋,而是带有这样一种清醒的认识:一个精神共同体的实体生长起来,凭借的是它在单独个体当中的生长。

  谢林的哲学思考有一个特点,那就是生存的诸矛盾的平衡。现在,我们必须转向这种平衡的最后一个行动:在这种行动中,通过一种无自然的精神(naturloser Geist)的超越式实在,生存及其诸张力之网所构成的整个复合体,与救赎经验之间达成了平衡。读者会记得,谢林将宇宙过程描述为一种运动:这是上帝的运动,从上帝设定为自身根据的自然开始,一直到宇宙中的绽露环节(articulation)及其在人当中达到的顶点,最后到了世界灵魂(Anima mundi)——也就是第三潜能阶次——作为宇宙的普遍形式。就其从自然到精神的运动而言,宇宙过程有一个方向,而这种方向取决于对自由和救赎的渴望,方向便是从生存(existence)的受苦进入存在(being)的无欲安宁。在这种渴望救赎的经验中,谢林超出了诸潜能阶次的过程,超出了自身无潜能阶次(das an sich Potenzlose)的存在的过程,从而洞察到了最纯粹的上帝(the Lauterste Gott)的存在。

>   所有更高的、更好的教义都一致同意,最高者高于一切存在者。有一种感觉寓于我们所有人当中:作为生存之命运的必然性,与生存如影随形……一种最切己的感觉告诉我们,只有高于存在之上,才寓居着真实、永恒的自由。[1]

---

[1]《世界时代》,前揭,I,8:234 以下。

在从未经验过这种自由的人看来,人格(personality)似乎才是最高的。他们会问:什么东西能被想象为高于存在?或者说,什么东西既非是(is)也非不是(is not)?而他们会自鸣得意地回答道:无(Nothing)。谢林认同这一点,但不是自鸣得意地认同。超越于诸潜能阶次之上的最纯粹的上帝,当然是无(Nothing),但这个无

> 却是一个就像纯粹自由那样的无,就像一个无所意愿(wills nothing)的意志,[235]它并不意愿任何事物……因而也不被任何事物所推动。这样一个意志既是无,也是一切。它之所以是无,因为它既不要求发挥作用,也不要求任何现实性。它之所以是一切,因为唯有它拥有源于自身的一切力量,就像源于永恒自由那样,因为它在自身之下拥有一切事物,统治一切事物,而不被任何事物统治。

这个无(Nothing)就是神秘主义者的超三一论(supratrinitarian)的神性,就是西勒修斯(Angelus Silesius)的"无和超无"(naught and overnaught),就是波墨的"无根据"(unground)。它是"关于一种无条件的永恒的肯定性概念",它是"永恒的不动……也就是一切运功的目标"。① 生存消融于这个无当中;这就是生命的"真正目标",即使在生命之诸力量最暴烈的混乱当中也是如此。根据谢林的描述,这种"目标"就是生命在生存的种种努力中揭示自身,由此,谢林延续了从圣奥古斯丁到帕斯卡的伟大传统。

每一个受造物,尤其是每一个人,说到底都是努力回到

---

① 《世界时代》,前揭,I,8:235。

无所意愿的状态。不仅那些脱离了一切欲望对象的人是这样,而且那些不知不觉地任由自己堕入一切欲望当中的人也是这样。因为即便人只是欲求一个可以无所欲求的状态,但这种状态总是从他眼前逃离,而且他越是追赶得急,它逃离得越远。①

这段论尘世中追求幸福的话,与帕斯卡对于消遣(divertissements)的一些评论字面上几乎完全偶合;在帕斯卡那里,正如在一处黑暗模糊的反思当中,也映现出了对于永恒幸福的欲望。然而,"基调"在谢林这里已经发生了改变。谢林的"目标"不是基督教式的永恒蒙福异象(beatific vision)的至善(summum bonum),而是对于以去人格化(depersonalization)的方式进入某种涅槃的欲望。这种生存的可能性一直为西方神秘主义所固有,尽管它也受到了遏制,没有在神秘主义当中出现一种像东正教要素那样的独立发展进程。我们必须意识到,在谢林身上就出现了这样的发展进程,因为我们在他那里能观察到一个内在于西方精神历史当中的过程,那就是从伟大神秘主义传统——以埃克哈特、库萨的尼古拉和波墨为代表——朝向涅槃经验的转变。不久,到了叔本华那里,这个问题就由于东方渊源的直接"影响"而变得晦暗不明。不止如此,在谢林那里,我们也能辨识出这种经验[236],它唤醒了对于涅槃的渴望:意志(the Will)的经验既在于它内在于世界当中的独立性,也在于反抗一位让生命内部无法征服的必然性成为生存之宿命的上帝。普罗米修斯式的遭受自然之苦是一种生存的基调,它诞生于西方历史内部,但也超越了奥古斯丁式的爱上帝(Amor Dei)与爱

---

① 《世界时代》,前揭,I,8:235 以下。

自己(Amor sui)之间的基督教张力;它与业(karma)的经验有了联系,而在19世纪,普罗米修斯式的遭受自然之苦,变成了当时人们对于东方的亲缘性持有理解式开放态度的来源。

九 结 论

(一) 意识的新层次

在一般的西方智识史和个别的西方政治思想史当中,关于在生存当中的理念的谢林哲学,建立起了一种新的意识层次。我们权且比较谢林在欧洲历史中的位置与柏拉图在希腊历史中的位置,借此描绘这种意识层次的特点。在这两个例子中,宗教危机已经到达了启蒙的地步;在这两个例子中,启蒙之后都有一位通过新的灵魂图景来恢复思想秩序的伟大哲人。多神教的萎缩、智术师的时代以及柏拉图式的灵魂神话,对应于基督教的衰落、启蒙的时代以及谢林的生存哲学。甚至我们可以更进一步,从功能上比较一下柏拉图对良序灵魂的政制的召唤,与谢林通过内在回归对万族之约的召唤。

但是,两者在某一点上开始出现了差异,致使进一步比较变得不明智;那就是他们在意识层次上的种种差异。对柏拉图而言,苏格拉底的生与死是一次重大经验,它唤醒了灵魂的意识(连带着灵魂关于死亡[Thanatos]、爱欲[Eros]和正义[Dike]的力量)作为形而上学召唤的源泉。柏拉图不得不突破神话,不得不发现灵魂作为在思辨中的权威的源泉。对谢林而言,灵魂作为哲学思考的源泉不是什么新的发现,因为它一直历史地生活在诸意的领域当中,而希腊的发现业已创造了这些领域;不止如此,谢林还活在基督的永世之中,活在历史和世界通过他的灵魂而业已接受了的意义当中。因此,我们不得不这样描述谢林的生存哲学[237]的特点：它是在基督教历史内部的批判性意识的一种崭新层次。哲学思考的技艺中有一种真实可感的外在风格，柏拉图和谢林的差异就表现于此：柏拉图关于宇宙和历史的理解，尚无基督教维度；只要他超越于由城邦的政治类型所设下的限制之外，触及了生存的意义，柏拉图就不得不诉诸"神话"作为他的表达工具——在《王制》、《治邦者》和《蒂迈欧》中皆是如此。对谢林而言，灵魂已经洞察了宇宙和历史；他不需要神话，而是需要能将他的灵魂经验彻底转变为潜能阶次学说（Potenzenlehre）的辩证法。①

然而，为了达到新的批判性层次，谢林不得不突破过去的符号（symbolism），就像柏拉图所做的那样。在谢林关于第三基督教的经验中，我们也能识别出这种突破及其方向。我们已经强调了谢林的思辨与约阿希姆的思辨之间的联系，但我们也必须强调，他与约阿希姆有着观念上的决定性差异：谢林的三种基督教，不同于约阿希姆的圣父、圣子以及某位圣灵式领袖（a paracletic dux）的三个王国。它们是基督教内在化的诸阶段，亦即经过天主教和新教而内在化为一种超越于教会戒律之外的精神化基督教。众教会不再是被一种新的教会所取代；毋宁说，它们都被理解为符号，与希腊神话有着一样的层次，而且将被诸个体灵魂的自由基督教所克服。谢林既不是先知，也不是创立教派的人；谢林是一位实在论者，他在辩证法中表达了这样一个生存性事实：作为个体的他，超越了众教会，因为众教会的意义已经在历史中现实化，以至于这种意义已经成了他灵魂当中属于过去的一部分。第三基督教既不是一个被宣传出来的信条，也不

---

① 关于这一点，见谢林《天启哲学》，前揭，II, 3：99 以下。这里他强调了柏拉图神话的"先知式"性质。柏拉图神话是先知式的，因为它把当下的表达带进了一个尚未在历史中现实化，因而也无法用表示直接经验的语言来表达的经验领域。

是一个被组织起来的信条;再者,这是他生存的一部分,尽管不是他生存的过去,却指向了未来。这个进入未来的视角,也不是实用主义视角;它只不过是沿着一个在谢林生存中被发现的方向,筹划出了各种辩证式的符号。

(二) 对比:实在论与终末论着魔

[238]以谢林同时代人的终末论着魔作为对比,有一个例子最能清楚说明谢林思辨的批判性实在论。有这样一个问题:能否在宗教经验之外,独立建立起一套道德准则的体系。对此,谢林批判了如下观点:上帝能够作为道德的一个必要假设而被推论出来。谢林尤其对民众作了一番反思:

> 他们习惯于从一种经济的视角来看待所有事物。对他们而言,上帝就是家庭医生,每个人都能用他来增强自己的道德,但要以许多麻烦为代价才能维持住道德本身。无论如何,这个观念绝不比那些上位者和所谓的政治家所信奉的观点更好,后者相信,上帝是一种用来约束人民、维持腐化破败的统治机器的好东西。①

谢林严厉批判了这种恶,而这种恶后来也激发了马克思关于"人民的鸦片"的说法。但是,这位实在论者与这位终末论者各自的描述及其结论,有着深刻的差异。在谢林看来,宗教不是人民的鸦片,而是被个人和政治家当成了常用药来利用。马克思则把一种现象式的滥用当作信仰的实体。因此,谢林要继续澄清这个问题。他首先否定了这样一种可以使宗教遭到滥用的

---

① 《全部哲学尤其是自然哲学的体系》,前揭,I, 6: 577。

人之道德的存在。

> 道德(morality)一词,是新兴启蒙运动的产物。在实在当中,只有灵魂的一种神圣品质——德性(virtus),没有道德。个体能将道德给予作为个体的自己,或者说,个体能为道德感到骄傲。在这个意义上,对于任何坚持要将道德从我的体系中排斥出去的人,我甘愿表示认同。①

寥寥数语,不仅谴责了滥用之举,而且揭示了这种滥用在启蒙的伦理哲学中的根源:启蒙的伦理哲学尝试建立一种常识性的道德,把上帝降格成一种用来支持道德行为的有用威胁。这样一种在实体上毫无根基的伦理学现象主义,摧毁了道德行动在自由与必然之同一性当中的生存式根源,而[239]谢林反对这种毁灭生存式德性的做法,并且指出了希腊德性(Areté)的基督教版本。另一方面,马克思则不得不废弃基督教文明的实体,转而沉浸于一种革命行动的愿景,由此造成了他的现象主义行动:据说,这种革命行动将在制度的现象领域发起变革,以此恢复原本只能通过人的 metanoia[悔改]而生发出来的人之"善"。谢林这位精神实在论者,不仅是更好的哲人,也是更好的经验主义科学家。②

---

① 《全部哲学尤其是自然哲学的体系》,前揭。
② 为了在这一点上消除一个可能误解,读者应当意识到,哲学和科学不是生命的全部。马克思是一位可疑的哲人,他的经验主义虽然敏锐地抓住了重点,但也会带来视野上的限制。不过,马克思也是一位以色列"先知",咒诅行恶者,为受压迫者提出一种新的信仰,并且创造了一群由他领导的民族。对于马克思的那种有待商榷的说法,我们必须思考它的功能性一面,也就是"咒诅"。相关问题,读者将在论马克思的那一章找到更多信息。见《沃格林全集》卷 26,《政治观念史稿(卷七):危机和人的启示》,David Walsh 编(Columbia: University of Missouri Press, 1999),第五章。

（三）总　　结

　　思辨从一种运算（operation）转变成了一种辩证法技艺：前者使用的符号源于传统，位于一个传统话语宇宙的内部；后者则有意识地让自己的行动去参照一个有着各种元辩证式经验的领域，以此使自己的行动正当化——就此而言，意识的这种崭新层次具有批判性。当然，思辨总是起源于灵魂，无论哲人是否知道这一点；哪怕他生活在一种幻觉中，觉得自己的思辨是一门关于由直觉、思维、视野或任何形式的直接经验所提供的外部数据的科学。谢林的新意在于他那具有思辨渊源的批判性意识。至于他在这方面的成就，我们不必再添加更多论述。我们只能总结其中一些主要议题。

　　一种新的批判层次之所以具有必然性，乃是源于科学的进步。关于自然现象的新的批判性科学，使得那种讨论自然实体的非批判性方法不再可能。从笛卡尔到谢林那个时代的经典哲学，一直在徒劳地力图复兴一种站得住脚的实体哲学。由于康德的缘故，我们已经就这个问题获得了越来越多的批判性洞见，但尚未提出解决办法；原则上讲，问题的状况在康德那里与在 17 世纪早期的争论那里一样。[240]对谢林而言，回归布鲁诺"在精神中的自然"成了他阐发一种无意识哲学的基础，而无意识就是精神生命的自然根基。对于探究如何进入自然实体而言，无意识哲学就是一个历史性答案。不止如此，在意识与无意识之间的边界上，我们发现了各种元辩证式经验及其生存的"基调"，作为一种能投射进宇宙和个别历史当中的"意义"来源。而且，这种投射产生了结果，因为人类生存的材料在历史中也是同一个无意识自然的显现，而进行投射的哲人自身也属于这一无意识自然。① 这种洞见将历史学确立成了灵魂科学,尤其打开了对于辽阔的神话领域的批判性理解。不止如此,它还使历史研究成了探索无意识的一把钥匙。意义的投射与材料的激发相互渗透,这样一来,不仅这些材料从解释者的生存那里获得了自身的意义,同时这些材料反过来也触及了无意识,将本可能一直雪藏下去的各种意义引向了意识的层次。历史从灵魂那里获得了意义,同时灵魂也发现历史意义就是灵魂生存当中的地层。

最后,我们已经提到过,谢林的伟大述在于其经验的广阔;他触及了这些经验,并且以辩证法的方式使它们保持平衡。在这方面,我们必须将谢林和圣托马斯相提并论:在欧洲高级文明的种种张力崩塌成各种内在俗世式的个别共同体的新秩序之前,托马斯体系就是最后一次试图调和这些张力的努力;相应地,在欧洲晚期文明的种种张力崩塌成我们时代的危机之前,[241]谢林体系也是最后一次试图将这些张力融入一个平衡整体的努力。

(四) 一个纪元的终结

为了避免一些极易引起的误解,我们必须弄清楚:站在一个

---

① 这个问题最近出色的一个构想见奥尔特加·加塞特(José Ortegay Gasset),《我们时代的主题》(*El tema de nuestro tiempo*),1923,4th ed. (Buenos Aires:Espasa-CalpeArgentina,1942),第 13 页:"Ideología, gusto y moralidad no son más que consequencias o especificaciones de la sensación radical ante la vida, de cómo se sienta la existencia en su integridad indiferenciada. Esta que llamaremos 'sensibilidad vital' es el fenómeno primario en historia y lo primero que habriámos de definir para comprender una época"[然而,意识形态、品味和道德只不过是一种根本情感的结果或证明,而这种根本情感起源于生命的当下,起源于生存在其尚未分化的总体性当中的种种感受。我们所谓"生命的感受性",就是历史中的首要现象,而我们应该首先定义它,以便理解一个特殊的时代]。英译参见奥尔特加·加塞特,《现时代的主题》(*The Modern Theme*),James Cleugh 译(New York:Harper and Row,1961),第 13 页。

时代终结点上的谢林,究竟有什么样的位置,以及,作为一种在危机之前所作的和谐化努力,谢林的作品又有什么特点。纵观谢林全部作品,我们能发现一些说法和一种处理问题的方式,而它们常常被我们联系到后来19世纪的思想家们那里。这种观察不应诱使我们以为,谢林已经"预料"到了这样或那样。要想使用预料(anticipation)这个词,就必须基于如下假设:后来的思想家或后来的观念拥有一种权威性的当下,而较早的思想家却是一位也许"超前于他的时代"的不合时宜者。我们绝不能认可这样的建构。谢林并没有预料到一种未来的当下,而是表达了他自己生存的当下。

　　在谢林之后,由他灵魂的力量所聚集到一块的诸要素,发生了剧烈的解体。结果我们看到,谢林的经验以支离破碎(disjecta membra)的形式,散落于后来几代人当中:在叔本华那里,有意志和涅槃的经验;在克尔凯郭尔那里,有对于内在回归的渴求;在弗洛伊德那里,有无意识心理学;在尼采那里,有狄奥尼索斯和内在恩典的经验;在共产主义和国家社会主义的群众运动那里,有对于时代的社会批判和对于第三王国的渴望;还有就是不祥的欢欲式经验及其焦虑,它们在尼采那里,在弗洛伊德那里,也在世界大战的毁灭和自我毁灭的高潮那里。这些元素的散落标志着这场危机,正如它们的平衡也标志着谢林的伟大。谢林没有预料到它们的解体,更不能说这是他导致的:伟大的思想家是测量文明地震的地震仪,而不是地震的起因——而且一位德国的思想家理应是一个特别敏感的地震仪,因为在他的经验复合体中,有一种经验正在渐渐丧失:这就是关于一个古老而体制坚固的政治社会的逐渐稳定的经验,就像英国的经验那样。因此,谢林标志着一个时代的终结,而非开端;他是在与柏拉图、奥古斯丁或圣托马斯同样的意义上,标志着一个时代的终结。

但是，虽然谢林的工作标志着一系列文明纪元的序列走向终结，[242]但它也确立了意识和批判的一种新层次；借由这一成就，谢林在危机时代发挥了越来越大的重要性，为这样一些人充当了一个定向点：他们生活在一个周遭充满了衰败的传统、相互冲突的终末论、现象式的思辨和着魔、各种意识形态和信条、盲目的憎恨以及欢欲式毁灭的环境里，同时希望找到一块坚实的立足之地。

第三章 关于荷尔德林的笔记

[243]谢林想在一种更新了的自然符号的基础上建立一种神话学,还想召唤一种混合了狄奥尼索斯和基督这两者的特点的神圣形象;如果孤立来看,这种神话学观念和神圣形象可能显得很古怪。因此,我们必须提醒读者,谢林并非沉溺于不切实际的幻想,反倒是一种新的神话世界观(尤其是狄奥尼索斯和基督的混合)已经在荷尔德林的作品中变成了现实。这位哲人可以从经验上把自己的观点建立在一位诗人的奇迹的基础上:这位诗人实实在在地生活在神话的多神教世界里。谢林的第三潜能阶次,即 Anima mundi[世界灵魂],已经通过荷尔德林《致自然》(*An die Natur*,1795)①一诗中的 Seele der Natur[自然灵魂]而变成了一种神话式实在。诸神也复活了:太阳,赫利俄斯(Helios),《太阳神》(*Dem Sonnengott*,1797;1:203);夜,《饼与葡萄酒》(*Brot und Wein*,1801;1:285 以下)第一节;俄刻阿诺斯(Okeanos),《爱琴海群岛》(*Der Archipelagus*,1800;1:253 以

---

① 荷尔德林,《荷尔德林著作书信全集》(*Sämtliche Werke und Briefe*),卷 3,Jochen Schmidt 编(Frankfurt am Main:Deutscher Klassiker Verlag,1992),1:163 以下;下面引文均只标注卷数和页码。

下);大海,母神忒提丝(Thetis),《阿吉尔岛》(*Achill*,1799;1:213);必然性(heimarmene),《命运》(*Das Schicksal*,1793 - 1794;1:157 以下)。在《致以太》(*An den Aether*,1796 - 1997;1:182 以下)一诗中出现的父神之首,让我们想起一位爱奥尼亚人(Ionic),前苏格拉底时期的智者:

> Und es drängt sich und rinnt aus deiner ewigen Fülle
> Die beseelende Luft durch alle Röhren des Lebens.
> 从你永恒的充盈中,挤压和流出了
> 有灵的气息,行经生命的所有管道。

[244] 不止如此,《假虔敬的诗人》(*Die scheinheiligen Dichter*,1798;1:202)这首诗还作了一种区分:真正的召唤是一回事,呼告诸神并且将诸神名字以"诗意的"、装饰性的方式用于巴洛克诗歌中又是另一回事。

在荷尔德林的作品里,诸神的奥林匹亚王国对应于英雄式的人类学,《许珀里翁的命运之歌》(*Hyperions Schicksalslied*,1798;1:207)最有力地体现了这一点。生命的意义要到稍纵即逝的恩典时刻中寻求,而艺术作品的神圣化可以延长这种恩典时刻;这与谢林的看法如出一辙。《致命运女神》(*An die Parzen*,1798;1:197)也表达了这样一种感受:

> Doch ist mir einst das Heil'ge, das am
> Herzen mir liegt, das Gedicht, gelungen:
> Willkommen dann, o Stille der Schattenwelt!
> Zufrieden bin ich, wenn auch mein Saitenspiel
> Mich nicht hinabgeleitet; *Einmal*

> Lebt' ich wie Götter, und mehr bedarf's nicht.
> 那在我眼中的神圣者，那叫我心爱的，
> 诗，一旦完成：
> 欢迎您，阴影世界的静默！
> 我心满意足，哪怕我的七弦琴
> 没有随我一道被引导下行；曾经
> 我也像诸神一样活过，别无他求。①

最后，人类关系中的生命强度和恩典时刻——古希腊"爱欲"（Eros）的意义——也被《苏格拉底和阿尔喀比亚德》（*Sokrates und Alkibiades*，1798；1：205）的华美诗行捕捉到了：

> Wer das Tiefste gedacht, liebt das Lebendigste.
> 沉思至深之事的人，也爱最有生机之物。

对荷尔德林来说，历史解释源自对时间、恩典以及艺术的经验。在《自然与艺术，或萨图努斯与朱庇特》（*Natur und Kunst oder Saturn und Jupiter*，1798；1：297 以下）中，他将宙斯理解为当下的统治者，"一位像我们一样的时间之子"。但是，时间作为当下的准则，[245]却被竖立在深渊之上，而深渊底封印着黄金时代的萨图努斯神（Saturnus）和上古"蛮神"。无罪和野蛮一道被当下的秩序所取代，但是，没有强制力的和平之神很久以前就已在流放中洗净罪愆，而有强制力的当下秩序不过是摹仿一个脱离了野蛮的和平的黄金秩序。当诗人"感受到他心中的生

---

① 荷尔德林，《诗选》(*Selected Verse*)，Michael Hamburger 翻译和作序（Harmondsworth：Penguin Books，1961），页 13。关于荷尔德林的所有译文，除非另有注释，否则都来源于这一卷。

机"时,当下就获得了自身的意义,那就是在稍纵即逝的瞬间中摹仿了一种更高的秩序;然后,当下又陷入了宙斯造成的阴影,而时间的无尽流变也在摇篮里陷入了沉睡。因此,唯有在时间与无时间的边界上,当下的秩序才在诗中变容(transfigure),并且使"神圣黄昏"的秘密变得澄明可见。因此,由于回想起了堕落前原初的无罪秩序,诗人就这样变成了那位将再度崛起为统治未来的神的祭司。

《饼与葡萄酒》(Brot und Wein,1801;1:285 以下)进一步发挥了这个问题,使其上升到基督教的历史维度。荷尔德林的这首诗以及其他一些相关诗作在观念史上具有重大意义,因为我们从中发现了一种独特的尝试,即从异教立场出发来为西方历史提供一种意义的连续体。始于圣保罗的基督教历史哲学,将基督教之前的时代解释为神圣启示的诸阶段,最终以基督的出现作为高潮。在荷尔德林的异教哲学中,基督教时代不过是奥林匹亚诸神隐退之后发生的一段插曲,而诸神的再次出现将为基督教时代画上句号。在《饼与葡萄酒》中,我们生活在诸神的"暗夜"之中,他们仍旧活着,但已从尘世隐退(I:289)。

> Denn nicht immer vermag ein schwaches Gefäss sie zu fassen,
> Nur zu Zeiten erträgt göttliche Fulle der Mensch.
> 易碎的器皿岂能总是盛下他们,
> 人只是偶尔耐受诸神的充盈。

如今,生活不过是诸神的一场梦,而贫乏和暗夜越来越增添力气。当人的心灵再一次变得足够强大,强大到足以承受诸神的充盈时,诸神就会回归。我们生活在诸神的暗夜中——但他

们留下了一个表明自己曾在的记号。因为当诸神隐退,父神掉过脸去不看顾人类,悲伤降临大地,[246]

> Als erschienen zuletzt ein stiller Genius, himmlisch
> Tröstend, welcher des Tags Ende verkündet'
> und schwand
>
> 当最后一位宁静之灵显现,带来神圣的
> 慰藉,宣告白日的终结而后隐逸。

这时,他们留下了饼和葡萄酒作为他们的记号(I:290):

> Brot ist der Erde Frucht, doch ist's vom Lichte gesegnet,
> Und vom *donnernden* Gott kommet die Freude des Weins
>
> 饼是大地的果实,却蒙受了光的祝福,
> 而葡萄酒的喜悦来自那位鸣雷之神。

在当下的永世(aeon)中,诗人是酒神的祭司,在神圣的暗夜里漫游过一片又一片土地,歌颂至高者的火炬手——叙利亚人之子。① 然后,诗人下降到了阴影中,直至父神再度启示自身,将他的充盈交还给人。

在《帕特摩斯岛》(*Patmos*,1801;1:350 以下)中,酒神的主题与圣约翰的形象联系到了一起。圣约翰看见了上帝的面容:

---

① [校按] 此处"叙利亚人"当指耶稣的父亲约瑟。

Da beim Geheimnisse des Weinstocks sie
Zusammensassen zu der Stunde des Gastmahls,
Und in der grossen Seele ruhig ahnend den Tod
Aussprach der Herr und die Letzte Liebe.
临靠着葡萄树的奥秘,他们
在开筵之时一道入座,
而在那伟大的灵魂里,有了平静的预知,
主道出了死亡,还有最后的爱。

诸神的最后一位已经隐退,但是门徒们

liebten unter der Sonne
Das Leben, und lassen wollten sie nicht
Vom Angesichte des Herrn
Und der Heimat.
热爱在太阳下的
生活,他们不愿
离弃主的面容
还有家乡。

因此,神将圣灵派给了他们,使人类共同体紧密相连,让黑夜中闪过一道希望和应许之光(I:356):

Denn noch lebt Christus.
Es sind aber die Helden, seine Söhne,
Gekommen all, und heilige Schriften
Von ihm, und den Blitz erklären

> Die Taten der Erde bis jetzt,
> Ein Wettlauf unaufhaltsam,
> 基督还活着。
> 但英雄们,也是他的儿子们,
> 皆已到来。由他写就的圣书
> 和地上的事迹,
> 彰显着他的闪电,直到今日。
> 一场竞赛,永无停息。

[247]直到这个预言实现之时(《时之书》[*Die Bücher der Zeiten*],1788;1:65 以下),基督将作为新的黄金时代的 dux[领袖]再度出现。

很明显,荷尔德林的历史解释取决于他对于文明危机的自觉意识。他在《恩培多克勒的根据》(*Grund zum Empedokles*, 2:428 以下)中试图为这个问题提出一种理论化的构想。这场危机的症状是不断增长的理智主义(intellectualism),那是一种 freigeisterische Kühnheit[自由精神的大胆],它反对"未知",反对那些超越于意识和行动领域之外的事物。这样一种理智主义挣脱了人的实体性的、无意识的、自然的根基,但它就其本身而言并不坏。为了形成人格,避免陷入"基本元素的幽暗、亲密的影响"(2:435),以至于遗忘了自身,人有必要具备一定程度的反思意识。但是,"消极的推理,不思考未知者",又会摇摆到另一个极端,从而打破这种平衡;当另一个极端出现,也就是危机降临的时候,我们就有必要重新赢获一种"迷醉式"(aorgic)的层次,也就是普遍者的层次、自然中无机物的层次。荷尔德林将恩培多克勒(Empedocles)刻画成一位试图调和危机的人,有时会让人觉得这就是他本人的一幅自画像:

自然用它的力量和魅力主宰着他同时代的智识人。如果他们从自然中抽离出去，以至于没有了辨别能力，那么自然的主宰就更加强盛。自然将其所有的旋律尽数显现在这个人的精神和诗中，如此温暖、亲密而富有人格性，仿佛他的心即自然的心，基本元素的精神也以人的形式再度活在有死者当中。(2:436)

在相对和谐的年代，这种基本元素式的建构会使一个人成为自己民族的诗人；但在一个危机时代，诗人就成了悲剧人物，因为他本该用自己的艺术去美化民族的客观实体，但后者已经支离破碎。我们可以说，荷尔德林是用前苏格拉底的说法来表现这场危机的问题，这些说法就是：习传礼法（nomos）瓦解了，而基本元素式的自然（physis）成了依赖对象，充当[248]一切生存的"迷醉式"的普遍纽带。荷尔德林说，恩培多克勒身上的"客观性"

早就被赶出了宁静的自我无意识，因为阿格里艮人（Agrigentians）太过政治性，总是在权衡和算计；而艺术家的敏感性、整理能力和组织能力以及在其专有领域中从事创造的能力，在周遭的无政府野蛮状态影响下，被泛化成一种革新精神。(2:434)

当时代膨胀到了各种暴烈的极端时，诗歌就显得不合时宜。共同体的历史命运与生长其中的各种原生力量之间保持着一种危险的平衡，而艺术作品就在这种危险的平衡当中遭到了悬搁。当时代脱轨的时候，也就是说，当共同体中的人已经丧失了这种平衡的时候，民族就再也无法接受这种平衡在艺术作品中的外化。一个已经脱轨的时代也不会容许"真正的事业",因为政治行动能够强有力地介入时代的困境,而且也许能发挥及时疗救的价值,但它不可避免地必然总是"片面的"(partial)。在一个危机时代,完整而具有实体性的人无法投身行动,因为一种有代表性的、实体性的行动需要有一个健全的共同体实体作为它的来源和对象。在这种情况下,一个有着恩培多克勒式的基本元素建构的人,要想代表共同体的命运,就只能通过一种"献祭":如果个体试图以一己生存的"迷醉式"根据,将这个时代的不同极端强行扭合到一起,那他必定会在难以承受的压力下崩溃。恩培多克勒拒绝做他的民族的王,认为这是徒劳,而他将 renovatio[重生]变成了符号。民众将不得不遭受这种重生,因为他以献祭的方式,在埃特纳火山的火焰中实现了与迷醉式自然的重新统一。

荷尔德林发展了危机问题。要想理解这个问题,首先要理解谢林,而且不只是谢林。这个问题在荷尔德林那里呈现出一种特殊的形式,原因在于,对西方基督教文明来说,这样一种关于自然的经验就像方济各(Franciscan)关于自然的经验一样非同寻常。在讲到圣方济各的时候,我们必须到东方寻找类似的经验;而在讲到荷尔德林的时候,我们则要回到前苏格拉底时期的古希腊自然形而上学中去寻找。这两种经验在西方文明内部互为补充:在圣方济各身上,我们找到的经验是沉默、受苦、谦卑以及受造式的自然;在荷尔德林身上,我们找到的经验则是勃勃生机、刚强有力以及君主式的自然,这一点在《时之书》(1:69 以下)的最后一节体现得淋漓尽致:[249]

    Da steht geschrieben —
    Menschliches Riesenwerk

Stattlich einherzugehn

Auf Meerestiefen!

Ozeanswanderer! Stürmebezwinger!

Schnell mitder Winde Frohn

Nie gesehene Meere,

Ferne von Menschen und Land,

Mit stolzen, brausenden Segeln

Und schaurlichen Masten durchkreuzend.

Leviathanserleger

Lachend des Eisgebirgs,

Weltenentdecker,

Nie gedacht von Anbeginn.

Da steht geschrieben—

Völkersegen,

Brots die Fülle,

Lustgefilde

Überall -

Allweit Freude,

Niederströmend

Von der guten

Fürstenhand.

上面写着——

人的作品,蔚然大观,

踏着庄严的步伐

行走在深海上!

大海的漫游者！风暴的征服者！
偕风一道疾驰掠过
从未见过的海洋，
远离人与陆地，
带着骄傲的怒吼的帆，
还有令人惊怖的桅杆，横行四方。
猎杀利维坦的人
嘲笑群山，
世界的发现者，
从一开始就无人念想。

上面写着——
万族的祝福，
充盈的饼，
极乐之域
无处不在——
至大无外的喜乐，
倾流下注
源自那良善的
君主之手。

  圣方济各和荷尔德林都洞察到了自然的实体。在这一点上，荷尔德林的重要性在于：他既表现了危机，也塑造了危机。荷尔德林认为，在他那个时代，自然的现象主义就是危机的症状。那些"阿格里艮人"以高度政治化的理智主义来消解了礼法的实体，但他们没有从自然中解放出来，反而受到了自然的主宰；一旦破坏了各种原生力量与赋予秩序的精神之间的相互洞察，自然的野蛮就会挣脱枷锁——这个问题我们已经在谢林的《世界时代》中碰到过了。对荷尔德林而言，基督教的"内在回归"解决办法是不可能的。[250]像他的恩培多克勒一样，荷尔德林在生存上受到了一种"客观性"层次的吸引，而这种层次同时存在于民族的共同体实体和基本元素的"迷醉式"普遍主义当中。这种立场并不包括神秘主义者以灵性为中心（pneumato-centric）的生存。由于危机时代中的无意义，通过政治行动来解决问题也是不可能的。恩培多克勒拒绝王位，相当于拒绝柏拉图召唤的担当共同体救星的哲人王。在荷尔德林的设想中，献祭式的死亡就是"迷醉式"生存在危机时代中的结局——就共同体的历史命运而言，这不能解决任何问题，但它仍然有意义，它是标志着一种文明之终结的悲剧性符号。两代人之后，这种"献祭"就成了尼采生存的中心。

第四章 尼采和帕斯卡

一

[251]在1884年的笔记"通向智慧之路"中,尼采试图解释他作为思想家的人格发展历程。通向智慧之路有三个必经阶段:第一阶段,人必须尊重、服从和学习;这是精神的苦行主义(asceticism)时期,爱欲赞美的时期,也是克服卑劣倾向的时期。第二阶段,爱欲的心必须与它所依恋的对象决裂;这是独立时期,旷野时期,也是自由精神的时期。第三个阶段将决定这位漫游者(Wanderer)能否胜任积极的行动;这是属于创造性本能和伟大责任感的时期,此时人必须赋予自己行动的权利。[1]笔记中的这三个阶段,对应了尼采著作的三个阶段:早期阶段,主要受到叔本华和瓦格纳的影响;第二个阶段,从1876到1882年,是属于实证主义、心理学以及理智主义(intellectualism)的

---

[1] 《未刊稿:重估一切价值》(*Unveröffentlichtes aus der Umwerthungszeit*),节93,载于尼采,《穆萨里昂版全集》(*Gesammelte Werke*, Musarionausgabe),Richard Oehler 等编(Munich: Musarion Verlag, 1920–1929),14:39 以下。

阶段;第三个阶段,是《扎拉图斯特拉如是说》和重估价值的阶段。

三阶段划分,已经成了解释尼采生平和著作的公认范式。我们既不可能也不应该忽视这种阶段划分。但是,我们也要意识到:过度依赖这种划分,有可能遮蔽尼采思想中贯穿三个阶段的共同特点。这些特点的重要性似乎还没有得到充分肯定,其中一个特点就是:[252]尼采确定自己立场的方式之一,就是确定自己立场与其他思想家立场之间的联系。众所周知,这一特点在尼采早期阶段的作品中表现得非常明显。《古希腊悲剧时代的哲学》中的赫拉克利特(Heraclitus)就是尼采的自画像,而对于《不合时宜的沉思》这部讨论叔本华和瓦格纳(Wagner)的作品,尼采自己也强调:

> 归根结底,谈论他们也不过是在谈论我自己。①

精心描绘其他思想家的肖像,以此作为自我表达的手段,这在1876年以后的尼采作品中难觅踪迹,而一种可谓是"文学体裁"的东西的缺失,似乎也或多或少遮蔽了如下事实:这些早期肖像在其作者的智识生活中发挥的功用,在往后的岁月里将由其他手段来发挥。这种精心描绘的肖像之所以必须消失,原因显而易见:尼采怀着爱欲的关切去追寻别的人格,在他们当中感受到一种与自己相联系的实体,这是尼采在"尊崇"阶段获得关于自身的清晰性的恰当方法;而在"独立"阶段和"创造"阶段,这种方法就不那么恰当了。通过苦行、恭敬追随和学习,尼采的人格得到了净化,最终使他的实体变得成熟;一旦实现了这一点,

---

① 《瞧!这个人》(Ecce Homo),载《全集》,前揭,15:72。

他就必须以一种批判的方式来建立自己与其他伟大人格之间的联系,而这种批判也将承认尼采与他们之间的平等(尼采也认为这是他应得的)。这就能区分开尼采本人的立场——有时带着暴烈和憎恨——与尼采认为有害的其他人的立场。继早期阶段的甘愿接受以后,随之而来的是批判性的定向;细致入微的肖像式描绘,也让位于简洁、尖锐而恰切的评论。

从 1876 年开始,在一些紧要关头,尼采会将自己的立场与帕斯卡的立场联系起来,以此为自己的立场定向。帕斯卡对后期尼采的重要性,也不是一直无人问津。整个中期阶段——也就是智识独立阶段——的标志之一,就是这一阶段的尼采深受法国 moralistes[道德家]的影响,包括帕斯卡、蒙田、拉罗什富科、丰特奈尔(Fontenelle)以及尚福(Chamfort)。帕斯卡对尼采影响最深,因为他甚至影响了像权力意志这样的基础性观念;对此,安德勒(Charles Andler)在其尼采专著的第一卷作了深入阐述,结论令人信服。① [253]但遗憾的是,安德勒使用的历史方法,使得这位杰出学者无法揭示超出学说影响之外的东西。安德勒将帕斯卡归入尼采的先驱者(précurseurs)之一。这种分类表明,安德勒其实是在寻找那些曾在尼采之前思想家的作品中出现过,并且被尼采所吸收的观念。揭示这类关系本身当然有价值;然而,尼采吸收了帕斯卡关于激情、想象和习惯的心理学的诸要素,这不过是表征了帕斯卡对于尼采所具有的一种更加私密的意义:他既是尼采的榜样,也是尼采的劲敌。安德勒正确地指出,这两位思想家如同孪生兄弟(âmes fraternelles),他

---

① 安德勒,《尼采:其人其思》(*Nietzsche, sa vie et sa pensée*)卷一,《尼采的先驱》(*Les Précurseurs de Nietzsche*)(Paris:Edition Bossard,1920-1931),见该卷第 2 章,"法国道德家的影响"("L'Influence des moralistes français"),页 157-259。

还暗示我们,一种人格上的联系构成了他们观点上的联系的背景;但他的讨论止步于此。① 对于尼采晚期的智识生活和精神生活而言,帕斯卡对尼采的决定性影响,唯有瓦格纳和叔本华对早期尼采的影响可比,而这在一种学说史(history of doctrine)的层面上无法得到揭示。

要想充分理解这个问题,就必须采用一种符合尼采著作结构的方法。我们必须把尼采对帕斯卡的明确引用作为探究的切入点,而这类引用相当多。当这样的引用出现在作者遗稿的残篇辑语之中时,除了它们在孤零零的警句语境中的含义之外,我们大多数时候抽离不出什么东西。但是,当它们出现在尼采预备出版的著述中时,它们的意义域就要大得多。尼采的作品是以警句的形式写就,因此,这些单独的警句并不是一座座意义的孤岛;尼采煞费苦心地挑选了它们,使它们相互联系,目的是使它们形成一个个相互融贯的思想复合体。而且,我们会看到:在一些关键性的例子中,尼采对帕斯卡的引用发散到了它们所属警句的直接语境之外。有的情况下,帕斯卡的名字作为一些观念趋势的高潮出现;它如此紧密地融入周遭警句交织而成的网中,[254]以至于这处引文使得整个思想复合体朝着帕斯卡的方向而去。一旦我们确立了这样一些更大的复合体,那就有可能在帕斯卡的名字没有出现时,仍然能辨认出其他定向于帕斯卡的复合体,因为它们的内容与那些明确引用帕斯卡的复合体密切相关。

尼采从未详细分析过帕斯卡的诸观念,他的评论都很简洁,并且预先假定读者对帕斯卡已有足够了解,因而能立即领会其暗示的潜在含义。这种简洁引入了一系列全新维度的复杂性。

---

① 《尼采的先驱》,前揭,页171。

帕斯卡生前原本打算创作一部名为《护教》(Apology)的著作，为此准备了许多笔记，而这些笔记在他死后就被集成了《思想录》(Pensées)。我们知道帕斯卡临死前一直在构思这部书，[①]但我们并不知道，帕斯卡原本打算如何在整本书中安排和使用这些笔记。虽然有一个计划存在，但不同版本的编排顺序都具有很大的主观随意性。这样一来，由于编排顺序以及对于某些片段的重要性的不同判断，帕斯卡的形象也变得千差万别。于是就产生了一个问题：当尼采把帕斯卡作为自己思想的定向时，他看到了哪一个帕斯卡？是波尔－罗亚尔女修道院（Port-Royal）的编辑者所呈现的正统帕斯卡，还是1776年孔多塞（Condorcet）版本呈现的怀疑论者帕斯卡，亦或是1851年阿维（Havet）版本的护教家帕斯卡？

这些问题不只有一个答案。当然，尼采不会认为帕斯卡是一位正统基督徒，但我们也不能确定尼采是否会将帕斯卡视为一位怀疑主义者。尼采有一次偶然谈到帕斯卡，说帕斯卡如果再活三十年，就会像他曾经鄙视耶稣会士（Jesuits）一样鄙视基督教本身。[②] 这时，尼采的意思不是说：帕斯卡的种种论证——关于理性在宗教事务中的重要性、理性必然对信仰持有的不确定性、解释预言和奇迹的困难，等等——最终会瓦解他自己的信仰。导致这样一种发展的原动力，其实源于尼采所说的帕斯卡的"深刻"(depth)，这个词[255]多少可以借助当时语境中提到

---

① 帕斯卡在朋友面前提出了这项计划，他的侄子佩里耶（Étienne Périer）汇报了这项计划，见《波尔－罗亚尔版前言》("Préface de l'édition de Port-Royal")，载帕斯卡，《思想录，论宗教以及其他一些主题》(Pensées de m. Pascal sur la religion et sur quelques autres sujets), L'edition de Port-Royal (1670) et ses compléments (1678–1776) (Saint-E′tienne: E′ditions de l'Université de Saint-E′tienne, 1971)。

② 《未刊稿：重估一切价值》(1885)，节800，前揭，13：327。

的那些拥有同样品质的人来说明：苏格拉底，凯撒，也许包括弗里德里希二世，当然还有达芬奇（Leonardo da Vinci）。尼采并没有把帕斯卡的怀疑主义理解为一组哲学信条，而是将其视为灵魂力量的一种征象；这些力量越到后来就会越发强烈地要求伸张自己，结果就会使帕斯卡的思想呈现出一个截然不同的智识星丛。就他对帕斯卡的解释而言，尼采似乎用上了他在《善恶的彼岸》(Beyond Good and Evil)中提出的原则："人类本性中最内在的诸本能(Triebe)，在一种等级秩序中彼此达成了稳定"，而这种等级秩序就是人之实体（尤其是哲人之实体）的特点。① "思想"就是灵魂的各种力量之间关系的结果。② 这些力量的等级秩序决定了一个人的人格和思想，而"深刻"一词，指的就是这些力量的丰富和强度。

如果尼采感兴趣的不是帕斯卡那些对他的哲学事业可能有用的"学说"，而是他灵魂的诸力量所造就的"思想"，那么，我们就没有必要追究帕斯卡信奉的究竟是正统、詹森主义(Jansenism)还是怀疑主义(Pyrrhonism)。这些观念之所以有趣，并不是因为它们的内容，而是因为它们表现了一种人格。而且，这种人格不是与诸对象有关的 oratio directa［直接表达］，而是一种能揭示那个人的 oratio obliqua［间接表达］。③ 因此，如果对尼采而言，其他逊色于《思想录》的著作同样也能充当导向帕斯卡人格的手段（甚至更能如此），对此我们也不必感到吃惊。

---

① 《善恶的彼岸》(Jenseits von Gut und Böse)，节6，前揭，7:15。
② 《善恶的彼岸》，节36，前揭，7:56。
③ 例如这条笔记："思想就像言辞一样，仅仅是一种符号——这里没有什么思想和实在之间的一致性的问题。实在是诸本能(Triebe)的一种运动。"见《朝霞》时期遗稿，1880/1881年，节317，同上，11:282。第一句中的"实在"是指在直接表达中的思想对象，第二个句子中的"实在"则是指在间接表达中得以揭示的诸力量的实在。

不幸的是,关于尼采究竟在多大程度上使用了帕斯卡的其他文献,我们所知甚少。一段早期引文表明,尼采知道《致外省人信札》(Lettres provinciales)及其写作意图。但是,尼采认为,《致外省人信札》的反耶稣会立场可能使帕斯卡后来出现反基督教立场;这个假定似乎表明,帕斯卡关于恩典之神秘性的其他著作——比如对特伦托会议(Council of Trent)规定的恩典教义所作的辩护①——[256]并没有给尼采留下任何印象。

有三部作品以最私密的方式揭示了帕斯卡的宗教生活,但尼采只明确提到过《耶稣的奥秘》(Mystère de Jésus)。② 这本书深深地触动了尼采,而且我们将看到,在尼采形成自己对于耶稣人格的看法的过程中,这本书发挥了主导作用。另一方面,我们也没有发现《回忆》(Mémorial)对尼采产生了什么影响。然而,第三部作品,即《罪人的忏悔》(Confession du Pêcheur),虽然尼采没有明确提到,但它显然在尼采形成虚无主义观念的过程中发挥了影响。尼采没有提到帕斯卡的其他作品,但是《论爱的激情》(Discours sur les passions de l'amour)这一短文表露的思想与尼采的某些构想如此契合,以至于我们有充分理由认为它极可能对尼采产生了直接影响。最后,还有一份文献对尼采有着第一位的重要性,那就是佩里耶夫人(Mme. Périer)写的《帕斯卡的生活》(Vie de Pascal)。尼采有一次明确提到过这本书,③而且,《权力意志》中至少还有一条警句,只有在假定这本书是尼采文献来源之一的情况下,才能得到解释。④

---

① 《论遵循上帝诫命之可能性的一封信》(Lettre sur la possibilité d'accomplir les commandemens de Dieu);特别参见信的第一部分。
② 《〈朝霞〉时期遗稿,1880/1881 年》,前揭,11:319 以下。
③ 《权力意志》(Wille zur Macht),节 388,同上,15:328 以下。
④ 《权力意志》,节 252,同上,15:328 以下。

尼采痴迷于帕斯卡人格的深度和秩序,在尼采之前的一代人当中,还有一个孤独的灵魂也曾为帕斯卡痴迷,他就是维内(Alexandre Vinet)。① 尼采不了解维内的作品,但我们可以从维内的研究中发现,尼采这位后来的思想家究竟在何种层次上建立了自己与帕斯卡之间的联系。维内视帕斯卡为一位伟大的"个体"(individual),他能够戳破传统的外壳,洞察到那些真正属于他自己的观念。掘开智慧之泉的探针是"某种精神的勇气,或许也是品性的勇气,而我们并非总能凭借这种勇气区分出最富有技艺的人和最有学识的人"。在探究真理的过程中,这种勇气是最有价值的工具,因为"为了寻找真理,人们必须首先发现探究的行动主体——自我(ego)"。我们应该感谢那些能在一片嘈杂混乱的陌异声音中听到自己声音的人,而我们极容易迷失自我,以至于成了所有声音中最陌异者。② 精神的强烈自豪感、[257]对真理的激情、智识真诚是帕斯卡的深刻性的构成要素,而维内勾勒的这幅帕斯卡肖像,很可能也是尼采心中的肖像。帕斯卡在《思想录》中描述了这一类人的"论说"所散发的魅力:

当一种自然的论说描绘了一种激情或它的实效时,我们就在自己心中发现了我们听见的真理,我们曾不知这真理就在那里。我们热爱使我们感受到真理的人,因为他向我们展示的不是他的财产,而是我们自己的财产。这种好

---

① 维内,《帕斯卡研究》(*Études sur Blaise Pascal*),包括 Pierre Kohler 的前言和注释,Édition augmentée de fragments inédits, 2d ed, Paris, 1846; rpt. Lausanne: Payot, 1936。
② "作为人而不是作家的帕斯卡"(*Pascal, non l'écrivain, mais l'homme*)(1845),前揭,页 304 以下,第 10 章,"作为人而不是作家的帕斯卡"("Pascal non l'écrivain, mais l'homme")。

处令我们觉得他值得热爱；此外，我们与他有着共同的理解，这也必使我们倾心爱他。①

二

尼采是一位神秘主义者。但是，他的神秘主义经验与西方神秘主义主流有着完全不同的构造，以至于我们几乎找不到一个能恰当表达其含义的术语。各种超越式的经验是基督教意义上的 Unio mystica[神秘合一]的核心，对此尼采显然无法接受，所以尼采的精神生活有一种奇怪的缺陷。我们可以用 immanentism[内在主义]一词来命名尼采的这种经验类型，这个词的含义将在我们的探究过程中逐渐得到揭示，因此没必要在这里对它作进一步界定。尼采每个阶段的作品都充分表现了他的精神生活，以至于我们几乎不可能循序渐进地展示他的态度，因此我们不得不以这样一种"预演"(anticipatory)的方式前进。我们必须自身处在尼采思想的核心，在行动中观察尼采的思想（在先前定义的意义上），以此对它进行考察。

在《隽语和箴言杂编》(*Mixed Sentences and Epigrams*)题为"地狱之旅"的最后一段话中，尼采阐述了他与已故伟人之间的联系。② 为了与死者对话，他像奥德修斯(Odysseus)一样置身冥府，并且不惜献祭自己的鲜血以使死者开口。有四组人没有拒绝他：伊壁鸠鲁(Epicurus)和蒙田(Montaigne)，歌德(Goethe)和斯宾诺莎，柏拉图和卢梭，帕斯卡和叔本华。他们是尼采

---

① 帕斯卡，《思想录》，Brunschvicg 编，节 14。之后帕斯卡《思想录》的引文，都会使用布伦茨威格(Brunschvicg)版本的段落编号。
② 《隽语和箴言杂编》(*Vermischte Meinungen und Sprüche*)，节 408，载《全集》，前揭，3:183。

的谈话伙伴，尼采乐于看到他们证明他的观点对错，也乐于倾听他们互相证明彼此观点的对错：[258]"无论我说什么，我的双眼都紧紧盯着他们八位，我看见他们也紧紧盯着我。"活着的人有时看起来像是影子，徒劳地努力活着，而这八位看上去却如此鲜活，就好像他们永远不会对死后的生活感到厌倦。

重要的是 eternal aliveness[永恒的生机]："永生"——或者说，生命——又有什么好处！

显然，这超出了智识史的一般氛围。绝非偶然的是，尼采刻画自身诸感受的特征的方式，就是让它们充当基督教的对立面，因为我们将看到，尼采常常在某些关键时刻极其深思熟虑地使用这种方法：地狱是天堂的对立符号；上述冥府经历，也是奥古斯丁趋向上帝的 intention animi[灵魂意向]的对立经验；永恒的生机是生存的目的，而在同样的意义上，永恒蒙福作为 summum bonum[至善]则是基督徒生存秩序的原则。虽然这种神秘主义与基督教有着截然相反的运动方向，但两种运动的驱动性感受都是 contemptus mundi[蔑视尘世]。尼采渴望的不是永生，也不是生命；至于活着，"如此苍白苦闷，又如此焦躁不安，噢！还如此贪求生命"，就像阴影一样。尼采的内在主义不得不使用一些内在俗世（intramundane）的范畴，比如"永恒的生机"、与其他心灵"对话"、"权力"等等，但它们不是作经验性的意义来使用，而是表示一种发生了变容（transfiguration）的实在；灵魂在战胜了令人贪恋生命的世界之后，就会在这种理想化实在中运动。

《朝霞》(*Dawn of Day*)中的一些警句澄清了这种经验结构。论"逃避自我"的警句，描述了能满足与一个超越者相结合的渴望的三种模式：基督徒渴望"神秘合一"（Unio mystica）；莎士比亚式的人物,只要能与他的激情生活形象相合一,便会心满意足;拜伦式的人物渴望行动,因为行动比感受和艺术作品更能有效地偏离一个人的自我。①

对行动的渴望也许骨子里是一种自我逃避?——帕斯卡会这样问我们。②

但是,这三种模式都不是尼采的模式。在论"战胜力量"的警句中,尼采批评了对于人类在客观工作中取得的成就的尊崇。力量本身也许会产生[259]某种伟大之举,但它在多大程度上值得尊崇,取决于理性在这力量中占了多少比重。唯有纯粹的力量被某种更高的东西所克服,唯有纯粹的力量充当了实现某种目的的媒介,这时,我们才能谈论真正的成就。然而,眼睛看不见衡量天才的真正尺度,人们也尚未理解到最美好的成就——那就是力量的奇观。天才不是将这种力量用于他的作品,而是将他自己当成作品,将力量用于自身。也就是说,天才用力量来主宰自我,净化他的想象,安排和挑选一系列使命和观念。"战胜力量"就是最伟大的事情,它迫使人们对此表示尊崇,却又始终像遥远的星辰一样不可见。③

---

① 《朝霞》(*Morgenröthe*),节 549,前揭,4:358。
② 帕斯卡在题为"消遣"(divertissement)的文段中对逃避自我作了一番深入分析。关于大量讨论消遣的片段,特别见《思想录》第 139 节的同名长篇段落。
③ 《朝霞》,节 548,前揭,4:357。我将尼采使用的 Kraft 一词翻译为"力量"(force)。这种译法不太恰当,因为它没有把握住 Trieb(该词在之前行文中也译为 force)和 Macht("权力",该词在尼采后期著作中不断使用)的意义差别。Trieb 的内涵是一种生物学意义上的力量,Kraft 是在一件作品中自我表现的强力和生命力,Macht 则是权力,意指一种渗透了精神的强力。[校注]因此,中译用"本能"(Trieb)和"权力"(Macht)来译尼采原文概念,而用"力量"来译沃格林论述中一般使用理解的 force 概念。

理解这一段话的关键,就是理解力量的双重意义:一是作为人类生活的原始材料;二是作为克服纯粹自然的手段,方式则是对自然进行精神操练,将自然转化为永恒的生机。第二种意义上的力在尼采思想中有一种功能,堪比恩典在基督教思想中的功能。但是,由于这种变容仍然内在于世界之中,所以它没有引入任何专门术语来表示一种超越式的实在,结果导致了含义模糊;这就是令解释者们源源不断地产生误解的温床,况且尼采本人也未必能清晰区分不同的意义领域。

相反,我们在尼采著作中发现了不计其数的"脱轨"(derailment),意思是说:凭借短短的一段回路,精神操练就被转变成了一些经验性的理想;尼采最著名的"脱轨"的例子,就是从"战胜力量"到"金发野兽"。①

> 我以拥有最高虔敬的历史人物……取代了圣人。我以那些将创造超越自我之人的人,取代了天才。②

新式虔敬的这种内在主义,要求人设想自己有着历史性的生存,并且[260]"与热爱恰当理解的文化的所有其他阶段"建立联系。③ 在这里,我们触及到了一些更深层次的感受,正是在它们的驱动下,尼采觉得有必要以其他伟大心灵作为自己"思想"

---

① "脱轨"(Derailment)一词是用来翻译雅斯贝尔斯(Jasper)的 Entgleisung 概念。关于脱轨问题,参见 Karl Jaspers,《尼采:尼采哲学思想之理解的导论》(*Nietzsche: Einführung in das Verständnis seines Philosophierens*),Berlin and Leipzig:Walter de Gruyter and Co.,1936. 其中列举了一份国家社会主义者痴迷的各种脱轨之处的清单,见页 391 以下。
② 《〈快乐的科学〉时期遗稿,1881/1883 年》(*Aus der Zeit der Fröhlichen Wissenschaft*,1881/83),节 452,载于《全集》,前揭,12:215。
③ 《〈快乐的科学〉时期遗稿,1881/1883 年》,节 452,前揭。

的定向，从而发展出自己的"思想"。以叔本华和瓦格纳为定向，对于尼采的成熟而言是必不可少的：就此而言，它有一种教育功能，但与此同时，这也是尼采在人类历史上与他平等的同伴当中找到自己位置的基本过程。这一过程有可能成长太快，超出了它的教育阶段，但他不会放弃这种方法。而且，尼采对这两位主导人物的兴趣，即使在他更早的阶段，也与尼采和前苏格拉底哲人之间的关系平行发展，而后者又跟尼采晚期与"八位人物"之间的关系有同样的氛围。此外，这种位于人类精神之内在俗世领域当中的定向，在尼采看来也不是他的个人问题。在每一历史时期，每一个品性卓越的人，"每一个更高的人"，都要面对这个问题。然而，随着个人在历史进程中的地位不同，答案也会有所不同：

在古代，每一位更高的人都渴望名声。

原因在于，他们每个人都相信人性的开端在于他自己的人格，只有"通过把自己想象为永恒舞台上共同演出的悲剧人物的后裔"，他才能在人性的范围内赋予自己一种富有广度和深度的感受。在我们这个时代，人性的发展已经脱离了过去的漫长轨道。身为人性巨链的一环而具有的骄傲，也不需要通过追求名声来表现自己；如今，它也能在人对于血统的骄傲当中显现自身。

我有一种血统，这就是为什么我不需要名声。
那些驱动着扎拉图斯特拉、摩西、穆罕穆德、耶稣、柏拉图、布鲁图、斯宾诺莎、米拉波的东西，早已活在我身上。而且在某些方面，只有在我本人的自我中，在胚胎里孕育了几千年的东西才以成熟的形式来到了阳光之下。如今的我们是精神历史上的第一批贵族——历史感唯有从现在才开始。①

在这段话中,血统的内涵得到了极其丰富地扩展,以至于将精神的诸伟大纪元也囊括其中。但我们已经看到,尼采选择的血统极具个人特色,比如那八个人的名单;有时,这份名单会缩减到只剩下柏拉图、帕斯卡、斯宾诺莎和歌德。

> 当我谈起他们时,我知道他们的血液[261]在我身体里涌动;当我能讲述关于他们的真理时,我感到骄傲;这个家族是如此之好,以至于不再需要任何装饰和隐藏……我为人性感到骄傲,而且我将我的骄傲展现在我无条件的信实(truthfulness)当中。②

名单的最后一次缩减,似乎发生在尼采生命的最后几年。在《瞧!这个人》中,尼采坦陈,有几本书他会一遍又一遍地反复翻阅,它们出自过去的少数几位法国作家之手,以帕斯卡为首。在这一语境下,他用最简练的语言概括了他对帕斯卡的兴趣:

> 我不读帕斯卡,我爱帕斯卡,因为他是最有教育意义的基督教牺牲品;帕斯卡是被慢慢谋杀的,先是肉体,然后是心灵;这就是有着最恐怖形式的非人式残忍的全部逻辑。③

---

① 《〈快乐的科学〉时期(1881/1883年)遗稿》,节456,前揭,12:216以下。
② 《〈快乐的科学〉时期(1881/1883年)遗稿》,节457,前揭,12:217。
③ 《瞧!这个人》,前揭,15:34。

帕斯卡之所以"最有教育意义",是因为在富有激情和智识真诚地探索自己灵魂这一点上,帕斯卡就是基督教领域的尼采。他们是一对孪生灵魂,通过与帕斯卡对话,尼采澄清了自己与基督教截然对立的精神生活。

三

尼采将自己的早期研究命名为《不合时宜的沉思》(Untimely Meditations)。沉思是基督教的一种基本方法,用来使灵魂趋向上帝。不同于基督教,尼采通过沉思来使自己的灵魂趋向一种内在于世界的人性的神秘经验。它们不是用来上升到一种超越式实在的手段,因此,它们不会踏上传统的 via negativa[否弃之路]。为了实现他的沉思目的,尼采发展出了一种特别的技术:警句法。

对尼采来说,警句不只是一种文学体裁。尼采遗稿的编纂者注意到了一个事实:警句是尼采的思维模式,甚至在早期阶段也是如此——那时他发表的作品在形式上还是有条理的论文。① 在1876年之后,尼采有意识地将警句发展成了道德家的思考工具,用来抗衡哲人的体系化思考。在1879年的警句"哲人们的原罪"中,尼采批评哲人们[262]一直在对道德家的警句作教条式阐释,把一些仅仅是暗示的东西误以为普遍真理,从而败坏了这些警句。② 作为这类败坏的典型事例,尼采分析了"意志"(will)这个概念如何被叔本华扩展为一个形而上学原理,还将这种滥用与帕斯卡对这个词的警句式正确

---

① 见 Ernst Holzer 在《全集》中的前言,9:xv。
② 《隽语和箴言杂编》,节5,前揭,3:16以下。

使用作了对比。① 19世纪80年代中期的一则警句,将问题又推进了一步:科学的虚荣,就是在时机尚未成熟之际假装已有了一种方法;由于体系性陈述有一种掩盖思想之经验性基础的倾向,因此,将体系性的演绎和辩证法用于某个主题,就是在"弄虚作假"。我们不应隐瞒我们的思想从何而来。陈述一个思想就必须如实提供它的来源,这是首要原则:

> 那些最深奥、最难消化的书,兴许总是带有一些帕斯卡《思想录》那种警句式的、心血来潮式的性质。②

各种驱动性的本能和价值评估,长期深埋于表面之下;露出表面的只有实效而已。一旦将这些"实效"组织成了体系,它们与孕育它们的土壤就会断绝联系,而我们也无法追溯产生这些"实效"的直接经验了。警句保留了一种思想的经验性根源,因而是一种非基督教的 vita contemplativa[静观生活]的恰当工具;它引以为傲之处,就是它忠实解释了内在经验。

一种新的静观生活观念,就是尼采首部警句体著作《人性的,太人性的》(*Human, All-Too-Human*)的中心。第282条题为"哀悼"的警句认为,也许正是我们时代所具有的优势,导致我们低估了静观生活的价值。无论原因为何,我们时代缺乏伟大的道德家。很少有人阅读帕斯卡、爱比克泰德(Epictetus)、塞

---

① 另一个伟大的警句式思想家阿米尔(Henri Frédéric Amiel)也对叔本华提出了同样的批判。见阿米尔的《日记片段》(*Fragments d'un Journal Intime*),两卷本修订版,布维耶(Bernard Bouvier)撰写的引言,Paris:Stock(Delamain et Boutelleau,1927),1:281以下。
② 《权力意志》,节424,载《全集》,15:450。

涅卡(Seneca)以及普鲁塔克(Plutarc)。劳动和勤勉像疾病一样蔓延；人们不假思索地厌恶不同意见，因为用来思考的时间和宁静是如此稀缺。秉持一种独立而谨慎的态度，几乎被认为是某种疯癫。自由精神变得声名狼藉，尤其是学者的自由精神；他们想要把自由精神[263]扫进某个角落，尽管他们的职能是从他们所在的更高立场出发来指明文化的道路和目标。但是，尼采希望"一旦沉思的天才带着力量归来"①，时代的品质将随之改变，诸如此类的哀悼也将失去必要。

接下来的一组警句(283–292)详细阐发了"哀悼"的主旨，这些警句的全部意义仅仅在于，它们是一种与旧的静观生活相对立的新静观生活理念的必然推论；对于这种新的静观生活理念，尼采举了爱比克泰德、塞涅卡、普鲁塔克作为希腊罗马世界的例子，帕斯卡作为基督教世界的例子。这些警句构成了某类复合体之一，而这类复合体的特点就是以帕斯卡的定向作为最高参照。尼采的阐发有十分丰富的内容；这一整个复合体实际上是他最富有启发性的自画像之一，要想对它做出充分解释，我们就不得不把目光扩展到尼采作品所衍生的结果上。因此，我们将仅限于讨论一些主要观念。

让沉思者与行动者相对立，会使沉思者的特点变得更加清晰。行动者缺乏"更高的"(higher)活动，也就是"个体的"活动。学者、官员、商人都是作为类的存在者而活动，不是作为具体的单个人而活动："就此而论，他们是怠惰的。"如今，人一如既往地被分为奴隶和自由人。

奴隶是指这样一种人，他一天内留不出三分之二的时

---

① 《人性的，太人性》(Menschliches, Allzumenschliches)，节282，前揭，2:260以下。

间给自己,无论他是你想到的任何一种人:政治家,商人,官员,学者。①

奴隶等同于行动的生活,而"更高的"人等同于静观生活。从早期残篇《古希腊国家》(*The Greek State*)到晚期的《权力意志》,尼采著作中有大量关于奴隶和更高之人的论述,如果我们根据这些界定而非社会制度来理解它们,那就能避免对于尼采的许多严重误解。第284和285条警句详述了闲暇(otium)和闲不下来(unrest)的意义。静观生活的前提是闲暇,而非懒惰;另一方面,现代的躁动不安预示了一种行动的新式野蛮。第286条警句结束了这个话题,它对行动之人骨子里的怠惰作了一些评论。行动的生活,就是在千篇一律的既成事物中分散注意力;行动的生活逃避了这样一种道德义务,即人们应该尽可能在人可以形成意见的每一件事情上形成自己的意见[264]。汲己之泉并非总是一项容易的任务,但怠惰阻止了行动的人承担这项任务。②

题为"生活的审查者"(Censor Vitae)的警句,多少揭示了灵魂通过静观生活而达到的"心境"(mood)。起初,判断的独立性被打上了在爱与恨之间摇摆不定的标志;最终,当灵魂积累了丰富的经验以后,沉思者就会超越对生存的憎恨、鄙视或热爱:

> 他将躺卧其上,目光时而快乐、时而悲伤。他的心境将与自然一样,时而盛夏,时而深秋。③

---

① 《人性的,太人性的》,节283,前揭,2:261。
② 《人性的,太人性的》,节286,前揭,2:263。我们已经知道,将行动归结为怠惰并不是尼采对这个问题的最后结论。几年后,他采用了"逃避自我"这一解释,而这个解释与帕斯卡对于厌倦和消遣的看法之间有很深的渊源。
③ 《人性的,太人性的》,节287,前揭,2:263。

尼采的神秘主义经验所特有的这种恬然心境,极其敏感地呼应了他对自然的一些特定心境,尤其是恩加丁(Engadin)和地中海的盛夏和深秋。这种心境常常通过自然的符号和诉诸某些风景的办法而表达出来,因为人们很容易触景生情。当尼采与人的心灵的某些现象相对抗时,自然就是尼采内在俗世的神秘主义中诸经验的来源,而这些经验就相当于基督教神秘主义中的超越式经验。①

静观生活需要良好的外部条件。第291条警句为这些条件描绘的图景,其实就是尼采本人的生活条件的写照。自由精神使尼采生活的外在目标容易得到满足。他并不奢望在国家和社会中身居高位;再小的职位,再微薄的资产,只要能够糊口,他便心满意足。他将自己的生活安排得尽可能不受经济和政治领域发生的事件所影响。他不必致力于解决外部问题,而节省下来的精力能使他一头扎进[265]知识的海洋。他将克制自己对世事的留恋,不让自己满怀激情地涉世太深。他相信,如果有人指责他缺乏爱,正义的守护神将会为自己的信徒作辩护。他的生活和思想的模式将表现出一种雅致的英雄气概:与它粗俗的孪生兄弟不同,它并不渴望杂众的顶礼膜拜;它将静悄悄地走过这个世界,静悄悄地离开。②

第292条警句描绘了静观生活的目标,以此完全刻画了静

---

① 沉思状态的恬然心境,是尼采精神生活的一种常态。尼采的许多价值评估和偏好,就其本身而言可能令人困惑,比如他喜爱艾克曼(Eckermann)记载的晚年歌德,喜爱施蒂弗特(Adalbert Stifter),喜爱克劳德·洛兰(Claude Lorrain)和普桑(Poussin)的风景画等等;但如果将这些视为尼采心境的表达,那就可以理解了。关于这一类经验整体的详细论述,见 Ernst Bertram,《尼采:神话学研究》(*Nietzsche: Versuch einer Mythologie*)(Berlin: G. Bondi, 1918),特别是关于Weimar(页181以下),Nachsommer(页238以下),Claude Lorrain(页249以下),Venedig(页261以下)以及Portofino(页271以下)那几章。
② 《人性的,太人性的》,节291,前揭,2:264以下。

观生活的心境和外部条件。静观生活的目标是与历史中展开的人性之间神秘合一（Unio mystica）。个体的人必须使自己变成人性诸经验的缩影，直到历史中展开的精神真正化身成为在他身上的实际在场；他个人必须成为精神朝向人性的未来转变的中介。我们时代有利于实现这一伟业。今天，我们仍然可以获得宗教和艺术的诸多经验，而我们的后代也许会失去它们。沉思者——在这里是指尼采——拥有这样一些经验，这使得他能怀有理解地洞察人类历史的早期阶段。一个人若是没有经历过宗教和艺术所决定的文化现象，就不可能成为圣人，同样，他还必须熟悉历史。只要回首过去的道路，人就能最好地学会人性在未来应该何去何从，或者不该走向何方。在重新经历人性的经验同时，自我也将理解那引导我们来到当下的进程的必然性，而自我的这种重新经历也将引导着个体，抵达那征服当下和走向未来的必然性自行发挥影响的地方：

当你的眼变得足够强大，能将你的本性和知识一眼望到底，那么，未来诸文化的遥远星丛，也许在你眼睛的映照中也会变得清晰可见。

你应该全身心投入这一目标，带着你的过失、谬误、幻想、激情，还有你的爱和希望。而且，当你的生命在这项使命中耗尽时，你会发现，随着年岁达到顶峰，你也抵达了智慧的顶峰，在那里，你将"置身于一种恒久的精神快乐的柔美光华之中……自然愿意如此"。①

[266]这种对沉思者的描绘具有一种序曲性质。尼采已经

---

① 《人性的，太人性的》，节291，前揭，2:266以下。

清楚地提出了问题,但他个人尚未充分发展出用来表述这个问题的声音。要想澄清这个问题,最好的办法可能是确定它与黑格尔的历史概念之间的关系,后者就是绝对理念的辩证法式的启示。尼采同意黑格尔对于历史的一个看法,即历史是精神的一种显现,但他抛弃了绝对理念的辩证法式展开。黑格尔概念中残留的基督教超越者消失了,整个历史进程完全变成了内在的。内在俗世的"人性"变成了展开的主体,而"自然"的作用就是充当这场运动的来源和决定因素。不止如此,尼采与黑格尔有着一样的时代意识;两位思想家都相信,一个伟大的历史阶段已经走到了尽头。但是,黑格尔的哲学被一种终结感所支配,从而排除了任何未来的前景;绝对理念的辩证式进程已经在当下彻底实现,同时也止息了。历史完全变成了过去。尼采一方面意识到了一个阶段的结束,但他也被朝向一种未来过渡的感受所支配。尼采之所以反对"体系",反对"演绎和辩证法",都是为了对抗黑格尔著作中历史的体系化。尼采诉诸个体的直接经验,以此作为未来的实体。静观生活是克服过去的手段,因为它能洞察人类生存的根基,而从这根基中将生长出未来的文化。

"人性"借助于个体的人的生存,历史地实现了自身。因此,生存哲学也就成了黑格尔之后新历史哲学的核心。问题已经很清楚了,但就像我们说的那样,问题的表述仍然带有一种序曲式的腔调。我们可以感觉到,这种表达上的犹疑也契合伊壁鸠鲁和斯宾诺莎的心境;但还有一种肤浅做法,就是过于独断地将行动主义统统还原为怠惰。通过重温过去来克服过去是一项艰巨的任务,而它目前仍处在实现过程的初级阶段,生存的深井也尚未映照出未来。唯有接下来的几年,也就是写作《朝霞》的时期,尼采才更进一步地把握到了他的问题。

四

[267]在计划写作《朝霞》的那些年间,尼采准备了一些标题打算用于各卷或各章节:"静观生活","新的激情,或者:真诚的激情"(Passio Nova, or: Of the Passion of Honesty [Redlichkeit]),"勇气的宗教","权力感"。这些标题反映出一种思想内核,在这个内核外围必然生长着一系列复合体,包括对于知识、基督教、道德、社会等级秩序之类事物的分析。① 这些同时期的"计划",揭示了尼采思想演化的方向。

其中一个"计划"令人赞叹地描绘了灵魂的运动,这种运动引导我们发现了激情是一种终极的驱动力,甚至在静观生活中也是如此:

> 我们相信它是激情的对立面:但它讨好我们,所以我们为了理性和正义而向激情开战。我们这些天真的人!我们发现,它带有激情本身的全部印记。这一认知使我们感到痛苦;我们努力追求圣贤那明亮的、宁静如清晨的光。但我们揣测:就连这种光也是激情运动(passionate movement),虽然它在粗野匹夫眼中得到了升华,难以辨明……我们发现了诸激情如何产生,如何升华。接着,从外部就开始了反噬:我们用来解放自己的所有论证,我们所有的错误,从外部开始掉转头反对我们自身……这是一种新的、未知的激情!②

---

① 关于这些标题,见《人性的,太人性的》编后记,前揭,见 11:408,411。
② 《计划》(Plan),前揭,11:409。

另一个"计划"揭示了看待静观生活的各种社会视角,这些视角即使放到现在也显得非常成熟。它们后来在《权力意志》里得到了阐述:

> 我看到社会主义团体正在形成,不可避免！我们要注意,这些团体(bodies)开始形成自己的首脑(heads)。这些组织及其领袖将建立未来的奴隶等级——但在他们之上,将兴起一种贵族制,或许是隐士(hermits)的贵族制！学者的时代已经过去,他们曾经像其他所有人一样生活和信仰(作为教会、法庭、商业团体等等的工具)！伟大的英雄主义再一次变得必要了！①

这种驱动性的激情在第三个"计划"中表达得最精练,而它的目标是"恢复一个人的个体灵魂的荣誉"。② 这些主导性的概念和[268]计划将在1880/1888年的警句迷宫中充当指向标。

关于静观生活的更深观念,隐含在一条题为"与帕斯卡比较"的警句中:

> 难道我们不是和他一样,也是通过 Selbstbezwingung [征服自我]来获得力量吗？他推崇上帝,我们推崇真诚,不是吗？诚然,一种使人脱离世界、脱离自我的理想引发了最闻所未闻的对立,这是一种可以追溯到存在之至深根源(Im Tiefsten)的永恒的自我矛盾,一种超越于自我之上的至福安息,而它蔑视一切被称作"自我"的东西。我们减少了对世界

---

① 《计划》,前揭,11:410。
② 同上,11:409 以下。

的怨恨和报复心；我们力量的集中度减少了，但我们也因此不会像蜡烛那么快地一烧到底，而是拥有了忍耐的力量。①

这种静观生活所固有的自我矛盾，成了新的问题。静观状态是激情克服激情所产生的结果，要想维持静观状态，就必须依靠自我(ego)与其自身之间的永恒张力。即便蔑视一切所谓的"自我"，也无法克服一个基本事实：要想实现"至福的安息"(beatific resting)，恰恰要凭借一种被弃置不顾的自我的努力。即便过着静观生活，人也无法逃避激情生活；人只能活在他已经逃离激情生活这一幻想当中。

在本项研究的后面部分，我还会将静观生活作为激情生活的一种现象来展开更加详细的讨论。现在我们要关注的是，尼采如何运用这种观念，以便区分他自己的立场与帕斯卡的立场：

> 帕斯卡的状态是一种激情；它有着幸福、苦难以及深刻而持久的严肃性的全部症状和后果。因此，看到他如此骄傲地反对激情，我们难免觉得可笑——这是一种爱，它既蔑视其他所有人，又怜悯那些缺乏它的人。②

尼采对诸超越式经验毫无感受，这使他不可能[269]接受恩典的

---

① 《〈朝霞〉时期遗稿，1880/1881 年》，节 277，前揭，11：271。
② 《〈朝霞〉时期遗稿，1880/1881 年》，节 278，同上，11：271。尼采的这些警句表明，他反对帕斯卡"真正幸福"的观念；帕斯卡的这种幸福观，在《思想录》第 425 节和第 430 节关于"人之伟大与可悲"的遗稿得到了最透彻的阐发。又见帕斯卡关于自己状态的笔记："这些都是我的情感。我整日感恩我的救主，他赐予我这些情感，用他的大能，使我这个充满了软弱、苦难、贪婪、野心、骄傲的人脱离了所有的恶；一切荣耀归于他，只留给我苦难和过错。"见《佩里耶夫人所记的帕斯卡生平》(La vie de Pascal par Mme Périer)，载于《全集》(Oeuvres complètes)，Jean Mesnard 编，卷三，Paris：Descl'ee de Brouwer，1964，页 595。

现象,而恩典是帕斯卡的"幸福"不可或缺的要素;尼采在诸沉思经验中超越自我,对他而言,这些沉思经验有着完全内在于激情生活的诸经验的特性。这种缺陷迫使尼采用"自我中心主义"(egoism)来解释帕斯卡与上帝的独处,结果,尼采将自己的态度与历史上多产的那种帕斯卡式态度区别开来。尼采在同时期的一条警句中谈到,帕斯卡

> 看到的都是徒劳的爱,而非有用的爱;任何事情对他来说都是一桩自我中心主义的私事。帕斯卡没有看到,随着行动的积累,新的一代人将从中产生,连带着它的激情、习惯以及满足它们的手段(或者缺乏手段)。[他看到的]始终是单独的个体,而非 das Werdende[过程]。①

值得注意的是,这段话将静观生活的特征描述为一种"行动的积累"。这种界定并没有废除沉思与行动的区别,但是,静观生活最终必然要靠行动来解释;这一点体现了尼采内在主义的僵化死板。沉思是历史性的行动,这么说的意思是:只要在沉思过程中克服历史的过去,就能解放个体的沉思式生存所利用的各种资源,这样它们才会成为未来的决定性因素。②

---

① 《〈朝霞〉时期遗稿,1880/1881 年》,节 279,前揭,11:271。
② 这种态度应当与其他一些对于静观生活的解释作比较,后者只是表面上与尼采相似。例如,亚里士多德也构想过 bios theoretikos[静观生活]是一种行动的形式;但在这种行动中人实现了人所能达到的自足,其目的是使人的生存与神圣存在相似。静观生活的定向不是内在俗世的,与基督教一样,它有着一个非历史的、超越的目的。博丹接受了亚里士多德的静观生活观念,而他也产生了类似问题。但对博丹而言,静观生活的顶点是一种稍纵即逝的、非历史的时刻;在那个时刻,他预感到自己死后完全"安享于神"(fruitio Dei)。关于基督教教义,参圣托马斯,《神学大全》(*Summa Theologica*) pt. II – II, qu. 180,特别是 arts. 1,2。

在尼采的解释里,帕斯卡生命中的那些积累行动产生了未来一代人,无论他认为自己是在做什么。历史长河有一种内在的结构。帕斯卡和尼采的两种态度,不是在科学分类层次上简单对立的两种类型;历史运动的必然性使他们相互联系,前者通过其行动而推动了后者的崛起。在"对完美对手的渴望"这条警句中,尼采[270]就法国的基督教类型与世俗化理智主义之间的关系提出了自己的意见。这是一个关键,可以帮助我们把握尼采如何理解他与帕斯卡之间的关系。尼采纵览了17世纪以来法国基督教的主要人物:"集狂热、精神和真诚于一身的基督徒之首"帕斯卡,此外还有费奈隆(Fénelon)、盖恩夫人(Mme. de Guyon)、特拉普修会(Trappist order)的缔造者,以及波尔－罗亚尔修道院的学者。接着,尼采总结道:完美的基督徒必将造就同样完美的反面典型,也就是非基督教的自由精神。① 这种在法国社会内部的基督教与自由思想之间关系的完美类型,为尼采树立了一个榜样,使他能解释在更大的欧洲范围内完美基督教与完美自由精神之间的关系:前者以帕斯卡为代表,后者则以尼采自己为代表。当尼采把自己的非基督教神秘主义定向于欧洲的过去时,他指的是"大地上最具基督教性的民族"的基督教,特别是帕斯卡的基督教。当尼采谈到自己反对的"基督徒的败坏"时,他把"基督徒之首"帕斯卡当作了"类型"。②

尼采将帕斯卡"类型"归于基督教的第一种类型,与以德意志新教为主要代表的基督教的第二种类型相区分;就这样,尼采进一步澄清了帕斯卡的"类型"。对于尼采而言,新教是"在精神

---

① 《朝霞》,节192,前揭,4:182以下。
② 《权力意志》,节51,前揭,15:177。

上不洁且令人厌烦的 décadence[衰败]形式,基督教以这种形式在平庸的北方勉强保存至今"。① "看看德意志精神对基督教做的好事!"这种普普通通的德意志新教,"我称之为一种谦卑的基督教";而让尼采尤其憎恨的是"由宫廷传教士和反犹的投机分子组成的不谦卑的新教"。② 最后,1884年的一条警句引出了帕斯卡和路德的交锋:

> 至于一种像基督徒那样的思考方式,人们必须想象一位与它完全契合的理想人物,比如帕斯卡;至于普通人,那就只能拥有一种作为替代品的基督教,而它甚至适用于像路德那样的本性——路德为自己调制出了一种杂众和农民的基督教。③

对尼采而言,法国天主教是[271]基督教的原型;这一事实多少能说明,为什么法国智识史在尼采思想中总是占有一个重要位置。④ 尼采坚定不移地把帕斯卡等同于基督教的理想类型,以至于每当尼采在晚期著作中不加限定地提到基督教时,我们都可以假定他是在说帕斯卡类型的基督教。在尼采晚期著作中,帕斯卡发挥了一种与其他伟人相似的类型作用:当尼采提到"那位基督徒"时,他通常是指帕斯卡,正如"那位哲人"是指叔本

---

① 《权力意志》,节88,前揭,15:203。
② 《权力意志》,节89,前揭,15:203以下。
③ 《未刊稿:重估一切价值》,节752,前揭,13:306。
④ 见《权力意志》,节87,前揭,15:203:"新教的衰败:在理论上和历史上被理解为一种半吊子(Halbheit)。天主教在事实上的优势;新教的意义已经幻灭,以至于最强大的反新教运动本身也无法被感受到了(例如瓦格纳的《帕西法尔》)。在法国,所有高级的唯灵论出于本能就是天主教的;俾斯麦已经明白,新教再也不存在了。"

华,"那位艺术家"是指瓦格纳,"那位政治家"是指俾斯麦。①

五

在"与帕斯卡比较"那条警句中,静观生活的自我矛盾呈现为一个新问题。新的探究对象,就是在自我征服当中的那种克服激情的激情,有几个词标示了这种激情的诸面向:骄傲,权力,残忍,真诚,英雄气概。帕斯卡似乎提出了将这些感受聚拢到一起,但由于缺乏直接的参照和引文,我们只可能提出这种谨慎判断。但它与帕斯卡的《思想录》无疑有一种直接联系,理由有三:首先,如前文所述,帕斯卡在尼采作品里几乎无处不在;第二,帕斯卡的分析与尼采的分析有一些明显的平行相似之处;最后,根本没有其他任何力量相当的影响存在。不过,探索这种观念之复合体的起源,也不应该遮蔽那些直接经验;尼采与帕斯卡一样,都是用一套历史地发展起来的术语工具来解释这些直接经验。

[272]在一段引文中,我们发现了这些经验及其表达符号的核心。这段引文出自《约翰一书》,被帕斯卡用作《思想录》某一处残篇的开场白:

> 凡在这世界上的一切,都是肉体的欲念,或眼目的欲念,或此生的骄傲。

---

① 帕斯卡的作用,就是作为尼采自由精神的基督教反面类型,《善恶的彼岸》(1886)在形式上肯定了这一点。这本书第2章和第3章分别探讨了"自由精神"和"宗教性"(同上,7;39以下,67以下)。这两章有一些主导性、总结性的警句,阐述了两种类型:一是以尼采为代表的自由精神,二是以帕斯卡为代表的基督教欧洲人。

帕斯卡还为这句话附上了拉丁译文:libido sentiendi,libido sciendi,Libido dominandi[感官之欲,认识之欲,统治之欲]。① 这段拉丁译文的重要性在于,它形成了一条语词和语义之链的过渡环节:这根链条始于古希腊语的 alazoneía tou bíou[此生的虚荣],经过武加大译本的 superbia vitae[此生的骄傲]以及教父的解释,再到现代心理学术语,最终便是尼采的权力意志。帕斯卡将"世界"的三种要素还原为共通的欲(libido),这就使他有可能发展出一套关于人类本性和主要品性类型的系统理论。三种欲对应着"事物的三种秩序":肉体,智识(esprit),意志。每一种因素对应着由这种因素占主导的人的类型:属肉体者,也就是富人和君王,他们的对象是身体;好奇者和学者,他们的对象是智识;圣贤(Sages),他们的对象是正义。欲念、好奇和骄傲,这三种统治性激情就是三种类型的人的特点。②

如果我们收集其中第三种类型的语词,我们就会发现:帕斯卡的经验与意志、支配、骄傲、智慧和正义这些问题紧密相关。意志和权力的现象与精神现象有关,并且两者都与"肉体"领域相对立,也就是说,与政治和经济的领域相对立。这种激情划分——一边是欲念,另一边是权力和智慧——尤其值得注意,因为我们可以在尼采的心理学中发现同样的划分方法。大量对尼采观点的误解源于如下事实:在唯物主义盛行的今天,中世纪和文艺复兴时期的灵魂学(psychology)的伟大传统已经消失殆

---

① 见《约翰一书》2:16;《思想录》,节458。安德勒也引用了帕斯卡的这段文字(见《尼采》,前揭,1:179),并且加了一个脚注:"阿维指出,帕斯卡其实是想起了《奥古斯丁》这本书里的一段话;在那里,詹森(Jansen)对圣约翰作了一番评论。"我手头既没有阿维的研究资料,也没有詹森写的《奥古斯丁》(*Augustinus*)。由于安德勒的脚注极为含混,我们无法把握帕斯卡的拉丁译文与也许出自詹森的一段引文之间有什么确切关系。

② 《思想录》,节460。

尽,结果是,人们很容易认为,[273]权力这个词的内涵必然是暴力和制度性政治。①

帕斯卡纳入了虚荣和自我征服的各种社会面向,以此进一步修正了他对于骄傲和支配的分析。"虚荣是如此深入人心",以至于即便从事卑贱职业的人(比如士兵、厨师、门房等)也希望有其崇拜者。

> 甚至哲人也想要虚荣;那些写书批判虚荣的人,也想要书写得好的名声;那些读书的人,则想要读过这本书的荣耀;写下这段话的我,也可能有这种欲望;读这段话的人,或许……
> 我们甚至甘愿付出自己的生命,只要能被人谈起。②

最终,人们开始有意地追求痛苦,屈从于痛苦,并且在这个过程中找到荣耀。屈从痛苦不可耻,可耻的是屈从快乐。

> 原因在于,并非痛苦在诱惑我们,吸引我们;而是我们自愿选择了痛苦,并且要使它支配我们;因此,我们其实才是这种处境的主人;因此,这里是人屈从他自己,但在快乐中却是人屈从快乐。带来荣耀的只有主宰和支配,带来耻

---

① 传统理解的 superbia[骄傲]问题构成了帕斯卡《思想录》的背景,参见圣托马斯对这个问题的讨论,《神学大全》pt. II, qu. 162;尤其是 art. 1, *ad secundum*,其中引用了圣奥古斯丁,还有 art. 3, *ad primum* 讨论了智慧的骄傲。尼采作品中找不到任何受到霍布斯影响的痕迹,这在智识史上是一件引人好奇的怪事。霍布斯对骄傲和权力的分析(特别见《利维坦》第一部分第 11 章"论品行之差异")直接延续了奥古斯丁对骄傲的分析,后者是将骄傲理解为一种 perversae celsitudinis appetitus[堕落的俗世欲望]和对神的堕落摹仿;这与帕斯卡关于激情的灵魂学非常相似。

② 《思想录》,节 150–153。

辱的则是受奴役。①

在这些自传性反思中，Libido dominandi[支配欲]被一直追溯到了帕斯卡所沉迷的 contemptus mundi[蔑视尘世]和各种禁欲实践的最深处。残忍在一个人对自我的主宰中得以升华，这是帕斯卡的兴趣所在，也构成了尼采对于权力复合体的分析的一个本质性部分。

尼采论"力争出众"(Striving for Distinction)的警句，读起来就像帕斯卡笔记的延续。Libido dominandi[支配欲]再次展现出各式各样的面向，不过它们现在得到了更加体系性的讨论。帕斯卡的虚荣，也就是对于受人崇拜的欲望，丧失了其相对无害的品性。尼采将这种虚荣解释为人力图使邻人受苦的一种衍生形式。[274]那些力争出众的人，希望自己的人格给别人留下深刻印象；他力图征服别人，即便这种渴望只能以一种微妙、间接的形式表达出来。这是一种公开的或隐秘的欲望，欲求自己的意志能压倒别人的意志。欲望有一系列表现自身的形式，包括从野蛮的暴力一直到精致的、甚至于病态的理想主义。对邻人而言，我们的力争出众意味着如下一系列从最原始形式开始的事情：折磨、打击、恐惧、惊吓、惊异、忌妒、崇拜、抬高、愉悦、快乐、欢笑、嘲笑、戏弄、轻蔑，接着反复鞭挞，最后是将折磨应用到自己身上。苦行者和殉道者站在这个阶梯的顶端，他们主动呼唤折磨，在遭受折磨的过程中得到最大的满足，因为这是在肯定他们的出众；他们的对立类型则是处在阶梯底部的野蛮人，他们为了出众而折磨邻人。②

---

① 《思想录》，节 160。
② 关于最高形式的殉道及其深渊，可以比较克尔凯郭尔的《一个人是否有权为真理而遭处死》("Does a Human Being Have the Right to Be Put to Death ［转下页］

> 若把幸福理解为最为生动的权力感,那么,大地上也许没有谁比迷信的苦行者的灵魂感受到更大的幸福。①

这段话的潜在含义,在别的地方得到了详尽阐发。我们需要追溯其中的两到三种主要观点。最重要的是,这条警句隐含地解释了通过自我征服而实现出众的"更高"形式。在"静观生活的起源"这条警句中,尼采明确讨论了这个问题。尼采勾勒了一条悲观主义的演化路线:最初是一系列原始表现,体现为狩猎、抢劫、袭击、拷打和谋杀的暴力行为;最后发展出来的表现则是"邪恶的判断",当个人因种种原因变得虚弱、厌倦、染病、忧虑或者腻味的时候,"邪恶的判断"必将取代"邪恶的行为"。

> 在这种心灵状态下,他就变成了一位思想家或先知;或者,他进一步阐述他的迷信的种种臆造,设计出新的仪式;或者,他嘲讽他的敌人们。

起初只是个人在某些心境下才会做的事,变成了一些人永远做下去的事;也就是说,这些人邪恶地判断,忧郁地生活,而且缺乏行动——他们被称为诗人、思想家、教士或医师。这类人将因其怠惰的生活而被逐出共同体,[275]除非人们由于怀疑他拥有某种未知力量而对他心怀恐惧。

> 在这种暧昧的名声中,怀着一颗邪恶的心,通常还有

[接上页注②] for the Truth?"),载《克尔凯郭尔著作集》(*Kierkegaard's Writings*),Howard V. Hong 和 Edna H. Hong 编,卷 26(Princeton:Princeton University Press,1978),18:51—89。
① 《朝霞》,节 113,前揭,4:110 以下。

一个常受恐惧折磨的头脑,沉思就这样在大地上第一次亮相。①

但是,沉思者受人尊敬和恐惧是出于什么原因呢?尼采给出了两个答案。圣人现象的迷人之处,首先在于表面上的奇迹:灵魂从一个状态转变为另一个似乎截然相反的状态,人们相信自己看见了一个"邪恶的人"突然变成了"好人",变成了圣人。这个奇迹之所以仅仅是表面的,乃是因为这样的转变其实从未发生。力争出众改变了它的形式,但这样一种信念——即文明程度"更高"的形式也在道德上"更好"——是毫无根据的。尽管如此,人们还是坚持这种信念,并且营造出了道德奇迹(moral miracle)的印象。②第二个答案是对第一个答案的补充。除了道德奇迹的问题外,圣人现象之所以迷人,也是因为它再现了自我征服的谜。正因如此,它总是要求得到强者的尊重(在社会意义上的尊重)。强者(the powerful)在圣人身上感受到了一种更加卓越的力量,而这种力量在自我征服当中经受住了考验。圣人的意志力,使得强者也认识到了自己的力量与支配欲。强者所敬重的圣人身上的东西,就是他们在自己身上找到的同样东西:

"权力意志"迫使他们在圣人面前怀有尊重。③

我们已经追溯了一种诸观念之复合体,沿着帕斯卡的笔记片断一直到尼采警句的衍生结果。但是,我们在本节一开始就

---

① 《朝霞》,节42,前揭,4:47以下。
② 《善恶的彼岸》,节47,前揭,7:72以下。
③ 《善恶的彼岸》,节51,前揭,7:76。

警告过,切莫以为我们可以在一种学说史的层面上穷尽这一类型的诸多联系。现在,我们必须回到直接经验的层面,以便认识到:学说的相似,乃是以一种经验的相似为基础。在《善恶的彼岸》中,"宗教性"那一章开篇的警句,划定了心理学家的狩猎范围:

> 人类灵魂及其限度,人类内在经验迄今抵达的极端,人类内在经验的高度、深度以及广度,灵魂迄今为止的全部历史[276]及其尚未穷尽的可能性。①

但是,一位孤独的猎人能在这片原始森林里找到什么呢? 他又该到何处去寻觅帮手?

> 例如,为了推测和确定知识与良知(Wissen und Gewissen)的问题在 homines religiosi[宗教人]的灵魂中有着怎样的历史,一个人或许必须拥有像帕斯卡那样深刻、畸形而伤痕累累的智识良心(intellectual conscience)。

即便有了这件宝物,还必须加上"一种光亮而邪恶的精神所支起的篷顶高举的天穹;它会从高处俯瞰这一大堆危险而痛苦的经验,而这些经验也能命令这种精神,将这种精神塞进各种表述之中"。谁还有时间等待这些帮手?"最终,为了知道一切,他不得不亲自去做一切事情。"尼采在自己身上发现了帕斯卡的伤痛和畸形——还有精神的力量和残忍——这使得他能为自己的各种

---

① 《善恶的彼岸》,节 51,同上,7:76;《第三章:宗教性的本质》(*Drittes Hauptstück: Das Religiöse Wesen*),节 45,前揭,7:69 以下。

经验找到表述。

在《善恶的彼岸》后面的一段文本中,尼采提出了这种表述:

> 几乎所有我们称之为"高等文化"的东西,其基础都是残忍的一种精神化和深刻化——这就是我的论题。①

无论何时,只要人容许自己被说服接受了克己和禁欲的行为、悔罪和补赎的震颤、解剖良心或者帕斯卡式的献祭理智的做法,他就受到了"残忍用来反对他自身的种种危险战栗"的诱惑和驱使。即便道德家强迫人的精神违背精神的本能而去探究和认识,人也还是一位艺术家和歌颂残忍之人。每一种洞察都是一种侵犯;其中流露出一种加害意志,它要伤害那不断趋向幻象和表面而运动的"精神的根本意志";

> 在一切求知意志当中,都有些许的残忍。②

我们已经触及了问题的核心:尼采将静观生活解释成一种克服激情的激情,这就导致了一个问题。对于"精神的根本意志"以及"良心的智识残忍"对它的征服,《善恶的彼岸》第230条警句提出了最终的表述。诸激情的冲突最终尖锐化,变成了精神的两种意志之间的冲突。第一种意志被尼采称为精神的"根本"意志。从根本上来说,精神[277]具有一种统治、支配和强制的品性,在这方面,精神与一切在生理学意义上活着和生长着的东西相似。在精神的诸多"生理学式"特点当中,第一

---

① 《善恶的彼岸》,节229,前揭,7:186。
② 《善恶的彼岸》,节229,前揭,7:187。

个特点就是精神具有简单化（simplify）的倾向。由于这种倾向，新的题材被旧的题材所同化，各式各样的经验被还原成一个个种类，根本上的相互冲突却遭到了忽略或排除；歪曲和类型化，就是主宰和吸纳外部世界的手段。除了简单化倾向以外，精神还有一种自愿的封闭（voluntary closure），它抗拒新的材料，决心保持无知，对于可知事物采取一种防备态度，对于黑暗以及一种安全的视野感到满足。精神的第三个特点，就是甘愿受骗（deceived），也许同时带有一种对于受骗的隐秘认识，以及一种在视角的主观任意性中享有的愉悦——这是对于各种不相称之处所感到的一种快乐的满足感，它起源于主观任意地运用权力。最后，我们还能注意到精神有一种很成问题的意愿，即一种欺骗别人和披上伪装的意愿，它在面具及其重重保护下感到了某种愉悦。精神的"根本意志"就是一种趋向简化、表象、幻象的意志，趋向各种面具的意志；它是一种趋向"表面"的意志。

这种精神的根本意志与思想家的"崇高嗜好"针锋相对，后者是要深刻、全面地洞察各种事物：

> 在智识的良心和品味当中有一种残忍，每一位有勇气的思想家都会承认，他们身上带着这种残忍。

有人倾向于掩盖这种激情，为此给了它各种熠熠生辉的德性名目，例如真诚、爱真理、爱智慧、为知识献身、坚持真理的英雄主义等等。"其中总有些东西令你充满了骄傲"——但"我们这些隐士"早已发现，在令人愉悦的色彩之下，还有一样东西有待解读，那就是：

> 可怕的基础文本——homo natura[自然人]。

为了使人转变回自然,为了洞察那些掩盖了这一永恒文本的解释、并且征服它们的虚荣,为了让人正视身处无休无止的规训之下的人,为了使我们抵御那些充满诱惑的声音——"你有更高的起源!"——这就是新的使命。但是,为什么我们应当选择这项古怪而疯狂的使命?或者换句话说,为什么我们也应该有相关的知识?"每个人都会这样问我们,而我们,受到这样的逼迫,早已就这个问题自问了一百遍,但我们未曾找到也无法一个更好的答案"——这比满足残忍更好。①

[278]尼采关于静观生活的理论,容易遭到各种严重的误解。为了防止误解,我们有必要在此做几点说明。首先,尼采不是一位唯物主义者。将精神生活解释为激情生活,并不意味着精神现象必须通过一种因果解释而被还原到生理学领域。尼采的确杜撰了升华(sublimation)一词,但唯物主义心理学家后来用这个词,既是为了将精神现象解释为欲(libido)的某种偏转(deflection),同时也将这个词理解为性本能中的能量量子(energy quantum),对象从人类一直到某种无性的自然。② 但是,这类解释绝非尼采本意。对尼采来说,精神是人类诸激情的结构中一个独立要素,就像那些低等本能一样,而这种权力意志(Libido dominandi)不是一种能与人的任何部分领域相等同的本能,而是一种遍及人类生活所有显现形式的力量,包括性、消

---

① 《善恶的彼岸》,节230,前揭,7:187-190。
② 特别参见弗洛伊德(Sigmund Freud),《性学三论》(*Three Contributions to the Theory of Sex*),载于《弗洛伊德基本著作集》(*The Basic Writings of Sigmund Freud*),Modern Library Edition(New York:Random House,1938),页625以下;亦参 A. A. Brill 为《弗洛伊德基本著作集》写的导言,页16以下。

化以及精神在内。对尼采而言，一切有实效的力量都是权力意志，哪怕非人的力量也是如此。如果根据世界的"智识品性"来限定的话，世界就是"权力意志"。①

尼采把精神等同于权力，这种观念与帕斯卡在《论爱的诸激情》中提出的观念极为相似。帕斯卡区分了 passions de feu[火的激情]与较低层次的激情，所谓"火的激情"是指那些属于精神的激情：

> 一个人拥有的 esprit[精神]越多，他的激情就越多。因为这些激情不过是真正属于精神的各种感受和思想，即便它们有时是由身体引起的。显然，它们不过是精神本身，而且它们竭尽所能地试图完全洞察精神。②

不过，尼采比帕斯卡走得更远。尼采不仅构想了一种与其他激情相区分的精神-激情（也就是帕斯卡所说的火的激情），而且提出了关于某种"意志"的形而上学假设：所有经验性的激情都不过是某种"意志"的个别显现。人类本性中的"更高"层次不能被还原成"较低"层次，比如弗洛伊德关于力比多(libido)的唯物主义形而上学，因为尼采认为，在所有这些不可相互还原的现象[279]背后，有一种非经验性的、"可以理解的"意志存在，而它就是 Weltgrund[世界的根据]。

这种对于权力意志的思辨性阐发是对 Libido dominandi[支配欲]的一种改进，而我们在帕斯卡的书中找不到同样的做法。不过，世界的"可理解性"这样一种观念，从功能上看与帕斯

---

① 《善恶的彼岸》，节 36，前揭，7:58。
② 帕斯卡，《论爱的诸激情》，载《帕斯卡全集》(*Oeuvres de Blaise Pascal*)，Prosper Faugère 编，Paris: Hachette, 1886–1895, 2:50。

卡的观念有些联系。尼采的"可理解性"在功能上对应于基督教的"俗世"观念,而在后者那里,一切都被视为肉体之欲、眼目之欲或者此生的骄傲。"俗世"作为堕落的领域,就是在明显的、经验性的欲念之下潜藏的一个包罗万象的假定;类似地,尼采的"意志"也是在各式各样明显的激情之下潜藏的一种非经验性的假定。如果我们认识到"俗世"和"意志"有着相似的功能,我们就能更加准确地界定,"基础文本——自然人"作为一种神秘主义符号(mystical symbol)究竟有什么样的含义。尼采所说的natura[自然],并非自然科学意义上的自然。对尼采而言,自然是一个符号,它表明:从人的生活赖以生长的诸根源,而非它朝向的诸目的来看,人的生活具有一种形而上学的透明性。尼采之所以提出 homo natura[自然人]这个表述,是为了反对另一种极具诱惑性的声音;这声音说,人也许有一种"更高的起源"。尼采接受了基督教的"俗世"架构,但对其作了重新定义:在尼采的观念中,俗世的欲求和残忍并非否定了一种原初完满(original perfection),相反,它是一种肯定性的实体(positive substance),而且渗透到了"最精妙、最隐秘、最精神化的权力意志"所及的最高领域。① 在尼采的内在神秘主义中,自然人与堕落者就是一对相反的符号。

最后,尼采对"精神的根本意志"的特性描述,掺杂了一些实用主义因素,这同样可能引起误解。诚然,这些实用主义因素确实存在,但这并不意味着尼采是一个实用主义者。实用主义倾向于搞便利的分类,倾向于各种面具伪装,而且一般还倾向于"表面";这些倾向统统遭到了"良心的智识残忍"的反对,而且我们也不应该将它们从这种相反的倾向中孤立出来。只有在两种

---

① 《善恶的彼岸》,节 227,前揭,7:182。

对立意志的相互作用下，精神的完整现象才会揭示自身。精神的根本意志创造了[280]个人生存的"形式"，就好像这是原生事实一样。在其与周遭的世界权力架构的关系当中，精神的根本意志牢固建立起了个体权力的中心。它决定了个体生存观察这个世界的"诸视角"，以及个体在世界的目光下所戴上的"诸面具"。另一方面，智识良心则是另一种情况：它揭露了这些视角和面具的实用主义相对性，以此摧毁了它们，并且通过这种摧毁，智识良心引导个体从表面返回其生存的内核。

此外，如果我们将这种观念结构与帕斯卡思想中有着相似功能的事物联系到一起，那这种观念结构将变得更加清晰。尼采创造了实用主义的表面，这类似于帕斯卡对幸福的追求：

> 所有人都力争幸福，无一例外；无论他们使用何种手段，目标总是幸福。

他们锲而不舍地追求幸福，尽管实际上从未有人得到过幸福：

> 如果前人从未知晓一种真正的幸福，而今人只剩它的标记和空洞踪迹，那么，这种贪婪和无能又透露出了什么呢？

各种有限的目标从来不能满足人对幸福的欲望，这种欲望指向无限善，唯有无限善才能给人以真正的满足；指向这种无限善，也就是指向上帝。① 追求俗世之内的幸福是一种"骄傲的疾

---

① 《思想录》，节425。

病",它会使人背弃上帝;①只有使人与上帝相联结统一的恩典,才能疗救这种疾病。

两位思想家都讨论了精神在俗世之内的成就的有限性,他们也一致同意,正是这种成就的相对性,驱使着人从一种幸福或立场走向了下一种。但是,当他们根据各自的宗教经验来解释同一种现象时,他们必定分道扬镳。帕斯卡的灵魂朝着超越式实在敞开,对他而言,坚持不懈地追求幸福反映了对于一种无限善的记忆性知识;只要我们放弃徒劳的追求,将我们的欲望扭转回正确方向,我们就能找到宁静,因为"总有足够的光留给那些真诚渴望看见的人"。② 尼采的内在主义不容许有一种永恒的宁静,我们不应放弃建造各种有限的立场及其视角和面具,[281]因为这不是一种"疾病",而是精神的权力意志的健康显现。然而,人们取得的视角和面具都不过是暂时的,因为它们经受不住智识良心的破坏。智识良心是一位挑剔的、富有破坏性的权威,它迫使一切暂时性的立场都不得不屈服于它,但它从不照亮通往无限者的方向。一旦智识良心的残忍摧毁了"表面",迫使个体返回其生存的根源,个体就能从他的核心处再度浮现出来,而这仅仅是为了创造同样具有暂时性的立场;智识良心的定罪没有恩典。③ 对尼采而言,他那智识良心的实在,令他不可能走上一条廉价的捷径,通往一种自然主义或实用主义哲学立场的独断论。对解释者而言,这应该警醒他们:切勿将尼采的内在神秘主义错误地解释为这种类型的体系之一。

---

① 《思想录》,节 430。
② 同上。
③ 关于尼采的面具问题,见 Bertram《尼采》(*Nietzsche*)中的"面具"(Maske)一章,页 157 以下;另见雅斯贝尔斯的《尼采》(*Nietzsche*),页 359 以下。

六

鉴于根本意志的宿命，没有什么救赎存在；智识良心那毁灭性的残忍，也只能打破根本意志的各种具体显现。尼采反对基督教静观生活观念的立场，就在于精神中的毁灭有着宿命与自由这样一对张力。根据这一立场，尼采展开了他对文明的批判。ressentiment[怨恨]和 nihilism[虚无主义]这两个概念，就是尼采在这场批判中使用的首要工具，它们的功能类似于帕斯卡的 ennui[厌倦]、ressentiment[怨恨]、divertissement[消遣]和 moi haïssable[自我憎恨]这些概念。我们应该再次采取这样的步骤：首先介绍帕斯卡的诸观念之复合体，然后判定它在尼采的内在主义人类学中经历了怎样的转变。

在帕斯卡看来，不可能有一种完全的宁静或 repos[安息]状态，这一点决定了感受的动力所在：

> 对人而言，最难以忍受的莫过于完全安息、没有激情、没有事务、没有消遣、毫无用武之地。

在这样一种安息状态下，人意识到了

> 他的虚无，他的孤独，他的不足，他的依赖，他的无能，他的空虚。

[282]从灵魂深处，不断涌现出"厌倦、阴郁、tristesse[悲哀]、懊恼、怨恨、绝望"。① 这一连串词语代表了一种根本情绪的诸多

---

① 《思想录》，节 131。

面向,而帕斯卡用这些词正是想要描绘克尔凯郭尔以降现代存在主义哲学所谓的"生存的焦虑"。人对行动的迷恋,遮蔽了人类生存的实在;一旦激情褪尽,一种根本性的虚无和形而上学式的荒凉感就会径直浮出水面。不断涌现的生存焦虑亟待平息,而普通的、"日常的"的平息方法,就是通过新的行动来寻求消遣。帕斯卡的诊断如下:

> 我们根本不是在寻找什么,而是为了寻找而寻找。①

因为在人类生活所有的具体苦难背后,还有一种根本性的苦难存在,那就是我们"软弱而有死的状况"。这种状况是如此悲惨,"以至于我们一旦深入细想,就找不到任何东西能安慰我们"。这种生存的焦虑没有什么具体的起因;即便人在所有方面都感到安全,一种莫名的厌倦仍然会从内心深处自行涌现。这种自行涌现的无因的厌倦,归根结底就是由于人类生存的建制(par l'état propre de sa complexion)。②

人对于持续不断的苦难抱有 ressentiment[怨恨],而这种怨恨驱使人逃离自己,转向外部事业。人并不认为这种"第一秘密本能"的努力全都是徒劳,这是因为还有"第二秘密本能"存在(前面我们讨论过它),其基础就是关于"我们第一本性之伟大"的记忆,而这种第二秘密本能将这类事业的有限目标转变成了一种无限目标的海市蜃楼:无限目标一旦实现,就将赐予永恒的安息。我们应该对帕斯卡在这个问题上的激进态度做一个清晰的了解,因为尼采对基督教的深恶痛绝,从根本上说就是对帕斯

---

① 《思想录》,节135。
② 同上,节139。

卡态度的深恶痛绝。帕斯卡并没有严厉谴责激情生活的种种消遣,而是将它们视为人类本性的一部分:

> 谴责他们(人们)是不公正的;他们的错误并不在于寻求混乱,倘若他们只是将其当作一种消遣来寻求;真正的恶在于,他们在寻求它时,搞得好像一旦他们占有了自己所寻求之物,便会得到真正的幸福。

如果人们愿意承认,他们寻求一种暴烈的事业是为了遗忘自我,那批评他们的人将无话可说。但是,人们[283]不承认自己的消遣具有逃避现实的特性,从而证明了他们对自己的无知。① 因此,俗世行动的领域被剥夺了所有独立价值。虽然帕斯卡承认它有消遣的价值,但他不愿承认文明成就的领域可以通达超越式实在。无论是客观的文明创造——例如艺术或思想的作品②——还是一种行事风格或人际关系,都无非是逃避现实者的消遣。尼采特别厌恶帕斯卡用一种寡言少语的冷淡态度对待自己的姐姐:这位可怜的妇人对帕斯卡尽心尽力,她不明白这究竟是怎么回事。直到帕斯卡去世之后,人们发现了他的一则笔记,上面说:帕斯卡为自己订立了一个规则,就是他不会对任何人流露出个人感情,以免别人对他产生依恋,因为这样形成的依恋是对一种有死的存在者的依恋,所以会使本应依恋上帝的人分心。③

对于生存焦虑 ressentiment 的[怨恨],致使人逃进激情生

---

① 《思想录》,节139。
② 同上,节425。
③ 这个例子和其他类似的例子,见帕斯卡姐姐写的《帕斯卡的生活》(*Vie de Pascal*);以及《思想录》,前揭,节471。

活中。但是，消遣所提供的对于苦难的慰藉，本身就是我们最大的苦难，因为恰恰是这种慰藉阻碍我们思考自己，将我们引向了毁灭之路：

> 没有这种慰藉，我们将陷入厌倦，而这种厌倦将驱使我们去寻求一种更加坚实的手段来摆脱厌倦。但是，消遣使我们感到愉悦，不知不觉地把我们推向死亡。①

因此，在情感的俗世动力方面，人被裹挟于绝望与骄傲之间：当他想到自己的败坏和软弱时，他感到绝望；当他想到自己的种种可能性，认为自己的本性尚未败坏时，他会为自己的成就感到骄傲。② 要想逃离这种两难，就要认识到灵魂在其与上帝的关系中所享有的超自然地位。但是，我们不能用一种激情心理学来处理这类感受。这些感受的动力是超越的：

> 对于上帝选定要真正触动的灵魂而言，上帝往其中灌注的第一样东西，就是一种非同寻常的知识和视野；[284]借此，灵魂以一种全新的方式来思考事物和它本身。③

这种"新的光"改变了消遣的表象：可朽的目的表现为可朽的，甚至是已朽的；在这道光的照耀下，激情世界作为一个真正幸福的王国也遭到了毁灭。位于生存之中心的 la crainte[那种焦虑]，也呈现了新的色彩。灵魂经验到了自身的终极虚无，而在洞察这种虚无的深渊时，灵魂在其受造性中找到了自己，而这种受造

---

① 《思想录》，前揭，节 171。
② 同上，节 435。
③ 帕斯卡《罪人的忏悔》(*Sur la confession du pêcheur*)，载 *Oeuvres*，前揭，2:37。

性与造物主上帝的无限性有关。① 一旦有了这种认识,结果便是:灵魂将拥有一种神圣的谦卑,而且上帝使这种谦卑长得比骄傲更快;灵魂"开始提升自己超越于众人的日常轨道之上;它将谴责他们的行为,鄙弃他们的原则,哀叹他们的盲目";灵魂将着手寻找真正的至善,也就是上帝。②

在业已受到上帝触动的生存的视角中,自然的自我(natural ego)及其激情将显得面目可憎。Le moi est haïssable[自我是可憎的],这是帕斯卡关于俗世自我的学说。③ 自我之所以可憎,是因为它不义;它之所以对生存的结构不义,是因为在死亡经验的逼迫下,它将自己标榜成"世界整体",包揽了全部意义,以至于世上其他一切事物都失去了意义:

> 他自己对于一切事物而言就是全部,因为一旦他死去,全部都随他一道死了。正因如此,每个人都以为自己就是全部。④

通过把欲念转向公共服务,这种根本性的不义可以得到表面上的缓和。但是,这种转向所产生的伦理体系和道德行为,其实是"真博爱的一个赝品"。骄傲没有被根除,而是在伦理行为和社会行为中取得了一种新的形式。归根结底,还是有憎恨存在:人将别人的自我当作敌人来憎恨,而他本人的自我已经填满了整个世界。⑤ 在自我当中真正遭人憎恨的东西,不只是自我的潜

---

① 帕斯卡《罪人的忏悔》(*Sur la confession du pêcheur*),载 *Oeuvres*,前揭,2:39。
② 同上,2:38。
③ 《思想录》,前揭,节 455。
④ 同上,节 457。
⑤ 同上,节 451,453。

在危险性,也是自我的根本性不义,而这种不义仅仅打着正义行为的幌子:

>每一自我都是其他所有人的敌人,并想要成为其他所有人的僭主。①

[285]可以说,尼采的道德情感理论的核心问题在于:这种理论是刚才勾勒的帕斯卡的诸观念之复合体的一种变形。奴隶道德作为一种伦理学体系,源于弱者对强者的 ressentiment[怨恨],而它本意是贬低强大的权力意志的种种显现;人们一直是按一种更加流行的尼采解释来理解这种奴隶道德的观念,认为它既是对真正的道德价值的颠覆,也是树立"新的石版"的尝试。支持这种解释的佐证包括:有一些诸如重估价值之类的说法,还有尼采著作中那些明显 épater le bourgeois[令布尔乔亚震惊]的构想。事实证明,尼采的价值重估的"令人震撼性",以及人们对于他攻击各种传统原则所感到的义愤,阻碍了我们去理解尼采为什么要这样做。简单的解释都是从尼采的个人不成熟和哲学不成熟当中找原因,或者从德国人品性的恶毒当中找原因;之所以必须提到这些解释,是因为它们经常出现在文献中,以至于获得了社会影响力,但除此之外它们不值一提。尼采之所以必须对诸价值提出一种重新解释,主要原因根本不在于伦理学层面;之所以有两套价值之间的冲突,那不过是用一种非基督教的内在主义人类学来重新解释人类生存所产生的次要结果。帕斯卡对于生存的分析,已经表明了基督教的二元性:一方面,"俗世"中的生存必须凭借一种激情心理学来解释;另一方面,宗教

---

① 《思想录》,前揭,节 455。

性的生存必须靠恩典和受造物的虚无来解释。现在，我们可以更加确切地定义尼采问题：尼采试图只用内在俗世的范畴来解释人类生存，并且废除恩典的范畴。

然而，恩典在帕斯卡和尼采眼中都不是一个纯粹的神学问题。在生存哲学面前，教义问题的重要性退居次席：保守的帕斯卡在神学上接受了特伦托公会议规定的正典；尼采那里则根本不存在什么教义问题，因为他否认恩典。但是，两位思想家都对恩典在经验上的意义很感兴趣，无论是个人意义还是历史意义。帕斯卡关心的是一场发生于基督教内部的危机最初的明显症状，这场危机在尼采和我们的时代达到了顶峰；尼采对帕斯卡[286]应对危机的方法感兴趣，因为他们面临的是同样的危机。所谓的基督教危机，是指随着教会建制在宗教改革那个世纪的瓦解，不仅发生了一场组织上的瓦解，还在一种社会影响力的程度上发生了人的宗教迷途；后一种迷途既是导致前一种瓦解的部分原因，也是前一种瓦解所导致的部分结果。17世纪见证了一种新的激情心理学的崛起和兴盛，因为它的对象——宗教迷途之人——已经集体登上了舞台。对法国的道德家和英国的霍布斯来说，他们心理学的研究对象，不是过着一种以超越式至善为导向的生活的人，而是以各种激情驱使的行动作为动因的人。①

在17世纪的人类学中，自然与恩典开始相互分离；在中世纪文明的鼎盛时期，它们曾被视为决定每个人状态的两大因素，但到了此时，人们不再持这种观点，而是开始将它们等同于人的经验类型。在《罪人的忏悔》(Confession du Pêcheur)中，我们发现了一种耐人寻味的表述：那些被上帝恩典所触动的人将获

---

① 霍布斯在《利维坦》I. II 明确构想了这种新的立场。

得一种生存观,他将得到提升,超越于"人的日常轨道"之上。在帕斯卡看来,"人的日常轨道"就是"俗常"情况,他们的生存仅仅是自然的,而处于恩典状态的基督徒多少有一种奇异性。如果我们使用泰歌尼-奥古斯丁(Tyconian-Augustinian)的范畴,我们可能会说:帕斯卡看到他周围的 corpus diaboli[魔鬼团体]发展迅猛,而不可见的教会却可悲地日渐式微。在圣托马斯的时代,基督教达到了一个高峰,那时的基督教精神斗志昂扬,渗透进了西方社会的所有缝隙,并且随着十字军东征广泛传播;而在帕斯卡所处的年代,基督教的历史境况早已今非昔比。《反异教大全》(Summa Contra Gentiles)的写作是为了给反击伊斯兰教的传教活动提供工具,而帕斯卡的《沉思录》则是为基督教申辩,它的使命是劝服西方世界的不信者相信基督教的长处,并指导他们走向真正的信仰。

问题不在于恩典教义,而在于一个令人费解的历史事实:没有受到恩典触动的人,占了压倒性的多数。身为基督徒,帕斯卡不敢[287]要求得到一个解释,因为神意不可捉摸,但他显然非常困惑。无神论者反驳说:"但我们看不到任何光。"① 而帕斯卡只能说:

> 这就是我亲眼见到并使我感到困惑的事情。无论我往哪里看,我只看到了晦暗。自然提供给我的只有疑惑和不安。如果我看不到任何可以成为神性之标志的东西,我就会自行决定走向反面;如果我到处都能看到一位造物主的标志,那我自然会安息在信仰的安宁里。然而,我看到的却使我否定得太多,肯定得太少,所以我真是可悲;而且,我曾

---

① 《思想录》,前揭,节228。

千百次地希望过,如果有一个上帝维系着这个自然,那他就会在自然上留下自己毫不模糊的印迹;而如果自然展现的各种标志都是骗人的,那么自然就会把它们全部禁绝。啊!自然,请你要么说出一切,要么什么都不说,好让我能看出我应该走哪一条路。①

上帝是一位隐匿的上帝,他只向那些全心寻求他的人启示自身;Deus absconditus[隐匿的上帝]是一个难题,它决定了帕斯卡的护教努力。② 至于帕斯卡的各种表述总体上留下了怎样的印象,尼采作了一番出色的总结:

> 关于"隐匿的上帝",以及为什么他要如此隐匿自己并且只在各种暗示中启示自身,没有人比帕斯卡说得更好——这是一种症状,说明他在这个问题上从来没有感到满意。但他的声音是如此自信,就好像他自己也藏在幕后一样!帕斯卡在"隐匿的上帝"中嗅到了一种非道德主义,而他耻于承认,羞于承认;因此,他尽可能大声说话,就像一个害怕的人那样。③

尼采本人的立场,就是那种没有受到上帝恩典触动的人的立场。尼采经验到"上帝死了",正如他在《扎拉图斯特拉如是说》中宣告的那样。人们很容易误以为这种表述体现了一种肤

---

① 《思想录》,前揭,节 229。
② 关于隐匿的上帝,见《思想录》,节 194,195,229,230,242,430,434,以及 Brunschvicg 版《思想录》的整个第三编,《论打赌的必然性》(*De la nécessité du pari*)。
③ 《朝霞》,节 91,前揭,4:87 以下。

浅的、唯物主义的反宗教立场,而尼采极力强调他的无神论,这也加深了误解。唯有在帕斯卡关心的那些经验的语境中——也就是当他讨论"我们看不到任何光"这一无神论主张的时候——这句话才能得到正确理解。在尼采的表述中,个人论点被普遍化地变成了历史判断:上帝确确实实对如此多的人沉默,仿佛他再也不会对人说话一样,[288]仿佛他死了一样。在"如今为什么有无神论"这条警句中,尼采列举了人们越来越不相信上帝的主要原因。在考察了上帝观念当中的神人同形同性论的要素后,尼采接着说道:

> 但最糟的是,他好像没法清楚表达自己的意思;是他自己也不清楚吗?这些就是我在许多谈话中找到的……欧洲的有神论走向衰败的原因;在我看来,宗教本能虽然还在强劲生长,但它怀着深深的猜疑,将有神论的满足拒之门外。①

不止如此,尼采还谈到了从笛卡尔到康德的知识论怀疑主义,以此攻击基督教教义的预设,特别是关于灵魂观念的预设。尼采再次强调,这种怀疑主义虽然反基督教,但并非反宗教。② 尼采从未否认过宗教经验的实在,相反,他在宗教经验的力量中看到了导致基督教衰落的一大因素,那就是基督教再也无法满足一种强烈的宗教本能;但是,尼采将宗教经验和符号的历史理解为一个神谱式的过程,在此过程中,诸神有生有死。不止如此,尼采对自己著作的神谱式特点也心知肚明。③ 因此,在大量

---

① 《善恶的彼岸》,节 53,同上,7:77 以下。
② 《善恶的彼岸》,节 54,同上 7:78。
③ 例如,《善恶的彼岸》节 56 结尾坦言:"为什么,以及莫非这就是——上帝的恶性循环(circulus vitiosus deus)?"

经验证据的支持下,尼采极其谨慎地得出了一个结论:基督教即便没死,也正在死去。例如,"基督教的弥留之床"这条警句对比了如今"真正有生气的人"与"智识上的中等阶级"(geistiger Mittelstand):前者居于没有基督教的中心,后者则拥有一种"古怪地简化了的基督教"。"中等阶级"还有一位上帝,

> 他出于爱,保证最终出现的一切都是最好的;他赋予我们德性和幸福,又拿走我们的德性和幸福,结果从整体上看,一切都是正当的,都是好的,没有理由太过严肃地对待生活,也没有理由抱怨生活;简言之,顺从和谦卑被神圣化了。

但是,在这样一种类型的宗教性里,基督教已经沦为"一种甜蜜的道德主义";它是"基督教的安乐死"。① 尼采注意到,过去人们试图证明上帝实存,而如今人们却试图解释上帝信仰的起源;这种演变的结果就是,[289]证明上帝不存在也变得没必要了。②

帕斯卡的赌徒问题,也面临着一种类似的演变。帕斯卡主张,即使基督教无法得到理性的证明,但成为一名基督徒仍然是最高意义上的明智,因为有一种可怕的可能性存在,即基督教可能是一种真实的信仰,而不信者可能会因此下地狱。如今,我们发现还有一种证明基督教有道理的尝试:即使基督教是一个错误,人的一生照样可以从这个错误中受益:

---

① 《朝霞》,节 92,前揭,4:88。
② 《朝霞》,节 95,前揭,4:89。

这种快乐主义的转向,这种基于快乐的论证,就是基督教衰败的症状:它取代了基于**力量**的论证,取代了基于在基督教观念中导致了战栗的那种东西的论证,取代了基于恐惧的论证。

人们满足于一种鸦片般的基督教,

因为人们既没有力量去独立、去探寻、去冒险,也没有帕斯卡主义的力量,没有力量去苦恼地轻蔑自己,没有力量去相信人的无价值,没有力量去为"可能被定罪"感到焦虑。①

反基督教并不意味着反宗教。尼采与帕斯卡一样承认基督教的危机,但他不是以基督徒的身份面对危机。从他作为内在主义者的宗教立场出发,尼采尝试以一种非基督教的办法来解决恩典问题。这一解决办法的提出及其对道德理论的影响,面临着一些它所特有的困难,因为正如我们之前讨论过的那样,尼采的内在神秘主义并没有发展出一套专门术语,以此来为这些与基督教超自然者相对应的力量命名。我们说尼采没有恩典的观念;如果这里的恩典是指帕斯卡式的"触动"、"灌注"或"光"这些上帝用来改变堕落之人的自然生存的东西,那我们这么说显然是对的。尽管如此,尼采却也知道有一种内在于世界的恩典现象,只不过他没有创造一种符号来为这种现象命名。在分析尼采的一些观念的时候,我们已经开始意识到这个问题,例如关于一种内在的静观生活的观念、关于克服激情的激情的观念、关

---

① 《权力意志》,节 240,前揭,15:318 以下。

于战胜力量的观念、关于精神操练的观念、关于"意志"低于自然（抑或是超自然）的品性的观念、关于"基础文本——自然人"的观念。我们可以从尼采的一条偶然评论中觉察到这个问题的存在,在那里,尼采盛赞阿尔昆(Alcuin)把"哲人真正庄严的志业"定义为 prava corrigere, recta corroborare, sancta sublimare[弯的要矫正,正的要加固,圣洁的要高举]。① [290]但在这本书里还有另外几条警句,其中尼采与基督教的 corpus mysticum[神秘体]和恩典状态的观念直接缠斗;这些警句似乎又是以帕斯卡的某些残篇作为定向。对帕斯卡而言,自然的自我——无论是自己的还是别人的自我——都是可憎的。既然如此,自爱和对他人之爱在基督教意义上又如何可能呢？

帕斯卡给了一个基督徒式的回答:无论对于它本身,还是对于同属神秘体一员的他人,自我都是值得去爱的。当我们爱那赋予神秘体以生气的灵(spirit)的时候,我们就能去爱每一个分有神秘体的灵魂:

> 我们必须爱那个既在我们里面,同时又不是我们自己的存在;这一点对于一切个体都是真确的。但是,唯有那大全的存在者才有这种本性。上帝的国在我们里面。②

尼采也同意爱人要这样的条件:

> 因着上帝的缘故而爱人——这是迄今为止来到人类当中最高贵、最遥远的一种情感。爱人,要是没有某种成圣的

---

① 《权力意志》,节977,前揭,16:351。
② 《思想录》,前揭,节483,485。

意图，倒不如说是一种愚蠢或动物性；这种爱人的倾向，只有从一种更高的倾向那里才能获得自己的尺度，自己的精妙，自己的盐粒。

第一个表达这种情感的人，无论是谁，都值得我们永远尊敬，因为他是"迄今为止飞得最高也错得最美的人"。① 就其引入了超越式实在作为一种令成圣得以实现的秩序而言，这种情感在尼采看来是一个错误；就其不在经验性的自然秩序中为爱人寻找理据而言，这种情感又不是一个错误。

如果就这样在原则上接受了恩典问题，如果禁止依靠超越式实体作为恩典秩序的来源，那么，自然的变容（transfiguration）就必须开放一种内在俗世的来源，而唯一可用的来源就是人自身。这实际上就是尼采选择的办法。在《朝霞》的一则警句中，尼采引用了帕斯卡及其 moi haïssable[自我憎恨]的观念。如果自我是可憎的，我们怎么能够容许或接受任何人爱它，哪怕是上帝？接下来的话，揭示了尼采抵制超自然恩典这一观念的核心所在：[291]

> 既容许我们被爱，同时又清楚知道，我们除了憎恨以外——更不用提其他令人厌恶的情感——不配得到任何东西；这样做背离了一切正派（allen guten Anstand）。②

如果有人回应说，这恰恰是恩典王国的意义所在，尼采会说：

---

① 《善恶的彼岸》，节60，前揭，7:85。
② 《朝霞》，节79，同上 4:79。

那么,你对你邻人的爱是借由恩典?你的怜悯也是借由恩典?好吧,如果这对你而言是可能的,那就更进一步吧:借由恩典而爱你自己——这样你就再也不需要你的上帝,而你也能在你自己当中将这场堕落和救赎的整个戏剧演到最后。①

孤立来看,这段话听起来像是一个语言玩笑,但在尼采思想的体系中,它是理解一颗魔鬼般封闭的灵魂如何绝望地试图把恩典给予自身的关键。这是一种怀有深刻绝望的行为,其必然性在于人无力洞悉"虚无的深渊",而在帕斯卡看来,受造物与造物主之间的关系恰恰是在这种"虚无的深渊"中建立起来的。尼采的内在主义,本质上受限于他对基督教的鲜活意识:基督教作为另一种选择不是不可能,而是一种无法理解的可能性。

人与上帝之间的关系,不像绅士彼此间的关系那样保持着距离和礼节;尼采无法接受这样一种神人关系。但另一种关系也是不可能的,即我们必须按上帝自身的要求来接受上帝。拒绝坠入虚无的深渊,不足以保护尼采笔下有着宗教敏感性的人免于神圣(numinose)的战栗;这种宗教战栗在他的作品中无处不在。但是,"骄傲者憎恨战栗,对使他战栗者进行报复:他的残忍便由此起源"。② 自己给自己恩典的人,不得不坠入一个丝毫不亚于虚无深渊的深渊。在《朝霞》中,论恩典的警句后面紧跟着尼采关于"圣人的人道"的笔记:

一位圣人降到一群信徒当中,而他再也无法忍受他们

---

① 《朝霞》,节79,前揭。
② 《〈快乐的科学〉时期遗稿,1881-1882年》,节173,前揭,12:88。

没完没了地表达对罪的憎恨。

最终,圣人告诉他们:上帝创造了所有事物,除了罪以外。因此,难怪上帝也不喜欢罪。但是,人创造了罪,那么,人怎么能仅仅因为罪的祖父——上帝不悦纳它,就不认自己唯一的亲生骨肉呢?

> 荣誉归于配得荣誉者!——但是,心灵和义务应当首先代表孩子,[292]其次才代表祖父的荣誉。①

这个问题在《朝霞》后面一段话里得到了详尽阐述,而那段话也是尼采著作中最具"俄罗斯色彩"的文字之一。这段话继续了先前对于"力争出众"以至于殉道的分析。尼采先是对于在沉思自身苦难时的苦行式胜利作了一番心理学分析,随后就反思了印度认为创世是神的苦行结果的看法:

> 也许这位神愿意放逐自己到一个活生生的自然中,把它当作一件刑具戴上,以便双倍地感受到他的幸福和权力!

另外,如果他是一位爱之神:

> 他创造一种受苦的人类,眼看着它持久不断的受折磨,从而使自己神圣地、超人地受苦,因而使自己成为僭主——这样做将使他经验到何等的快乐!

---

① 《朝霞》,节81,前揭,4:80。

并非不可能的是，圣保罗、但丁、加尔文之类的灵魂，早已洞察了权力的这些骄奢淫逸的秘密。从这样的反思出发，尼采回到了一个问题：苦行者究竟是能代表力争出众所能企及的最高程度，还是说，苦行者的根本心境不可能与仁慈之神的根本心境相合一。"这就是：伤害别人以求伤害自己"，这样一来，通过这种自我施加的痛苦，人才能战胜自我和怜悯，进而享受权力的极致（extreme of power）。①

这种权力思辨的最后一步，远远超出了一种经验意义上的激情心理学的范畴，也不能被视为一种关于人类生存的体系哲学的一部分，因为尼采非常清楚：这种类型的经验不是人人都有，而是极少数个体的特权或诅咒。② 在这些思辨中，我们遇到了一种宗教式造反的神学建构，更确切地说是反基督教式造反的神学建构。[293] 由于恩典和神义论的超越问题被转移到了内在于人类生存的领域，人的有限性与上帝的无限性之间的张力也遭到了废弃。事实上，由于自我的神圣化，堕落与救赎的戏剧就在个体灵魂的内部一直演到了落幕。

由于缺乏一套成熟的术语（我们已经反复提到这一点），我们很难描述那些构成了这一运作过程之基础的感受。尽管如此，我们仍然有可能通过散见各处的笔记拼凑出一幅相对清晰

---

① 《朝霞》，节113，前揭，4:111以下。
② 雅斯贝尔斯的解释最清楚地揭示了尼采的立场与一种体系性生存哲学之间的关系，见雅斯贝尔斯，《尼采》，尤其是"其人"（"Der Mensch"）一章，页105以下。在他的解释中，雅斯贝尔斯使用了自己的哲学体系作为参照；关于这一体系，见雅斯贝尔斯，《哲学》（*Philosophie*），卷三，Berlin: J. Springer, 1932。他的解释的长处在于阐明了尼采思想的体系性内容。但不足在于，由于尼采将自己的问题定向于基督教—帕斯卡式的生存观念，而不是雅斯贝尔斯本人发展出来的那种一般性的生存哲学，因此，尼采的诸多历史动机在雅斯贝尔斯的描述中显得模糊不清。举一个例子：雅斯贝尔斯完全没有提到一个基本事实，即尼采试图为恩典问题找到一种反基督教的解决办法。

的图画。这些感受的核心就在于享受"权力的极致"(该表述出现在《朝霞》第 113 条警句)。后来,尼采在《权力意志》中用"极致的魔幻"这一表述来指代这种感受的吸引力。在这种魔幻面前,

> 就连我们的敌人也会为它着迷,变得盲目……我们这些非道德主义者,我们就是极致。①

就其实体而言,这种极致是一种"权力"或"统治"的极致,它取代了上帝的权力或统治:

> 统治——而不再作上帝的奴仆——是实现使人高贵的目标的最后手段。②

通往这种极致权力的道路充满了危险:

> 我的窄路夹在两种危险之间:一种危险是名为"傲慢"的高峰,另一种危险是名为"怜悯"的深渊。③

在傲慢和怜悯之间的窄路,就是"冷酷"(hardness)之路:

> 我爱这样一种人:他是如此富有激情,以至于把冷酷变成了他的德性和他的上帝。④

---

① 《权力意志》,节 749,前揭,16:194。
② 《箴言和警句,1882-1884 年》节 250,前揭,12:282。
③ 《箴言和警句,1882-1884 年》节 261,前揭,12:283。
④ 《箴言和警句,1882-1884 年》节 263,前揭,12:283。

在类似于上面这句话的引文中,术语上的困难几乎无法解决;如果将"冷酷"与"顽固"、"麻木不仁"或"刚硬"这些日常含义相联系,尼采的意图势必就会遭到彻底歪曲。"冷酷"在这个语境中并没有它在一种有限的人类伦理体系中所具有的内涵,相反,它的含义取决于另一种层次的解释,即关于属人生存和属神生存的解释。这种解释,可以通过尼采下面一段笔记来说明:

> 如今,我爱我自己,就像我爱我的上帝。如今,谁还能指控我有罪?只有在我的上帝当中,我才认识了罪,但又有谁认识了我的上帝?①

自我以属神之爱来爱它自身,这种属神之爱使得自我上升到了一种无罪的恩典状态;[294]诸罪的实在并未被否定,但这位拯救的上帝已经将诸罪担当了起来。这种"冷酷"或许难以忍受,而在克服怜悯时的受苦也可能太过强烈。对尼采而言,这就意味着退回基督教的立场:

> 对那些受苦太多的人,魔鬼也会心生忌妒,将他扔上天堂。②

最后,我们还得在这种宗教思辨的层次上,思考残忍和英雄主义的定义:

> 残忍是对怜悯的享受;残忍达到极点,是在怜悯到了极

---

① 《箴言和警句,1882-1884年》节263,前揭,12:284。
② 《箴言和警句,1882-1884年》节270,前揭,12:285。

点的时候——也就是说,是在我们爱那个被我们折磨的人的时候。①

如果说我们最爱的是自己,那么,最高的享受和怜悯就是自己对自己的残忍。通过转变成自己的对立面来力争出众,"魔鬼转变成上帝的超越式创造(transcreation)"——这就是英雄主义层次上的残忍。②

要是认为这些笔记反映的诸感受的特点就是自我的某种"神圣化",这也不全对。尼采并非阿莫里和奥尔特利布那种类型(Amaurian or Ortliebian type)的神秘主义者,他们才是觉得自己被上帝的灵所占据,因而被神圣化了。在这一类神秘主义者的经验当中,

> 人可以在完全不失人性的情况下获得神的性质……圣灵在生命当中周行,把圣洁带进了生命,以至于生命中不可能有罪。罪是想要违逆上帝的意志,一个自身意志便是上帝意志的人绝不可能违逆上帝……人可以变得完全神圣,以至于他的身体也一道成圣,那时,人所做的就是一种神圣的行为。③

但在尼采那里,成圣没这么容易。在泛神论的神秘主义中,神圣化是一种受造物被圣灵所渗透的经验,而这种经验的前提就是有限的受造物与无限的神性之间的张力。在尼采的内在主

---

① 《〈快乐的科学〉时期遗稿,1881-1882年》,节 179,前揭,12:90。
② 《〈快乐的科学〉时期遗稿,1881-1882年》,节 178,前揭,12:90。
③ Rufus M. Jones,《神秘主义宗教研究》(*Studies in Mystical Religion*),London: Macmillan,1936,页 193 以下。

义中,无限者遭到废弃,超越式实在的结构也被叠加到了有限生存的结构上。但是,这也就意味着:这种叠加其上的结构,不仅有着与基督教上帝观念相对应的要素,还有与某种魔鬼观念相对应的要素。因此,有限自我的转变[295]在多大程度上是一种神圣化,在多大程度上就是一种魔鬼化(diabolization)。在缺乏更恰当术语的情况下,我们不妨称之为尼采的"内在式摩尼教"。尼采遗稿的一则警句,对这个问题作了如下表述:

> 最好的人,难道必定不会成为最恶的人吗?难道情况不是这样:知识和良知(Wissen und Gewissen)在那些人当中发展得最敏感、最强壮,以至于他们做什么都经验到了不义,因而经验到了自己总是恶,总是不义,觉得自己必然就是恶?但是,谁要是经验到自己如此,谁就真的如此!①

这条警句听起来像是尼采的自传,我们要注意它的弦外之音。智识良心的敏感,无疑是尼采的一种个人特质;谁要是拥有了这样一颗良心,任何行动就不可避免地表现为恶,而且这种表象不是骗人的。善与恶都是有创造性的、强大的人格之行动的组成要素:

> 最高的恶与最高的善相互锁扣在一起:然而,这就是创造性。②

善与恶在创造性活动中共存,尼采将此两者一道接受为必不可

---

① 《〈快乐的科学〉时期遗稿,1881-1882年》,节169,前揭,12:86。
② 《瞧!这个人》,引自《扎拉图斯特拉如是说》,前揭,15:117。

少的东西,因此,尼采不可能谈论某种自我的神圣化。他不得不使用一个中性的术语——"超善恶"(beyond good and evil)——来指代那种叠加到有限者之上的超越式结构;为此,尼采还使用了命运(fate)一词。在一段戏仿基督教"上帝化成为人"的表述里,尼采谈论了"命运化成为人",而且他承认这种命运已经在他自己身上化成了人。尼采的"狄奥尼索斯本性,不知道如何区别做的否定与说的肯定(Neintun-Jasagen)"。[①] 权力意志是世界可以理解的性质;行动则是权力意志在人身上取得的形式;任何善,若是不能归结于创造性活动,就不可能存在;任何行动,若不是恶,也是不可能的。

尼采自称是一位"非道德主义者",因为他在自己的人格中发展出了一种对于魔鬼—神圣式的生存命运的至高意识。[②] 这位非道德主义者超越了善与恶,但这并不意味着他的行动非善非恶。如果我们愿意,我们完全可以像对待道德主义者那样,用道德准则来衡量非道德主义者的行动。[296]"超越"仅仅意味着,对于那些命运已化成其肉身的人而言,道德意义上的善恶已经无关紧要。尼采的内在主义是一种宗教状态而非道德状态,他的"超越"既没有给基督教的 Unio mystica[神秘合一]留下什么空间,也没有给伦理道德问题留下多少空间。一条拉丁警句最简明地表达了这个问题:Omnia naturalia affirmanti sunt indifferentia,neganti vero vel abstinenti aut mala aut bona[一切肯定性的自然事物无关善恶,否定性或禁止性的真理才有善有恶]。[③] 道德问题不是绝对的,只有涉及人的一种"否定或禁止"

---

① 《瞧!这个人》,前揭,15:118。
② 《瞧!这个人》,前揭。
③ 《〈快乐的科学〉时期遗稿,1881-1882年》,节181,前揭,12:91。文中没有迹象表明这句话是引文。

状态时，道德问题才会产生；在"肯定"状态下，恶也不会变成善，但它们的区别已经无关紧要。

显然，像泛神论神秘主义一样，这种内在论神秘主义有被滥用的可能。泛神论神秘主义中的教派主义分子很容易走向一个极端，即认为：如果一个人身上浸透着灵，那他的罪行就不可能是罪行，因为上帝绝不会犯罪。尼采的神秘主义也有同样的危险：在肯定性行动当中有一种创造性的冷酷，而这种观念包含一个本质性的要素，那就是智识良心的批判性权威；作恶并非行动的目的，但恶往往与善如影随形，并且仅仅对那些在善的方面富有创造性的人充分显露自身。因此，超善恶的人，既不是那些简单地攻击既有道德体系的人，也不是那些把迄今被唤作恶的东西反称为善的人，更不是那些为了实现可疑目的而沉迷于心狠手辣的行动的人：

> 这是我的敌人：他们想要抛弃实际存在的事物，却不想自行新建什么。①
>
> 他们打碎了一个个偶像，叫嚷道：没有什么是崇高和值得尊崇的——这是因为他们自己创造不出一种偶像和上帝。②

最敏感的智识良心对恶有一种经验，那就是即便最好的行动也不可避免地包含着恶；这是事实，但非道德行动从中无法找到任何正当理据。相反，从行动中的恶无法避免这样一种观念出发，必然推论出：只有最高的、富有创造性的善，才能

---

① 《箴言和警句，1882－1884 年》，节 237，前揭，12：279。
② 《箴言和警句，1882－1884 年》，节 236，前揭。

从根本上为行动及其不可避免的恶提供正当理据。之所以必须着重强调这一点,是因为尼采没有充分描绘出非道德主义者的行动在经验中的形象,[297]从而导致不少人有可能误以为尼采是一个国家社会主义的哲人。

即使最粗心的观察者也能清楚看到,国家社会主义者并不是那种会受尼采的智识良心的敏感性所困扰的人;也没有谁会认为,国家社会主义者在折磨和残杀人类时,会在克服同情的过程中受苦。单凭这些较为明显的事实,我们就能认定:国家社会主义与尼采的神秘主义并无联系,除非说这两种现象都是基督教危机的表现。然而,这两者的联系站不住脚,也有一个体系性的原因:国家社会主义发展了一套自己的神秘主义,它与基督教有着截然不同的结构。

我在这里不想罗列更多文献证据;只需参考休伯(Ernst Rudolf Huber)的一本宪法学教材《宪法》(*Verfassung*, Hamburg: Hanseatische Verlagsanstalt, 1937)。在论全民公投的一章中,作者解释说,领袖是人民意志的化身。当领袖下令全民公投时,他并没有把决策权力转让给全民公投;公投的唯一功能,就是召唤民众表示拥护的意志,与领袖达成一致。领袖是"客观意志"的化身,而民众只有"主观的"信念(页95)。作为泛神论神秘主义的一个变体,国家社会主义的特点在于:它认为领袖是"人民的客观意志"的化身。它用"人民的客观意志"取代了基督教的上帝,但是与文中提到的各种宗派类型一样,个人与这样一个有限的上帝之间始终存有张力。

其他的极权主义运动,也发展出了类似符号来表达自己的神秘主义。墨索里尼在《法西斯的教义》(*Dottrina del Fascismo*)1:9中提出了和休伯相似的理论。俄国的教义则是回避了领袖的道成肉身:客观的辩证观念,道成肉身为"劳动者";更有实效的道成肉身是某一部分劳动者,所谓的"无产阶级";最有实效的"道成肉身"则是无产阶级"先锋队"。尼采是将超越式结构叠加到有限的人类个体生存之上,而所有这些观念与它丝毫没有联系。

一旦抛弃了神秘主义的立场，试图想象有什么行动方式能满足它的必要条件，神秘主义就将变得毫无意义。只有根据灵魂的各种宗教性运动，这种神秘主义的立场才能得到解释。灵魂在行动中会做什么，取决于灵魂所处的环境，以及在历史中不可预料地出现的灵魂的实体。在尼采身上，灵魂变成了一位语文学教授，还写了许多书。

基督教恩典问题的内在主义转变，就是尼采道德谱系学的前提条件。据我所知，从来没有人厘清过这个极其复杂的主题。有一句话可以作为我们理解这个主题的切入点：

超越善与恶——绝非意味着超越好与坏。①

"超越善恶"指的是一种基督教之后的宗教立场，即内在论神秘主义；[298]"好坏"则是源自某一统治阶级对于各种感受和行动所作的等级划分，他们将自己的生活方式定义为好，将民众——也就是非统治性的臣民——的生活方式定义为坏。然而，统治性的价值并非只有一种类型。根据在历史上出现的两种统治性的人的类型，我们有两种统治性的价值，分为贵族价值和教士价值。因此，道德谱系学的运作与三对概念有关：善与恶，好与坏，贵族式与教士式。借由怨恨（ressentiment）理论，这三组二元对立被系统地联系到了一起。

怨恨是一个帕斯卡式的概念。在帕斯卡那里，它指的是一种灵魂的状态：灵魂憎恨厌倦，却没有或者不能通过追寻上帝来克服这种厌倦，而只能在"为追寻而追寻"当中，在消遣当中，克服这种厌倦。凭借上帝的恩典，有灵性力量的人能够下降到虚

---

① 《道德谱系学》（*Zur Genealogie der Moral*）I. 17, 前揭, 7:338。

无,也正是在虚无中建立起了受造物与造物主之间的联系;怨恨是一种致命的软弱所体现的症状,而这种软弱除了容许我们逃进消遣之外,其他一概不许。

怨恨这个词在尼采体系中的功能,与在帕斯卡体系中的功能一样,尽管其意义随着一种内在主义的转变而发生了变化。尼采也同意,怨恨是指一种软弱状态,它使人必然逃进虚假的满足;但是,软弱在尼采和帕斯卡那里有着不一样的意义。如今,力量与软弱的区别,体现为有行动力量与缺乏行动力量的区别。强者是在任何状况下都能够重新行动的人,而弱者只能怨恨。① 在这个内在主义体系中,行动不具有帕斯卡式的消遣的否定性意味,相反,它是生存的肯定性表现。另一方面,人的行动无能,迫使他逃进了怨恨的种种想象之中。因此,行动和怨恨变成了历史的范畴;帕斯卡体系中的对应范畴则是恩典状态与消遣状态,它们都是由怨恨所决定的,而与怨恨相关的是灵魂以上帝作为定向。

尼采之所以分析这几种二元对立以及怨恨的作用,其出发点在于他假定了有一种善恶"之先"的前基督教社会状态存在。在这一原初的历史状态下,[299]统治阶级创造了好与坏的价值。一种统治性的贵族制把统治集团的品质称为好的,以此彰显了它的政治等级。在最初的统治阶级予以肯定的事物清单上,有这样一些主要品质:强者,指挥者,富人,有产者,诚信者(因为他的地位容许他不必依赖假话),勇士,以及能够保卫自己的战士。拥有这些品质的人就是"好的",没有这些品质的平民或奴隶就是"坏的"。② 但是,战士贵族并不是唯一的原初统治

―――――――――
① 《道德谱系学》I.10,前揭,7:317。
② 《道德谱系学》I.5,前揭,7:307-309。

类型；教士种姓（caste）与战士贵族的重要性相当。善与恶的二元对立反映了一个教士种姓的统治性地位，这种地位原则上与贵族的地位相当，两者只有内容上的不同。后来，洁净与不洁的二元区分占了上风，被归类为"好"的也不再是武士品质，而是属于一种教士苦行式的操练的诸要素。①

教士统治类型与贵族统治类型比肩并存，构成了种种张力的来源。尼采认为，教士统治类型相对而言更"有趣"；在教士的统治下，人类灵魂有了"深刻"，也变得"邪恶"，而深刻和邪恶是"决定了迄今为止人比其他动物优越的两种基本特征"。② 但是，这种属人的、文明化的优越性，被一种不行动的、忧思的生活方式的"不健康"所抵消掉了，后者沉溺于形形色色的情感爆发和生理困难。更"有趣"的类型，也是更"危险"的类型。一旦两种类型相互忌妒，它们的共存就有可能导致冲突，引发严重后果。在文明上更优越的类型，在纯粹身体力量上更低劣。但是，无能（impotence）产生憎恨；在教士那里，无能会产生一种尤其恶毒、尤其精神化的憎恨：

> 教士始终是世界历史上真正出色的憎恨者，也是最富精神（geistreichsten）的憎恨者——与教士的复仇精神相比，其他所有精神实际可以忽略不计。假如没有这些弱者注入的精神，人类历史将变得何其乏味。③

[300]这种教士式的怨恨可能会诉诸"最富精神的复仇"办法，包括颠倒价值的尺度，将贵族尺度下的"好"宣布为"恶"，将

---

① 《道德谱系学》I.6，前揭，7:309以下。
② 《道德谱系学》I.6，前揭，7:311。
③ 《道德谱系学》I.7，前揭，7:312。

贵族眼中的"坏"说成是"善"。① 原则上,每当这两种统治类型产生张力,"价值颠覆"就有可能发生,但在西方历史上,一场特殊的价值颠覆取得了关键的重要性,那就是犹太人的"教士民族"带来的颠覆;在被基督教吸收后,它汇入了西方历史的主流:

> 多亏他们(犹太人),地上的生命在后来两千年里有了新的,同时也是危险的眷恋。

他们为"权力"、"不信神"、"暴力"和"肉欲"贴上了否定的标签,并且第一次以鄙夷的语气使用俗世(world)这个词。② 这场由以色列先知带来的价值颠覆,被尼采称为"道德领域的奴隶造反的开始"。③

在这一点上,最重要的是始终看清楚尼采的论证,以免被他的用词所误导。"道德领域的奴隶造反"并非一场由政治上的下等阶级发起的反叛,而是发端于教士类型的主人对于贵族类型的主人的怨恨。这场颠覆之所以有精神上的吸引力,恰恰是因为它源自那种在文明上更优越的类型;任何陷于绝望的人——无论他过去多么缺乏精神——都可以利用它服务于自己的利益,但与此同时,这种颠覆也绝不会失去它赖以发端的主人精神的印记。信奉奴隶道德的人可能遭到尼采憎恶,但他绝不是一位可以轻视的对手;尼采就很尊敬像帕斯卡这样的人,甚至还可能对他产生了孪生灵魂般的热爱。"奴隶道德"是教士心态的产物,是一场根源于怨恨的颠覆;不过,这种教士心态虽然"危险",本身却仍然是权力意志最高的、最富精神的表现。如果忽略这一点,我们

---

① 《道德谱系学》1.7,前揭,7:313。
② 《善恶的彼岸》,节195,前揭,7:126以下。
③ 《善恶的彼岸》,节195,前揭,7:127;《道德谱系学》I.7,I.10,前揭,7:313,317。

就无法理解尼采何以关心一种超善恶的静观生活,也就是关心一种基督教之后的新的"教士"心态。如果奴隶道德只不过是一场下层阶级对上层阶级的造反,而尼采希望通过重建"贵族"价值来颠覆掉奴隶道德,[301]那么,尼采与恩典问题的斗争将变得毫无意义,而批判尼采的人反倒是对的了——这些人在尼采那里只找到了一种对于野蛮人理想的复归,而我们文明早已超逾了这种理想。但是,尼采并非是对一个强健的游牧贵族时代心存浪漫主义式的留恋,相反,尼采是在极其严肃地思考:如何在一种毫无怨恨的新的教士类型——"我们隐士"——的引导下,重新建立一系列以贵族式的好坏作为尺度的价值。

在这个双重计划里,"超善恶"那部分要比"好坏"那部分容易实行得多。原因显而易见:尼采借助自身人格的资源,就能实现超善恶的立场,只要这样一种类型的立场可以一直实现下去(在这项研究的下一部分,我们不得不讨论这种实现如何陷入了失败)。① 一种追求新的好坏区分的"贵族"立场,不能靠孤独个体来实现,而是要求某一团体的政治革命。由于尼采和我们的时代都缺乏任何能被他视为榜样的贵族统治团体,尼采便热衷于从历史过往中发掘他的贵族类型的榜样。最适合的例子是荷马时代的希腊贵族,以及移民时代的条顿贵族。这就是尼采对"金发野兽"(blond beast)大加颂扬的缘起,而我们在这类贵族的中心处,就能找到"金发野兽"。②

> 我们丝毫不想否认,谁要是将那些"好人"仅仅当作敌人来打交道,谁也就将他们仅仅当作"邪恶的敌人"来打交

---

① 见《危机与人的启示》(*Crisis and the Apocalypse of Man*),David Walsh 编。
② 《道德谱系学》I. 11,前揭,7:322。

道。同样一群人,一方面他们受到了如此严格的限制,因为在他们当中存在的风俗、尊敬、习惯、感激,甚至更多是因为他们彼此间的监视与忌妒;另一方面,他们在对待彼此的举止上,又表现出如此富有创造性的关心、自制、圆滑、忠诚、骄傲和友爱——而一旦他们到了外面,到了开始有异邦的地方,他们就变得无异于脱笼的掠食性猛兽。①

这样的野兽没什么特别可爱之处。他们仅仅受到了相对的赞美;由于他们有着全部原始、野蛮的特点,所以[302]他们至少比我们时代的人更值得尊敬:

> 人们惧怕所有高贵种族内心深处的金发野兽,并且加以防备,这是完全有道理的。但是,谁不更愿意选择在一百次惧怕他们的同时,也有可能赞美他们;不是出于惧怕,而是相反,出于永远不能摆脱畸形、侏儒、萎靡者、中毒者的恶心景象的缘故,从而赞美他们呢?②
>
> 如今,我们一见到人就感到厌烦——如果这不是虚无主义,还有什么是虚无主义呢?——我们就是对人感到厌烦……③

这里有必要再次警告,不要误以为这些激愤的言辞当中还藏着什么深思熟虑的论证。和那些批评他颂扬金发野兽的人一样,尼采也害怕金发野兽。但是,如果要在一种征服四方的贵族式的野蛮与讨厌得多的现代人之间作出选择,那么尼采甘愿付

---

① 《道德谱系学》I.11,前揭,7:321。
② 《道德谱系学》I.11,前揭,7:324。
③ 《道德谱系学》I.12,前揭,7:326。

出这个代价。

但是，这样的选择并不存在。我们没有面临荷马贵族和条顿贵族侵略的危险，无论其核心的兽性怎样。如今的前景更加糟糕：这是虚无主义的时代，是对人失去信心的时代，也是"大战的时代"。在这个时代，革命和爆炸性事件都没有建立起新的贵族，因而也没有造就一种新的稳定秩序。① 尼采估计，这段时期将延续两个世纪之久。② 抵达超善恶层次的努力自有其历史意义，而这意义仅仅在于发展出一种新的宗教性、新的精神心态，以便预备好迎接一个新的时代：届时，一个新的统治阶级将建立起一种西方人的新政治秩序——但这在今日还遥不可见。为了遥远未来的这一天，我们必须创造出一种人的崭新形象，以便从现在开始就做好智识上和精神上的准备。

尼采的道德谱系学是一种历史哲学。历史第一个阶段的标志，就是出现了荷马式贵族和代表更高文明要素的教士贵族——之所以说后者"更高"，是因为权力意志在他们身上达到了一种更高层次的精神化。第二个阶段的标志，则是教士和贵族之间的张力；结果，在教士怨恨的压力之下，一系列颠覆了贵族式价值秩序的道德价值被创造出来。[303]第三个阶段的标志，则是虚无主义时代的到来，以及新的价值重估的开始。然而，新的价值重估并非返回前基督教层次的好坏，而是以一种超善恶的基督教之后的宗教性为基础，重建贵族式的诸价值。我们几乎无需强调，这种历史三阶段与19世纪其他三阶段式的体系密切相关，比如黑格尔主义和马克思主义。

---

① 《权力意志》，节130，前揭，15：235以下。
② 《权力意志》，前言，节2，前揭，15：137。

索　引

A

Accidentia 偶性 27

Aceleratezzaof conspiracy 阿克勒拉兹扎阴谋 124

Achill(Hölderlin)《阿吉尔岛》(荷尔德林) 243

Acquiescentia 默从 129

Acts, book of《使徒行传》98

Aeschylus 埃斯库罗斯 217,228 - 229

Africa, and Portugal 非洲和葡萄牙 105

Age of Reason 理性时代 52,195 - 196,230

Ages of the World (Schelling)《世界时代》(谢林) 199

Agreement of the People (England)《人民公约》(英国) 81 - 83,97

Alazoneía tou bíou 此生的虚荣 272

Alcuin 阿尔昆 289 - 290

Allen guten Anstand (against all decency) 背离一切正派 291

Althusius 阿尔图休斯 49,49n2

Ambrose, Saint 圣安布罗斯 137

America 美国: Carolina colony in 卡罗来纳殖民地 141 - 142; Connecticut settlement in 康涅狄格定居点 87 - 88,109; constitutions of colonies 殖民者的构成 103,141 - 142; Declaration of Independence in《独立宣言》84 - 85; emigration to, from England 去往美国的英格兰移

民 77,85 – 92; Massachusetts Bay settlement in 马萨诸塞湾定居点 86 – 87,89; Massachusetts colony in 马萨诸塞湾殖民地 142; national character of 民族特性 24; New Jersey colony in 新泽西殖民地 103; Pennsylvania colony in 宾夕法尼亚殖民地 103,142; Pilgrims in 天路客 80,86; Rhode Island colony in 罗德岛殖民地 91 – 92,144; sectarianism of 宗派主义 25。亦见 United States 美国

Amiel, Henri Frédéric 阿米尔 62n29

Amor Dei 爱上帝 236

Amor sui 爱自己 236

Anabaptists 再洗礼派 93,124

Anamnesis 记忆 28 – 29,31,33,211 – 214,218,280

Anamnesis(Voegelin)《记忆》（沃格林）29

Ancillary political ideas 从属性政治观念 18

An den Aether(Hölderlin)《致以太》（荷尔德林）243

Anderson, Benedict 本迪尼克特·安德森 16 – 17

An die Natur(Hölderlin)《致自然》（荷尔德林）243

An die Parzen(Hölderlin)《致命运女神》（荷尔德林）244

Andler, Charles 夏尔·安德勒 252 – 253,272n53

Angelus Silesius 西勒修斯 235

Anima mundi 世界灵魂;205,207,234,243

Animi jactus liber 灵魂的自由投射 179 – 180

Anthropology 人类学: philosophical anthro-pology as center of political thought 作为政治思想中心的哲学人类学 51; and Schelling 与谢林 28,30 – 31

Antinomians 反律法主义者 91,145

Anxiety 焦虑 65

"Anxiety of existence" 生存的焦虑 282

"Aorgic" 迷醉式 247 – 248,250

Aphorisms 警句: of Nietzsche 尼采的警句 261 – 262; Of Schelling 谢林的警句 203 – 204。亦见 Nietzsche, Friedrich 尼采

Appetitus societatis (desire for community) 社会欲 57 – 58

Arabic civilization, Western contactswith 西方与阿拉伯文明的

物质性接触 169

Archipelagus, *Der* （Hölderlin）
《爱琴海群岛》(荷尔德林) 243

Areopagitica(Milton)《论出版自由》(弥尔顿) 95

Areté 德性 239

Aristocracy 贵族: in England 英格兰的贵族 74,101; Harrington on "natural" aristocracy 哈灵顿论天生的贵族 102–103; Nietzsche on 尼采论贵族 299–302

Aristotle 亚里士多德: on bios theoretikos 论静观生活 63, 269n45; and Bodin 与博丹 129, 132; and catholicity of problems 问题的普遍性 169; on contemplative life 论静观生活 269n45; Harrington's study of 哈灵顿的研究 100; and "historicity of truth"; 真理的历史性 8; on polis 论城邦 19; on theory 理论 18

Army, in England 英国的军队 80–81,83

Ascetics 苦行主义者 274,292

Ashley, Lord 阿什利勋爵 141

Astronomy 天文学 48,182,185

Atlantica（Rudbekii）《亚特兰蒂斯》(鲁德贝基) 170

Atom bomb 原子弹 192

Augustine, Saint 圣奥古斯丁: compared with Schelling 相比谢林 26; as end of age 作为时代的终结 241; on goal of life 论生活的目标 235; and intention animi toward God 朝向上帝的灵魂意向 258; and spiritual core of human personality 人的人格之精神性内核 29; on superbia 论骄傲 273n55

Aurelio degli Anzi 奥雷利奥－德利安齐 170

Austin, John 奥斯丁 69

Austria, franchise in 奥地利的选举权 84

Authority, Harrington on 哈灵顿论权威 100–101,102

B

Baader, Franz von 巴阿德 215

Babylonians, Sun as symbol of 作为巴比伦人标志的太阳 125

Bacchus 酒神巴克库斯 228, 232,233

Bakunin, Mikhail 巴枯宁 6

Balthasar, Hans Urs von 巴尔塔萨 6

Barbarous principle 野蛮本原

202,203

Beckford 贝克福德 162

Bellum omnium contra omnes (war of all against all) 一切人反对一切人的战争 65

Belon, Pierre 贝隆 170

Bentham, Jeremy 边沁 69

Berdyaev, Nikolai 别尔嘉耶夫 199

Bergson, Henri-Louis 柏格森 199

Berith 圣约 48

Beyond Good and Evil (Nietzsche)《善恶的彼岸》(尼采) 255, 275-277

Bible 圣经: abolition of poverty ordered in 圣经吩咐的消除贫穷 98; and creation of humans 和人的创造 186n6; Harrington's study of 哈灵顿的研究 100; and Jewish philosophy 与犹太哲学 127; Milton on 弥尔顿论 94-95

Bill of rights 权利法案 82

Biological diversification of humans 人类的生物多样性 169-172

Biological phenomenalism 生物学现象主义 27-28, 184-187, 193, 194

Biologism 生物学主义 172

Biology 生物学 50, 176, 185-187, 186n6

Bios theoretikos 静观生活 63, 269n45

Bismarck, Otto von 俾斯麦 271, 271n51

"Blond beast" 金发野兽 259, 301-302

Bloody Tenant of Persecution (Williams)《迫害的血腥佃客》(威廉斯) 88-92

Blumenbach, Johann Friedrich 布卢门巴赫 171

Bodin, Jean 博丹: attacks on 对博丹的攻击 60-61, 126, 198; compared with Machiavelli and Hobbes 相比马基雅维利与霍布斯 59-62; compared with Spinoza 相比斯宾诺莎 129, 132; construction of state from top of cosmological pyramid 从宇宙论金字塔顶构建国家 49; on contemplative life 论静观生活 269n45; on diffused authority of feudal period 论封建时代分散化的权威 55; on French national state 论法国 19, 93; and *fruitio Dei* 与安享于神 63, 129, 269n45; mysticism of 博丹的神

秘主义 129,159,193; and Orientalism 与东方主义 126; on power structure versus legal superstructure 论权力的架构之有别于法律的上层建筑 54; as realist 作为现实主义者 59-62; and theory of climates 与气候理论 169

著作:*Heptaplomeres*《七贤对话录》193;

Boehme,Jacob 雅各布·波墨 133,214,235

Bonham 博纳姆 76

Boniface VIII,Pope,Gnostic empire of 教宗博尼法切八世的灵知帝国 7

Bossuet,Jacques 波叙哀 122,123n13

Bourgeois society 资产阶级社会:of Locke 洛克的资产阶级社会 149-152; Marx's criticism of 马克思的批判 150-151,152,188-189

Brandenburg,Great Elector 勃兰登堡大选帝侯 105

Brandenburg-Prussia 勃兰登堡-普鲁士 106

Brave New World (Huxley)《美丽新世界》(赫胥黎) 191

Brooke,Lord 布鲁克勋爵 109

Brot und Wein (Hölderlin)《饼和葡萄酒》(荷尔德林) 245

Bruno,Giordano 布鲁诺:and Anima mundi 和世界灵魂 205,207; compared with Spinoza 相比斯宾诺莎 201; condemnation and death of 死亡和咒诅 198,207; Hegel on 黑格尔论 205; On infinity 论无限 178-180,182,183,211; and phenomenalism 和现象主义 5,27,176,178-180,182,183; on revelation of God in universe 论上帝在宇宙中的启示 207-208; and Schelling 和谢林 176,200-203,205-208,210-211,240

著作:*De la causa,del principio et uno*《论太一、本原和原因》183n5

Brutus 布鲁图斯 260

Bücher der Zeiten,Die (Hölderlin)《时之书》(荷尔德林) 247,248-249

Buffon,Georges-Louis Leclerc de 布封 170-172

Bund aller Völker (Covenant of All Peoples) 万族之约 225

Byron,George Gordon Lord 拜伦

勋爵 258

C

Cabala 喀巴拉 127，133，146 - 147n3

Calvin, John 加尔文: authoritarianism of 威权主义 93; and church in civil society 与公民社会的教会 142; Nietzsche on 尼采论 292;

Calvinism 加尔文主义: and Christian idea of mankind 与基督教的人类观念 51; moderate persons' response to 温和之人的反应 47; in Netherlands in seventeenth century 在 17 世纪的荷兰 134; Richelieu's pacification of, in southern France 法国南部黎塞留与加尔文主义的和解 113 - 114

Cambridge Platform of 1648 1684 年的《剑桥宣言》87

Carolina colony 卡罗来纳殖民地 141 - 142

Carus, Carl Gustav 卡鲁斯 171

Catalonia 加泰罗尼亚 105

Catholic Church 天主教会: and Christian idea of mankind 与基督教人类的观念 51; and Cromwell 与克伦威尔 113; as outside toleration 置于宽容之外 93, 94, 145

Cellamare, conspiracy of 切拉马雷阴谋 118

Cervantes, Miguel 塞万提斯 233

Ceylon, travels to 前往锡兰 171

Chardin, Jean 夏尔丹 171

Charles I, King of England 英王查理一世 84 - 85, 105, 108, 112, 139

Chef de parti (party leader) 党派领袖 120

China, Montesquieu on 孟德斯鸠论中国 166

Christ 基督。见 Jesus Chris 基督

Christian commonwealth 基督教国家 69 - 70

Christian communist commonwealth 基督教共产主义国家 97 - 100

Christianity 基督教: crisis of 的危机 285 - 286; and eschatology 和终末论 229 - 230; French types of 法兰西类型的 270 - 271; Kierkegaard on 克尔凯郭尔论 203; Marx on 马克思论 203, 238, 239; missionary activity of 传教活动 167; Nietzsche on 尼采论 203,270-271,288-290; and Pascal 和帕斯卡 254, 255-256,270-271,271n52, 285-287,289; relation between perfect Christianity and free thought 完美基督教与自由思想的联系 270,271n52; Schelling on 谢林论 203,211,219-220, 222,230-233,236-239; Third Christianity 第三基督教 230-233,237。亦见 Catholic Church 天主教教会; Church 教会; Protestantism 新教

Christian philosophy of history 基督教的历史哲学 245

Church 教会: discipline of 教会的戒律 145; excommunication from 开除教籍 127,145; Hobbes on 霍布斯论 69,70; Locke on 洛克论 142; Milton on 弥尔顿论 93-95; minimum dogma for state religion 国家宗教之最小教理 134-135; privatization of 的特权 142-144; Schelling on 谢林论 225-227

Church of England, sovereignty of 英格兰教会的主权 77

Church-state relationship, Schelling on 谢林论教会-国家关系 223-224

Cicero 西塞罗: on consent as basis of civil society 论作为公民社会之基础的同意 140; and Grotius 与格劳修斯 53,57

Civil state, 公民国家。见 State 国家

Claude Lorrain 克劳德·洛兰 264n35

Climates, theory of 气候理论 169

Clotsworthy 克洛特沃西 109

Cognitio fidei 信仰之知 186

Coke, Sir Edward 科克爵士 76

Common law 普通法 76

Commonwealth 国家: as Christian commonwealth 基督教国家 69-70; as civil state 公民国家 69; and control of opinion 与意见操控 70; Diggers' idea of Christian communist commonwealth 掘地派的基督教共产主义国家想法 97-100; Harrington on 哈灵顿论 100-103; Hobbes on 霍布斯论 67-72; Legal closure of 法律封闭 68-69; Locke on 洛克论 142; spiritual closure of 精神封闭 69-70,77

Communism 共产主义: appeal of, to masses 向大众呼吁共产主义 144; and planning 和计划 188; and proletariat 和无产阶级 297n126; and Third Realm 和第三王国 241

Community 共同体: Grotius on desire for 格劳修斯论对共同体的渴望 57-58; Hobbes on 霍布斯论共同体 65; idea of 共同体观念 12-13

Comte, August 奥古斯特·孔德 7

Concentration camps 集中营 192

Condé, Prince de 孔代 106, 119

Confession du Pêcheur (Pascal) 《罪人的忏悔》(帕斯卡) 256, 286

Connecticut settlement 康涅狄格定居点 87-88, 109

Conscience 良心: Grotius on 格劳修斯论 58; Kant on 康德论 93; Milton on 弥尔顿论 93; Nietzsche on cruelty of 尼采论良心的残忍 276-277, 295; Williams on liberty of 威廉斯论良心的自由 91

Consent, Locke on 洛克论同意 149-150

Consociatio (social unit) 社会共同体 49

Constant, Benjamin 贡斯当 118

Constitutional government 宪政: and *Agreement of the People* in England 与英国的《人民公约》81-83; in American colonies 在美国殖民地 103, 141-142; in England 在英国 24, 51, 81-82, 168; Harrington on 哈灵顿论 102-103; Spinoza on 斯宾诺莎论 135; in United States 在美国 82

Constitutions and Canons of 1604 1604年的《宪法和规章》77

Contemplation, Plato on 柏拉图论沉思 20

Contemplative life (*vita contempla-tiva*), 静观生活: Aristotle on 亚里士多德论 269n45; Bodin on 博丹论 269n45; Nietzsche on 尼采论 32-33, 262-269, 274-281, 289

Contemptus mundi 藐视尘世 258

Contracts 契约 50, 66-67, 138

Contract theory 契约理论 137-138, 158, 159

Contrat Social (Rousseau)《社会契约论》115

Conventions, Hume on 休谟论习

俗 161
Copernicus 哥白尼 205
Cork, Earl of 沙夫茨伯里伯爵 109
Corpus diaboli 魔鬼团体 286
Corpus mysticum 神秘体: harmonious balance of powers in 权力在神秘体中保持着和谐的平衡; 76; Nietzsche on 尼采论 290; Corpus mysticum Christi 基督的神秘体 232; Cosmion 小宇宙 15-16, 18-19, 22, 23, 25, 59-60, 170
Costa, Uriel da 德普拉托 127
Cotton, John 科顿 87, 89
Council of the North 北方委员会 108-109
Council of Trent 特伦托会议 256, 285
Covenants 圣约: Hobbes on 霍布斯论 67-68; of local religious groups in England in early seventeenth century 17世纪早期英国本地宗教团体的圣约 77, 79-80; Schelling on 谢林论 223-225, 231, 236; Scottish National Covenant of 1638 1638年苏格兰人的"民族圣约" 80
Criminal law 刑法 163

Cromwell, Oliver, 克伦威尔: and Catholic Church 与天主教会 113; and English Revolution 与英国革命 106, 107, 109, 110-114, 141; and franchise 与选举权 83; Harrington's Oceana dedicated to 哈灵顿献给克伦威尔的《大洋国》100; and Parliament 与议会 110, 112-114; politics of 的政治 112-114; and Puritans 与清教徒 113; and readmission of Jews to England 与英格兰重新接纳犹太人 127; strengths and weaknesses of 优点和弱点 104; on will of God 论上帝的意志 110-112
著作: Instrument of Government《统治的工具》110
Cruelty, Nietzsche on 尼采论残忍 276-277, 294
Crusades 十字军东征 286
Cudworth, Ralph 卡德沃斯 201n3
Cusanus, 库萨。见 Nicholas of Cusa 库萨的尼古拉
Cynics 犬儒主义者 160, 228

D

Dante 但丁: on monarchy 论君主

制 194; Nietzsche on 尼采论 292; Schelling on 233; 谢林论; as "secular spiritual realist" 作为"世俗化精神实在论者" 34; significance of 但丁的重要性 193, 194

Darwin, Charles 达尔文 27, 156, 185

Das an sich Potenzlose (being without potency) 自在无潜能阶次 234

Dawn of Day (Nietzsche)《朝霞》(尼采) 258 – 261, 266 – 267, 290 – 293

Death 死亡: and fruitio in conspectu Dei 与安享于对上帝的凝视 129; Hobbes on fear of 霍布斯论对死亡的恐惧 64 – 66, 131

Death of God 上帝之死 136, 203, 287 – 289

Declaration of Independence《独立宣言》84 – 85

Defensio Secunda (Milton)《再次声辩》(弥尔顿) 92 – 93

Deism 自然神论 203

De Intellectus Emendatione (Spinoza)《智性改进论》(斯宾诺莎) 127 – 128, 150

De Jure Belli ac Pacis (Grotius)《战争与和平的法权》(格劳秀斯) 52 – 59

De la causa, del principio et uno (Bruno)《论太一、本原和原因》(布鲁诺) 183n5

De l'esprit des Lois (Montesquieu)《论法的精神》(孟德斯鸠) 163, 166, 172

Demeter mysteries 得墨忒耳秘仪 228

Democracy 民主: and general suffrage 和普通选举权 156; Harrington on 哈灵顿论 102 – 103; and Hegel 和黑格尔 157

Dem Sonnengott (Hölderlin)《太阳神》(荷尔德林) 243

Denkresultate (intellectual results) 智识结果 19

Derailments 脱轨 259, 259n21

Descartes, René 笛卡尔: on body-mind split 论身心二分 200; and deism 和自然神论 203; on ego cogitans 论我思 204, 206; on nature 论自然 205 – 206; Pascal on 184; 帕斯卡论; Schelling on 谢林论 200, 204, 206; skepticism of 的怀疑主义 206, 288; and spiritual core of human personality 和人之人格的精神核心

29; and tabula rasa 和白板 47, 206; and tenable philosophy of substance 和站得住脚的实体哲学 239

Despoty, Montesquieu on 孟德斯鸠论专制政体 168

Deus absconditus 隐匿的上帝 287

Devil, Nietzsche on 尼采论魔鬼 294-295

De Witt, Jan 德威特 134

Dialectic 辩证法: of Hegel 黑格尔的 213-214,266; of Marx 马克思的 7; of Schelling 谢林的 212,213,213n19

Diggers 掘地派 97-100,148

Dilettantism 浅薄。见 Philosophical dilettantism 哲学的浅薄

Ding an sich 物自体 206

Dionysus 狄奥尼索斯 228,230-233,241,243

Directeur de l'âme 灵魂的引导者 190

Discours sur les passions de l'amour(Pascal)《论爱的诸激情》(帕斯卡)256,278

Disjecta membra 支离破碎 241

divertissement(as flight from oneself) 消遣(作为对自我的逃离) 258,258n19,264n33,281

Dominicans 多明我会 193

Dominion, 统治权: Harrington on 哈灵顿论 100-101; Spinoza on 斯宾诺莎论 131-132

Dottrina del Fascismo(Mussolini)《法西斯的教义》(墨索里尼) 297n126

"Double life" "双重生命" 218-219

Driver, C. H. 德赖弗 148n6

Dualisme chez Platon, les Gnostiques et les Manicheens(Pétrement)《柏拉图、灵知派和摩尼派的二元论》(西蒙娜·彼得勒芒)6

Dutch East India Company 荷兰东印度公司 56

Dux 领袖 231,247

E

Ecce Homo(Nietzsche)《瞧！这个人》(尼采) 261

Ecclesiastical Polity (Hooker)《教会政治体》(理查德·胡克)140

Eckhart, Meister 埃克哈特 235

Economic phenomenalism 经济学现象主义 28,187-189

Economics 经济学 176

Ego 自我: Nietzsche on 尼采论 268,269,293 – 295; Pascal on 帕斯卡论 284,290
Ego cogitans 我思 204,206
Egyptians, Sun as symbol of 太阳作为埃及人的宇宙论符号 125
Empedocles 恩培多克勒 247 – 248,250
Empire, Harrington on 哈灵顿论帝国 100 – 101
Engel-Janosi, Friedrich 雅诺希 11
England 英国,英格兰; aristocracy in 贵族 74,101; constitutional government in 宪政 24,51,168; Glorious Revolution in 光荣革命 107,137; Gunpowder Plot in 火药阴谋 53; medieval "hangover" in 中世纪的"残余" 73 – 74; middle class in 中产阶级 74,101; national cosmion in 民族小宇宙 170; Norman conquest of 诺曼征服 98; political violence in 政治暴力 53; Poor Law in 济贫法, 108; readmission of Jews to 重新接纳犹太人 127; Reform of 1832 in 1832 年的改革 83,157; Reform period of nineteenth century 19 世纪的改革时期 107; Restoration period in 复辟时期 24,107,137; stateless political society in 无国家的政治社会 25; Stuart kings in 斯图亚特王 106,110,138; theory of government in 政府理论 107; versus Continental political thought 相比欧洲大陆的政治思想 106 – 107; War of the Roses in 玫瑰战争 74, 101。亦见 English Revolution 英国革命; Parliament 议会

English Revolution 英国革命: Agreement of the People during 《人民公约》81 – 83,97; and American Declaration of Independence 与美国《独立宣言》 84 – 85; and army 与军队 80 – 81,83; Charge and Sentence against Charles I during 对查理一世的指控和宣判 84 – 85, 105,112,139; and Civil War 与内战 73,84 – 85,101,106,139; clash with court and Parliament under James I during 查理一世时期与法庭和议会的冲突 76; and Cromwell 与克伦威尔 104, 106,107,109, 110 – 114,141; and dissolutions of Parliament 议会的 112 – 114; divine kingship theory of James I 詹姆斯一世的神圣王权理论 74–75, 77; emigration from England in seventeenth century 19 世纪从英国向外移民 76–77, 85–92; and franchise 与选举权 83–84, 110; Grand Remonstrance of 1641 during《大抗议书》78, 79; and Harrington 与哈灵顿 100–103; Impeachment of 1642 during 1642 年的"控诉" 78; James I during 詹姆斯一世 74–77, 80, 138; king's role during 君主的角色 75; *Letter to Free-Born People of England during*《致生而自由的英格兰人民的信》81–82; limited constitutional monarchy during 有限君主立宪制 84; Mayflower Compact during《五月花号公约》76–77; and Milton 与弥尔顿 92–96; Newcastle Proposition of 1646 during 1646 年的纽卡斯尔提案 79; Oxford Proposition of 1643 during 1643 年的《牛津提案》79; Parliament's powers during 议会的权力 69, 79, 82; pattern of 范式 85–86; Petition of Right of 1628 during 1628 年的《权利请愿书》78; and popular sovereignty 与人民主权 82; Putney debates of 1647 during 1647 年的帕特尼辩论 83, 110–112; restriction of royal power in 1620s–1640s 17 世纪 20 至 40 年代对王权的限制 78; and settlement of 1688, 和 1688 年的解决方案 139, 157; *Solemn Engagement of the Army* during《军队的庄严誓约》80–81; Star Chamber abolished during 星室法庭的废除 78; and struggle between landlord and merchant members of Parliament and the state 地主和议会中的商人成员的斗争 108–109; Triennial Act of 1641 during 1641 年的《三年法案》79; Uxbridge Proposition of 1644 during 1644 年的乌克斯桥提案 79; and Winstanley 与温斯坦利 96–100

Enlightenment 启蒙 154

ennui 厌倦 258, 258n19, 264n33, 281–282

En Soph 无限 133

Epictetus 爱比克泰德 262, 263

Epicureans 伊壁鸠鲁派 228, 266

Epicurus, 伊壁鸠鲁: and Grotius 与格劳秀斯 58 – 59; and Nietzsche 与尼采 257

equilibrium 均衡 50

Erastianism 埃拉斯都主义 93

Eros 爱欲 244

Eschatology 终末论 229 – 231, 238 – 239

Esotericism, of Spinoza 斯宾诺莎的隐微主义 129 – 130

Esprit (intellect, spirit) 思想, 精神 272, 278

Esprit des Lois (Montesquieu)《论法的精神》163 – 166, 172

Essay Concerning Human Understanding (Locke)《人类理解论》141

Essay Concerning Toleration (Locke)《宽容短论》(洛克) 141

"Essence of man" 人的本质 55。亦见 Human nature 人性

Essex, Earl of 艾塞克斯伯爵 109

Ethics (Spinoza)《伦理学》(斯宾诺莎) 127, 128 – 129, 131

Evil, Nietzsche on 尼采论恶 295 – 300

Evocation, 召唤: and national state 与民族国家 22; realists' response to 实在论者的回应 59 – 60; Voegelin's theory of 沃格林的召唤理论 10 – 11, 16 – 18, 21 – 22, 33

Evolution 演化 27, 156, 184 – 187, 186n6

Excommunication 开除教籍 127, 145

F

Faith, 信仰: as Fides 作为"信" 222; Hume on 休谟论 160; Schelling on 谢林论 222; Spinoza on 斯宾诺莎论 134

Fear of death, Hobbes on 霍布斯论对死的恐惧 64 – 66, 131

Fénelon, François 费奈隆 270

Feudal period, 封建时代: diffused authority of 分散化的权威 55; Harrington on government of 哈灵顿论封建时代的统治 102

Fichte, Johann, 费希特: compared with Schelling 与谢林比较 204; On Naturrecht 论自然法 49 – 50; transcendental idealism of 先验观念论 201, 202 著作: *Geschlossene Handel-sstaat*《封闭的贸易国》224

Fides (faith) 信 222

Fiesco 菲耶斯克 121
Fludd, Robert 弗卢德 206
Fontenelle, Bernard Le Bovier de 丰特奈尔 252
Force, Nietzsche on 尼采论力量 258 – 259, 259n20
Formosa, travels to 前往台湾 171
fortuna 机运 61
Fouquet, Surintendant 富凯 124 – 125
France, 法国: abolition of prime minister position by Louis XIV 路易十四废除首相官职 122; assassination of kings in 对法国国王的刺杀 53; Bodin on generally 博丹论一般意义上的法国 19, 93; Cardinal de Retz 枢机主教德雷斯 118 – 121; franchise in 选举权 84; Fronde movement in 投石党运动 118 – 121; Huguenot wars in 胡格诺战争 105; in late eighteenth century 在 18 世纪晚期 51; Louis XIV in 路易十四 115, 118, 121 – 125, 147, 226; Louis XVI in 路易十六 168; national cosmion in 民族小宇宙 170; Parlement in 高等法院 115 – 118, 119; Restoration in 复辟 107; Revolution of 1789

in 1789 年法国大革命 74, 115 – 116, 224; state-ordered society in 国家 – 秩序的社会 25, 106 – 107; Third Republic of 第三共和国 107; victory of state in 国家的胜利 106; wars of the Fronde in 投石党战争 105
Franchise 选举权 83 – 84, 84n5, 110, 156
Francis, Saint 圣方济各 248, 249
Frankenstein(Shelley)《弗兰克斯坦》(雪莱夫人) 190
Freedom 自由: Milton on 弥尔顿论 92 – 96; and National Socialists 与国家社会主义者 92; Schelling on 谢林论 217 – 220, 234; Spinoza on 斯宾诺莎论 132 – 133
Freedom of speech, Spinoza on 斯宾诺莎论言论自由 132 – 133
Freigeisterische Kühnheit 自由精神的大胆 247
Freud, Sigmund 弗洛伊德 241, 278
Friedrich II, Emperor, compared with Pascal 皇帝弗里德里希二世与帕斯卡之比较 255
Fronde movement 投石党运动 118 – 121

fruitio Dei 安享于神 61，63，129，269n45
Fruitio hominis 安享于人 63-64
Fruitio in conspectu Dei 安享于对上帝的凝视 129
Fundamental Constitutions for the Government of Carolina (Locke)《卡罗莱纳政府的基本宪法》(洛克) 141-142

G

Gardiner, S. R. 加德纳 78-80，83，84，108
Gedoppeltes Leben (double life) 双重生命 218-219
Geist (political spirit) 灵/精神(政治精神) 2，29-30
Geisteswissenschaft 精神科学 29
Geistiger Mittelstand (intellectual middle class) 智识上的中等阶级 288
Geistreichsten (spiritual) 最富精神者 299
Geistwesen (spiritual beings) 精神存在者 30
General will theory 公意理论 51
Genesis, book of《创世纪》186n6
Genio vagante (Aurelio degli Anzi)《漫游的天才》(奥雷利奥-德利安齐) 170
Geographical voyages and discoveries 地理航海大发现 169-172
Geometry 几何学 50
George, Stefan 格奥尔格 203
Germany 德意志; estates and state in 阶层和国家 106, 107; franchise in 选举权 84; national spirit in 民族精神 51; natural law in 自然法 49-50, 51; Peasant Revolt in 农民起义 97; Protestantism in 新教主义 93-94, 270; Reformation in 宗教改革 226n56; Soldatenräte in 士兵委员会 80; Thirty Years War in 三十年战争 53, 105; wars in 战争 52, 53
Gersonides 吉尔松尼德 127
Geschlossene Handelsstaat (Fichte)《封闭的贸易国》(费希特) 224
Gianotti, Donato 贾诺蒂 101
Giddings, Franklin Henry 吉丁斯 57
Glorious Revolution 光荣革命 107, 137
Gnosticism 灵知主义 3, 6-8, 31, 33

Gobineau, Joseph-Arthur de 戈宾诺 171

God 上帝/神: Bruno on 布鲁诺论 207–208; Cicero on 西塞罗论 57; Cromwell on will of God 克伦威尔论上帝意志 110–112; Epicurus on 伊壁鸠鲁论 58; Grotius on 格劳秀斯论 55–56, 58–59, 147; Hobbes on 霍布斯论 63, 147; Hölderlin on 荷尔德林论 246–247; Locke on 洛克论 145–147; Montesquieu on 孟德斯鸠论 164; Nietzsche on death of 尼采论上帝之死 136, 203, 287–289; Pascal on 帕斯卡论 280, 283–284, 287; proprietorship of 所有者 145–147, 146–147n3, 147n5; Puritans and covenant with, 清教徒与上帝之约 69; Schelling on 谢林论 202, 203, 204, 206–209, 216, 218–219, 221, 223, 232–234, 238; Spinoza on 斯宾诺莎论 128–129, 130, 133, 134, 136

Goethe, Johann Wolfgang von 歌德: Nietzsche on 尼采论 257, 260, 263n35; Schelling on 谢林论 233

Goffe, William 高菲 111

Gorton, Mr. 戈顿 91

Government 政府: "according to ancient prudence versus modern prudence", "按照古代明智"和"按照现代明智"之区分 101–102; Harrington on 哈灵顿论 100–103; Locke on limited monarchy 洛克论有限君主制 138–140; Locke's contract theory of 洛克的契约理论 137–138; Montesquieu on 孟德斯鸠论 163, 165–166, 168–169; Spinoza on 斯宾诺莎论 134–135; theory of government in England and United States 英国和美国的政府理论 107。亦见 Constitutional government 宪政; Monarchy 君主制

Grace 恩典: Christian view of 基督徒的观念; 286; Hölderlin on 荷尔德林论 244; Nietzsche on 尼采论 241, 259, 285, 287, 289–294; Pascal on 帕斯卡论 255–256, 285–287, 289; Schelling on 谢林论 219–222, 244

Grand Remonstrance of 1641 (England) 1641年英国的《大抗议书》78, 79

Greek State (Nietzsche);《古希腊

国家》(尼采) 263

Grotius, Hugo, 格劳秀斯: and authority of rulership 与统治权力 54; as Calvinist 作为加尔文主义者 47; on civil society 论政治社会 58; on commercial intercourse among nations 论民族间贸易往来 56, 154; compared with Locke 与洛克相比 140, 154; on desire for community 论对共同体的渴望 57-58, 65; and Epicurus 与伊壁鸠鲁 58-59; on God 论上帝 55-56, 58-59, 147; on human nature 论人性 55, 57-58, 62, 154; and Hume 和休谟 158; on inequalities among nations 论民族间的不平等 55-56, 154; on natural law 论自然法 54, 59; on reason 论理性 57-58, 65, 154; and reconstruction of state order 和国家秩序的重构 23; and regulation of war 和管控战争 52-54, 153; on rules of nature 论自然法则 57-58

著作: *De Jure Belli ac Pacis* 《战争与和平的法权》52-59

Grund zum Empedokles (Hölderlin) 《恩培多克勒的根据》(荷尔德林) 247

Guinea, travels to 去往几内亚 171

Guise, Cardinal Louis 枢机主教路易 53

Guise, elder duke of 年长的吉斯公爵 53

Guise, Henry, duke of 吉斯公爵亨利 53

Gunpowder Plot 火药阴谋 53

Guyon, Mme. de 盖恩夫人 270

H

Halbheit (indecision) 半吊子 271n51

Happiness 幸福: Nietzsche on 尼采论 274; Pascal on 帕斯卡论 235, 280-281

Harrington, Sir James 哈灵顿论 100-103

Hartmann, Eduard von 哈特曼 199

Hebrews, 希伯来。见 Israel 以色列

Hegel, G. W. F. 黑格尔: anthropological philosophy of 人类学哲学 162; on Bruno 论布鲁诺 205; compared with Nietzsche 和尼采比较 266, 303; death of

之死 157; dialectic of 辩证法 213-214,266; on history 论历史 266; and mysticism 和神秘主义 214; and natural law 和自然法 49; and "rediscovery of man" 和"人的重新发现" 23,51; relation between systems of Marx and 和马克思体系之间的联系 197-198; and "revolution of the spirit" 和"精神的革命" 5; and Schelling 和谢林 213-214; on state as objective morality 论作为客观道德的国家 157

Heidegger, Martin 海德格尔 199

Heilman, Robert 海尔曼 31

Heimarmene (Necessity) 必然性 243

Helios 赫利俄斯 243

Henry III, King of France 法国国王亨利三世 53

Henry IV, King of France 法国国王亨利四世 53

Henry VII, King of England, confiscation of nobility and monastic property by 英王亨利七世没收贵族和修道院的财产 101

Henry VIII, King of England, confiscation of nobility and monastic property by 英王亨利八世没收贵族和修道院的财产 101

Heptaplomeres (Bodin)《七贤对话录》(博丹) 193

Heraclitus 赫拉克利特 227,252

Herder, Johann 赫尔德 171,212

Hermeneutics 解释学 29

Heroism, Nietzsche on 尼采论英雄主义 294

Herrlichkeit (way to glory) 荣耀（通往荣耀之路）216

"Herrschaftslehre" (Voegelin)《统治学说》(沃格林) 12,29

Hierarchy, construction of sovereign state through intermediate steps from bottom of 从等级底层开始, 经过中间步骤而达致的一种主权国家建构模式 49

Hiroshima, atom bomb dropped on 在广岛抛下原子弹 192

Histoire de la conquête de la Chine par les Tartars (Palafox)《鞑靼征服中国史》(帕拉福克斯) 170

Histoire générale des voyages《航海通史》171

Histoire naturelle (Buffon)《自然史》(布封) 170-172

Historical cycles, 历史周期: first cycle of order against spirit 对

抗精神的第一个秩序周期 26,153–154; second cycle of reassertion of spirit 精神重申的第二个周期 26,155–157

Historicism, 历史决定论: and Buffon's thought 和部分的观点 172; and fatalism 和宿命论 167

"Historicity of truth" "真理的历史性" 8–9,21–33

Historiography, Voegelin's definition of 沃格林对史纂的定义 31

History, 历史: and anamnesis 和记忆 212–213; Christian philosophy of 基督教历史哲学 245; Hegel on 黑格尔论 266; Herder on, as history of human soul 赫尔德论作为人类灵魂史的历史 212; Hölderlin on 荷尔德林论 247–248; Nietzsche's three stages of 尼采的历史三阶段 302–303; Schelling on historical existence 谢林论历史性生存 210–214; Voegelin's definition of 沃格林的定义 31

History of Political Ideas (Voegelin)《政治观念史稿》(沃格林): editorial changes in 编辑改动 34–35; First draft of 第一稿 11–12; and "historicity of truth" 和 "真理的历史性" 21–33; length of 篇幅 2; meaning of modernity in 现代性的意义 34; new titles for, as "Order and Symbols" 以 "秩序与符号" 作为新的标题 2–3; and paradigm of "political idea" 和 "政治观念" 的范式 9 20,29, publishing arrangement for 出版计划 1; reviewer of first two volumes of 前两卷的评论者 2,11,12; and theory of evocations 和召唤理论 10–11,16–18,21–22,33; Voegelin's changes in manuscript of 沃格林在手稿上的修改 1–9; Voegelin's difficulties in conceptualization of 沃格林在概念化中碰到的困难 3–5,21–22; Voegelin's purpose in writing 沃格林的写作目的 9

History of Political Theory (Sabine)《政治学说史》(萨拜因) 9

Hitler, Adolf 希特勒 7,26,124,155,231

Hobbes, Thomas 霍布斯: attacks on 对霍布斯的攻击 61,126; on commonwealth 论国家 67–72; on community 论共同体 65; compared with Locke 与洛克相

比 141, 156; compared with Machiavelli and Bodin 与马基雅维利和博丹相比 59－61; compared with Retz 与德雷斯相比 118; compared with Spinoza 与斯宾诺莎相比 130－131; and control of opinion 与意见的控制 70; on fear of death 64－66, 论对死亡的恐惧 131; on fruitio hominis 论安享于人 63－64; on God 论上帝 63,147; on human nature 论人的本性 62－64,141,146,286; and loss of fruition Dei 和安享于神的丧失 63; on madness 论疯狂 64,64n8,70,71,131,154; on mechanical structure of man 论人的机械结构 62; on natural law 论自然法 66－67; on peace 论和平 63,66; on perfection of legal closure of state 论国家法律封闭的完善 68－69; on perfection of spiritual closure of state 论国家精神封闭的完善 69－70; on person 论人 67－68,146; on power 论权力 63－64,119－120,131,154,273n55; on pride 论骄傲 62－64,70,273n55; and problem of realism 和现实主义问题 59－61; as psychological realist 作为心理学实在论者 23,25,59－62,154; on reason 论理性 62,65,131; and "rediscovery of man" 和"人的重新发现" 23,51; and resolutive-compositive method 和"分解－综合"法 50; significance of 重要性 73; summary on 总结 71－72; and Voegelin's definition of problem of the age 和沃格林对于时代问题的界定 22

著作: *Leviathan*《利维坦》23－24,62－72,273n55

Hölderlin, Friedrich 荷尔德林 243－250

Holland, 荷兰。见 Netherlands 尼德兰

Holland, Earl of 霍兰伯爵 109

Hollweck, Thomas 豪威克 10,12

Holy Ghost 圣灵 98

Homines religios 宗教人 276

Homo natura 自然人 277,279,289

Hooker, Richard 理查德·胡克 134,140

Hooker, Thomas 托马斯·胡克 87

Hotham, Sir John 霍瑟姆 109

Huber, Ernst Rudolf 休伯 297n126

Huguenot wars 胡格诺战争 105
Human, All-Too-Human (Nietzsche)《人性的,太人性的》(尼采) 262-266
Human nature 人性:Buffon on 布封论 171-172;and "essence of man" 和"人的实质" 55;finiteness of humans 人的有限性 183;and God as proprietor 和作为所有者的上帝 145-147, 146-147n3,147n5;Grotius on 格劳秀斯论 55,57-58,62, 154;Hobbes on 霍布斯论 62-64,141,146,286;Hobbes's concept of person 霍布斯的人的观念 67-68,146;Hume on 休谟论 157-162;Locke on 洛克论 140-141,145-148,154;man as proprietor of himself 人作为自己的所有者 147-148;Montesquieu on 孟德斯鸠论 163-64;Pascal on 帕斯卡论 272, 281-283;Schelling on 谢林论 220-222,223;Spinoza on 斯宾诺莎论 127-131
Hume,David 休谟:attack on Myth of Reason by 对于理性神话的批判 25;Compared with Locke 与洛克相比 161-162;Compared with Montesquieu,与孟德斯鸠相比 162-163,162n2; compared with Vico 与维柯相比 162;conservatism of 保守主义 158;on contract theory 论契约理论 158,159;on conventions 论习俗 161;as epistemologist 作为知识论学者 158; Harrington's influence on 哈灵顿对其的影响 103;on nature; 论自然 159-60;on philosophy versus religion 论哲学与宗教之分 160,161;on reason 论理性 158-159;and "rediscovery of man" 和"人的重新发现" 23, 51;skepticism of 怀疑主义 157-162;on sympathy 论同情 161,163;and theory of sentiments 和情感理论 158-159
著作:*Treatise of Human Nature*《人性论》157,159-160
Husserl, Edmund, and spiritual core of human personality 胡塞尔和人类人格的精神核心 29
Huxley,Aldous 赫胥黎 191
Hylozoism 物活论 201,201n3, 202,202n5
Hyperions Schicksalslied (Hölderlin)《许珀里翁的命运之歌》(荷尔德

林）244

I

Iacchos 伊阿科斯 228
Ibn Ezra 伊本·以斯拉 127
Idealism 观念论:of Fichte 费希特的 201,202;transcendental idealism 先验观念论 201,202
Ideas 观念。见 Political ideas 政治观念
Ideology, Marxian concept of 马克思式意识形态概念 189
Immanentism 内在主义 33,257 – 260,269,280 – 281,289,291, 294 – 297
Impeachment of 1642（England）1642 年的"控诉"（英国）78
Imperium(dominion) 支配 131 – 132
Im Schauen (in vision) 在直观中 214
Im Tiefsten(roots of existence) 存在之至深根源 268
Incas, history of 印加的历史 171
India 印度;and Portugal 和葡萄牙 105;travels in East India 东印度 171
India Orientalis（Pigafetta）《东方的印度》（皮加菲塔）170
Industrial Revolution 工业革命 189
Inequality 不平等;Grotius on inequalities among nations 格劳秀斯论民族间不平等 55 – 56, 154;Locke on 洛克论 149 – 151;Schelling on 谢林论 223
Infinity 无限;Bruno on 布鲁诺论 178 – 180,182,183,211;Pascal on 帕斯卡论 182 – 183;
Inner return 内在回归 219 – 220, 249 – 250
Inquisition 宗教审判所 207
Instrument of Government（Cromwell）《统治的工具》（克伦威尔）110
Intellectualism, Hölderlin on 荷尔德林论理智主义 247
Intentio animi 灵魂的意向 258
International law, and regulation of violence 国际法和管控暴力 53 – 54
Inversion and partiality 颠倒和偏狭 196 – 198
Ireland 爱尔兰 109,113
Irenaeus 爱任纽 7
Irenäus: Die Geduld des Reifens（Balthasar）《爱任纽:成熟的忍

耐》(巴尔塔萨) 6
Ireton, Henry 埃尔顿 83
Islam 伊斯兰: missionary activity against 传教活动反对 286; Montesquieu on 孟德斯鸠论 166; and Spinoza 和斯宾诺莎 129–130; toleration not extended to 不属于宽容之列 145
Isolationism 孤立主义 90
Israel 以色列: and contract between God and Israelites 上帝与犹太人的契约 138; monotheism of Hebrews 希伯来的一神教 211
Italy, national cosmion in 意大利的民族小宇宙 170
Ius gentium 万民法 54
Ius natural (Right of Nature) 自然权利 66

J

Jacobi, Friedrich 雅可比 198
Jaeger, Werner 耶格尔 229n63
James I, King of England 英王詹姆斯一世 74–77, 80, 138
Japan, Montesquieu on 孟德斯鸠论日本 166
Jaspers, Karl 雅斯贝尔斯 199, 259n21, 292n109
Jensen, Merrill 梅里尔·詹森 87
Jesuits 耶稣会士: moderate persons' response to 温和之人的回应 47; Pascal on 帕斯卡论 254
Jesus Christ 耶稣基督: Hölderlin on 荷尔德林论 247; Nietzsche on 尼采论 256, 260; Schelling on Dionysus and 谢林论狄奥尼索斯和 230–233, 243
Jews, 犹太人: and concentration camps 和集中营 192; Marranic Jews 马拉诺犹太人 127; in Netherlands 在尼德兰 127; Nietzsche on 尼采论 300; Readmission of, to England 英国重新接犹太人 127。亦见 Israel 以色列
Joachim of Fiore, and Schelling 约阿希姆和谢林 230–231, 233–234, 237
Job, book of《约伯记》59, 65
John, First Epistle of《约翰一书》272
Julius Caesar, compared with Pascal 凯撒与帕斯卡相比 255
Jus naturale (natural right) 自然权利 48–50

K

Kant, Immanuel 康德: anthropological philosophy of 人类学哲学 162; on aprioristic structure of understanding 知性的先验结构 158; and biological evolution 和生物演化 156; compared with Grotius 与格劳秀斯相比 58; on conscience 论良心 93; on Ding an sich 论物自体 206; and equilibrium as idea 论均衡思想 50; and evolution 和演化 184; political theory of 政治理论 49; and race theory 和人种理论 171; and "rediscovery of man" 和"人的重新发现" 23, 51; and "revolution of the spirit" 和"精神的革命" 5; and Schelling 和谢林 206; significance of 重要性 239–240; skepticism of 怀疑主义 288

Karma 业 236

Kepler, Johannes 开普勒 206

Kierkegaard, Søren 克尔凯郭尔 65, 199, 203, 241, 274n58, 282

Klemm, Gustav 克莱姆 171

Knowledge, Schelling on urge for 谢林对知识的冲动 215–216

Kraft(force) 力量 259n20

Kraus, Karl 卡尔·克劳斯 191n7

Kronos 克洛诺斯 228

L

La Rochefoucauld, François de 拉罗什富科 118, 252

Lasswitz, Curt 拉斯维茨 190

Laud, Archbishop 大主教劳德 80, 105, 108

Lauterste Gott(purest God) 最纯粹的上帝 209, 234

La Vallière, Mlle. de 拉瓦利埃 124–125

Law, 法: common law 普通法 76; criminal law 刑法 163; Grotius on international law and regulation of violence 格劳秀斯论国际法和管控暴力 53–54; Montesquieu on 孟德斯鸠论 163–166; Positive law 实定法 69; Roman law 罗马法 48。亦见 Natural law 自然法

Law of Freedom(Winstanley)《自由的法律》(温斯坦利) 99–100

Laziness, Nietzsche on 尼采论怠惰 263–264, 264n33

Le Brun, Charles 勒布朗 124

Le Gentil 勒让蒂 171
Leibniz, Gottfried Wilhelm 莱布尼茨 184,201,202
Lenin, V. I. 列宁 7,26,154,155,231
Le Nôtre, André 勒诺特尔 124
Leonardo da Vinci, compared with Pascal 达芬奇和帕斯卡相比 255
Lery, Jean de 德莱里 170
Letters Concerning Toleration (Locke)《论宽容书》(洛克) 142
Letter to Free-Born People of England《致生而自由的英格兰人民的信》81-82
Lettres provinciales (Pascal)《致外省人信札》(帕斯卡) 255-256
Le Vau, Louis 勒沃 124
Levellers 平等派 80,97,110
Leviathan (Hobbes)《利维坦》(霍布斯) 23-24,62-72,273n55
Lex naturalis (natural law) 自然法 48,66
Leyden, Jan van 莱登 124
Liberalism 自由主义: and planning 和计划 188; of Spinoza 斯宾诺莎的 133
Liberty 自由: Hobbes on 霍布斯论 66; Hume on 休谟论 158; Milton on 弥尔顿论 92-96; Montesquieu on 孟德斯鸠论 163,168-169; Williams on liberty of conscience 威廉斯论良心的自由 91
Libidines 欲 272
Libido 欲(力比多) 272,278
Libido dominandi 支配欲(权力意志) 278,279
Lilburne, John 利尔本 110,123-24
Lincoln, Abraham 林肯 231
Locke, John 洛克: as bête noire of modern political thought 现代政治思想的讨厌鬼 22,25; on church 论教会 142; on civil state 论公民国家 149-150; on commonwealth 论国家 142; compared with Grotius 与格劳秀斯相比 154; compared with Hobbes 与霍布斯相比 141,156; compared with Hume 与休谟相比 161-162; on consent 论同意 149-150; contract theory of 契约理论 137-138; criticisms of 批评声音 147n6,151-152; on God as proprietor of man 论上帝作为人的所有者

145 – 147; Harrington's influence on 哈灵顿对其的影响 103; historical cycle ending with 以洛克告终的历史周期 26, 154 – 155; and Hooker 与胡克 140; on human nature 论人性 140 – 141, 145 – 148; on inequality 论不平等 149 – 151; on limited monarchy 论有限君主制 138 – 140; on Lord's Supper 论圣餐 145; on man as proprietor of himself 论人作为其自身的所有者 147 – 149, 147n5; on money 论金钱 149 – 150; on nature 论自然 148n6, 149, 154; and possessive individualism 论占有式个人主义 25; on property 论财产 145 – 152, 147n4, 148n6, 154, 189; on Puritans 论清教徒 140 – 141; on reason 论理性 154; and "rediscovery of man" 和"人的重新发现" 23, 51; significance of 重要性 137, 141; spiritual disturbance of 精神错乱 151 – 152; summary on 总结 151 – 152; on toleration 论宽容 141 – 145, 153 著作: *Essay Concerning Human Understanding*《人类理解论》

141; *Essay Concerning Toleration*《宽容短论》141; *Letters Concerning Toleration*《论宽容书》142; *Treatise on Civil Government*《政府论》138 – 141, 146 – 151, 189

Logos 逻各斯 57

Lord's Supper, Locke on 洛克论圣餐 145

Lotze, Rudolf 洛采 199

Louis XIV, King of France 法国国王路易十四 115, 118, 121 – 125, 147, 226

Louis XVI, King of France 法国国王路易十六 168

Love 爱: Nietzsche on 尼采论 290; Spinoza on 斯宾诺莎论 128 – 129

Lower-middle-class movement 中下层阶级的运动 52

Löwith, Karl 洛维特 11, 31

Lucretius 卢克莱修 179 – 180

Luria, R. Isaac 吕里亚 146 – 147n3

Luther, Martin, 路德: and church in civil society 和公民社会的教会 142; and Pascal 和帕斯卡 270; and Protestant radicalism 和激进的新教主义 94

Lutherism 路德宗: and Christian

idea of mankind 和基督教的人类观念 51; and Protestant radicalism 和激进的新教主义 93 - 94

M

Machiavelli, Niccolò 马基雅维利: and awareness of rise and fall of Roman empire 知晓罗马帝国的兴衰 169; and Bodin 和博丹 132; compared with Hobbes and Bodin 与霍布斯和博丹相比 59 - 62; compared with Retz 与德雷斯相比 121; Constant's reading of 贡斯当的解读 118; Harrington's study of 哈灵顿的研究 100; and myth of demonic hero 魔鬼式英雄的神话 61; and Orientalism 与东方主义 126; as realist 作为现实主义者 59 - 62; as "secular spiritual realist" 作为"世俗化的精神实在论者" 34; virtù of 的德性 61, 120, 169

Macht(power) 权力 259n20

Madagascar, travels in 在马达加斯加旅行 171

Madness, Hobbes on 霍布斯论疯狂 64, 64n8, 70, 71, 131, 154

Maimonides 迈蒙尼德 127

Maine, H. S. 梅因 50

Mandelslo, Johann Albrecht von 曼德尔斯洛 170 - 171

Mandeville, Lord 曼德维尔 109

Marianas, travels to 航行到马里亚纳群岛 171

Marranic Jews 马拉诺犹太人 127

Martyrdom 殉教 274, 274n58, 292

Marx, Karl 马克思: on Christianity 论基督教 203, 238, 239; compared with Nietzsche 和尼采比较 303; and concept of ideology 和意识形态的概念 189; criticism of bourgeois system by 布尔乔亚体系的批判 150 - 151, 152, 188 - 189; and dialectics of history 和历史辩证法 7; and economic phenomenalism 和经济学现象主义 188 - 189; heroization of 英雄化 231; historical cycle beginning with 始于马克思的历史周期 157; as prophet of Israel 作为以色列的先知 239n74; and "rediscovery of man" 和"人的重新发现" 23, 51; relations between systems of Hegel and 与黑格尔体系之间的联系 197 - 198; revolutionary socialism of 革命社会主义 6,7, 26,155

Marxism, and sectarianism 马克思主义和宗派主义 90

Mascardi, Agostino 马斯卡迪 120

Massachusetts Bay Company 马萨诸塞湾公司 86-87

Massachusetts Bay settlement 马萨诸塞湾定居点 86-87,89

Massachusetts colony 马萨诸塞湾殖民地 142

Materialism 唯物主义: French materialism and Schelling 法国唯物主义和谢林 201,202; and phenomenalism 和现象主义 179-181

Mather, Cotton 科顿·马瑟 87

Mather, Increase 英克里斯·马瑟 87

Mayflower Compact《五月花号公约》76-77

Mazarin, Jules 马萨林 105, 106, 115, 117, 121

Melancholy, Schelling on 谢林论忧郁 218, 220-222

Mémoires (Louis XIV)《回忆录》(路易十四) 121-125

Mémoires (Retz)《回忆录》(德雷斯) 118

Mémorial (Pascal)《记忆》(帕斯卡) 256

Manasseh ben Israel 玛拿西·本·以色列 127

Metanoia 悔改 239

Methodical skepticism 方法论怀疑主义 206

Michelangelo, Schelling on 谢林论米开朗琪罗 222n45

Middle class; in England 英国的资产阶级 74,101;

Nietzsche on 尼采论 288

Mikoyan, A. I. 米高扬 143

Milton, John 弥尔顿 92-96,113, 133,144,145

Minimum dogma for state religion 国家宗教之最低限度的教义 134-135

Mintz, Max 闵茨 11,19-20

Mirabeau 米拉波 260

Missionaries 传教士 167

Mitwissenschaft (co-knowledge) 共同知识 210

Mitwissenschaft mit der Schöpfung (human soul coeval with creation) 关于创造的共同知识 31

Modernity, meanings of 现代性的含义 34

Moeurs 风俗 164

Monarchy 君主制: absolute monarchy of Turkish type 土耳其类型的绝对王权君主制 101; Dante on 但丁论 194; divine kingship theory of James I in 詹姆斯一世的神圣王权理论 74–75, 77; English restriction of royal power in 1620s–1640s 17 世纪 20 至 40 年代对王权的限制 78; Harrington on 哈灵顿论 101; king and court as spectacle for the people 君主和宫廷作为为人民准备的展演 124–125; limited constitutional monarchy in England 英国的有限君主立宪制 84; Locke on limited monarchy 洛克论有限君主制 138–140; Louis XIV on 路易十四论 121–125; Milton on 弥尔顿论 92–93, 96; and ministers of state in seventeenth century 和 17 世纪的国务大臣 104–105; Montesquieu on 孟德斯鸠论 168; religious foundation of 宗教根基 122–123; Retz on French monarchy 德雷斯论法国君主制 118–119。亦见 Rulership 统治权

Money, Locke on 洛克论金钱 149–150

Mongol empire, Western contacts with 西方和蒙古帝国的接触 169

Montaigne, Michel de 蒙田 252, 257

Montesquieu, Baron de 孟德斯鸠: anthropological question of 人类学问题 163–164; Atmosphere of 氛围 162–163; attack on Myth of Reason by 对于理性神话的批评 25, 162–163; compared with Buffon 和布封相比 171–172; compared with Hume 和休谟相比 162–163, 162n2; fatalism of 宿命论 167–168; and geographical travels and discoveries 与地理旅行和大发现 169, 170; on government 论政府 163, 165–166, 168–169; Harrington's influence on 哈灵顿的影响 103; historical relativity in 历史相关性 169; on national destiny 论国家命运 166–168; on the people 论民族 164–165; and "rediscovery of man" 和 "人的重新发现" 23, 51; significance of 的重要性 163 著作: *De l'esprit des Lois*《论法

的精神》163-166 172

Moralistes 道德家 261-162,286

More, Sir Thomas 莫尔 97, 100,134

More geometrico 以几何学方式 50

Morteira, Rabbi 莫特拉拉比 127

Mosca, Gaetano 莫斯卡 156

Moses 摩西 260

Mountmorris 芒特莫里斯 109

Muhammad 穆罕默德 260

Mussolini, Benito 墨索里尼 26, 155,156,297n126

Mystère de Jésus (Pascal)《耶稣的奥秘》(帕斯卡) 256

Mystery 奥秘 229-230,229n63

Mysticism 神秘主义: of Bodin 博丹 129,159,193; and Hegel 和黑格尔 214; of Nietzsche 尼采的 257-261,264,296; and Nothing 和"无" 235; and Schelling 和谢林 214; of Spinoza 斯宾诺莎的 23,126-129,133, 159,193

Myth of Reason and Progress 理性和进步的神话 25,26

Myths 神话: of Plato 柏拉图的 236-237,237n71; Schelling's theory of 谢林的理论 29,211, 227-233,243

N

Naples 那不勒斯 105

National Socialism 国家社会主义: appeal of, to masses 对大众的吸引力 144; and concentration camps 和集中营 192; derailments of 脱轨 259n21; freedom for those in agreement with 给自己人的自由 92; Kraus on 克劳斯论 191n7; and Nietzsche 和尼采 32,297,297n126; and planning 和计划 188; and Third Realm 和第三王国 241

Nations 民族: cosmion of 小宇宙 170; Diversity in internal order of 内部秩序差异 51; Grotius on inequalities among 格劳秀斯论民族间不平等 55-56,154; Milton on 弥尔顿论 95-96; Montesquieu on differences among 孟德斯鸠论民族间差异 164-165; Montesquieu on national destiny 孟德斯鸠论民族命运 166-168; as new social substance 作为新的社会实体 51; and theory of evocation 和召

唤理论 22。亦见 State, 国家

Natural law 自然法: and franchise in England 和英国的选举权 83; Grotius on 格劳秀斯论 54, 59; Hobbes on 霍布斯论 66 – 67; and Milton 和弥尔顿 92; and natural right 和自然权利 48 – 50; in seventeenth century 在 17 世纪 48 – 50

Natural right, symbol of 自然权利的符号 48 – 50

Nature, 自然: Cicero on 西塞罗论 57; Descartes on 笛卡尔论 205 – 206; Franciscan experience of 方济各关于自然的经验 248, 249; Grotius on rules of 格劳秀斯论自然法则 57 – 58; Hobbes on right and law of 霍布斯论自然权利和自然法 66 – 67; Hölderlin on 荷尔德林论 247 – 249; Hume on 休谟论 159 – 160; Locke on 洛克论 148n6, 149; Methodical skepticism of 方法论怀疑主义 206; Montesquieu on laws of nature 孟德斯鸠论自然法 164; Nietzsche on 尼采论 209, 264, 277, 279, 289; Schelling on 谢林论 209, 221; Spinoza on 斯宾诺莎论 128, 133

Naturloser Geist (natureless spirit) 无自然的精神 234

Naturrecht 自然法 49 – 50

Natur und Kunst oder saturn und Jupiter (Hölderlin)《自然与艺术, 或萨图努斯和朱庇特》(荷尔德林) 244 – 245

Neo-Platonism 新柏拉图主义 127

Netherlands 尼德兰: Althusius on state of 阿尔图休斯论尼德兰的状况 49; and East India trade 和东印度贸易 56; Jews in 尼德兰的犹太人 127; seventeenth-century government in 17 世纪的政府 134

Newcastle Proposition of 1646 1646 年的纽卡斯尔提案 79

New France, history of 新法兰西的历史 171

New Jersey colony 新泽西殖民地 103

New Science 新科学 26, 31 – 32, 155 – 157

New Science (Vico)《新科学》(维柯) 6, 34

New Science of Politics (Voegelin)《新政治科学》(沃格林) 3, 8

New Testament 新约: abolition of

poverty ordered in 关于消除贫困的指示 98。亦见 Bible 圣经
Newton, Sir Isaac 牛顿 50, 178, 203
Nicholas of Cusa 库萨的尼库拉 183, 235
Nietzsche, Friedrich 尼采：aphorisms of generally 一般意义上的警句 261 – 262; on Aristocratic-Priestly 论贵族－教士 298, 299 – 300, 302 – 303; on "blond beast" 论"金发野兽" 259, 301 – 302; on Christianity 论基督教 203, 270 – 271, 288 – 290; on civilizational decay 论文明的衰落 155; compared with Hegel 和黑格尔比较 266; compared with Hobbes 和霍布斯比较 72; compared with Jaspers 和雅斯贝尔斯比较 292n109; compared with Schelling 和谢林比较 209; on conscience 论良心 276 – 277; on contemplative life (vita contemplativa) 论静观生活 32 – 33, 262 – 269, 274 – 281, 289; on cruelty 论残忍 276 – 277, 294; on death of God 论上帝之死 136, 203, 287 – 289; on derailments 论脱轨 259; on ego 论自我 268, 269, 293 – 295; elitarian interpretation of political science by 对政治科学的精英主义解释 156; on "flight from one's self" 论"逃离自我" 264n3; on force 论力量 258 – 259, 259n20; and genealogy of morals 和道德谱系学 297 – 303; and Gnosticism 和灵知主义 33; on Good-Bad 论好与坏 297 – 299, 301; on Good-Evil 论善与恶 298 – 301; on grace 论恩典 241, 259, 285, 287, 289 – 294; on happiness 论幸福 274; on hardness 论冷酷 293 – 294, 296; on heroism 论英雄主义 294; on history's three stages 论历史的三阶段 302 – 303; immanentism of 的内在主义 33, 241, 257 – 260, 269, 280 – 281, 289, 291, 294 – 297; as immoralist 作为非道德主义者 295 – 297; on individual as substance of future 论作为未来之实体的个人 266; on "last man" 论"末人" 203; on laziness 论怠惰 263 – 264, 264n33; on love of humans 论人之爱 290; on middle class 论中等阶级 288; mysticism of 的神

秘主义 257–261,264,297; and National Socialism 和国家社会主义 32,297,297n126; on nature 论自然 209,264,277,279,289; nihilism of 的虚无主义 256; on orgiastic experience 论欢欲式经验 241; and Pascal 和帕斯卡 32–33,252–257,260–263,268–273,280–281,283,285–287,290,300; on passion 论激情 267–269,271–281,289; Platonism of 柏拉图主义 32,33; on pride 论骄傲 273–275; on Protestantism 论新教 270,271n51; on psychology 论心理学 275–276; on relation to great dead 论与已故伟人的关系 257–258,260–261; on ressentiment 论憎恨 298–303; on Road to Wisdom 论通往智慧之路 251–252; and sacrifice 和牺牲 250; as "secular spiritual realist" 作为"世俗的精神实在论者" 34; on self-conquest 论自我征服 274–275; self-interpretation of own development as thinker 作为思想家的自我发展的自我解释 251–252; self-proclaimed ancestry of 自诩的血统 260–261; on sublimation 论升华 278; on Unio mystica 论神秘合一 265; on vanity 论虚无 273–274; Voegelin's lack of interest in 沃格林对此缺乏兴趣 31–32; Voegelin's separate study of 沃格林的独立研究 2,6,31–33; on will 论意志 276–280,289; on will to power 论权力意志 278,279,293–295

— Aphorisms 警句: "At the Deathbed of Christianity" "基督教的弥留之床" 288–289; "Censor Vitae" "生活的审查者" 264–265; "Comparison with Pascal" "与帕斯卡比较" 268,271; "Desire for Perfect Opponents" "渴望完美的对手" 269–271; "Flight from One's Self" "逃离自我" 258; "Humanity of the Saint" "圣徒的人道" 291–292; "Lamentation" "哀悼" 262–263; "Original Sin of the Philosophers" "哲人们的原罪" 261–262; "Origin of the Vita Contemplativa" "静观生活的起源" 274–275; "Religiousness" "宗教性" 275–276;

"Striving for Distinction" "力争出众" 273-274; "Victory over Force" "战胜力量" 258-259; "Voyage to Hades" "冥府之旅" 257-258

著作: Beyond Good and Evil《善恶的彼岸》255,275-277; Dawn of Day《朝霞》258-261,266-267,290-293; Ecce Homo《瞧！这个人》261; Greek State《古希腊国家》263; Human, All-Too-Human《人性的，太人性的》262-266; Mixed Sentences and Epigrams;《隽语和箴言杂编》257-258; "Passio Nova, or: Of the Passion of Honesty" "新的激情, 或者：真诚的激情" 267; "Religion of Courage" "勇气的宗教" 267; "Sentiment of Power" "权力感" 267; Philosphy in the Tragic Age of the Greeks《古希腊悲剧时代的哲学》252; Untimely Meditations《不合时宜的沉思》252,261-262; "Vita Contemplativa" "静观生活" 267; Will to Power《权力意志》256,263,267,293-294; Zarathustra《扎拉图斯特拉如是说》287

"Nietzsche, the Crisis, and the War" (Voegelin)《尼采、危机和战争》(沃格林) 31

Nihilism 虚无主义 256,302,303

Nirvana, Schelling on 谢林论涅槃 233-236,241

Nobility 贵族。见 Aristocracy 贵族

Nomos 礼法 57,247,249

Norman conquest 诺曼征服 98

Nosos 疾病 152

Nothing 无; and mysticism 和神秘主义 235; Pascal on 帕斯卡论 235; Schelling on 谢林论 234-235

Nous 精神 217

Nous basilikòs 精神之王 217

Nouvelle Relation du Levant《勒旺新志》170

Novalis 诺瓦利斯 126

O

Oath taking, Spinoza on 斯宾诺莎论宣誓 135-136

Oceana (Harrington)《大洋国》(哈灵顿) 100-103

Of True Religion (Milton)《论真宗教》(弥尔顿) 94

Oikeiosis(consciousness of kind) 属己(同类意识) 57
Okeanos 俄刻阿诺斯 243
Oldenbarneveldt, Johan van 奥登巴内佛 105
Old Testament 旧约: abolition of poverty ordered in 关于消除贫困的指示 98。亦见 Bible 圣经
Olivarez, Conde de 孔德 105
Omphalos myth 奥菲罗斯神话 170
Ontological inversion 本体论的颠倒 27
Opitz, Peter J. 奥皮茨 32
Oratio directa 直接表达 255, 255n9
Oratio obliqua 间接表达 255, 255n9
Order 秩序: and Grotius's De Jure Belli ac Pacis 与格劳秀斯的《战争与和平的法权》52-53; Schelling on order of being 谢林论存在的秩序 222-223
Order and History(Voegelin)《秩序与历史》(沃格林) 22
"Order and Symbols"(Voegelin)《秩序与符号》(沃格林) 2-3
Orgiastic experience 欢欲式经验 214-217, 241

Orientalism 东方主义 126-127, 235-236, 248
Ortega y Gasset, José, 奥尔特加·加塞特 199, 240n75
Otium(leisure) 闲暇 263-264
Ottmann, Henning 奥特曼 32; 33
Ovington 奥文顿 171
Oxford Propositions of 1643 1643年的《牛津提案》79
Oxienstierna, Bengt 奥克森谢尔纳 105

P

Pagan polytheism 异教多神主义 211, 228-230, 243-246
Pain, Schelling on 谢林论痛苦 215-216
Palafox 帕拉福克斯 170
Papa angelico 神父安吉利科 231
Paracelsus 帕拉塞尔苏斯 186n6
Pareto, Vilfredo 帕累托 156
Parlement de Paris 巴黎高等法院 115-118, 119
Parliament 议会: and *Agreement of the People* 和《人民公约》81-83; and clash with James I 与詹姆斯一世的冲突 76; and Cromwell 与克伦威尔 110,

112-114; dissolutions of, during English Revolution 英国革命期间议会的瓦解 112-114; and Great Protestation of 1621 1621年的《大抗辩》76; Hume on 休谟论 157-158; and limited monarchy 和有限君主制 139-140; powers of 的权力 82; and settlement of 1688 和1688年的解决方案 139, 157; sovereignty of 的主权 69, 82; struggle between landlord and merchant members of, and the state 地主和议会中的商人成员的斗争 108-109; trend toward sovereignty of, in 1640s 17世纪40年代向议会主权转变的趋势 79

Parochialization 地域化 197-198

Partiality and inversion 偏狭和颠倒 196-198

Pascal, Blaise, 帕斯卡; and Christianity 和基督教 254, 255-256, 270-271, 271n52, 285-287, 289; "depth" of 的"深刻" 254-255; on ego 论自我 284, 290; on ennui and divertissement 论厌倦和消遣 258, 258n19, 264n33, 281-282; on goal of life 论生活的目的 235; on God 论上帝 280, 283-284, 287; on grace 论恩典 255-256, 285-287, 289; on happiness 论幸福 235, 280-281; on human nature 论人的本性 272; and Luther 和路德 270; and Nietzsche 和尼采 32-33, 252-257, 260-263, 268-273, 280-281, 283, 285-287, 290; 300; on passion 论激情 268-269, 268n43, 278, 283-284; and phenomenal speculation 和现象式思辨 182-184; on power 论权力, 272; on pride 论骄傲 284; on ressentiment 论憎恨 281-283; self-mortification by 自我羞辱 273; sister of 的姐姐 283; skepticism of 的怀疑主义 255; and slave morality 和奴隶道德 300; on soul 论灵魂 283-284; on spirit 论圣灵 278; on vanity 论虚无 273; Vinet on 维内 256-257; Voegelin's separate study of 沃格林的独立研究 2, 31, 32-33; On will 论意志, 262; woundedness of 的伤痛 276

著作: *Confession du Pêcheur* 《罪人的忏悔》256, 286; *Dis-*

cours sur les passions de l'amour《论爱的诸激情》256, 278; Lettres provinciales《致外省人信札》255–256; Mémorial《回忆》256; Mystère de Jésus《耶稣的奥秘》256; Pensées《思想录》182, 254, 254n5, 255, 257, 262, 268n43, 271–272, 286–287

Passion 激情: Nietzsche on 尼采论 267–269, 271–281, 289; Pascal on 帕斯卡论 268–269, 268n43, 278, 283–284

Patmos(Hölderlin)《帕特摩斯岛》(荷尔德林) 246

Paul, Saint 圣保罗: and Christian philosophy of history 和基督教历史哲学 245; Nietzsche on 尼采论 292

Peace, Hobbes on 霍布斯论和平 63, 66

Peasant Revolt in Germany 德意志农民起义 97

Pellisson 佩利松 124

Penn, William 佩恩 103

Pennsylvania colony 宾夕法尼亚殖民地 103, 142

Pensées(Pascal)《思想录》(帕斯卡) 182, 254, 254n5, 255, 257, 262, 268n43, 271–272, 286–287

People, Montesquieu on 孟德斯鸠论民族 164–165

Périer, Étienne 佩里耶 254n5

Perier, Mme. 佩里耶夫人 256

Persia 波斯: Montesquieu on 孟德斯鸠论 166; Travels in 航行 171

Person, Hobbes on 霍布斯论人 67–68

Persona(face or outward appearance)人格(面容或外表) 67

Petition of Right of 1628 (England) 1628年英国的《权利请愿书》78

Pétrement, Simon 西蒙娜·彼得勒芒 6

"Phenomenal action" "现象式行动" 181

"Phenomenal activism" "现象式行动主义" 181

Phenomenalism 现象主义: biological phenomenalism 生物学现象主义 27–28, 184–187, 193, 194; and Bruno 和布鲁诺 5, 27, 176, 178–180, 182, 183; combination of types of 类型的结合 190–192; definition of 的定义 178–179; 181–182, 194; and disintegration of rationalism 和理性主义的瓦解 195–196; economic phenomenalism 经济学现象主义 28, 187–189; and formative characteristic of modernity 和现代性的塑形特征 5–6, 10; and materialism 和唯物主义 179–181; and Pascal 和帕斯卡 182–184; psychological phenomenalism 心理学现象主义 28, 189–190; and scientism 和科学主义 176, 178–179

"Phenomenal obsessions" "现象式着魔" 181

"Phenomenal projections" "现象式投射" 181

"Phenomenal reality" "现象式实在" 181

"Phenomenal speculation" "现象式思辨" 181

Philosophia perennis 长青哲学 176

Philosophical anthropology 哲学人类学 51

Philosophical dilettantism 哲学的浅薄 194–195

Philosophie der Offenbarung (Schelling)《天启哲学》(谢林) 210–211, 222n45, 237n71

Philosophie der Mythologie (Schelling)《神话哲学》(谢林) 156, 209–210n9, 211, 217, 226n56

Philosophische Untersuchungen über das Wesen der menschlichen Freiheit (Schelling)《对人类自由本质的哲学研究》(谢林) 213n19, 215–216, 222n45

Philosophy, Hume on 休谟论哲学 160, 161

Physics 物理学 50, 182, 184, 185, 190

Physis 自然 247–248

Pigafetta, Antonio 皮加菲塔 170

Pilgrims 天路客 80, 86

Planning 计划 188

Plato 柏拉图: compared with Schelling 和谢林比较 26, 236–237, 237n71; on contemplation 论沉思 20; as end of age 作为时代的终结 241; and minimum dogma 与最低限度教理 134; myths of 的神话 236–237, 237n71; and Nietzsche 和尼采 257; Nietzsche on 尼采论 260; and *Nosos* 和疾病 152; nous basilikòs 精神之王 217; on polis 论城邦 237; on politeia 论政治 236; and Socrates 和苏格拉底

236; on soul 论灵魂 227, 236; Sun symbol of 太阳符号 125; and unconscious 和无意识 31 著作: *Politeia*《王制》(《理想国》) 237; *Politikos*《治邦者》237; *Timaios*《蒂迈欧》237

Platonism, of Nietzsche 尼采的柏拉图主义 32, 33

Plebiscite 公投 297n126

Pleno jure 完全的权利 54

Plutarch 普鲁塔克 262, 263

Poe, Edgar Allan 爱伦坡 190

Polis 城邦: Harrington on 哈灵顿论 102; Plato on 柏拉图论 237; Schelling on 谢林论 227–229, 233

Politeia 政制 236

Politeia (Plato)《王制》(柏拉图), 237

Political ideas 政治观念: ancillary political ideas 从属性政治观念 18; and cosmion 和小宇宙 15–16, 18–19, 22, 23, 25, 59–60, 170; definition of 的定义 13; links with empirical reality 与经验性实在的关联 13–14; myth-making function of 神话-创立功能 29; paradigm of 的范式 9–20, 29; versus political theory 相比政治理论 18–20;

Political Religions (Voegelin)《诸政治宗教》(沃格林) 3

"Political spirit" 政治精神 2, 29–30

Political theory 政治理论: of Schelling 谢林的 222–233; versus political ideas 相比政治观念 18–20

Politikos (Plato)《治邦者》(柏拉图) 237

Poll taxes 人头税 84, 84n5

Polo, Marco 马可·波罗 170

Polytheism 多神教 211, 228–230, 243–246

Poor Law 济贫法 108

Pope, Alexander 蒲伯 137, 162n2

Popes 教宗: Milton's attack on 弥尔顿的攻击 94; Roger Williams on 威廉斯论 88

Popular sovereignty, in England 英国的人民主权 82

Portugal 葡萄牙: and East India trade 和东印度贸易 56; independence of 的独立 105

Positive law 实定法 69

Potency 潜能阶次 208–209, 209–210n9, 215–217, 234

Potentia (power) 权力 131–133

Potenz(potency) 潜能阶次 208–209, 209–210n9, 215–217, 234

Potenzenlehre 潜能阶次学说 208–210, 209n9, 211, 217, 237

Potestas civilis 政治权力 58

Poussin, Nicolas 普桑 263n35

Poverty 贫困: abolition of 消除贫困 98; and abolition of Council of the North in England; 和英国北方委员会的废除 108–109; English Poor Law 英国的济贫法 108; Locke on 洛克论 150–151, 189; Winstanley on 温斯坦利论 98–99

Power 权力: Bodin on power structure versus legal superstructure 博丹论权力架构和法律的上层建筑 54; Harrington on 哈灵顿论 101; Hobbes on 霍布斯论 63–64, 71, 119–120, 131, 154, 273n55; Pascal on 帕斯卡论 272; Retz on 德雷斯论 119–120; Spinoza on 斯宾诺莎论 131–133

Praktische Vernunft(practical reason) 实践理性 206

Prato, Juan Daniel de 德普拉托 127

Presbyterians 长老会人士 86–87, 89, 110

Pride 骄傲: Hobbes on 霍布斯论 62–64, 70, 273n55; Nietzsche on 尼采论 273–275; Pascal on 帕斯卡论 284

Priests, Nietzsche on 尼采论教士 298, 299–300, 302–203

Progress 进步 156

Promethean existence 普罗米修斯式的生存, 217–22, 222n45, 231, 233, 236

Prometheus 普罗米修斯 217–218, 229

Prometheus(Aeschylus)《普罗米修斯》(埃斯库罗斯) 228–229

Prometheus(Balthasar)《普罗米修斯》(巴尔塔萨) 6

"Proper history of the spirit" "精神的正确历史" 29

Property 财产: and God as proprietor 和上帝作为所有者 145–147, 146–147n3, 147n5; Locke on 洛克论 145–152, 147n4, 148n6, 154, 189; and man as proprietor of himself 和人作为其自身的所有者 147–148

Prosopon(face or outward appearance) 人格(面容或外表) 67

Protestantism 新教主义: Milton

on toleration for 弥尔顿论对新教的宽容 93; Nietzsche on 尼采论 270,271n51; radical Protestantism 激进新教主义 93-94

Protodialectic experience 元辩证式经验 214-217

Psalms《诗篇》146n3

Psyche(identity of substance) 灵魂(实体同一性) 31

Psychological management 心理操纵 190

Psychological phenomenalism 心理学现象主义 28,189-190

Psychology 心理学: behavioristic psychology 行为心理学 189; depth psychology 深度心理学 189-190; of Freud 弗洛伊德的 241,278; and mathematized science 和数学化科学 176; Nietzsche on 尼采论 275-276; and political theory 和政治理论 50; and psychological management 和心理学管理 190; and psychological phenomenalism 和心理学现象主义 28,189-190

Puritans, 清教徒: and covenant with God 和与神立约 69; critics of 的批判 110; and Cromwell 和克伦威尔 113; and franchise 和选举权 84; Locke on 洛克论 140-141

Putney debates of 1647 1647年的帕特尼辩论 83,110-112

Pym, John 皮姆 109,124

Pyrard 皮拉德 170

Q

Quakers 贵格派 91-92,114

R

Race and State (Voegelin)《种族和国家》(沃格林) 29

Race theory 人种理论 171-172

Radio broadcast of War of the Worlds《大战火星人》广播 191,191n8

Raffael, Schelling on 谢林论拉斐尔 222n45

Rainborough, Thomas 雷恩斯伯勒 83

Rationalism 理性主义 195-196

Realism 实在论: of Bodin 博丹的实在论 59-61; and evocation 和召唤理论 59-60; of Hobbes 霍布斯的 59-61; ineffectiveness of realist 实在论者的无实

效性 198；of Machiavelli 马基雅维利的 59－61；and partiality and inversion 与偏狭和颠倒 196－198；period of transition and realists 转变和实在论者的时代 59－62；and philosophical dilettantism 和哲学的浅薄 194－195；and rationalism 和理性主义 195－196；of Schelling 谢林的 34,238－239；social isolation of realist 实在论者的社会孤立 193－194

Realissimum 最实在者 180

Reason 理性：Age of Reason 理性的时代 195－196；Grotius on 格劳秀斯论 57－58,65,154；Hobbes on 霍布斯论 62,65,131；Hume on 休谟论 157,158－159；and Kant's Ding an sich 和康德的物自体 206；Locke on 洛克论 154；Schelling's aphorisms on 谢林关于理性的警句 203－204；Vico's reaction against 维柯对理性的抗拒反应 156

Recta ratio 正确的理性 57

Recueil des voyages 《航海汇编》171

Redlichkeit（passion of honesty）真诚的激情 267

Reed, R. R. 里德 108－109

Reformation 宗教改革：in Germany 在德国 226n56；impact of 的影响 142－143,153,169,286

Reform of 1832（England）英国1832年改革 83,157

Regnum 王国 49

Religion 宗教：Hume on 休谟论 160；Montesquieu on 孟德斯鸠论 167；Nietzsche on religiousness 尼采论宗教性 275－276；Schelling on religiousness 谢林论宗教性 221－222。亦见 Catholic Church 天主教会；Christianity 基督教；Church 教会；Protestantism 新教

Religious freedom, and emigration from England 宗教自由和从英国移民 77,85－92

Religious toleration 宗教宽容。见 Toleration 宽容

Renan, Joseph-Ernest 勒南 156

Renovatio 变革 248

Repos（rest）安息 281－282

Republic, Montesquieu on 孟德斯鸠论国家 168

Respublica 共和国 49

Respublica Christiana 基督教共和国 55

索　引　429

Ressentiment 憎恨: Nietzsche on 尼采论 298-303;
Pascal on 帕斯卡论 281-283,298
Restoration period in England 英国的复辟时期 24,107,137
Retz, Jean François Cardinal de 德雷斯 106,118-221,124
Revolutions 革命。见 English Revolution 英国革命
Rhode Island colony 罗德岛殖民地 91-92,144
Rich, Sir Henry 里奇 109
Richelieu, Cardinal 枢机主教黎塞留 105,113-114,116,117,118-119,168
Rights 权利: bills of rights 权利法案 82; Spinoza on 斯宾诺莎论 130,132-133
Roman empire, awareness of rise and fall of 知晓罗马帝国的兴衰 169
Roman law 罗马法 48
Rome, Montesquieu on 孟德斯鸠论罗马 167
Römisches Gespräch《罗马谈话》169
Rousseau, Jean-Jacques 卢梭: and construction of nation 和民族的建立 51; and Nietzsche 和尼采 257; and "rediscovery of man"和"人的重新发现" 23,51
著作: Contrat Social《社会契约论》115
Rudbekii, Olaii 鲁德贝基 170
Rulership 统治权: and control of opinion 和意见的控制 70; Grotius on 格劳秀斯论 54; Hobbes on 霍布斯论 67-69,71; Louis XIV on 路易十四论 121-125; Obedience to ruler 服从统治者 69; and poverty 和贫穷 98-99; sovereign as mortal God 君主作为有朽的上帝 67,68,71; Winstanley on 温斯坦利论 98-99。亦见 Monarchy 君主制
Russia, army soviets of 1917 1917年俄国的军队苏维埃 80

S

Sabine, George H. 萨拜因 9
Sacrifice 牺牲 248,250
Sacrum Imperium 神圣帝国 59,170
Saeculum senescens 衰老的时代 231
Sages(the wise) 圣贤 272
St. John, Oliver 奥利弗·圣约

翰 109
Saints 圣徒: Nietzsche on 尼采论 275, 291 – 292; and secular sphere 和世俗领域 142
Sanctification 成圣 219 – 220, 244
San Domingo, history of 圣多明各的历史 171
Sandoz, Ellis 桑多兹 10, 12
Santayana, George 桑塔亚纳 180
Saturnus 萨图努斯神 245
Saye, Lord 塞伊勋爵 109
Scheinheiligen Dichter, Die (Hölderlin) 《假虔敬的诗人》（荷尔德林）244
Scheler, Max 马克斯·舍勒 30
Schelling, Friedrich Wilhelm Joseph von 谢林: and anamnetic dialogue 和记忆式对话 211 – 214, 218; and aphorisms on reason 和关于理性的警句 203 – 204; attacks on 抨击 198; on barbarous principle 论野蛮本原 202, 203; and Bruno 和布鲁诺 176, 200 – 203, 205 – 208, 210 – 211, 240; on Christianity 论基督教 203, 211, 219 – 220, 222, 230 – 233, 236 – 239; on church 论教会 225 – 227; compared with Plato 和柏拉图比较 236 – 237, 237n71; compared with Saint Thomas 和圣托马斯比较 240 – 241; concluding comments on 总结性的注疏 26 – 42; and consciousness of human historicity 和人类历史的意识 30 – 31; on Covenant of the Peoples 论万民之约 223 – 224, 231, 236; critique of the age by 对时代的批判 202 – 203; on Descartes and post-Cartesian speculation 论笛卡尔和笛卡尔之后的思辨 200 – 202, 204, 206; dialectic of 辩证法 212, 213, 213n19; on Dionysus and Christ 论狄奥尼索斯和基督 230 – 233, 243; on "double life" 论"双重生命" 218 – 219; elements of position of 立场的诸要素 200 – 204; as end of epoch 作为时代的终结 241 – 242; on French Revolution 论法国大革命 224; on God 论上帝 202, 203, 204, 206 – 209, 216, 218 – 219, 221, 223, 232 – 234, 238; On grace 论恩典 219 – 222, 244; on Greek polis 论希腊城邦 227 – 229, 233; and Hegel 和黑格尔 213 – 214; on historical existence 论历

史性生存 210-214;and "historicity of truth"和"真理的历史性" 8;on human nature 论人的本性 220-222,223;and hylozoism 和物活论 201,201n3,202,202n5;and immersion into substance of universe 和浸没于宇宙实体当中 206-208;influence of 的影响 198-200;on inner return 论内在回归 219-220;on intelligible order of being 论可理解的存在秩序 222-223;interpretation of his age by 对他所处时代的解释 26;and Kant 和康德 206;on melancholy 论忧郁 218,220-222;on mystery and eschatology 论秘仪和终末论 229-231,238-239;and mysticism 和神秘主义 214;on nature 论自然 209,221;on Naturrecht 论自然法 49-50;new level of consciousness of 意识的新层次 236-237,237n71,239-241;on nirvana 论涅槃 233-236;on Nothing 论无 234-235;on orgiastic experience 论欢欲式经验 214-217,218;and philosophical anthropology 和哲学人类学 28,30-31;and philosophy of substance 和实体哲学 6;on political experience 论政治经验 222-233;posthumous publication of works of 遗著的发表 199;on potency 论潜能阶次 208-209,209-210n9,215-216,234;on Potenzenlehre 潜能阶次学说 208-210,209n9,211,217,237;on power-state 论权力-国家 223-227,236n56;on Promethean existence 论普罗米修斯式的生存 217-222,222n45,231,233,236;and protodialectic experience 和元辩证式经验 214-217;realism of 的实在论 34,238-239;significance of 的重要性 28-29,31,236-242;on soul 论灵魂 210,211-213,218,219,236,238,240;speculations of 的思辨 204-209,239;and theory of myths 和神话理论 29,211,227-233,243;on unconscious 论无意识 30,31,176,214,215,218,240

著作:*Ages of the World*《世界时代》199;*Philosophie der Mythologie*《神话哲学》156,209-10n9,211,217,226n56;*Philos-*

ophie der Offenbarung《天启哲学》210－211，222n45，237n71；Philosophische Untersuchungen über das Wesen der menschlichen Freiheit《对人类自由本质的哲学研究》213n19，215－216，222n45；Stuttgarter Privatvorlesungen《斯图加特私人讲座》224－226；Weltalter《世界时代》202－203，209－217，209n9，234－236，249

Schicksal, Das (Hölderlin)《命运》（荷尔德林）243

Schopenhauer, Arthur 叔本华 199，235，241，252，253，257，260，262，262n29，271

Schütz, Alfred 舒茨 4，8，11，15，29

Schwerkraft（melancholy）忧郁 221

Schwermut(melancholy) 忧郁 221

Science 科学: blow to Mediterranean cosmology by 对地中海宇宙论的打击 47－48；and evolution 和演化 27，156，184－187，186n6；fictional exploration of 虚构探索 190－191；and Hume on causality 和休谟论原因 158；New Science 新科学 26，31－32，155－157；Newtonian system 牛顿体系 50，178；Pascal on 帕斯卡论 182，184；and phenomenalism 和现象主义 178－192；and scientism 和科学主义 176，178－179；symbol of 的符号 50；symbols of political ideas borrowed from 和技术性的成就 52；and technical achievement 和技术成就 191－192

Science fiction 科幻小说 190－191

Scientism 科学主义 176，178－179

Scottish National Covenant of 1638 1638年苏格兰人的"民族圣约" 80

Sectarianism 宗派主义 89－90

"Secular spiritual realists" "世俗的精神实在论者" 34

Seele der Natur 自然灵魂 243

Sehnsucht(yearning) 渴望 221

Selbstbezwingung(conquest of our self) 自我征服 268

Sele, Lord 希利勋爵 109

Self-conquest, Nietzsche on 尼采论自我征服 274－275

Seneca 塞涅卡 140，262，263

Sentiments, theory of 情感理论 158－159

Separatists 分离派 88－89

Shaftesbury, Earl of 沙夫茨伯里

伯爵 141
Shakespeare, William 莎士比亚 233, 258
Shelley, Mary 玛丽·雪莱 190
Sin, Nietzsche on 尼采论"罪" 293-294
Sinneinheit (unity of meaning) 意义统一体 12
Skepticism 怀疑主义: of Descartes 笛卡尔的 206, 288; of Hume 休谟的 157-162; Nietzsche on 尼采论 288; of Pascal 帕斯卡的 255
Slave morality, Nietzsche on 尼采论奴隶道德 300-301
Slavery 奴隶制: Montesquieu's stand against 孟德斯鸠的反对立场 163; Nietzsche on 尼采论 263, 299
Socrates 苏格拉底: compared with Pascal 和帕斯卡比较 255; death of 的死亡 60, 227; and Plato 和柏拉图 236
Sokrates und Alkibiades (Hölderlin)《苏格拉底和阿尔喀比亚德》(荷尔德林) 244
Soldatenräte 士兵委员会 80
Solemn Engagement of the Army (England)《军队的庄严誓约》(英国) 80-81

Sorel, Georges 索雷尔 124, 156
Soul 灵魂: Herder on 赫尔德论 212; Nietzsche on 尼采论 275-276, 293; Pascal on 帕斯卡论 283-284; Platonic myth of 柏拉图的灵魂神话 227, 236; Schelling on 谢林论 210, 211-213, 218, 219, 236, 238, 240
Spain 西班牙: American exploration by 对美洲的探索 56; revolutions of the Córtes against regime of the Olivarez in 科尔斯特家族反对奥利瓦雷斯政权的革命 105
Spinoza, Baruch 斯宾诺莎: attacks on 对其的抨击 126, 127, 198; charges of atheism leveled against 针对斯宾诺莎的无神论指控 133; compared with Bodin 和博丹比较 129, 132; compared with Hobbes 和霍布斯比较 130-131; esotericism of 隐微教诲 129-130; excommunication of 开除教籍 127; on God 论上帝 128-129, 130, 133, 134, 136; on government 论政府 134-135; liberalism of 的自由主义 133; on love 论爱 127-

129; on minimum dogma for state religion 论国家宗教之最低限度教理 134－135; mysticism of 的神秘主义 23,126－129,133,159,193; on Nature 论自然 127－128,133; and Nietzsche 和尼采 257,260; on oath taking 论宣誓 135－136; and Orientalism 与东方主义 126－127; on power 论权力 131－133; and resolutive-compositive method 和"分解－综合"法 50; right terminology of 正确术语 130; Schelling on 谢林论 200－201,202; on toleration 论宽容 144

著作: *De Intellectus Emendatione*《知性改进论》127－128,130; *Ethics*《伦理学》; 127,128－129,131; *Tractatus Politicus*《政治论》130－131,135; *Tractatus Theologico-Politicus*《神学政治论》131－133,134

Spirit 灵/精神: *Geist* as political spirit 作为政治精神 2,29－30; Nietzsche on 尼采论 276－278, 280－281; Pascal on 帕斯卡论 278,280－281

Spiritual realism 精神实在论 33－34

Staatslehre 国家学说 12,25,107

"*Staatslehre als Geisteswissenschaf*"(Voegelin)《作为精神科学的国家学说》(沃格林) 12

Stalin, Joseph, as student of theology 曾是神学院学生的斯大林; 143

Star Chamber 星室法庭 75,78,108

State 国家: Althusius's construction of, through intermediate steps from bottom of hierarchy 阿尔图休斯从等级底层开始,经过中间步骤而达致的一种主权国家建构模式 49,49n2; Bodin's construction of 博丹的建构 49; and control of opinion 和意见的控制 70; English versus Continental symbol of 英国和欧陆在国家符号上的区分 106－107; Grotius on 格劳秀斯论 58; Harrington on 哈灵顿论 102; Hegel on 黑格尔论 157; Hobbes on commonwealth 霍布斯论国家 67－72; and inequality 和不平等 149－151; Locke on 洛克论 149－150; perfection of closure of 封闭的完善 68－69; perfection of spiritual closure of 精神封闭的完善 69-70,77;person- or community-centered ideas of 个人本位或共同体本位的观念 12;Schelling on power-state 谢林论权力和国家 223-227, 226n56;versus estates in seventeenth century 17 世纪国家与阶层的对抗 104-106;Williamson,威廉斯论 88-92 亦见 Nations,国家

Steele,Richard 斯提尔 162n2

Stellung des Menschen im Kosmos (Scheler)《人在宇宙中的位置》(舍勒) 30

Stevenson, Robert Louis 斯蒂文森 190

Stifter,Adalbert 施蒂弗特 264n35

Stöhr,Adolf 施特尔 15

Stoics 廊下派 57,228

Strafford, Earl of 斯特拉福德 105,108,109

Strauss,Leo 施特劳斯 7,19,64n9

Struys,Jean 斯特鲁斯 171

Stuttgarter Privatvorlesungen (Schelling)《斯图加特私人讲座》(谢林) 224-226

Suárez,Francisco 苏阿雷斯 47

Sublimation 升华 278

Suffrage 选举权。见 Franchise 选举权

Summa Contra Gentiles《驳异端大全》286

Summa Theologica (Thomas Aquinas)《神学大全》(阿奎那) 273n55

summum bonum 至善 63,65,66, 235,258,286

summum malum 至恶 65-66

Sun as symbol 太阳作为符号 125

Superbia 骄傲 273n55

Superbia vitae 此生的骄傲 272

Symbols 符号:English king as "mystical symbol" 英国国王作为"神秘的符号" 75;of English versus Continental state 英国和欧陆在国家符号上的区分 106-107;of natural right 自然权利符号 48-50;of political ideas borrowed from natural sciences 借用自自然科学的政治观念符号 52;and reality 和实在 14;of science 科学符号 50

Sympathy,Hume on 休谟论同情 161,163

T

Tabula rasa 白板:and Descartes

和笛卡尔 47, 206; and internal order of national commonwealths 和国家共同体的内在秩序 51; and man alone in early seventeenth century 和 17 世纪早期孤独的人 47－48; and man as starting point of new thought 和作为新思想起点的人 51; and nation as new social substance 和作为新社会实体的国家 51; problems of new era beginning in seventeenth century 17 世纪开始的新世纪的问题 50－52; and symbol of natural right 和自然权利符号 48－50; and symbol of science 和科学符号 50; symbols of political ideas borrowed from natural sciences 借用自然科学的政治观念符号 52; tension between national bodies and humanity 民族体和人性间的张力 51－52

Technology 技术 191－192

Theocracy 神权政体 226n56

Théorie de l'état 国家理论 25, 107

Theory of evocations 召唤理论 10－11, 16－18, 21－22, 33

Thetis 忒提丝 243

Thevenot 蒂维诺 170

Third Realm 第三领域: and Communism and National Socialism 与共产主义和国家社会主义 241; Schelling on 谢林论 230－234, 237

Thirty Years War 三十年战争 53, 105

Thomas Aquinas 阿奎那: on Christian empire 论基督教帝国 19, 286; compared with Schelling 和谢林比较 26, 240－241; on consent as basis of civil society 论作为公民社会基础的同意 140; and Dominican Order 和多明我会 193; as end of age 作为时代的终结 241; rationality of ideas of 观念的理性化 196; on superbia 论骄傲 273n5 著作: *Summa Theologica* 《神学大全》273n55

Tillich, Paul 蒂利希 199

Timaios (Plato) 《蒂迈欧》237

Toennies 滕尼斯 50

Toleration 宽容: and Cromwell 与克伦威尔 113; exclusions of groups from 不予宽容的团体 91, 93, 94, 144－145; facets of in seventeenth century 17 世纪的宽容面面观 144－145; Harrington on 哈灵顿论 103; Locke on 洛克论 141–145, 153; Milton on 弥尔顿论 92–96, 144; and new pattern of revolution 142–144; Spinoza on 斯宾诺莎论 144; and Williams 和威廉斯 88–91, 144, 145

Totalitarian state, and Hobbes 极权主义国家和霍布斯 71

Toynbee, Arnold, on roots of Western civilization 汤因比论西方文明的根源 15

Tractatus Politicus (Spinoza)《政治论》(斯宾诺莎) 130–131, 135

Tractatus Theologico-Politicus (Spinoza)《神学政治论》(斯宾诺莎) 131–133, 134

Transcendental idealism 先验观念论 201, 202

Trappist order 特拉普修会 270

Travel literature 旅行文学 170–171

Treatise of Civil Power in Ecclesiastical Causes (Milton)《论教会事务中的政治权力》(弥尔顿) 93

Treatise of Human Nature (Hume)《人性论》(休谟) 157, 159–160

Treatise on Civil Government (Locke) 政府论(洛克) 138–141, 146–151, 189

Trent, Council of 特伦托会议 256, 285

Triennial Act of 1641 (England) 1641年的《三年法案》(英国) 79

Trotsky, Leon 托洛茨基 154

True Levellers 真正的平等派 96–100

Turenne, Vicomte de 蒂雷纳 106

Turkey, Belon's travels in 贝隆的土耳其之行 170

Turks, Western contacts with 西方与土耳其人的交流 169

U

Unconscious 无意识 30–31, 176, 214, 215, 218, 240, 241

Ungrund 深渊 133

Unio mystica 神秘合一 257, 258, 265, 296

United States 美国: bill of rights in 美国的权利法案 82; Civil War in 美国内战 90; constitutional movement in 宪制运动 78; Constitution of 宪法 82; Franchise in 选举权 84, 84n5;

isolationism in 孤立主义 90; medieval "hangover" in 中世纪的"残余" 74; sectarian tradition in 宗派传统 89－90; theory of government in 政府理论 107

Unmut(discontent) 不满 216

Untimely Meditations(Neitzsche)《不合时宜的沉思》(尼采) 252, 261－262

Usufructu 用益权 54

Utopia (More)《乌托邦》(莫尔) 97

Uxbridge Proposition of 1644 1644年的乌克斯桥提案 79

V

Valéry, Paul 瓦莱里 180, 181

Vathek(Beckford)《瓦提克》(贝克福德) 162

Vanity 虚荣: Nietzsche on 尼采论 273－274; Pascal on 帕斯卡论 273

Veltro 猎犬 231

Verklären(transfigure) 变容 204

Verne, Jules 儒勒·凡尔纳 190

Vernunft(reason) 理性 204

Via negativa 否弃之路 261

Vico, Giambattista 维柯: and awareness of rise and fall of Roman empire 知晓罗马帝国的兴亡 169; compared with Hume 和休谟比较 162; destiny and decadence in 命运和衰落 167; and "historicity of truth" 和"真理的历史性" 8; and New Science 和新科学 155, 157; on civilizational decay 论文明的衰败 26

著作: New Science《新科学》6, 34

Vie de Pascal(Périer)《帕斯卡的生活》(佩里耶夫人) 256

Villamon 维拉蒙 170

Vindiciae《辩护》49

Vinet, Alexandre 维内 256－257

Violence 暴力。见 War 战争

Virtù 德性 61, 120, 169

Virtue, Schelling on 谢林论德性 221－222, 238－239

Virtus 德性 238

Vita contemplativa (contemplative life) 静观生活 32－33, 262－269, 274－281, 289

Vitoria 维多利亚 56

Vivere pericolosamente 冒险生活 197

Volksgeist 民族精神 51

volonté générale 公意 116

volonté publique 公众的意愿 116
Voltaire 伏尔泰 154, 196, 203
Vorstellkräfte (representational powers) 代表性权力 201
Vorstellung (representation) 表象 201
Voyages historiques de l'Europe 《欧洲航海史》170

W

Wagner, Richard 瓦格纳 252, 253, 260, 271, 271n51
Walgreen Lectures 沃尔格林讲座 7
Wallenstein, Albrecht 华伦斯坦 105, 106
Waller 沃勒 109
Walpole, Sir Robert 沃尔波尔 157
War of the Roses 玫瑰战争 74, 101
Wars 战争: death in civil war, 内战伤亡 65 - 66; and Grotius's *De Jure Belli ac Pacis* 与格劳秀斯的《战争与和平的法权》 52 - 53, 153; regulation of, through international law 通过国际法调节 53 - 54。亦见具体的战争
Wars of the Fronde 投石党战争 105, 106
Warwick, Earl of 沃里克伯爵 109
Wealth 财富: Harrington on 哈灵顿论 101; Locke on 洛克论 150 - 151, 189; Nietzsche on 尼采论 299; Winstanley on 温斯坦利论 99
Weber, Max, on civilizational decay 韦伯论文明的衰败 26, 155
Welles, Orson 奥逊·威尔斯 191, 191n8
Wells, H. G. 韦尔斯 191
Weltalter (Schelling) 《世界时代》（谢林）202 - 203, 209 - 217, 209n9; 234 - 36, 249
Weltgrund 世界的根据 279
Wiedererkennung (anamnesis) 记忆 31
Will 意志: Nietzsche on 尼采论 276 - 280, 289; Pascal on 帕斯卡论 262, 272; Schelling on 谢林论 217 - 219, 236; Schopenhauer on 叔本华论 241, 262
Will to power, Nietzsche on 尼采论权力意志 278, 279, 293 - 295
Will to Power (Nietzsche) 《权力意志》（尼采）256, 267, 293 - 294
William II, King of Netherlands 尼德兰国王威廉二世 134

William of Orange 奥兰治的威廉公爵 53

Williams, Roger 威廉斯 88-92, 93,144,145

William the Conqueror 征服者威廉一世 98

Winstanley, Gerard 温斯坦利 96-100

Winthrop, John 温斯罗普 87,91

Wissen und Gewissen (knowledge and conscience) 知识和良知 276,295

Woodhouse, A. S. P. 伍德豪斯 80-82,83,98,110-112

Workers, 工人: and abolition of Council of the North in England 和英国北方委员会的废除 108-109; Winstanley on exploitation of 温斯坦利论对工人的剥削 98-99

Workers' movement 工人运动 52

X

Xenophanes 克塞诺梵尼 227

Z

Zagreus 扎格列欧斯 228

Zarathustra 扎拉图斯特拉 260

Zarathustra (Nietzsche)《扎拉图斯特拉如是说》(尼采) 287

Zdanov 日丹诺夫 143

Zeus 宙斯 217,228,229,244-245

图书在版编目(CIP)数据

政治观念史稿.卷七.新秩序与最后的定向 /(美)沃格林(E. Voegelin)著;李晋,马丽译;姚啸宇,贺晴川校.
--上海:华东师范大学出版社,2018
(经典与解释.西方传统)
ISBN 978-7-5675-8108-1

Ⅰ.①政… Ⅱ.①沃… ②李…③马…④姚…⑤贺… Ⅲ.①政治—历史—欧洲 Ⅳ.①D750.9

中国版本图书馆 CIP 数据核字(2018)第 172632 号

华东师范大学出版社六点分社
企划人 倪为国

本书著作权、版式和装帧设计受世界版权公约和中华人民共和国著作权法保护

沃格林集
政治观念史稿(卷七):新秩序与最后的定向

著　者　[美]沃格林
译　者　李　晋　马　丽
校　者　贺晴川　姚啸宇
责任编辑　王　旭
封面设计　刘怡霖

出版发行　华东师范大学出版社
社　址　上海市中山北路 3663 号　邮编　200062
网　址　www.ecnupress.com.cn
电　话　021-60821666　行政传真　021-62572105
客服电话　021-62865537　门市(邮购)电话　021-62869887
地　址　上海市中山北路 3663 号华东师范大学校内先锋路口
网　店　http://hdsdcbs.tmall.com

印 刷 者　上海盛隆印务有限公司
开　　本　890×1240　1/32
插　　页　1
印　　张　14.75
字　　数　238 千字
版　　次　2019 年 8 月第 1 版
印　　次　2020 年 3 月第 2 次
书　　号　ISBN 978-7-5675-8108-1/B・1151
定　　价　78.00 元

出 版 人　王　焰

(如发现本版图书有印订质量问题,请寄回本社客户中心调换或电话 021-62865537 联系)

History of Political Ideas (Volume 7): The New Order and Last Orientation
by Eric Voegelin
Edited with an introduction by Jürgen Gebhardt and Thomas A. Hollweck
Copyright © 2004 by The Curators of the University of Missouri
University of Missouri Press, Columbia, MO 65201
Published by arrangement with The Curators of the University of Missouri
Simplified Chinese Translation Copyright © 2019 by East China Normal University Press Ltd
ALL RIGHTS RESERVED.

上海市版权局著作权合同登记 图字:09-2005-051号